新时代·新文科×新工科·数字化紧缺人才培养系列教材

电子商务

（第3版）

李一军　闫相斌　叶　强　主编

电子工业出版社

Publishing House of Electronics Industry

北京·BEIJING

内 容 简 介

本书介绍了电子商务的基本理论、技术和方法。主要内容包括电子商务概述、电子商务构成及对经济社会的影响、电子商务模式、电子商务支付、电子商务物流、电子商务的安全、网络营销、移动电子商务、社会化电子商务、电子商务系统规划和电子商务网站设计与实现等。

本书既可以作为高等学校信息管理与信息系统、工商管理、公共事业管理等管理类专业本科生的教材，也可以作为政府管理部门、企事业单位经营管理人员了解和掌握电子商务原理知识的参考用书。

未经许可，不得以任何方式复制或抄袭本书之部分或全部内容。
版权所有，侵权必究。

图书在版编目（CIP）数据

电子商务 / 李一军，闫相斌，叶强主编. —3 版. —北京：电子工业出版社，2022.8
ISBN 978-7-121-43972-8

Ⅰ.①电⋯ Ⅱ.①李⋯ ②闫⋯ ③叶⋯ Ⅲ.①电子商务－高等学校－教材 Ⅳ.①F713.36

中国版本图书馆 CIP 数据核字（2022）第 121976 号

责任编辑：王二华　　特约编辑：郭建红　武　林
印　　刷：涿州市京南印刷厂
装　　订：涿州市京南印刷厂
出版发行：电子工业出版社
　　　　　北京市海淀区万寿路 173 信箱　邮编：100036
开　　本：787×1092　1/16　印张：17　字数：435.2 千字
版　　次：2010 年 7 月第 1 版
　　　　　2022 年 8 月第 3 版
印　　次：2022 年 8 月第 1 次印刷
定　　价：52.00 元

凡所购买电子工业出版社图书有缺损问题，请向购买书店调换。若书店售缺，请与本社发行部联系，联系及邮购电话：(010) 88254888，88258888。
质量投诉请发邮件至 zlts@phei.com.cn，盗版侵权举报请发邮件至 dbqq@phei.com.cn。
本书咨询联系方式：(010) 88254532；wangrh@phei.com.cn。

前　言

当前，随着云计算、物联网、大数据、人工智能和 5G 等一系列新兴技术的发展，电子商务迈入快速发展期，已经成为拉动消费需求、促进传统产业升级和发展现代服务业的重要引擎。电子商务与新兴技术的融合促进了电子商务模式的不断创新，产业链整合、反向定制、线上线下融合等充分借助互联网环境，发展出了特有的电子商务模式。技术的不断进步和商业模式的不断创新推动了我国电子商务的高质量发展，对社会的生产、生活和交易方式造成了深刻的影响，使电子商务应用与社会经济的融合更加深入。

目前，我国电子商务已进入创新发展的新阶段——移动电子商务和社会化电子商务迅速发展阶段。电子商务的飞速发展离不开宏观政策、经济、社会和技术的良好环境。国家及地方各级政府纷纷出台政策支持电子商务可持续、健康发展。2020 年我国电子商务市场交易规模达 37.21 万亿元，已成为全球第一大电子商务市场。中国互联网络信息中心发布的有关数据显示，2014—2020 年，手机网络购物用户占网络购物用户的比重不断上升，2020 年我国网络购物用户规模达 7.82 亿人，其中，手机网络购物的用户规模达 7.80 亿人，占比超过 99%。

针对这样一个快速发展的领域，在学习其主要理论、技术和方法时需要保持开放和探索的态度，灵活地运用电子商务的基础理论和方法来分析电子商务领域的新现象、新问题，才能紧随电子商务的发展趋势，加深对相关知识的理解和认识。为了抓住电子商务新的发展方向，适应科技发展与教学的需要，我们在第 2 版的基础上，对本书进行了细致的修订。本书涵盖了目前电子商务领域的主要理论、技术和方法，主要内容包括电子商务概述、电子商务构成及对经济社会的影响、电子商务模式、电子商务支付、电子商务物流、电子商务的安全、网络营销、移动电子商务、社会化电子商务、电子商务系统规划及电子商务网站设计与实现等。

本书由李一军提出编写大纲。具体编写分工如下：第 1 章、第 2 章和第 4 章由李一军、闫相斌编写；第 3 章由王柏琳、祁巍编写；第 5 章由邵真编写；第 6 章、第 7 章由李一军、叶强编写；第 8 章由邹鹏编写；第 9 章由张紫琼编写；第 10 章、第 11 章由李新、金家华和祁巍编写。全书由李一军统稿。

由于时间和水平有限，书中难免存在不足之处，恳请广大读者批评指正。

编　者

目 录

第1章 电子商务概述 ································ 1
1.1 什么是电子商务 ···························· 1
1.1.1 电子商务的概念 ······················ 1
1.1.2 电子商务的特征 ······················ 2
1.1.3 电子商务的类型 ······················ 3
1.2 电子商务的产生和发展 ···················· 3
1.2.1 电子商务的产生 ······················ 3
1.2.2 电子商务的发展 ······················ 4
1.2.3 电子商务活动的流程 ················ 5
1.2.4 电子商务与传统商务的运营过程对比 ·· 6
1.2.5 电子商务与传统商务的融合 ········ 7
1.3 电子商务对传统价值链各环节的影响 ······ 8
1.3.1 电子商务对采购环节的影响 ········ 8
1.3.2 电子商务对产品设计和生产管理环节的影响 ·· 8
1.3.3 电子商务对营销和服务的影响 ······ 9
1.3.4 电子商务对辅助活动的影响 ········ 9
1.4 电子商务的优点和局限 ···················· 9
1.4.1 电子商务的优点 ······················ 9
1.4.2 电子商务的局限 ···················· 10
1.5 电子商务的发展趋势 ······················ 11

第2章 电子商务构成及对经济社会的影响 ······ 15
2.1 电子商务的市场结构 ······················ 15
2.2 电子商务的基础设施 ······················ 16
2.3 电子商务的支撑技术 ······················ 17
2.3.1 互联网 ································ 17
2.3.2 Web技术 ···························· 17
2.3.3 EDI技术 ······························ 19
2.3.4 搜索引擎技术 ······················ 20
2.3.5 数据库技术 ·························· 21
2.3.6 数据仓库与数据挖掘技术 ········ 21
2.3.7 大数据技术 ·························· 22
2.3.8 云计算技术 ·························· 23
2.3.9 人工智能技术 ······················ 24
2.3.10 扩展现实技术 ···················· 25
2.4 电子商务的环境 ···························· 25
2.4.1 政策环境 ···························· 25
2.4.2 法律和税收 ·························· 26
2.4.3 信任与隐私 ·························· 27
2.5 电子商务与社会生活形态的变革 ········ 29
2.5.1 电子商务对社会经济的影响 ······ 29
2.5.2 电子商务对组织的影响 ············ 30
2.5.3 电子商务对个人的影响 ············ 31

第3章 电子商务模式 ······························ 36
3.1 电子商务模式概论 ························ 36
3.1.1 电子商务模式的定义 ·············· 36
3.1.2 电子商务模式的理论基础 ········ 38
3.1.3 电子商务模式的重要性 ············ 40
3.2 基于虚拟价值链的电子商务模式 ········ 41
3.2.1 基于虚拟价值链的模式分类框架 ·· 42
3.2.2 虚拟价值链上的电子商务模式 ···· 43
3.3 信息技术驱动的电子商务模式 ·········· 46
3.3.1 信息技术驱动电子商务发展 ······ 46
3.3.2 信息技术与电子商务模式的关系 ·· 47
3.3.3 信息技术和电子商务模式的对应 ·· 49
3.4 数据驱动的电子商务模式 ················ 50
3.4.1 数据驱动电子商务模式发展 ······ 50
3.4.2 数据驱动的商务模式类型 ········ 51
3.5 新零售商务模式 ···························· 53
3.5.1 新零售商务模式发展 ·············· 53
3.5.2 新零售的模式框架 ·················· 54
3.5.3 新零售的商务模式类型 ············ 56
3.6 电子商务模式组合与创新 ················ 59
3.6.1 电子商务模式组合 ·················· 59
3.6.2 电子商务模式创新 ·················· 60

第4章 电子商务支付 ······························ 65
4.1 电子支付概述 ······························ 65
4.1.1 电子支付 ···························· 65

  4.1.2 电子支付系统 ……………… 66
 4.2 电子支付的工具 …………………… 69
  4.2.1 银行卡 …………………… 69
  4.2.2 电子钱包 ………………… 70
  4.2.3 电子现金 ………………… 70
  4.2.4 电子支票 ………………… 71
  4.2.5 虚拟货币 ………………… 71
  4.2.6 其他电子支付工具 ……… 72
  4.2.7 常见的支付方式 ………… 72
 4.3 网上银行 …………………………… 73
  4.3.1 网上银行与电子商务 …… 73
  4.3.2 网上银行支付 …………… 73
 4.4 第三方支付 ………………………… 73
  4.4.1 第三方支付与第三方支付平台 …… 74
  4.4.2 第三方支付平台的类别 … 74
  4.4.3 第三方支付平台的监管 … 75
 4.5 电子支付的安全 …………………… 76
  4.5.1 电子商务支付的安全问题 …… 76
  4.5.2 电子商务支付的安全要求 …… 76
  4.5.3 电子商务支付的安全对策 …… 77

第5章 电子商务物流 …………… 82

 5.1 电子商务物流概述 ………………… 82
  5.1.1 物流的概念 ……………… 82
  5.1.2 电子商务物流 …………… 83
 5.2 电子商务物流的模式 ……………… 85
  5.2.1 企业自营模式 …………… 85
  5.2.2 物流联盟模式 …………… 86
  5.2.3 第三方物流模式 ………… 86
  5.2.4 第四方物流模式 ………… 87
 5.3 电子商务物流的管理 ……………… 88
  5.3.1 电子商务物流的采购与供应商管理 … 88
  5.3.2 电子商务物流的仓储与库存管理 …… 89
  5.3.3 电子商务物流的包装与流通加工管理 … 90
  5.3.4 电子商务物流的装卸与运输管理 …… 91
  5.3.5 电子商务物流的配送管理 …… 92
  5.3.6 电子商务物流的成本管理 …… 94
 5.4 电子商务物流技术 ………………… 95
  5.4.1 条形码技术 ……………… 95
  5.4.2 射频识别技术 …………… 97
  5.4.3 POS 系统 ………………… 98
  5.4.4 全球卫星定位技术 ……… 99
  5.4.5 地理信息处理技术 ……… 100
  5.4.6 大数据、云计算和人工智能技术 …… 101
 5.5 电子商务物流系统设计 …………… 103
  5.5.1 电子商务供应链 ………… 103
  5.5.2 物流中心的设计 ………… 104
  5.5.3 物流管理信息系统 ……… 107
 5.6 电子商务物流的发展趋势 ………… 109

第6章 电子商务的安全 ………… 115

 6.1 电子商务的安全环境 ……………… 115
  6.1.1 电子商务的安全威胁 …… 116
  6.1.2 电子商务的安全要求 …… 118
  6.1.3 电子商务的安全体系 …… 119
 6.2 电子商务的数据传输安全 ………… 119
  6.2.1 数据加密技术 …………… 119
  6.2.2 加密算法的对比 ………… 121
  6.2.3 数字签名 ………………… 124
  6.2.4 加密和签名的综合运用 … 125
 6.3 电子商务交易过程的安全 ………… 127
  6.3.1 CA 认证概述 …………… 127
  6.3.2 CA 认证的过程 ………… 127
  6.3.3 数字证书的使用 ………… 127
  6.3.4 认证中心 ………………… 129
 6.4 电子商务的软硬件安全 …………… 130
  6.4.1 客户机的安全 …………… 130
  6.4.2 通信信道的安全 ………… 131
  6.4.3 服务器的安全 …………… 133
 6.5 电子商务安全的政策、过程和法律保障 · 135
  6.5.1 企业管理制度 …………… 135
  6.5.2 电子商务安全法规 ……… 135

第7章 网 络 营 销 ………………… 140

 7.1 网络营销的基本概念与特征 ……… 140
  7.1.1 网络营销的基本概念 …… 140
  7.1.2 网络营销的特征 ………… 142
 7.2 网络营销战略 ……………………… 144
  7.2.1 网络营销战略的环境分析 …… 144
  7.2.2 网络营销战略的制定 …… 146

7.2.3	网络环境下的营销战略 ············ 147
7.3	网络营销策略 ···················· 149
7.3.1	产品策略 ···················· 150
7.3.2	定价策略 ···················· 152
7.3.3	渠道策略 ···················· 154
7.3.4	促销策略 ···················· 156
7.4	网络营销途径 ···················· 156
7.4.1	网络市场细分 ················ 156
7.4.2	电子邮件营销 ················ 157
7.4.3	网络广告 ···················· 158
7.4.4	社交网络营销 ················ 160
7.4.5	搜索引擎营销 ················ 164
7.4.6	网络直播电商 ················ 165
7.5	网络营销的成本与效益 ············ 166
7.5.1	企业的成本效益分析 ············ 166
7.5.2	消费者的成本效益分析 ·········· 167

第 8 章 移动电子商务 ·················· 172

8.1	移动电子商务概述 ················ 172
8.1.1	移动电子商务的概念与特点 ······ 172
8.1.2	移动电子商务的现状 ············ 173
8.1.3	移动电子商务的发展 ············ 174
8.2	移动电子商务模式 ················ 174
8.2.1	移动电子商务模式框架 ·········· 174
8.2.2	移动电子商务链 ················ 175
8.2.3	移动电子商务与基于 Internet 的电子商务 ···················· 176
8.3	移动电子商务的体系结构 ·········· 178
8.3.1	移动电子商务业务描述 ·········· 178
8.3.2	移动电子商务总体框架 ·········· 179
8.3.3	移动电子商务安全 ·············· 180
8.4	移动电子商务的数据管理 ·········· 181
8.4.1	移动数据访问 ················ 181
8.4.2	移动事务处理 ················ 182
8.5	移动电子商务的典型商务应用 ······ 182
8.5.1	移动即时通信 ················ 182
8.5.2	移动金融 ···················· 183
8.5.3	旅游电子商务 ················ 183
8.5.4	移动医疗 ···················· 184
8.5.5	移动政务 ···················· 185

8.6	移动电子商务环境下的市场营销 ······ 185
8.6.1	移动预测 ···················· 185
8.6.2	移动产品 ···················· 186
8.6.3	移动渠道 ···················· 188
8.6.4	移动定价 ···················· 188
8.6.5	移动促销 ···················· 189

第 9 章 社会化电子商务 ················ 195

9.1	社会化媒体概述 ·················· 195
9.1.1	社会化媒体的定义 ·············· 195
9.1.2	社会化媒体的特征 ·············· 195
9.1.3	社会化媒体的主要类型 ·········· 197
9.2	社会化电子商务概述 ··············· 202
9.2.1	社会化电子商务的定义 ·········· 202
9.2.2	社会化电子商务的背景 ·········· 202
9.2.3	社会化电子商务与传统电子商务的区别 ···················· 206
9.3	社会化电子商务的商务模式 ········· 207
9.3.1	社会化电子商务的购物过程 ······ 207
9.3.2	社会化电子商务的商业模式 ······ 208
9.3.3	社会化电子商务的意义 ·········· 210

第 10 章 电子商务系统规划 ·············· 216

10.1	电子商务系统 ···················· 216
10.1.1	电子商务系统的定义 ············ 216
10.1.2	电子商务系统的体系 ············ 217
10.1.3	电子商务系统的架构 ············ 218
10.1.4	电子商务系统的特点 ············ 220
10.2	电子商务系统规划概述 ············ 221
10.2.1	电子商务系统规划定义 ·········· 221
10.2.2	电子商务系统规划的目标及内容 ··· 221
10.2.3	电子商务系统规划的特点 ·········· 224
10.3	电子商务系统规划的方法 ·········· 225
10.3.1	关键成功因素法 ················ 225
10.3.2	企业系统规划法 ················ 227
10.3.3	战略目标集转化法 ·············· 229
10.3.4	战略栅格法 ···················· 230
10.4	电子商务系统规划报告 ············ 231
10.4.1	规划报告的主要内容 ············ 231
10.4.2	可行性分析 ···················· 232

VII

第 11 章 电子商务网站设计与实现 ……………… 237

- 11.1 电子商务网站概述 …………………… 237
  - 11.1.1 电子商务网站与电子商务系统的关系 ………………………… 237
  - 11.1.2 电子商务网站在电子商务系统中的作用 ……………………… 238
  - 11.1.3 电子商务网站的分类 …………… 239
  - 11.1.4 电子商务网站设计的基本原则 …… 239
- 11.2 电子商务网站结构设计 ……………… 241
  - 11.2.1 基本设计思想 …………………… 241
  - 11.2.2 层次结构设计 …………………… 242
- 11.3 电子商务网站功能设计 ……………… 244
- 11.4 网站容量设计 ………………………… 245
- 11.5 网站风格设计 ………………………… 247
- 11.6 网站运行环境设计 …………………… 249
  - 11.6.1 硬件平台 ………………………… 250
  - 11.6.2 Web 服务器软件 ………………… 250
  - 11.6.3 服务器端语言 …………………… 251
  - 11.6.4 数据库服务器软件 ……………… 252
- 11.7 电子商务解决方案 …………………… 253
  - 11.7.1 IBM WebSphere ………………… 254
  - 11.7.2 Oracle Webcenter ……………… 255
  - 11.7.3 商派 Shopex …………………… 255
- 11.8 电子商务网站技术现状与发展 ……… 256
  - 11.8.1 大数据时代下的电子商务 ……… 256
  - 11.8.2 基于云计算的电子商务 ………… 257
  - 11.8.3 基于移动互联网的电子商务 …… 259

第 1 章　电子商务概述

引言

20世纪90年代以来，网络、通信和信息技术在全球范围内迅速发展，互联网在全球爆炸性地增长后迅速普及，全面进入人们的生活。互联网的普及改变了人们的购物方式，将企业间的竞争从传统的实体店铺扩展到了虚拟世界。在此背景下，电子商务的概念应运而生。本章将从电子商务的概念、特征和类型、产生和发展、对传统价值链各环节的影响及优点和局限等方面对电子商务进行系统的介绍，并概述了电子商务的发展趋势。

本章重点

- 电子商务的概念
- 电子商务的特征和类型
- 电子商务的产生和发展
- 电子商务对传统价值链各环节的影响
- 电子商务的优点和局限
- 电子商务的发展趋势

1.1　什么是电子商务

1.1.1　电子商务的概念

电子商务是通过计算机和通信技术进行商品和服务买卖的所有活动的统称。电子商务不仅包含为了获取利润的交易活动，还包括对获取利润起支撑作用的活动，这些活动包括产生商品或服务需求、提供销售辅助和客户服务、支持采购、招聘、计划及其他活动的业务流程等。电子商务的定义可以从以下四个不同的角度来描述。

（1）从通信的角度看，电子商务是信息、产品或服务、支付等通过计算机网络等通信设施进行传输的过程。

（2）从业务过程的角度看，电子商务是应用技术手段自动化业务交易和工作流的过程。

（3）从服务的角度看，电子商务是一种帮助企业和客户提高产品质量、服务效率和质量的工具。

（4）从互联网的角度看，电子商务提供了在互联网上买卖产品和服务的能力。

通过以上从不同的角度对电子商务的描述可以看出，电子商务侧重于探索和利用新的商务机会，利用各种通信网络，来提高商业交易的执行效果。这些提高包括更好的绩效、更高的质量、更高的客户满意度、更突出的企业决策能力、更高的经济效率及更快的交易速度等。

1.1.2 电子商务的特征

电子商务使交易双方可以在全球各地通过计算机网络进行并完成各种商务活动、交易活动、金融活动和相关的综合服务活动。它与传统的商务活动有着较大的区别，具体表现为以下六个特征。

（1）虚拟性

电子商务的贸易双方，从贸易磋商、签订合同到支付等无须当面进行，均可以通过计算机网络来完成，整个交易呈现出虚拟化的特征。对卖方来说，可以通过网站销售产品，而对买方来说，则可以通过虚拟现实、网上聊天等技术将自己的需求信息反馈给卖方。通过信息的相互交换，最终签订电子合同，完成交易并进行电子支付，交易过程在虚拟环境中进行。

（2）全球性

全球性指由于电子商务在互联网环境下进行，因此经济活动也扩展到全球范围，把空间因素和地理距离的制约降低到了最小限度，不再受地域的限制。依托互联网，可以将商品与服务送到世界各地。电子商务塑造了一个真正意义上的全球市场，打破了传统市场在时间、空间和流通上的各种障碍。

（3）低成本性

企业运营成本包括采购成本、生产成本和市场营销成本等。通过网络收集信息可以大大减少企业的采购步骤；通过减少库存、缩短产品周期可以大大降低企业的生产成本；电子商务可以大大降低企业的市场营销成本，网络营销使企业可以直接和供应商、用户进行交流，使消费者可以直接从生产厂家以更低的价格买到产品。

（4）高效性

在传统商务中，用信件、电话和传真传递信息必须有人的参与，每个环节必须花费不少的时间，有时由于人员合作及工作时间的问题，会延误传输时间，失去最佳的商机。由于互联网将贸易中商业报文标准化，因此商业报文能利用计算机自动处理技术在世界各地短时间内完成传递和接收，同时原料采购、产品生产、需求与销售、银行汇兑及货物托运等环节均无须工作人员干预自动完成。电子商务克服了传统商务中存在的费用高、易出错、处理速度慢等缺点，极大地缩短了交易时间，使整个交易方便快捷。

（5）互动性

互联网本身的双向沟通特性，使电子商务的交易模式由传统的单向传播（指消费者被动地接受企业的产品或服务）变为双向沟通。一方面，企业可以利用这一特性为每位消费者提供专门的网站服务，使每位消费者都会有满意的购买经历，让消费者享受到个性化的购买服务。另一方面，消费者将面临更多的购买选择，可以按自己的兴趣主动搜索网站，选择自己喜欢的商品。

（6）技术依赖性

现代社会高程度依赖信息技术，现代信息技术已经成为电子商务的技术支撑体系。电子商务的进行需要依靠信息技术服务，即电子商务的实施要依靠互联网等计算机网络技术来完成交流和传输，这就需要计算机硬件与软件技术的支持；电子商务的完善也需要依靠信息技术服务。企业只有对电子商务所对应的软件和信息处理程序不断优化，才能适应市场变化。

1.1.3 电子商务的类型

电子商务按照不同的分类标准，可分为多种不同的类型，比较常见的分类方式是按照交易主体进行划分的，可将电子商务分为五种类型：B2C、B2B、C2C、C2B 和 B2G。其中 B、C、G 分别代表企业（Business）、个人消费者（Consumer）和政府（Government）三个交易主体。

（1）企业与消费者之间的电子商务，即 B2C（Business to Consumer）。

B2C 是人们最熟悉的一种类型，是大量的网上商店利用互联网提供的双向交互通信，完成在网上进行购物的过程。随着互联网技术的发展，B2C 的发展异军突起。由于这种模式节省了企业和消费者双方的时间和空间，大大提高了交易效率，节省了各类不必要的开支，因而得到了人们的认同，获得了迅速的发展。

（2）企业与企业之间的电子商务，即 B2B（Business to Business）。

B2B 是指有业务联系的企业之间相互用电子商务的形式将关键的商务处理过程连接起来，形成在网上的虚拟企业圈。在 B2B 中，参与者是企业或其他形式的组织。这种电子商务系统具有很强的实时商务处理能力，使组织间能以一种安全、可靠、简便及快捷的方式进行商务联系活动和达成交易。

（3）消费者与消费者之间的电子商务，即 C2C（Consumer to Consumer）。

C2C 是消费者之间通过互联网进行的产品购买与销售活动，是消费者与消费者之间通过互联网进行交易。如淘宝网等网站平台所提供的交易服务。

（4）消费者对企业的电子商务，即 C2B（Consumer to Business）。

C2B 是为了满足消费者的个性化需求，由消费者定制推动商业活动的一种商业模式。在 C2B 商业模式中，消费者根据自身需求定制产品和价格，或主动参与产品设计、生产和定价等环节，全面体现其个性化需求，生产企业根据消费者的要求进行定制化生产。该商业模式的核心是消费者，先有消费者提出需求，后有生产企业按需求组织生产。

（5）企业与政府之间的电子商务，即 B2G（Business to Government）。

政府通过网络进行采购与招标，快捷、迅速地为企业提供各种信息服务；企业通过网络进行税务申报、办理证照、参加政府采购及反馈对政府工作的意见等；政府向企事业单位发布各种方针、政策、法规和行政规定等，即政府与企业间的各项事务都可以覆盖在 B2G 中，包括政府采购、税收、商检和管理条例发布等。在此类电子商务中，一方面，政府作为消费者，可以通过互联网发布自己的采购清单，公开、透明、高效、廉洁地完成所需物品的采购；另一方面，政府对企业宏观调控、指导规范、监督管理的职能通过网络以电子商务的方式能更充分、及时地发挥作用。

1.2 电子商务的产生和发展

1.2.1 电子商务的产生

电子商务是随着互联网技术的产生而发展起来的。尽管许多人认为最早在银行业使用的电子资金转账和企业使用的电子数据交换可以看作是电子商务的一种形式。但真正意义上的电子商务开始于 20 世纪 90 年代。

电子商务经历了由局部的、在专用网上的电子交易到开放的、基于互联网的电子交易的过程。早在 20 世纪 60 年代，人们就开始了用电报报文发送商务文件的工作。在 20 世纪 70 年代，人们又普遍采用方便、快捷的传真机来替代电报，但传真缺乏传送声音和复杂图形的能力，也不能实现相互通信。同一时间，在专用网络技术的发展下，一些大公司、金融机构开始采用电子资金转账（Electronic Fund Transfer，EFT）技术进行交易资金的划拨。随后出现的电子数据交换（Electronic Data Interchange，EDI），将商业或行政事务处理中的报文数据按照一个公认的标准，形成结构化的报文数据格式，并将这些报文数据由专有网络从计算机传输到计算机。由于 EDI 大大减少了纸张票据，人们也形象地称之为"无纸交易"。EDI 被认为是电子商务的早期形式，或 B2B 的早期电子商务活动。但是，无论是 EFT 方式，还是 EDI 方式，企业所从事的商业活动在当时仅限于在封闭的系统中进行运作，与今天所描述的电子商务相比，仅是电子传输技术在商业领域内的早期应用。互联网的出现使传统的电子商务从专有网络、电话网络扩展到了互联网，它为电子商务的发展提供了强有力的工具和广阔的发展空间。

1.2.2　电子商务的发展

世界范围内电子商务的发展历程基本可以按时间线划分为以下四个阶段。

（1）酝酿起步阶段（1960—1994 年）

电子商务的起源可以追溯到 20 世纪 60 年代。随着 EDI 技术的开发，引起了许多国家的关注，到了 20 世纪七八十年代，美国、英国和西欧的一些发达国家逐步开始采用 EDI 技术进行贸易，形成了涌动全球的"无纸贸易"热潮。到了 1992 年年底，全世界 EDI 用户大约有 13 万人，市场业务约 20 亿美元。20 世纪 90 年代以来，随着网络、通信和信息技术的突破性发展，互联网便在全球爆炸性地增长并迅速普及。在这一趋势下，基于互联网的以交易双方为主体、以银行电子支付和结算为手段、以客户数据为依托的全新商务模式——电子商务便随之出现并发展起来。

（2）迅速膨胀阶段（1995—2003 年）

1995 年是电子商务发展历史上很特殊的一年。美国国家科学基金会取消了对互联网商业企业的严格禁止；同年 4 月 27 日，在 CompuServe 英国购物中心内 WW Smith 的商店发生了英国第一项全国性的在线购物服务安全交易。杰夫·贝索斯（Jeff Bezos）也于这一年创办了亚马逊（Amazon.com），第一个支持人对人交易的在线拍卖网站 AuctionWeb、第一个 24 小时无商业广告的纯互联网广播电台、香港电台和 NetRadio 都是在这一年建立起来的。自此，电子商务开始了迅猛的发展。

1997 年 7 月 1 日，美国发布了《全球电子商务框架》报告，并提出了开展电子商务的基本原则、方法和措施。该报告将互联网的影响与 200 年前的第一次工业革命相提并论，极大地推动了美国和世界电子商务的发展。这一年，通过互联网形成的电子商务交易额达到了 26 亿美元。

1998 年，IBM、HP 等跨国公司相继宣布该年度为"电子商务年"，得到了众多信息技术公司和商务公司的响应。1999 年，阿里巴巴集团在中国成立，同年全球电子商务的交易额达到 1500 亿美元。在 1997—2003 年之间，投资者投入 1000 多亿美元并创建了 12000 多家互联网公司，电子商务的发展进入了迅速膨胀阶段。

(3) 稳步发展阶段（2004—2009 年）

由于盲目乐观和非理性情绪的影响，互联网经济空前膨胀。从 1999 年开始，大量的电子商务公司，尤其是 B2C 企业和 B2B 交易所开始倒闭。2000 年，互联网泡沫破灭，在此期间，有 5000 多家互联网公司倒闭或被并购。美国纳斯达克指数暴跌，互联网股的价值严重缩水。一时间，众多的注意力集中在互联网经济的泡沫上，尤其是作为电子商务典范的美国亚马逊公司经营情况的恶化及 8848 等电子商务公司的倒闭，更加大了人们对电子商务的恐慌心理，电子商务似乎已经走到了崩溃的边缘。

然而，互联网泡沫破裂后，电子商务行业并没有从此一蹶不振，而是在总结经验教训的基础上走上了一个新的发展阶段。这个阶段的主要特征是用信息化手段对传统的商务活动进行改造，以效益为目标构建各种电子商务应用，并在业务模式上不断创新。据行业调查公司 We-Mergers 统计，在 2000—2003 年间，有两千多亿美元投资进来收购处于困境中的电子商务公司或开办新的互联网公司，这些逐渐追加进来的投资为互联网企业带来了恢复生机的机会。与此同时，各国政府也相继推出了各种鼓励政策，继续支持电子商务的发展。由于网民数量不断增加，尽管当时媒体和投资者对互联网企业的前景并不看好，但是企业与消费者之间的电子商务销售额却在不断增长。在 2003—2009 年间，在经历过互联网泡沫后，电子商务已经成为一种国际化的商务活动，在全球普遍展开，并以更为稳健的步伐发展。

(4) 纵深发展阶段（2010 年至今）

2010 年以来，随着智能移动终端的大量使用和社交网络平台的广泛发展，电子商务迎来了纵深发展的阶段。2020 年全球电子商务市场收入同比增长 25%，达到 2.43 万亿美元。智能手机和平板电脑的大量使用为人们提供了强大的设备支持，使人们能够更方便地在线上与企业互动。同时，随着移动通信网络的高速扩散，买卖双方随时随地都能通过移动通信网络建立联系，电子商务逐渐向移动网络方向渗透。社交网络平台的广泛发展为企业发布广告和促销信息提供了新途径，中小企业越来越多地参与在线销售、采购和融资活动，从而构建起了一个丰富的网络电子商务生态系统。

2014—2020 年，手机网络购物用户占网络购物用户的比重不断上升，2020 年，手机网络购物用户规模达 7.80 亿人，总的网络购物用户数量有 7.82 亿人，占比已经超过了 99%[9]。由此观之，移动网络购物已经超过电脑网络购物成为推动网络购物市场的第一大动力。此外，社交网络平台和直播行业的迅猛发展为商家发布广告和促销信息提供了新途径，并衍生出了社交电商和直播电商。2020 年我国直播电商市场规模达到 9610 亿元，同比增长 121.5%，整体在线直播用户规模达到 5.87 亿人。我国社交电商用户规模更是达到 7.8 亿人，市场规模达到 2.3 万亿元，保持了稳定高速的增长。

当大量网民开始参与电子商务活动时，电子商务用户规模增长逐渐放缓，电子商务平台和商家不得不努力保持和增长市场份额和用户量。电子商务需要将重点放在不断增强用户体验和持续产品或服务创新上，商家和平台将不断在品牌、理念、服务及用户互动娱乐性等方面进行挖掘和提升。

1.2.3 电子商务活动的流程

在电子商务产生前，商务活动一直只是传统的交易活动。商务活动是至少有两方参与的有价物品或服务的协商交换过程，它包括买卖双方为完成交易而进行的各种活动。

(1) 买方

从买方的角度来考察交易活动。买方的第一项工作是确定需求,并寻找能够满足这些需求的产品或服务。在传统商务中,买方可以通过参考产品目录、请教朋友及阅读广告等方式寻找需要的产品或服务。当买方确定了产品或服务后,就要选择一个可以提供这种产品或服务的卖方。一旦买方选择了一个卖方,双方就开始谈判,谈判内容可以很简单,也可以很复杂。简单的零售交易活动可能只是顾客走入商店、选择商品然后付清货款。复杂的谈判包括交易中的很多内容,如交货日期、运输方法、价格、质量保证和付款条件,以及产品交付或服务提供时进行检验的细节问题等。买方认为收到的货物满足双方议定的条件时,根据约定的方式支付货款。买卖完成后,买方可能还要就质量担保、产品更新和维护等问题同卖方接触。在电子商务环境下,买方只需在其客户端通过互联网寻找并筛选产品或服务信息,选定后可通过线上进行有关价格、交货时间和商品信息等的谈判和咨询,确认后在线上提交购物订单并付款即可,售后相关问题也可以直接通过线上沟通解决。

(2) 卖方

对于买方所需的每一项业务,卖方都有一个相应的业务与之对应。卖方通常进行市场调查来确定潜在买方的需求。一旦卖方确定了买方的需求,就要开发出能够满足买方需求的产品和服务,并让潜在买方知道这种新的产品或服务已经存在。卖方要开展多种广告和促销活动,同买方及潜在买方沟通关于产品或服务的信息。一旦买方对卖方的促销活动有了回应,双方就开始对交易的条件进行谈判。谈判成功后,卖方就要向买方交付货物或提供服务,并向买方提供销售发票,买方需要根据约定的要求进行付款。销售活动结束后,卖方常常要为产品和服务提供持续的售后服务。在电子商务环境下,卖方只需在互联网平台发布商品信息,得到销售机会后通过线上回复买方询问、处理购物订单并通知物流发货,同样售后相关问题也可以通过线上与买方沟通解决。

(3) 业务活动与业务流程

不管是从买方还是从卖方的角度来看,每个商务过程都包含了大量不同的业务活动。例如,买方在安排所购商品的运输时,常常需要运输公司的运输服务,而运输公司往往并不是销售产品的公司,在交易中这项服务的购买也属于商务活动的一部分。也有一些业务活动由企业的内部员工来完成,也就是商务活动还包括内部员工的协调和管理。商务活动的每个过程都可能有多项活动,企业在进行商务活动时开展的各种业务活动通常被称为业务流程。资金转账、发出订单、寄送发票和运输商品等都是业务流程的例子,传统的业务获得和业务流程基本上是通过手工来完成的。在电子商务环境下,业务流程趋向电子化、网络化、信息化,买方、卖方和提供支撑服务的第三方,通过互联网等通信技术完成或辅助完成信息流、资金流和物流等活动,共同构建一个完整的电子商务过程。

1.2.4 电子商务与传统商务的运营过程对比

尽管电子商务和传统商务的目的都是通过销售产品和服务来产生利润的,但是二者运营的方法是不同的。在电子商务中,网络和通信技术起到了主要的作用,没有实体的商店,在大多数情况下,买卖双方并不用见面。将电子商务和传统商务做对比,双方在运营过程、商务主体、商品流转机制及所涉及的地域范围和商品范围等方面有着显著的不同。

（1）运营过程不同

传统商务的运营过程是由交易前的准备、交易协商、合同的签订与执行、支付与清算等环节组成的。其中，交易前的准备是交易双方了解有关产品或服务的供需信息，开始进入具体交易协商的过程。交易协商实际上是交易双方进行口头协商或书面单据的传递过程，书面单据包括询价单、订购合同、发货单、运输单、发票和验收单等。合同的签订与执行，是交易双方在达成交易意向后，签订合同并履行合同的过程。在支付与清算环节，传统商务活动的支付与清算一般通过现金或转账的方式来完成。

电子商务的运营过程虽然也有交易前的准备、交易协商、合同的签订与执行及支付与清算等环节，但是交易具体使用的运作方法是完全不同的。在电子商务的模式中，交易前的准备、供需信息的获取一般都是通过网络来完成的，这样双方信息的沟通具有快速和高效率的特点。交易协商过程是将书面单据变成电子单据并且实现在网络上传递的过程。合同的签订与执行：在网络协议和电子商务应用系统的功能保证下，交易双方所有的交易协商的文件有安全和可靠的保障，并且在第三方授权的情况下具有法律效应，可以作为在执行过程中产生纠纷时的仲裁依据。支付与清算一般采取网上支付的方式。

（2）商务主体不同

在传统商务环境下制造商是商务的中心，而在电子商务环境下销售商则是商务的主体。在传统商务环境下制造商负责组织市场的调研、新产品的开发和研制，最后也负责组织产品的销售，可以说一切商务活动都是离不开制造商的。但是在电子商务环境下则是由销售商负责销售环节，包括产品网站建立与管理、网页内容设计与更新、网上销售的所有业务、售后服务及组织与管理等，制造商就不再起主导作用。

（3）商品流转机制不同

传统商务下的商品流转是一种"间接"的流转机制。制造企业所生产出来的商品大部分都经过了一系列的中间商，才能到达最终用户手中。这种流转机制无形中给商品流通增加了许多无谓的环节，也增加了相应的流通、运输、储存费用。电子商务的出现使每一种商品都能够建立最直接的流转渠道，制造商可把商品直接送达用户那里，还能从用户那里得到最有价值的需求信息，实现无阻碍的信息交流。

（4）所涉及的地域范围和商品范围不同

传统商务是以固定不变的销售地点和销售时间为特征的店铺式销售，而电子商务则是超越时间和空间限制的。电子商务的交易时间由消费者自己决定，可在更大程度、更大范围上满足消费需求。此外，传统商务消费者一般只能采取就近原则即在方便可达的当地范围内进行购物消费，可选择的商品种类也会受可达地域范围的限制。而在电子商务环境中，消费者不再受地域限制，可以在互联网上搜索到满足需求的各地商品，可选的商品种类也大大增加。

1.2.5 电子商务与传统商务的融合

电子商务与传统企业已呈融合发展趋势。一方面，企业对电子商务的认知和使用程度正在进一步加深；另一方面，以互联网从业者为经营主体的电子商务平台模式已经越来越难体现出经营优势，主流电子商务网站也需要加深与传统产业的融合才能有提升的空间。

电子商务与传统商务融合发展是指随着互联网经济时代的来临，互联网与信息化网络对传统商务的全面渗透，使传统商务发展不再像以前那样可以完全脱离信息化与电子化而实现单独的传统业务发展模式，同时，不只是一种以电子商务为主营业务的双边经营模式，更是一种以传统商务为主要业务支撑，通过互联网的全面嵌入和信息化的整合，利用信息通信技术及互联网平台，使企业的传统业务开展模式逐渐实现电子商务化，并与传统商务相互融合的一种发展模式。

电子商务与传统商务融合发展的运营模式既强调电子商务运营的全新商务模式变革，又强调传统商务模式和经销渠道的网络化运营，是集虚拟化、信息化和实体化为一体的现代化电子商务运营模式，这种模式有助于提升企业的核心竞争力。

1.3 电子商务对传统价值链各环节的影响

互联网技术的发展和电子商务的广泛应用，使传统企业的经营活动发生了革命性的变化，电子商务对传统价值链各环节产生了重要影响。

1.3.1 电子商务对采购环节的影响

在传统商务中，企业的物资或劳务采购是非常复杂的。首先，企业要翻阅资料查找并选择相应产品的供应商，并将详细计划和需求信息传送给供应商，如果供应商反馈的样品满足要求，买方就会发出一份标有具体产品数量的采购清单。其次，供应商通知买方采购订单已收到，并确认可以满足。最后，当产品由供应商发出时，买方接收到通知和产品的发货清单，买方会计部门核对发货清单和采购订单后付款。在实际过程中，很多单据会有临时变动，这将增加企业采购过程的复杂性。

实行电子商务后，采购作业在网上进行，大大降低了采购费用。大量的手工操作系统将转向采用固化工作流程和互联网协议的电子商务系统，在反应速度、服务改进及减少劳动力和材料成本方面都产生了明显的收益。

电子商务对采购环节的影响主要体现在以下几个方面。

（1）提高采购工作效率。
（2）流程变革带来的效益。如采购直接完成发票录入、验收货物等工作。
（3）减少纸质文件流转，提高处理信息的效率并减少差错。
（4）提高业务人员的素质。
（5）提高基础管理水平。

1.3.2 电子商务对产品设计和生产管理环节的影响

在传统的企业生产过程中，有很多固定开支，如设备的折旧、大部分公用设施和建筑费用及大部分管理和监督费用等。如果产品的设计、生产到投入市场的周期缩短，那么产品的固定开支就能降低，产品的成本也随之降低，在同样的时间里可以生产出更多的产品，会给企业带来更多的效益。

电子商务的运用建立起了生产企业和供应商与客户之间的电子联系，使企业直接收集与处理客户信息成为可能，企业的产品由企业独立设计转为"用户+企业设计"，产品的设计和生产管理能够更好地满足市场和客户的个性化需求，并且能够更快地投入市场。

电子商务对产品设计和生产管理环节的影响主要体现在以下几个方面。

（1）改变了生产方式，以顾客的需求拉动了生产。
（2）提高了信息和资金等的转移速度，缩短了生产与研发的周期。
（3）减少了企业库存，提高了库存管理水平。
（4）加强了企业、生产商及消费者之间的联系，提高了工作效率。

1.3.3　电子商务对营销和服务的影响

在传统商务中，生产与销售处于两种互相分离的流通渠道，大多数产品制造者需要有自己的运输服务途径；另外，在传播媒介方面，传统商务主要通过电视、平面媒体等方式进行推广传播，这些都会造成人力、物力和时间的大量消耗。

随着电子商务的兴起，消费者的消费观念及购买渠道等发生了巨大变化，企业可以充分利用互联网来开展各种销售活动。与此同时，消费者可以直接通过互联网来进行消费，不受时间及地点的限制，充分节省时间，提高服务体验。

电子商务对营销和服务的影响主要体现在以下几个方面。
（1）给买卖双方的销售活动均带来极大的便捷性。企业的销售和营销不再受空间和时间的限制，消费者也可以足不出户购买商品。
（2）增加销售机会。销售不再受制于传统营业时间，在电子商务中可以全天候、不间断地进行交易，且销售空间可以随网络体系的延伸而延伸，从而获得更多销售机会，提升销售效率。
（3）降低营销和服务成本。如场地费用、营销费用及人员成本等。
（4）满足消费者个性化服务体验。实现以消费者为主导的消费理念。
（5）增强买卖双方的互动性。企业可以通过互联网实时获得消费者的信息反馈，根据反馈及时做出对应调整，通过双向互动从根本上提高消费者满意度。

1.3.4　电子商务对辅助活动的影响

辅助活动的许多环节也可以通过电子商务在网络上完成。例如，在人力资源管理领域，企业可以依靠自身的网站或通过网上人才市场招聘工作人员；通过网络评估员工的绩效、提升和管理员工；利用远程教育系统，对异地员工进行培训和教育，以节省开支和提高培训效率。在财务领域，员工可以通过网络了解自己的工资状态和报销差旅费等。在技术开发领域，分布在不同地点的技术人员可以通过网络协同工作，完成产品的开发过程。

总之，随着电子商务的不断发展和广泛应用，它已经影响到企业整个组织的结构模式。组织结构的改变必然使组织内部的流程发生变化，随着网络技术的发展和经济全球化的趋势，传统价值链必须进行重新构造以满足网络环境下的市场需求。

1.4　电子商务的优点和局限

1.4.1　电子商务的优点

企业对电子商务感兴趣是因为电子商务可以给企业带来利润。正如电子商务可以增加卖方的销售机会，也可以增加买方的购买机会。企业在采购时可以利用电子商务找到新的供应商和贸易伙伴。在电子商务中，讨价还价和交易条款的传递都十分便捷。电子商务提高了企业间信息交换的速度和准确性，降低了交易双方的成本。例如，在销售时和订单接收时采用电子商务，企业可以降低询价、报价和确定现货等业务活动的成本。

同传统商务相比，电子商务给买方提供了更多的选择，因为买方可以考虑更多卖方的产品和服务。买方每天 24 小时都可以与卖方接触。有些买方在决定购买时喜欢得到大量的信息，有些买方则只需要较少的信息。电子商务可以使买方根据自己的需要决定获得信息的多少。

在电子商务环境下，买方不必等上好几天才能收到寄来的产品目录，甚至不用等几分钟的传真，他们可以通过互联网立即得到所需的信息。有些数字化产品（如软件、音像或图片等）甚至可以直接通过互联网传送，这样就减少了买方等待送货的时间。在线传送数字化产品不仅节约了成本，同时还提高了销售额。例如，目前大部分个人软件，多是直接从网上下载、购买的，极大地降低了销售成本。

电子商务的好处可以惠及整个社会。互联网可以安全、迅速、低成本地实现税收、退休金和社会福利金的电子结算。另外，比起支票结算，电子结算更容易被审计和监督，这可以有效地防止欺诈和盗窃。由于电子商务可以让人们在家工作，因此交通拥挤和环境污染也可以得到缓解。电子商务还可以将产品或服务送达边远地区。例如，不管人们住在哪里，也不管他们何时学习，他们都可以通过远程教育学习知识、获得学位。

由于大量地运用了通信网络，电子商务可以使信息传播得更加广泛，使实际的贸易更接近理想贸易，使消费者和供应商都降低成本。消费者降低了获取供应商供给信息的成本，供应商降低了与大量消费者沟通其产品信息的成本，可以接触到大量的潜在消费者。通过互联网，每个人都可以参与电子商务。消费者不必出家门就可以比较各种产品。

1.4.2　电子商务的局限

电子商务也存在一些局限。

（1）互联网自身具有局限性，企业和消费者只有借助网络和网络终端才能进行交易，使商务活动需要受到工具的限制。网络延迟、网络中断和联网设备损坏等因素都将会影响电子商务活动的开展。

（2）搜索功能仍需完善，在消费者需要购买一些商品时利用现有的搜索技术很有可能找不到自己最满意的价格和喜欢的商品，也需要花费大量时间来筛选商品。

（3）电子商务的交易安全性仍需提升，电子支付体系的不完善和电子商务在各类平台安全规范的参差不齐导致消费者在消费过程中存在一定的安全隐患，如个人信息和敏感数据等的泄漏、消费者身份冒充、非授权访问及资金走向等问题。此外，电子商务需要一个良好的信用环境及双方彼此有信任度，很多相信传统理念的消费者在网络消费时是抱有担心和疑虑的。同时，电子合同的法律问题也存在局限，电子合同存在方便编造、难以证明真实性和有效性的问题，信息网络中的信息不确定性和易变性也造成了在信息网络发生侵权行为时，锁定侵权证据或获取侵权证据难度极大，对解决侵权纠纷带来了较大的障碍。

1.5 电子商务的发展趋势

(1) 移动化

目前手机已经超越电脑成为网民上网的第一大终端。在手机这一移动终端开始普及时，便出现了移动电子商务的雏形。尤其是近年来，随着智能手机的大量出现，移动电子商务得到了快速发展。智能手机功能强大，并且价格越来越低，再加上手机的移动性等优势，使移动上网的门槛越来越低。我国移动电子商务发端于早期的彩铃、图片及铃声下载等电信增值业务，经历了企业级应用、在线电子商务等阶段。如今，5G 技术、二维码、基于位置的服务（Location Based Services，LBS）及社会化媒体等应用的出现，为移动电子商务的发展注入了新动力。移动电子商务不再仅仅是传统电子商务的一种补充形式，其逐渐发展成为一种与传统电子商务相对独立的在线商务模式。

(2) 社会化

早期，电子商务的发展离不开人们的口耳相传。正因如此，电子商务自诞生之日起，便天生具有"社会化"的特征。而这种"社会化"的特征在社交网络、社会化媒体的驱动下显得更为突出。社会化媒体与电子商务的结合，所形成的社会化电子商务（Social Commerce）被广泛接受，其切入点在于通过在线人际互动来进行商务活动，除了常见的直接人际关系互动（如社交网络），基于信息（如兴趣）、位置等的间接人际互动也格外重要。

(3) 智能化

智能化，不仅指电子商务基于大数据对消费者、物流等信息进行分析、优化，还指电子商务与人工智能的融合。在电商营销过程中，为了更好地把控营销过程中投放相应广告的效果，企业借助数据和技术将电子商务营销流程中的各个环节进行智能化升级。同时，近年来随着科学技术的发展，电子商务面向客户端的智能化趋势也愈发明显。诸如智能货架、电子价签及针对个体用户独特的个性化推荐等技术纷纷实现。许多电子商务企业均实现了根据对消费者过往购买记录和浏览记录数据的收集、处理及分析，智能化、个性化推荐商品。此外，智能客服的出现不仅提升了企业服务效率和服务质量，还提高了企业优化客户关系的决策能力和整体运营能力。

(4) 泛在化

近年来，传感器、无线射频及智能感知等技术应用得到了迅猛的发展，并在互联网基础上逐渐演化出新一代网络应用——物联网（Internet of Things，IoT）。物联网扩展了网络节点的类型，将所有物品纳入网络节点，彼此之间能够进行信息交互，进而形成一个"无处不在"的网络环境，即所谓的"泛在"（Ubiquitous）。泛在化电子商务的应用可能包括商品的自动识别、面向消费者的个性化营销与推荐、智能谈判议价及基于位置的服务等。探索泛化在网络环境下电子商务模式的创新，将掀起电子商务发展的新一轮浪潮。

(5) 线上与线下融合

电子商务发展至今，一个显著的特点是线上与线下的界限在逐渐模糊，呈现出相互融合之势。传统企业走向线上，线上企业开始关注线下电子商务。越来越多的传统企业开始接触线上销售，尝试开辟新的销售渠道，例如，推出网购平台，通过网站、论坛、微博等平台开展营销活动等。由于电子商务并没有完全覆盖整体人群，线上企业也开始关注线下市场的开拓。

（6）国际化

电子商务将可交易的区域范围扩大到各国之间，一个国家的消费者能够通过电子商务的相关平台买到其他国家的产品。电子商务的国际化使我国跨境购物需求不断释放，并为我国中小企业向世界实时高效地展示其产品或服务提供了渠道。自2016年起，我国货物贸易进出口保持相对稳定的增长，这为我国未来跨境电商进一步发展提供了必要的基础。从跨境电商进出口总额来看，2020年我国跨境电商进出口总额达1.69万亿元，同比增长了31.1%。2020年通过海关跨境电子商务管理平台验放进出口申报清单24.5亿票，同比增长63.3%。在如今经济全球化及电子商务快速发展的大趋势下，跨境电商行业迎来了新的发展契机。

本章小结

本章介绍了电子商务的概念，对电子商务的特征进行了简要概括，并根据交易主体对电子商务的类型进行了划分。从互联网与信息技术的发展开始，简要介绍了电子商务的产生及发展路径和电子商务活动的流程，并将电子商务与传统商务的运作过程进行了对比，并对两者的融合进行了详细讨论。本章还详细讨论了电子商务对传统价值链各环节的影响，论述了电子商务的优点和局限。最后对电子商务的发展趋势进行了展望。

问题与讨论

1. 简述电子商务的概念、特征和类型。
2. 电子商务的产生和发展经历了哪几个阶段？
3. 电子商务与传统商务的运作过程有何不同？
4. 简述电子商务对传统价值链各环节的影响。
5. 结合本章介绍的电子商务的优点和局限，讨论当前中国电子商务发展的优势与劣势，以及可能的发展方向。

案例分析　　　　　电商助力"山货"俏销

一朵木耳，让九山半水半分田的金米村长出了"金疙瘩"。

陕西柞水县金米村的脱贫致富，离不开"小木耳、大产业"的带动，离不开电商平台的助力。习近平总书记在陕西考察时强调，电商不仅可以帮助群众脱贫，而且还能助推乡村振兴，大有可为。的确，一头是藏在深山人未识的宝贝，一头是庞大的国内消费市场，一根网线将供需两端拉近。在电商的带动下，柞水正在发生巨变。2019年，柞水县农产品线上销售额达1600多万元，同比增长122%，走向广阔市场的优质木耳成为脱贫攻坚的产业"生力军"。但电商助农不是把农产品搬到网上卖这么简单，并非家家户户摆个手机就能奏效。

电商助农，完善的基础设施是前提。从金米村的电商直播间往北走几百米，就是去年刚建成的村级电商服务点。目前，柞水县已实现镇级电商服务点全覆盖，县镇村三级物流体系基本完善，并建成县级物流分拣中心。"鼠标一点""手机一架"看似简单，如果没有完善的交通、物流和信息通道，畅达的线上交易与货物配送就无从谈起。在今年的中央一号文件中，从支持延伸乡村物流服务网络，到加强村级电商服务站点建设，正是为了夯实农村电商的软硬件基础，为农户"触网"、产业集聚提供依托。

发展农村电商，产品质量是关键。拿柞水木耳来说，如何降低种植成本，如何在同类产品中脱颖而出，如何挖掘产品附加值，一直是摆在眼前的难题。近年来，柞水县引进农业龙头企业和生产线，与科研团队合作选育高质量菌种、提升管理水平，同时研发出木耳咖啡、木耳益生菌等新产品，赢得更多消费者的认可。以电商业态倒逼产品深加工、产业链延长，不断优化产业管理、科技创新等能力，方有望实现质量好、品牌响、产业稳、村民富的目标。

有人说，时下，数据成为新农资，手机成为新农具，直播成为新农活。的确，电商新业态，让更多面朝黄土背朝天的农户，手握新农具，干起新农活，变成"新农民"。电商专业化与数字农业离不开人才支撑，通过引才让更多技术及经营人才来到乡村固然重要，通过育才使更多村民掌握数字经济基本技能更是刻不容缓。经过专业培训，从拿锄头刨地变为用智能手机打理木耳种植，从简单的自产自销到掌握店铺运营统筹能力，更多柞水县农户具备了腿上有泥、心中有"数"的能力，为脱贫致富拓宽了路子。

疫情防控期间，"云买菜""云买货"沉淀了大量消费需求，农村电商的深厚潜力被进一步挖掘。从田间地头的实时互动，到市长、县长直播带货，再到各大平台爱心助农，各平台农产品成交额大幅上涨，电商再次迎来了提质升级的新机遇。期待更多"土味山货"成为"网红尖货"，更多农户能将小产业对接大市场，让数字经济的种子播撒在田野上，为我们带来更多希望与惊喜。

案例来源：人民网。

思考题：

1. 请从多个方面总结农产品电子商务化为陕西柞水县带来的好处。并讨论电子商务还会为陕西柞水县带来哪些利益，为获取这些利益，陕西柞水县还需要做出哪些努力？
2. 陕西柞水县选择利用电子商务平台进行线上销售农产品的原因是什么？"电商助农"取得成功的主要原因是什么？
3. 结合本章所学的知识，你还能为陕西柞水县的"电商助农"进程提出哪些建议？

索引

电子商务
B2C
B2B
C2C
C2B
C2G
B2G

本章参考文献

[1] NGAI E W T, WAT F K T. A literature review and classification of electronic commerce research [J]. Information & Management, 2002, 39(01):415－429.

[2] KALAKOTA R, WHINSTON A B. Electronic commerce: A manager's guide [M]. 2nd Edition. New Jersey: Addison-Wesley Professional, 1996.

[3] BIDGOLI H. Electronic Commerce: Principles and Practice[M]. Washington, DC: Academic Press, 2001.

[4] 黄晓涛. 电子商务导论[M]. 北京：清华大学出版社，2005.

[5] 周宏仁. 信息化概论[M]. 北京：电子工业出版社，2009.

[6] 杨坚争. 电子商务基础与应用[M]. 西安：西安电子科技大学出版社，2008.

[7] SCHNEIDER G, Electronic Commerce[M], 11th edition. Boston: Cengage learning, 2015.

[8] 易观千帆. 2019 年 11 月短视频类 App TOP10 榜单[EB/OL]，2019.

[9] 华经产业研究院. 2018 年中国电子商务行业发展现状及电子商务上市企业发展特征分析[EB/OL]，2019.

[10] 艾媒咨询. 2019 年中国社交电商行业研究报告[EB/OL]，2019.

[11] 艾媒研究院. 2021 全球及中国跨境电商运营数据及典型企业分析研究报告[EB/OL]，2021.

第 2 章　电子商务构成及对经济社会的影响

引言

随着社会经济的发展，电子商务的构成发生了深刻的变化。与此同时，电子商务的发展为信息和网络技术创造了更大的需求和供给，改变了传统的贸易运作方式，极大程度地便利了以图像、文字和声音为媒体的非物质性商品的传输，在给人们生活带来改变的同时，也对整个社会经济产生了重大的影响。本章从市场结构、基础设施、支撑技术和环境等方面对电子商务的构成进行系统的介绍，并阐述电子商务对社会经济、组织和个人产生的影响。

本章重点

- 电子商务的市场结构
- 电子商务基础设施的相关概念
- 电子商务的支撑技术
- 电子商务的环境
- 电子商务对社会生活形态产生的变革

2.1 电子商务的市场结构

市场结构指的是某一市场中各种要素之间的内在联系及其特征，包括市场供给者之间、需求者之间、供给和需求者之间及市场上现有的供给者、需求者与正在进入该市场的供给者、需求者之间的关系。在电子商务时代，由于网络交流平台的普及，消费者对商品的选择面会更广，而卖方也同样拥有了更多的交易选择，商品的市场结构会发生一定的改变。

电子商务市场是进行电子商务交易的主要场所，它是一个虚拟的电子空间，买方和卖方在电子市场中"见面"并开展不同类型的交易。电子商务市场的功能虽然与实体市场的功能相同，但是计算机系统往往通过提供更多的最新信息和各种支持服务（如便捷和快速地执行交易）使电子商务市场更加高效地运营。电子商务市场降低了消费者的信息搜索时间和成本，缩短了购买和拥有可在线购买的产品之间的时间间隔（特别是当产品可以数字化时），使市场参与者能够在不同地点、在任何时间（7 天/24 小时）进行交易。

电子商务市场活动贯穿于电子商务产品及服务从生产到消费的全过程，电子商务产品及服务的供给方、需求方及商品本身决定着市场的类型和性质。从网络商品的类型出发，可以把电子商务市场分为产品型电子商务市场和服务型电子商务市场两大类。产品型电子商务市场是指以数字信息的方式将产品呈现在网络上供人们了解和选购的市场，最终通过现实世界的物流运输的方式送到消费者的手中，这类市场是将各种商品通过图片、文字说明和声音等多媒体信息放在网络上的。服务型市场是指仅通过网络的传递就可以将数字产品和服务送到消费者手中的市场，涉及的产品有计算机软件、在网络上可以直接下载的数字化资料、信息咨询服务、音乐、电影及游戏等。

2.2 电子商务的基础设施

电子商务的基础设施是指电子商务企业开展业务所需的完整 IT 基础架构。其主要包括电子商务运营所用的软件、硬件和网络系统。互联网是电子商务最重要的基础设施,除了这种彼此连接的网络系统,电子商务的基础设施还要提供一个整合的硬件和软件环境,包括数据库软件、网络交换器、集线器、加密硬件和软件、多媒体支持工具和 WWW(万维网)等硬件、软件及服务组成部分,通过全面的系统管理,支持用户的多种应用。电子商务的基础设施具体可分为网络基础设施、信息传播的基础设施、信息处理的基础设施和商业贸易服务的基础设施等。

(1)网络基础设施

网络基础设施主要是指电子商务的硬件,即实现电子商务最底层的基本设施。网络基础设施主要是信息传输系统,它包括远程通信网、有线电视网、无线通信网和互联网等。这些网络都可以为电子商务提供信息传输,但目前应用最广的是互联网,其主要硬件包括电话设备、调制解调器(Modem)、集线器(Hub)、路由器(Router)、数字交换机、有线电视、电脑设备、平板及智能手机等。

(2)信息传播的基础设施

信息传播的基础设施主要涉及信息传播的工具和方式,是电子商务信息传播的主要工具。互联网使用 HTTP(超文本传输协议)作为传递信息的一种工具,它以一种统一的界面在多种不同环境下显示非格式化的多媒体信息。每一个按该协议建立的文档都包含着可供用户进一步检索的超级链接,这种超级链接可以连接到文本文件,还可以连接到图形图像、声音和影视画面等文档。目前,大部分网民可以在各种终端和操作系统下通过 HTTP 统一资源定位器(URL)找到所需要的信息。在信息传播过程中其提供了两种方式:一是非格式化的数据交流,例如,FAX(传真)和 E-mail(电子邮件)传递信息,这种交流方式的对象是人,需要人的参与;二是格式化的数据交流,例如,EDI(电子数据交换)传递的信息,这种交流方式的对象一般是计算机,不需要人的干预,基本上可以实现全自动化。

(3)信息处理的基础设施

网络上传播的内容包括文本、图片、声音和图像等。但网络本身并不知道传递的是声音还是文字,网络把它们一视同仁地视为由 0、1 组成的字节串。对于这些字节串的解释、格式编码及还原是由一些用于消息传播的硬件和软件共同实现的,它们位于网络基础设施的上一层,即信息处理的基础设施。网络上信息的传递和发布、面向电子商务的基础设计建设和电子商务应用等,都需要应用以计算机软件技术和数据库技术为主体的信息处理技术。

电子商务的信息处理技术主要以 Web 平台为基础,以 HTML(Hyper Text Marked Language,超文本标记语言)和 XML、Java、ActiveX 的形式将信息发布在 WWW 上为主要形式,开发面向电子商务的系统平台。数据库技术是电子商务中信息收集、存储、传递和发布的基础,数据库管理系统是其核心。这样,企业可以利用网上主页在互联网上发布各类商业信息,客户可借助网上的检索工具迅速地找到所需的商品信息。一个复杂的 Web 服务器可以向一个特定的查询者提供符合其个人习惯的目录,一个 Web 网站所能完成的功能比任何用户登记卡所能做到的更好、更持久,它能够捕捉和分析用户行为,用来完成未来规划、掌握动态的个人市场营销情况。

(4) 商业贸易服务的基础设施

商业贸易服务的基础设施层次主要是实现标准的网上商务活动服务,以方便网上交易。这个层次是所有企业、个人进行贸易时都会用到的服务。它主要包括商品目录/价目表建立、电子支付、商业信息的安全传送及买卖双方的合法性认证方法等。对电子商务来说,消息的传播要适合电子商务的业务要求,必须提供安全和认证机制来保证信息传递的可靠性、不可篡改性和不可抵赖性,且在有争议的时候能够提供适当证据。

2.3 电子商务的支撑技术

电子商务的迅猛发展离不开可靠的技术支撑。互联网、Web 技术、数据库技术等支撑技术是电子商务早期发展的重要推动力。云计算、大数据、人工智能、扩展现实等新兴技术的出现,进一步推动了电子商务的快速发展。本节对电子商务发展过程中的主要支撑技术进行介绍。

2.3.1 互联网

电子商务兴起和发展依赖于计算机技术,尤其是互联网技术的飞速发展,互联网为电子商务的存在和发展提供了基础环境和平台,互联网技术是电子商务的基础技术和推动力。

互联网(Internet)是用一个共同的协议族把多个网络连接在一起,而形成的全世界范围内网络资源共享和信息交换的计算机互联网络。互联网能够提供多种服务,如 Email、购物、娱乐和即时通信等。互联网从其产生至今已有 50 多年的历史,其从雏形到正式形成经历了三种形态,这三种形态分别为:ARPAnet、NSFnet 和 Internet。1994 年年初,中国正式接入全球互联网,可以全方位地访问互联网。

互联网主要由三部分组成:计算机硬件、网络的通信协议和计算机软件。

(1) 计算机硬件

互联网主要的计算机硬件有网络适配卡(Network Adapter)、调制解调器(Modem)、中继器(Repeater)、集线器(Hub)、网桥(Bridge)、路由器(Router)、网关(Gateway)及通信的线缆等。这些硬件设备是网络信号传输的物质基础。

(2) 网络的通信协议

通信协议实际上是一组规定和约定的集合。两台计算机在通信时必须约定好本次通信做什么,是进行文件传输,还是发送电子邮件;怎样通信;什么时间通信等。通信协议在网络中的作用就像生活中语言的语法。语法不同让人们无法交流,在网络中,通信双方要遵从相互可以接受的协议(相同或兼容的协议)才能进行通信。目前的互联网是以 TCP/IP 协议族作为基础的,任何计算机连接网络后只要运行 TCP/IP 协议,就可访问互联网。

(3) 计算机软件

软件是通信协议的实现。如果通信协议是语言中的语法,那么如何正确地按照语法的要求去表达我们的意思,这就是计算机软件的事情了。当然,计算机软件包括的内容比较广泛,从操作系统级的硬件驱动到应用层的应用软件,都是计算机软件。

2.3.2 Web 技术

Web 中文称为万维网,英文全称为"World Wide Web",是建立在客户机与服务器模型之上，以 HTML（超文本标记语言）和 HTTP（超文本传输协议）为基础，能够提供面向各种互联网服务的、一致的用户界面的信息浏览系统。Web 是互联网上最重要、最常用的服务，正是 Web 简化了互联网的操作难度，方便了信息的传播。通过 Web，我们可以访问分布在世界各地的包含各种信息的网页。

Web 是英国人蒂姆·伯纳斯-李（Tim Berners-Lee）于 1989 年在欧洲核子研究组织 CERN（the European Laboratory for Particle Physics）工作期间发明的。Web 是一个由许多互相链接的超文本文档组成的系统，可以通过互联网访问。在这个系统中，每个有用的事务，被称为"资源"，并且由一个全局"统一资源标识符"（URL）标志，这些资源通过 HTTP 传送给用户，后者通过点击链接获得资源。

1. Web 技术结构

客户端/服务器（Client/Server，C/S）结构是 20 世纪 90 年代成熟起来的软件系统体系结构，它将应用程序分为客户端和服务器两大部分。客户端部分为每个用户所专有，负责执行前台功能，如管理用户接口、数据处理和报告请求等；服务器部分由多个用户共享信息与功能，执行后台服务，如管理共享外设、控制对共享数据库的操纵等。C/S 结构的主要特点是：请求/响应工作方式、以消息交换作为交换方式、基于过程的服务访问、服务集中于特定的服务器。

在互联网出现前，企业主要采用的是 C/S 结构，但这种结构也存在一些不足：客户端程序设计复杂；开发成本高，对客户端配置要求较高；软件维护和升级困难；数据安全性不好；单一服务器且以局域网络为中心的 C/S 结构难以扩展到大型企业广域网或互联网。

于是，基于浏览器/服务器（Browser/Server，B/S）结构的系统应运而生。在 B/S 结构下（见图 2-1），用户工作界面通过 WWW 浏览器来实现，极少部分业务逻辑在浏览器端（Browser）实现，主要业务逻辑在服务器端（Server）实现。采用 B/S 结构后，在客户端只需安装一个通用的浏览器即可，不再受具体操作系统和硬件的制约，实现了跨平台的应用，客户端可以与相互配合的多个服务器组相连接以支持各种应用服务，而不必关心这些服务器的物理位置。

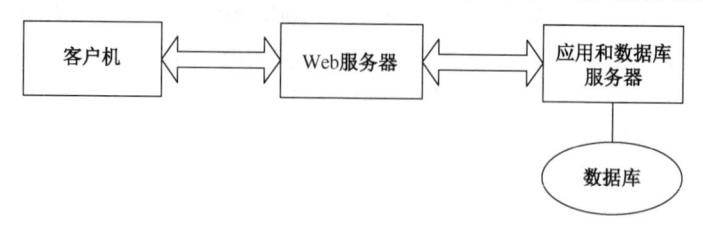

图 2-1 B/S 结构

2. Web 浏览器

Web 浏览器是作为一个解释的应用程序，主要用来浏览网页文件。目前的网页一般是用超文本标记语言（HTML）编写的。它是 Web 的专用表述语言，由具有一定语法结构的标记符和普通文档组成。HTML 可以规定网页中信息陈列的格式，指定需要显示的图片，嵌入其他浏览器支持的描述型语言，以及指定超文本链接对象等。HTML 语言的源文件是纯文本文件，可以使用任何文本编辑器来进行编辑。目前比较有影响的浏览器有微软 Edge 浏览器、谷歌 Chrome 浏览器、QQ 浏览器、搜狗浏览器和 Firefox 浏览器等。

3. 网页技术

网页（Web Page），是网站中的一页，通常是 HTML 格式。网页通常能够提供文字、图像等内容，供浏览者访问。网页需要使用网页浏览器来阅读。网页目前主要分为静态网页和动态网页，与之对应的分别是静态网页技术和动态网页技术。静态网页是指没有后台数据库、不含程序和不可交互的网页，它不会有任何改变，在某个服务器上等待用户访问。动态网页是指按用户的需求在服务器上动态组织一个网页。这两种网页的主要区别在于网页的制作语言不同，程序是否在服务器端运行。在服务器端运行的程序、网页和组件都属于动态网页，它们会根据访问者请求，返回不同的网页。

静态网页和动态网页各有特点，网站采用动态网页还是静态网页主要取决于网站的功能需求和网站内容的多少。静态网页，一般适用于更新较少的展示型网站。反之一般要采用动态网页技术来实现。一般的网站都是由动态网页和静态网页结合的。

4. Web 服务

W3C Web Services Architecture 小组对 Web 服务（Web Services）的定义是：Web 服务是由 URI 标识的软件应用程序，其接口和绑定可以通过 XML 构件进行定义、描述和发现，Web 服务支持通过基于 Internet 的协议使用基于 XML 的消息与其他软件应用程序互相交互。Web 服务是采用标准的协议（如 WSDL、UDDI 等）实现的一种面向服务的架构，Web 服务的体系结构如图 2-2 所示，它能够创建服务的抽象定义，提供服务的具体实现，发布并查找服务，实现服务实例选择，并实现可操作服务的使用。许多电子商务企业向外界提供 Web 服务，如阿里巴巴、京东、Amazon 和 eBay 等。

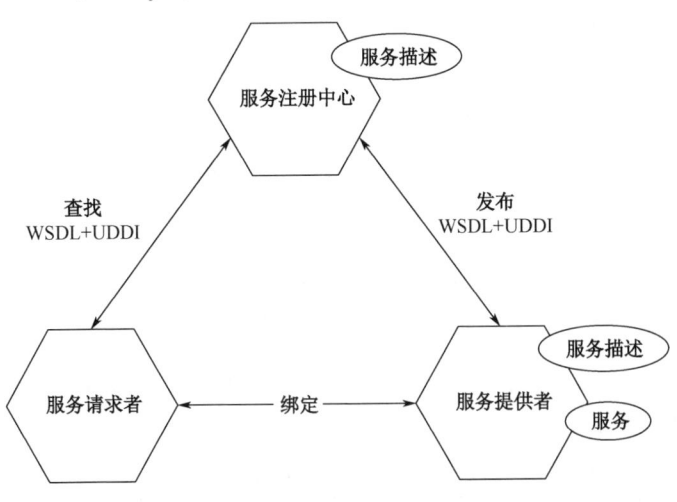

图 2-2　Web 服务的体系结构

2.3.3 EDI 技术

自从计算机技术开始使用，人们就一直探索用电子手段来代替传统的纸面的信息记录和信息传输方式，增加信息的传递速度，以降低人工干预的程度，减少出错的机会。电子数据交换（Electronic Data Interchange，EDI）就是模拟传统的商务单据流转过程，对整个贸易过程进行简化的技术手段。EDI 最初是在 20 世纪 60 年代开发的，用于提高企业的反应时间，减少纸面工作，消除可能的录入错误。EDI 的应用主要来自两个方面：一方面是大企业想与自己的供应商和客户建立电子数据交换和联系；另一方面是有些行业已经形成了非常成熟的供应链网络，通过实施 EDI 来改善整个行业的整体社会效率。

EDI 是一种利用计算机进行商务处理的方式。在基于互联网的电子商务普及应用前，EDI 曾是一种主要的电子商务模式。从一般的交易过程看，传统的贸易过程通常是参与贸易的有关各方通过电话、传真和邮递等方式进行贸易磋商、签约和执行的。相关贸易文件的制作和传输也要通过人工来进行处理和邮寄。一个贸易过程要经过如银行、海关、商检及运输等环节，含有同样交易信息的不同文件要经过多次重复的处理才能完成。这就增加了重复劳动量和额外的开支，并增加了出错的机会。同时由于邮寄的延误和丢失，常常给贸易双方造成意想不到的损失。

EDI 是将贸易、运输、保险、银行和海关等行业的信息，用一种国际公认的标准格式，形成结构化的事务处理的报文数据格式，通过计算机通信网络，使各有关部门、公司与企业之间进行数据交换与处理，并完成以贸易为中心的全部业务过程。EDI 包括买卖双方数据交换和企业内部数据交换等。

2.3.4 搜索引擎技术

搜索引擎是指根据一定的策略、运用特定的计算机程序搜集互联网上的信息，在对信息进行组织和处理后，为用户提供检索服务的系统。搜索引擎的工作大致可以分为搜集信息、整理信息、接受查询及反馈结果等阶段。搜索引擎一般由搜索器、分析器、索引器、检索器和用户接口等五个部分组成，搜索引擎的组成结构如图 2-3 所示。

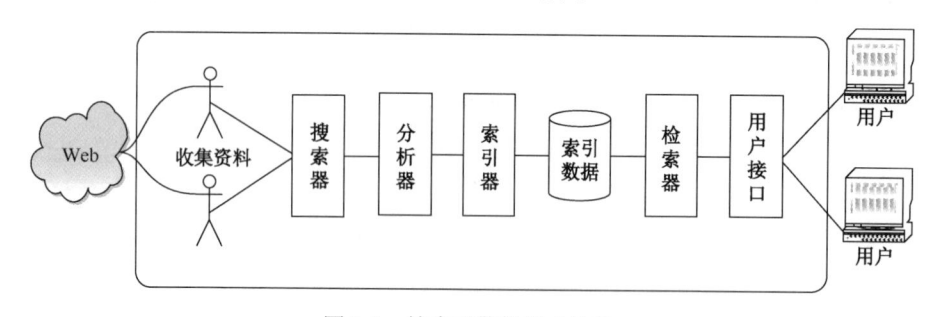

图 2-3 搜索引擎的组成结构

（1）搜索器也称为网络爬虫，是一个机器人程序（Robot、Spider、Crawler 或 Wander），自动地在互联网中搜集信息并下载到本地文档库。

（2）分析器对本地文档库进行分析以便用于索引。文档分析技术包括分词、过滤和转换等。在分词时，大部分系统从全文中抽取词条，也有部分系统只从文档的某些部分中（如标题等）抽取词条。

（3）索引器的功能是理解搜索器所搜索的信息，从中抽取出索引项，将文档表示为一种便于检索的方式并存储在索引数据库中，生成文档库的索引表。

（4）检索器的功能是根据用户的查询在索引库中找出相关文档，进行文档与查询的相关度评价，返回相关度符合某一阈值的文档集合。

（5）用户接口的作用是为用户提供可视化的查询输入和结果输出界面，提供用户相关性反馈机制。在输出界面中，搜索引擎将检索结果展现为一个线性的文档列表，其中包含了文档的标题、摘要和所在 URL 等信息。

2.3.5 数据库技术

数据库技术的用途主要是进行事务处理、批处理和决策分析等各种数据处理工作。其主要用途划分为两大类：操作型处理和分析型处理（或信息型处理）。操作型处理也叫事务处理，是指对数据库联机的日常操作，通常是对一个或一组纪录的查询和修改，主要是为企业的特定应用服务的，这种应用注重响应时间、数据的安全性和完整性；分析型处理则用于管理人员的决策分析，经常要访问大量的历史数据，针对这种技术的应用逐渐演化出数据仓库技术。

数据库技术是计算机处理与存储数据的最有效和最成功的技术，广泛应用的网络数据库实现了数据资源的共享。网络数据库以后台数据库为基础，加上一定的前台程序，通过浏览器完成数据存储、查询等操作。一个网络数据库就是用户利用浏览器作为输入接口，输入所需要的数据，浏览器将这些数据传送给网站，而网站再对这些数据进行处理，如将数据存入数据库或对数据库进行查询操作等，最后网站将操作结果传回浏览器，通过浏览器将结果告知用户。

在电子商务中，每一笔交易都在虚拟网络中完成，用户通过网络数据库方便地查询交易方的商品和服务等信息，就如同在商店里浏览商品一样。网络数据库就如同商场中供商品存放的货架一样，方便把商品展示出来，只不过数据库中记载的是商品的信息，而不是实体，商品实体还是储存在商家的物流配送中心。

2.3.6 数据仓库与数据挖掘技术

数据仓库是面向主题的、集成的、非易失的（稳定性）、随时间不断变化的（时变的）数据集合，用以支持经营管理中的决策制定过程。数据仓库中的数据是面向主题的，同传统数据库不同，主题是一个在较高层次上将数据归类的标准，每一个主题对应一个宏观的分析领域；数据仓库的集成特性是指在数据进入数据仓库前，必须经过数据加工和集成，这是建立数据仓库的关键步骤，首先要统一原始数据中的矛盾之处，还要将原始数据结构进行从面向应用向面向主题的转变；数据仓库的稳定性是指数据仓库反映的是历史数据的内容，而不是处理日常事务产生的数据，数据经加工和集成进入数据仓库后是极少或根本不修改的；数据仓库是不同时间的数据集合，它要求数据仓库中的数据保存时限能满足进行决策分析的需要。数据仓库的建立并不是要取代数据库，而是要建立在一个较全面和完善的信息应用的基础上，用于支持高层决策分析，而事务处理数据库在企业的信息环境中承担的是日常操作性的任务。

电子商务活动中产生了大量关于产品销售情况、客户行为与消费模式等有价值的信息，对这些数据的综合分析与处理能够使企业了解产品的利润情况及客户的偏好，有助于企业开发出更好的产品和更好地满足客户需求。要实现这一目的，就需要建立数据仓库，并在其基础上应用数据挖掘技术对存储在数据仓库中海量的数据进行分析和挖掘。通过分析获得的信息可以用来更好地了解客户行为，加强客户沟通并提供个性化服务，从而创造更大的价值。

数据挖掘是通过深入分析大量数据来揭示有意义的新的关系、趋势和模式的过程。数据挖掘是知识发现的核心步骤。数据挖掘的任务是在数据中发现隐藏的模式和关系，并从中推断规则来预测未来的行为。模式和规则用于指导决策和预测决策的效果。数据挖掘常见的分析方法有关联（Association）分析、分类（Classification）分析和聚类（Cluster）分析等。

（1）关联分析

关联分析又称关联挖掘，就是发现存在于大量数据集中的关联性或相关性，从而描述了一个事物中某些属性同时出现的规律和模式。关联分析的一个典型例子就是购物篮分析。该过程通过发现顾客放入其购物篮中的不同商品之间的联系，分析顾客的购买习惯。通过了解哪些商品频繁地被顾客同时购买，这种关联的发现可以帮助零售商制定营销策略。其他的应用还包括价目表设计、商品促销、商品的排放和基于购买模式的顾客划分。

（2）分类分析

分类分析是根据训练数据集和类标号属性，构建模型来分类现有数据，并用来分类新数据。分类时要求每个训练样本的类标号已知，属于监督学习。分类模型正确预测新数据类标号的能力，即准确率，是评价分类效果的重要标准，此外还有速度、健壮性、可伸缩性及可解释性等，根据实际需要可有所侧重。分类有许多典型的应用场景，如客户分类、市场预测和欺诈检测等。

（3）聚类分析

聚类分析是在没有给定划分类别的情况下，根据数据相似度进行样本分组的一种方法。与分类模型需要使用有类标记样本构成的训练数据不同，聚类模型可以建立在无类标记的数据上，是一种非监督的学习算法。聚类分析是一种探索性的分析，根据使用方法的不同常常会得到不同的结论。好的聚类结果应该满足类内相似度高、类间相似度低。在商务应用中，聚类分析可以帮助市场分析人员发现不同的顾客群或产品类别。

2.3.7 大数据技术

数据是互联网应用的必然产物，互联网的飞速发展引领我们走进大数据时代。随着大数据时代的不断深入，大数据已成为当前和未来的研究前沿之一，它或将彻底改变许多领域，如商业、科学研究和公共管理等。但由于大数据本身的抽象性，学界对大数据的概念并没有一个统一定义。早在1980年，著名未来学家阿尔文·托夫勒（Alvin Toffler）就在其《第三次浪潮》一书中将大数据赞颂为"第三次浪潮的华彩乐章"。最早提出大数据时代到来的是全球知名咨询公司麦肯锡，他们称："数据，已经渗透到当今每一个行业和业务职能领域，成为重要的生产要素。"如今，随着大数据在互联网信息行业的广泛应用，它也得到了人们前所未有的关注。

关于大数据的特征，起初，具有代表性的观点是2001年Doug Laney提出的大数据具有"3V"特征，即Volume（体量巨大）、Variety（种类繁多）和Velocity（处理速度快）；2012年，IDC认为大数据具有4个特征，即"4V"，在前面3个特征的基础上增加了Value（价值密度低）特征；同年，IBM公司提出大数据具有5个特征，又增加了Veracity（真实性）特征，即Volume、Variety、Velocity、Value和Veracity。"5V"特征表明，大数据不仅仅是数据量达到新的高度，而是在数据处理的难易程度、处理速度及处理效果方面都有发展和提高，对传统数据处理方式有颠覆式的影响。

大数据的意义不在于数据信息本身，而是在于对这些含有意义的数据进行专业处理，通过"加工"实现数据的"增值"，将现有的数据转化为知识，从而提高决策能力、决策效率和决策准确性。大数据时代的到来为电子商务的发展带来了新的机遇。一方面，通过对大数据分析技术的运用，能够对消费者的购买习惯和消费心理进行分析与预测，从而有针对性地实施精准营销。另一方面，大数据技术能够推动电子商务新型增值服务的产生。在电子商务平台上，通过对消费、金融、物流和生产等多种类型的大数据进行分析应用，可以催生新的增值服务，提高效益。

2.3.8 云计算技术

云计算（Cloud Computing）是分布式计算的一种，简单地说就是以虚拟化技术为基础，以网络为载体，以用户为主体为其提供基础架构、平台、软件等服务为形式，整合大规模可扩展的计算、存储、数据、应用等分布式计算资源进行协同工作的超级计算服务模式。虚拟化（Virtualization）技术是云计算系统的核心组成部分之一，是将各种计算及存储资源充分整合和高效利用的关键技术。虚拟化技术实质是实现软件应用与底层硬件相隔离，把物理资源转变为逻辑可管理资源。通过虚拟化技术，云计算中每一个应用部署的环境和物理平台是没有关系的，通过虚拟平台进行管理、扩展、迁移、备份，种种操作都可以通过虚拟化层次来完成。

对最终用户而言，云计算具有如下特征。

（1）按需自助式服务（On-demand Self-service）。用户可以根据自身实际需求扩展和使用云计算资源，具有快速提供资源和服务的能力。用户能通过网络方便地进行计算能力的申请、配置和调用，服务商可以及时进行资源的分配和回收。

（2）广泛的网络访问（Broad Network Access）。通过互联网提供自助式服务，使用者不需要部署相关的复杂硬件设施和应用软件，也不需要了解所使用资源的物理位置和配置等信息，可以直接通过互联网或企业内部网透明访问即可获取云中的计算资源，从而获得高性能计算能力。

（3）资源池（Resource Pooling）。供应商的计算资源汇集在一起，通过使用多租户模式将不同的物理和虚拟资源动态分配多个消费者。各个客户分配有专门独立的资源，客户通常不需要任何控制或知道所提供资源的确切位置，就可以使用一个更高级别抽象的云计算资源。

（4）快速弹性使用（Rapid Elasticity）。服务商的计算能力根据用户需求变化能够快速而弹性地实现资源供应。云计算平台可以按客户需求快速部署和提供资源。通常情况下资源和服务可以是无限的，可以在任意的时间购买任意的数量。

（5）可度量的服务（Measured Service）。云服务系统可以根据服务类型提供相应的计量方式，云自动控制系统通过利用一些适当的抽象服务（如存储、处理、带宽和活动用户账户）的计量能力来优化资源利用率，还可以监测、控制和管理资源使用过程。同时，能为供应商和服务消费者之间提供透明服务。

根据提供的服务层次不同，云计算有以下三种交付类型。

（1）基础设施即服务（Infrastructure as a Service，IaaS）。通过网络作为标准化服务提供按需付费的弹性基础设施服务，其核心技术是虚拟化，可以通过廉价计算机达到昂贵高性能计算机的大规模集群运算能力。典型代表如亚马逊云计算 AWS（Amazon Web Services）的弹性计算云 EC2 和简单存储服务 S3、IBM 蓝云等。

（2）平台即服务（Platform as a Service，PaaS）。通过分布式并行计算，能够提供企业进行定制化研发的中间件平台，将客户创建的应用程序部署到云计算基础设施上。典型代表如 Google App Engine（GAE）只允许使用 Python 和 Java 语言，基于称为 Django 的 Web 应用框架调用 GAE 来开发在线应用服务。

（3）软件即服务（Software as a Service，SaaS）。它是一种通过互联网提供软件的模式，用户无须购买软件，而是租用服务商运行在云计算基础设施上的应用程序。客户不需要管理或控制底层的云计算基础设施，包括网络、服务器、操作系统和存储，甚至单个应用程序的功能。

该软件系统各个模块可以由每个客户自己定制、配置、组装来得到满足自身需求的软件系统。典型代表如 Salesforce 公司提供的在线客户关系管理 CRM（Customer Relationship Management）服务、Zoho Office 和 Webex，常见的还有 Email 等。

云计算的三种交付类型之间有较为密切的关联。IaaS 是基础层，即基础设施提供商，提供硬件设备，节省维护成本等。PaaS 是平台层，通过提供集成开发环境等工具来让用户在本地方便地进行应用的开发和测试，而且能够进行过程部署。相对 IaaS 来说，PaaS 可以专注于业务开发，将内置存储、计算、中间件和流程等作为服务提供给应用开发者使用。而 SaaS 是软件层，通过简单地部署，不需要购买任何硬件，开始只需要注册即可，其主要面向的客户是中小企业，他们很难通过自建业务流程及架构来搭建业务系统，所以一般会选择 SaaS 类产品。

2.3.9 人工智能技术

人工智能（Artificial Intelligence，AI）是计算机科学的一个分支，主要研究、开发用于模拟、延伸和扩展人类智能的理论、方法、技术及应用系统。人工智能自 1956 年在美国达特茅斯学院举办的一个夏季研讨会上被首次提出以来后，其理论和技术日益成熟，应用领域也不断扩大。人工智能技术主要包括机器学习、知识图谱、自然语言处理、生物特征识别和计算机视觉等。

机器学习（Machine Learning）研究计算机怎样模拟或实现人类的学习行为，以获取新的知识或技能，重新组织已有的知识结构使之不断改善自身的性能，是人工智能技术的核心。机器学习是从数据中自动发现模式，模式一旦被发现便可用于预测。处理的交易数据越多，预测就会越准确。用户进入电子商务平台，平台会根据其个人信息和以往的浏览或购买行为推测出该用户可能感兴趣的商品并进行推荐。除此之外，机器学习在欺诈甄别、销售预测和库存管理等活动中有着广泛运用。

知识图谱本质上是结构化的语义知识库，是一种由节点和边组成的图数据结构，以符号形式描述物理世界中的概念及其相互关系。在知识图谱中，每个节点表示现实世界的"实体"，每条边为实体与实体之间的"关系"，通过把所有不同种类的信息连接在一起而得到一个关系网络，提供从"关系"的角度去分析问题的能力。知识图谱在搜索引擎、可视化展示和精准营销方面有很大的优势，已成为业界的热门工具。

自然语言处理是采用计算机处理自然语言的技术，其目的在于用计算机代替人工来处理大规模的自然语言信息，从而实现人与计算机之间用自然语言进行有效通信。自然语言处理技术已在智能客服、客户反馈信息的处理等相关领域发挥重要作用。例如，智能客服在回答用户问题的过程中，系统在正确理解用户所提出的问题的基础上，抽取其中关键的信息，在已有的语料库或知识库中进行检索、匹配，将获取的答案反馈给用户。此外，企业可采用自然语言处理技术分析消费者对产品的反馈信息，或检测评论中的差评信息等。

生物特征识别技术是指通过个体生理特征或行为特征对个体身份进行识别认证的技术。从应用流程看，生物特征识别通常分为注册和识别两个阶段。注册阶段通过传感器对人体的生物表征信息进行采集，如利用图像传感器对指纹和人脸等光学信息、麦克风对说话声等声学信息进行采集，利用数据预处理及特征提取技术对采集的数据进行处理，得到相应的特征进行存储。识别过程采用与注册过程一致的信息采集方式对识别人进行信息采集、数据预处理和特征提取，然后将提取的特征与存储的特征进行比对分析，从而完成识别。目前生物特征识别作为重要的智能化身份认证技术，基于人脸识别或指纹识别的系统登录和移动支付在电子商务领域得到广泛应用。

计算机视觉是对生物视觉的一种模拟，是用摄影摄像设备和计算机代替人眼对目标进行跟踪、识别、分析和处理等。消费者将想要的商品图片或类似款式图片上传到网络购物平台，平台的视觉计算功能通过提取图片的颜色、款式、形状等特征，能够为用户快速地找到相同或相似的商品。用计算机视觉技术，还可以快速识别收寄件人信息、快递面单号等，相比传统的手写面单更快更准确。另外，基于计算机视觉的快递分拣机器人，可以对快递包裹进行自动识别、分类和搬运等。

2.3.10 扩展现实技术

扩展现实是由计算机技术和可穿戴设备生成的一个真实和虚拟组合的、可人机交互的环境。扩展现实技术包含了虚拟现实、增强现实和混合现实等多种技术。

虚拟现实技术（Virtual Reality，VR）是一种可以创建和体验虚拟世界的计算机仿真系统，它利用计算机生成一种模拟环境，是一种多源信息融合的、交互式的三维动态视景和实体行为的系统仿真，通过使用计算机模拟真实环境从而给人以环境沉浸感。用户戴上 VR 显示器，能 360 度观看虚拟的世界，并借助必要的装备与数字化环境中的对象进行交互，获得近似真实环境的感受和体验。

增强现实技术（Augmented Reality，AR）是一种实时地计算摄影机影像的位置及角度并加上相应图像、视频和 3D 模型的技术，这种技术的目标是在屏幕上把虚拟世界嵌套在现实世界中并进行互动，通过把虚拟物体、场景或系统提示信息映射、叠加在现实环境中，实现对现实的增强，同时用户能够通过感官直接获取扩展现实的体验，具有极强的交互性。

混合现实技术（Mixed Reality，MR）借助先进的计算机技术、图像处理技术和人机交互技术生成具有虚实融合特征的可视化环境，这种技术实现了虚拟场景与真实世界的无缝融合。混合现实技术把虚拟数字对象引入现实环境，物理和数字对象共存，并能实时互动。

在网络购物环境中，商家可利用扩展现实技术为客户提供商品在实际场景中的预览，消费者通过增强现实场景与商家进行直接交互，从多个角度看到商品，也能看到商品的临场效果。如网络购物平台上的"虚拟试衣"程序是扩展现实技术的典型应用。此外，在传统线下商铺里及时嵌入购物链接和商品购买详情目录，利用扩展现实技术进行场景设计，可以增强消费者的购物体验，实现线上加线下一站式购物。

2.4 电子商务的环境

2.4.1 政策环境

电子商务的稳健发展，离不开国家政治的稳定，同时，国家政策的扶持，更会促进电子商务的普及和成熟。近几年，我国政府出台了多项与电子商务相关的政策，跨境电子商务、农村电子商务等行业迎来巨大的发展机遇。

2015 年 5 月，国务院发布《关于大力发展电子商务加快培育经济新动力的意见》，提出营造宽松发展环境、鼓励电子商务领域就业创业、推动传统商贸企业发展电子商务等 7 个方面的政策措施，进一步促进电子商务创新发展。2016年12月，商务部、中央网信办和国家发改委三部门印发了《电子商务"十三五"发展规划》，形成明确的政策导向，首次赋予电子商务服务经济增长和社会发展的双重目标。2018年1月23日，国务院办公厅发布《国务院办公厅关于推进电子商务与快递物流协同发展的意见》，提出完善电子商务快递物流基础设施、优化电子商务配送通行管理、强化绿色理念和发展绿色生态链，推进快递物流转型升级，促进电子商务快速发展。2021年10月，商务部、中央网信办和国家发改委三部门印发了《电子商务"十四五"发展规划》，进一步明确了电子商务在新时代国民经济社会发展中的新使命。

为了加快跨境电子商务的发展，我国自2018年以来出台了一系列相关政策。2018年11月，财政部、海关总署和税务总局发布《关于完善跨境电子商务零售进口税收政策的通知》，推动跨境电商贸易的便利化。2020年1月17日，商务部、发展改革委、财政部、海关总署、税务总局、市场监管总局等六部委联合印发《关于扩大跨境电商零售进口试点的通知》，进一步扩大了跨境电商零售进口试点范围。自2015年杭州获批中国首个跨境电商综试区以来，截至2021年9月，我国跨境电商综试区城市数量已达105个，为跨境电商的高速发展提供了强有力的支持。

为了促进和规范农村电子商务的发展，2020年1月，农业农村部、中央网络安全和信息化委员会发布了《数字农业农村发展规划（2019—2025年）》。2020年6月，财政部、商务部、国务院扶贫办出台了《关于做好2020年电子商务进农村综合示范工作的通知》，有利于壮大农村电子商务市场。

2.4.2 法律和税收

1. 电子商务的法律环境

电子商务实质上是用先进的信息技术改造传统商业的一次革命，它的健康发展离不开完善的法制。企业将经营拓展到互联网上，同样面临相应的法律问题。网上经营的公司将面临更多的法律问题。首先，网络把公司的经营范围延伸到传统的国界外，使公司变成一个国际化的企业，这就要求公司要比在一个地区内经营的企业遵守更多的法律。其次，相对传统的经营方式来说，网上沟通的速度更快和互动性更强，触犯法律或违背道德标准的电子商务企业会面临许多顾客和其他利益相关者迅速和强烈的反应。

在网络虚拟市场中进行的电子商务活动是一种全新的交易环境，安全公平的电子交易，需要建立适应网上交易环境的法律保障体系，包括建立与电子商务有关的全球性和全国性的统一标准和规范，建立安全认证体系、数字签名法等以建立网络信任。需要建立完善的电子交易过程保障制度、电子商务法律责任制度及争端解决机制、个人隐私保护制度、网络消费者权益保护制度和网络高科技犯罪的惩罚制度等。

近年来，我国先后出台一系列的法律法规，为促进电子商务的持续健康发展提供了有利的法律环境。2017年6月1日起正式施行的《中华人民共和国网络安全法》，通过在法律的框架下营造良好安全的网络环境，为电子商务的长远发展保驾护航。2019年1月1日起正式施行的《中华人民共和国电子商务法》，明确了电子商务平台经营者的法律责任问题，使消费者的合法权益得到更有效的保护。2021年1月1日起正式施行的《中华人民共和国个人信息保护法》，提出不过度收集个人信息，不得进行"大数据杀熟"，使消费者的个人信息得到了法律保护，畅通了消费者的维权通道。2021年9月1日起正式施行的《中华人民共和国数据安全法》，明确了国家坚持"维护数据安全"与"促进数据开发利用"并重的立法与监管理念，指导对电商平台数据泄露、消费者信息滥用等问题的监管，同时保障数据依法有序自由流动，激发电子商务中的数字经济的创新。

2. 电子商务对税收的冲击

电子商务具有跨国界、流动性、隐蔽性及匿名性等特点。在电子商务环境下，越来越多的交易都被无纸化操作和匿名交易所代替，不涉及现金，作为征税依据的账簿、发票等纸制凭证，正逐步被电子凭证所代替，由此会引发一些新的税收问题。

（1）电子商务对税收中性原则和公平原则的冲击。

税收中性原则和公平原则要求征税时不应影响企业在电子商务交易方式与传统交易方式之间的经济选择，对互联网上的电子商务与传统贸易取得的相似的经济收入同样征税，不能因贸易方式不同而有所不同。但是现行税制是以有形贸易为基础制定的，从事"虚拟"网络贸易的企业可以轻易避免纳税义务，导致从事互联网贸易的企业税负明显低于传统贸易企业的税负，使人们在交易时对贸易方式的选择具有趋向性，违背了税收中性原则和公平原则。

（2）电子商务对税收征管的冲击。

电子商务交易的方式采用无纸化，所有买卖双方的合同，作为销售凭证的各种票据都以电子形式存在，交易与匿名支付系统连接，其过程和结果不会留下痕迹作为审计线索。现行税务登记依据的基础是工商登记，建立在税务登记、查账征收和定额征收基础上，这种面对面的操作模式在电子商务时代显然不能适应实际需要，电子商务具有虚拟化、无形化、随意化和隐匿化，也不需事先经过工商部门的批准，因此，无法确定纳税人的经营情况，给税收征管带来全新的困难。

（3）电子商务对国际税收管辖权的冲击。

国家税收管辖权的问题是国际税收的核心，目前世界上大多数国家都秉行着来源地税收管辖权和居民税收管辖权，由此引发的国际重复课税通常以双边税收协定的方式来免除。但是随着电子商务的出现，跨国营业所得征税就不仅仅局限于国家税收管辖权的划分与两国间的协调问题，而更多的是由于电子商务对交易场所、提供服务和产品的使用地难以判断的问题，从而对国际税收管辖权带来了新的冲击。

2.4.3 信任与隐私

1. 电子商务信任

电子商务作为我国经济的重要增长点，是众多企业转型的突破口。不同领域的各类电商平台争先抢占市场。而各类平台的投诉问题基本都与信任相关。网络欺诈、虚假信息、假冒伪劣商品及售后保障不完善等问题，都说明了必须高度重视电子商务发展的信任问题。

由于信任的复杂性，信任被看作是由多个"信任因子"构成的一个多维度集合。Mayer（1995）总结得出的信任三维度——能力、善意和正直，被广泛认可。这里的能力指受信任方具有的保证其在特定领域具有影响力的技能、特性；善意指的是受信任方具有的为施信方而非自身利益考虑，而正直是指施信方感知受信方能遵循施信方认可的法则。

在电商平台卖家信任角度下，信任主要体现为四个维度：电子商务网站、商业环境、消费者和商家。其中，电子商务网站的性能，包括网站安全性、可靠性、功能合理性及界面友好性等，对应信任的正直维度；商业环境的规则，包括平台商业规则、是否具备权威的信用评价体系、完善的法律法规及社会道德标准的高低，对应信任的正直维度，而消费者和商家的表现，表现为商家的品牌、规模、声誉、服务质量、消费者的消费倾向、经验和交易记录等，对应信任的善意维度。

电商企业应在信任的四个维度上对比自身，探索有利于企业自身的营销策略，改善和解决信任问题，提高业务效率和质量。以下是企业可采取的一些营销策略。

（1）细分客户群体

结合客户画像对市场进行充分了解。越来越多的消费者开始追求个性化的消费，网络化营销应当向这个方面靠拢，以消费者为主体，从消费者的立场为根本出发点，结合市场的情况做好相应的个人设计工作。这里的个人设计既包括企业对外的宣传，也包括企业内功的修炼。在目标的制定上结合各类的新技术，如虚拟现实技术、线上线下同步发展技术等，做好相应的营销策略设计工作。

（2）完善相关的法律法规，提升顾客的信任度

一些虚假营销及网络安全问题，严重地影响了消费者的心理，这对电商企业的实际发展是不利的。所以在电商企业的发展过程中，应当结合环境的设计和整体的管理来做好相应的法律法规完善工作，提升现象保证度和整体交易过程的规范性，使顾客的交易行为能够得到真正的保障，整体上的营销策略也会变得更加真实。

（3）提升产品和服务的质量，树立正确的价格观念

相比传统商务，电子商务的优势就在于价格，这也满足了消费者企图低价来购入产品的心理。因此，在提高产品服务质量的同时，电子商务企业应适当降低价格，结合营销渠道的缩减和代理商成本的降低来给消费者让利。结合薄利多销的策略来开展相应的营销设计工作。但是价格也是需要在正确区间内的，价格战不是合理的营销方式，只有制定正确的价格，才可以真正得到消费者的认可。

2. 电子商务隐私问题

隐私权是现代社会中一项非常重要的权利。随着电子商务的应用和普及，网络交易过程中通过互联网对个人数据的收集、利用、传输、公开和出售也达到了前所未有的程度。网络隐私权的保护问题已经成了互联网的社会信息化带来的最大困扰之一。计算机信息网络技术的发展使网络空间的个人隐私权受到前所未有的严峻挑战。强化对网络空间的个人数据和隐私权的法律保护，已成为国际社会网络立法的当务之急。

网络经济活动中的隐私权有其不同于一般隐私权的特点。日常生活中对公民隐私权的侵犯一般出于行为人个人的主观恶意，对权利人造成的损害主要体现在精神方面，表现为主观精神痛苦，一般不涉及财产内容。由于精神痛苦是一种主观感受，难以明确界定，给隐私权立法保护带来一定困难。但在网络经济活动中，隐私内容具有经济价值，经营者侵权的动因一般都是从营利目的出发。对消费者而言，隐私权受侵害的后果除了造成精神上的痛苦，如消费者的个人形象可能受到侵害，还可能导致消费者财产上的损失或不得益，例如，将用户的个人信息（如身份证号码、信用卡账号）透露给第三人更可能导致消费者的巨额损失。另外，隐私权客体的范围扩大，包括了传统经济活动下不属于隐私的内容，即消费者不想让别人知道的一切个人信息都属于信息时代网络活动中隐私权的内容，如姓名、性别及年龄等。

2.5 电子商务与社会生活形态的变革

经过多年的发展，电子商务从多个层面给社会生活带来变革。全球经济一体化的趋势逐渐加强，电子商务也渐渐从国内向国际市场发展。依托大数据、人工智能等新兴技术，电子商务对社会生活形态不断变革，具体表现在对社会的生产和管理、人们的生活和就业、政府职能、法律制度及教育文化都带来巨大的影响。

2.5.1 电子商务对社会经济的影响

电子商务作为一种新兴的商业模式，正在快速发展并逐步成熟，对社会经济产生了巨大影响。电子商务是互联网技术发展日益成熟的直接结果，网络本身具有的开放性、全球性、地域性、低成本和高效率的特点已成为电子商务的内在特征，并使电子商务已超越了作为一种新的贸易形式所具有的价值。它不仅改变了企业本身的生产、经营和管理，而且对传统的贸易方式带来了巨大的冲击，带动了经济结构的变革，对现代经济活动产生了巨大的影响。

（1）电子商务促进经济发展模式的改变。

首先，电子商务使经济发展模式由物资资源密集型转向信息资源密集型，这一转变促使生产要素重新配置和组合。然后，商务模式由封闭型转向开放型。作为网络经济代表的电子商务，波及范围广，辐射作用强，这样就使许多服务业具有转移性，许多社会性服务行业信息化、便捷化。最后，电子商务依托大数据、云计算、人工智能等新兴信息技术，加快了经济市场由实物市场向虚拟市场的转变，节省了物流开支及成本资源，减少了实体店铺在经营过程中对社会能源的消耗，通过实现成本资源的合理配置提高企业的生产效率，促进经济发展模式向低碳经济、绿色经济和循环经济转变。

（2）电子商务促进经济数字化的进程。

数字经济是基于移动互联网、大数据、云计算及人工智能等新兴技术所产生的经济活动的总和。在电子商务运营过程中，企业能够运用现代信息技术开展商务活动，改变了传统商业模式和价值创造模式，推动了产业数字化、产品数字化、交易数字化、支付结算网络金融数字化、供应链数字化和场景数字化等数字化进程。

（3）电子商务促进商务活动和企业经营运作方式的改变。

电子商务利用计算机网络平台开展商务活动，为企业进行跨国交易带来了便利。跨境电子商务加快了各个国家之间的信息、商品、资金和技术之间的交换，使一些企业借助跨境电商平台迅速壮大并走向了国际化道路。此外，企业的经营运作方式也发生了改变，一方面，企业的经营渠道从传统的线下转变为线上线下的渠道融合，为企业带来更多的效益，另一方面，电子商务带来了企业供应链的变革，电子商务平台的供应链金融，能有效解决中小企业融资难的问题。

（4）电子商务促进乡村社会经济的发展。

电子商务作为农村多元产业中较为独特的业态形式，能够有效地整合资源，将城乡流通渠道联通对接，拓宽农产品销售渠道，降低信息不对称带来的弊端，电子商务不仅为脱贫攻坚提供了途径，也从促进农村产业升级、提升乡村发展创新能力等多方面为乡村振兴开辟新的道路，是推动脱贫攻坚与乡村振兴有机结合的重要手段。因此，电子商务能够促进乡村社会经济的发展。

2.5.2 电子商务对组织的影响

电子商务与政府、企业等组织关系密切。政府的相关政策将直接影响电子商务的发展，反过来，电子商务的发展也在一定程度上影响政府机构的职能，转变政府行为。在电子商务时代，当企业应用电子商务进行生产经营，银行力争实现金融电子化，以及消费者实现网上消费的同时，将同样对政府管理活动提出新的要求，电子政府将随着电子商务的发展而成为一个重要的社会角色。

1. 对政府的影响

（1）电子商务影响政府的政策导向。

电子商务具有全球性的特点，企业与消费者之间的交易活动均建立在互联网上，其结果必然带来贸易环境的开放。政府是社会的管理者，在电子商务活动下必然要求政府部门履行其职能来管理贸易过程。政府采取的肯定、支持的政策导向能够促进电子商务的发展，而电子商务的发展也会影响政府职能的运作模式。

（2）电子商务促进政府部门机构的业务转型。

电子商务的发展需要政府部门对企业的电子商务交易活动进行监管与支持，在这个过程中政府部门面临着相应的业务转型，以适应电子商务环境。例如，工商管理部门在电子商务环境下需对各类企业的经营活动进行管理，由于被管理对象已经集成到电子商务系统中，工商管理部门无法像从前一样来监督企业活动，管理活动必须与企业的电子商务交易活动融合，才能更好地完成相关的工作。同样，国家税务部门也必须在电子商务环境下进行相关的业务转型，才能完成对电子商务交易活动的征税工作。政府部门作为管理者加入电子商务，可以更及时准确地获得企业信息，更严密地监督企业活动，并可以采用相应的技术手段进行执法，从而维护正常的经济秩序。同时，政府行政部门也通过网络为社会提供了更加便捷、高效率、高质量的服务。

（3）电子商务促进政府机构在安全认证中的权威作用。

政府机构作为社会的监管者与服务者，理应承担电子商务安全认证中的权威作用。在电子商务活动中，一切商务活动均在网上进行，交易的双方都无法确认对方的身份，如何取得对方的信任和保证电子交易的安全则是电子商务中最关键的问题。如何在网上确定对方的身份，一般采用第三方认证的方法。认证机构就是这样的第三方，它是一个权威机构，专门验证交易双方的身份。这一角色应该由政府承担或指定相关部门机构来担当，它必须具备法律效力和权威性，才能进行电子商务活动的仲裁和各方信誉的保证。

2. 对企业的影响

（1）电子商务改变了企业商务活动方式。

电子商务的普遍应用，使越来越多的企业可以在互联网上发布产品信息和价格信息，不通过中介直接与消费者进行交易，推动企业进行资源整合，节约成本，推动企业向生态化发展。同时，通过采用电子商务运营模式，企业可以运用现代信息网络技术开展国际合作和交流，拓宽国际市场，推动国际化进程。

（2）电子商务改变了企业运营管理模式。

电子商务通过改变企业业务活动中的信息流、资金流和物流，对企业的业务流程进行了重组,优化了业务环节,提高了企业的运作效率。同时,在电子商务环境下,企业可以根据消费者的需求提供个性化定制服务,从而实行按需生产,形成了连接企业内部与外部环境的柔性生产体系。电子商务使企业对传统的运营模式进行革新,突破了时间与空间的限制,通过对线上和线下渠道进行整合,实现全渠道营销,在运营管理过程中更注重顾客的诉求,利用消费者反馈机制及时调整运营模式,通过对消费者数据的挖掘分析,有针对性地开展个性化的营销方式,提升运营管理效率。

(3) 电子商务加速了企业跨国发展。

电子商务使跨国交易和管理成为现实。由于电子商务系统的建立,使大规模的跨国、跨地区的商业活动成为可能。许多企业纷纷扩大营业范围和规模,组织跨国界的商业活动,以降低成本和抢占市场份额。一些大的跨国企业通过建立自有的网上商店,调整传统的商业结构和布局,以适应新的经济发展。

2.5.3 电子商务对个人的影响

电子商务对个人的生活方式、教育方式、工作方式及娱乐方式等方面产生了巨大的影响。其主要表现如下所示。

(1) 生活方式

信息技术的发展和电子商务的出现,彻底改变了人们的生活方式。消费者可以通过社交电商、直播电商等多种形式随时随地进行网络购物,完善的电子支付体系和物流网络也保证了购物的安全和便捷。除此之外,人们还可以通过互联网进行机票和酒店的预订、预约用车、团购用餐券、在线求职和招聘及在线医疗等。O2O(Online to Offline)营销模式的出现连接了线上与线下,消费者可以通过 O2O 平台享受更加优惠的服务,为人们带来更加便捷、舒适的生活方式。

(2) 教育方式

远程教育打破了时间和空间的限制,交互式的网络多媒体技术给人们的教育带来了很大的方便,数字化的课堂让很多没有时间的学生和在职工作人员的教育问题得到了解决。电子商务的出现也促进了远程教育的发展,选课、支付、评价可以在远程教育平台上一站式完成,电子商务改变了远程教育的商业模式,解决了远程教育的运营问题,进一步提高了远程教育的质量和普及程度。

(3) 工作方式

电子商务的出现产生了大量的工作机会,也使远程网络办公成为可能。电子商务改变了传统的工作方式,通过互联网商家可以完成交易的各个环节而不受时间和空间的限制,实现方便快捷的远程办公。个体商家或企业工作人员可以通过互联网发布商品信息、提供咨询服务、确认交易信息,并通过互联网远程管理仓库库存、预约快递上门取货,售后服务等问题也可以通过互联网进行解决。

(4) 娱乐方式

丰富的社交媒体工具及互联网的创造性和协作性,吸引了大量对在线娱乐感兴趣的人群聚集,有力促进了流媒体音乐、视频及网络社交游戏等在线娱乐的发展。除了实体商品交易,以游戏、在线音乐、影视等虚拟产品为代表的电子商务市场也在蓬勃兴起,丰富了人们的娱乐方式。例如,许多社交游戏都是"大型"多人在线游戏,同时支持数百到数千名玩家,游戏中会涉及送礼、购买道具等消费行为。

总之，电子商务以电子化的交易手段代替传统商务，深刻地改变了人们生活的各个方面。电子商务不仅为人们提供了更加方便、快捷的购物体验，也在潜移默化中改变了人们的消费观念，并且逐渐渗透到教育、工作、娱乐等其他方面。

本章小结

本章对电子商务的市场结构、基础设施、支撑技术、商务环境及电子商务对社会生活形态变革的影响进行了系统描述。首先在市场结构中分析了电子商务市场中的参与主体、电子商务市场活动和分类，然后分析了电子商务的基础设施，并对互联网技术、Web 技术、EDI 技术、搜索引擎技术、数据库技术、大数据与数据挖掘技术、云计算技术、人工智能技术和扩展现实技术等做了介绍，最后介绍了电子商务的政策环境、法律和税收及信任与隐私，并阐述了电子商务对社会经济、组织和个人的影响。

问题与讨论

1. 阐述电子商务市场结构与电子商务活动。
2. 电子商务的基础设施有哪些？
3. 简述电子商务的支撑技术。
4. 在电子商务环境下，税收发生了哪些变化？
5. 电子商务的发展对个人都有哪些方面的影响？

案例分析　　　　亚马逊公司：技术树立优势

亚马逊是美国最大的在线零售商，成立于 1995 年，总部设在华盛顿州西雅图。2021 年《财富》世界 500 强排行榜第 3 位。亚马逊是全球电子商务的成功代表，它的成功显示了网络给传统销售业带来的挑战和给互联网带来的巨大机遇。

在电子商务市场上，完善的客户服务、改善用户体验及在新的领域中获得持续的收入，都依赖于先进的信息技术。传统的零售业最重要的因素是场所，而对亚马逊来说，最重要的因素是技术，先进的信息技术使亚马逊公司在零售业脱颖而出。亚马逊在产品的创新、质量和价格控制上等方面应用了大量信息技术。亚马逊公司以低廉的价格、安全的交易环境、全方位优质服务及完善的用户反馈机制吸引了全球的企业和消费者，它一直致力于持续创新，并长期投资于各个技术领域，包括销售平台、跟踪管理发货、网站建设、Web 服务及数字创新等。以下分析了亚马逊应用的一些主要信息技术。

精美的网页制作　亚马逊书店的销售主页整洁清晰，功能丰富。完美地结合了动态页面和静态页面制作技术，不仅使用户体验舒适、愉悦，而且保证了页面信息的不断变化。主页每天更新各类推荐产品和畅销前十的图书信息等，这些技术极大地方便了用户购买。先进的多媒体技术，使客户在挑选商品时，更加清晰地辨别商品。

智能推荐系统　用户的每一次浏览、搜索和购买都会被系统记录下来，这些数据支撑着亚马逊的用户推荐系统，使用户在浏览商品时，能够得到相关产品的推荐，能够非常容易地发现感兴趣的商品。人工智能也在其中得到广泛运用。很长一段时间以来，亚马逊使用机器学习技术来生成产品推荐和产品预测，让结果更准确、用户更满意。

搜索引擎技术　在网站上方便找到想购买的商品对客户来讲十分重要。亚马逊公司提供了多种可供客户自由选择的全方位搜索方法。用户不仅可以按照购买的类别分类搜索，还提供了一系列的如畅销书目、得奖音乐和最上座的影片等的导航器服务。亚马逊网站上的任何一个页面都提供了分类搜索设置，以及在各分类下更深层的高级搜索条目，用户可以方便地进行搜索，引导用户选购。技术提供的便利性增加了用户购买的乐趣。

快速订购　良好的客户服务是扩大网上销售量的关键，亚马逊为此提供了多种特殊的服务。最为典型的有"一点通"（One-Click）设计，任何在亚马逊购买过商品的客户，都可以选择开通"一点通"功能，下次再买其他商品时，只需点击欲购之物，网络系统就会自动帮你完成余下的全部程序，其中支付信息、产品的投递地址等都由系统自动完成。

用户评论　亚马逊还在网上提供了一个类似BBS的客户论坛，吸引客户了解市场动态和引导消费市场。在客户论坛上，读者可以畅所欲言，对热门话题展开讨论。公司也可以用一些热门话题，甚至是极端话题挑起公众的兴趣，引导和刺激消费市场。此外，还可以开办网上俱乐部，通过俱乐部稳定原有的客户群体，积极吸纳新的客户群。通过对公众话题和兴趣的分析来把握市场的需求动向，从而经销用户感兴趣的产品。

及时响应的电子邮件系统　亚马逊对客户发来的E-mail回复速度很快。亚马逊在收到顾客订单后，会立即给客户发一封E-mail邮件以加以确认；在寄出客户所订的物品后，再发一封E-mail给顾客，并在邮件上附带物品的记录号，用户可以凭借该号码方便地跟踪物品的传递状态。

语音搜索　智能手机问世后，亚马逊也推出了自己的移动终端，为方便用户搜索其采用了语音搜索技术，免去了用户键入关键词的烦琐，用户只需对着手机用语音就可以完成商品搜索。

快速配送，送货上门　亚马逊书店快速的送货时间，也是其受到顾客广泛好评的重要原因之一。亚马逊通过先进的物流规划系统，能够更加快速地找到货源，并快速配送到客户手中。在亚马逊的物流仓库中，最多的分拣工作由仓储机器人完成，这些机器小车会在广达12.5万英尺（1英尺≈0.30米）的场地内自动规划路线，并将货物投入到对应的300多辆货车当中。而在交付送货方面，亚马逊新一代自动交付机器人Amazon Scout正处于实地测试和应用阶段，无人车送货服务会与对应地区的客户订单无缝衔接。如果顾客在亚马逊上购买东西，亚马逊将会确定最合理的送货方式，也许是通过正常的人工配送，也可能是由无人送货车完成。

应用技术进行产品创新　当其他B2C同行仍在为追求运营利润和规模苦苦奋斗时，亚马逊已经提前为未来开始布局。电子书就是亚马逊的一项创新产品，亚马逊从1995年7月起开始销售平装和精装书，12年后革命性地引进了Kindle电子书，到2010年7月，电子书的销售额已经超过了精装书，6个月后，又超过了平装书而一跃成为亚马逊网站最受欢迎的图书形式。引进Kindle后不到四年时间，其销售额就远远超过了纸质书。亚马逊公司还使用人工智能管理策略"Flywheel"（飞轮）驱动整个组织的知识，将部门之间连接起来，并影响各自团队构建创新产品的努力。

无人收银新型商店"不用排队，不用结账，没有收银台"，亚马逊无人收银零售店Amazon Go于2018年1月在西雅图向公众开放。Just Walk Out购物体验，只需使用Amazon Go应用程序进入商店，购买想要的产品即可，无须在结账柜台前排长队等待。据官网介绍，Amazon Go主要的识别技术叫做Amazon Rekognition，能够在消费者购物流程中进行一系列不同类型的识别，以判断多种不同的购物场景。亚马逊新型商店的开放，或许会颠覆未来的零售行业。

亚马逊还应用了拍卖技术、价格比较技术等信息技术，并不断创新，向用户提供更为多样化的服务和更好的购买体验，全方位地满足网上顾客的需求。无论是通过技术提高运营效率、为其他公司提供外包平台的服务，以及视频流媒体、在线音乐商店等相关技术的开发，还是"云计算"领域，亚马逊都走到了竞争前列。

同时在国内，众多电子商务公司开始越来越重视技术优势。2017 年初，京东集团提出京东要进行技术转型，从零售商转型为零售技术服务提供者。京东以技术为驱动，逐步以数字化为基础，加速向智能化迈进。在以往的努力下，京东在物流、供应链方面变现突出，更在确定以技术驱动为未来发展战略后，取得了一些卓越成就。

智能履约决策大脑 技术集成的京东零售"智能履约决策大脑"，系统具备日均处理 5000 万单、日峰值处理 2 亿单的能力。以物竞天择项目为例，借助京东智能履约决策大脑，消费者下单时，订单会直接下发给系统计算出的综合因素最优的方案，实现最快 15 分钟送货上门的体验。

C2M 反向定制 这种以消费者需求串起整个供应链全流程的模式，不仅让产品的定制化供给走向更多消费者，同时也能够推动制造业转型升级。京东京造是当前实践 C2M 模式的主导者之一，其中的京东京造保湿纸巾产品颇具代表性。这款产品用时半年便完成迭代，并一跃走红，成为网络爆款。而在传统模式下，产品的迭代更新可能需要 1～2 年。C2M 将产品需求调研时间减少，新品上市周期缩短，并将成功概率大大提高。

智慧供应链平台 京东推出的"诸葛·智享"智慧供应链商家开放平台，将行业领先的供应链管理理念，结合京东 YAIR（Y AI Platform for Retail）零售行业人工智能平台提供的大数据和算法能力平台化、产品化，通过提供精细化、智能化、自动化库存决策产品，为商家提供最优库存管理决策支持，将更专业的智慧供应链全链路解决方案开放赋能。

智能服务平台 JD Alpha 智能服务平台上已经承载了智能音频、智能冰箱、智能大屏、智能车联网四大智能硬件生态。此外，Alpha 的 IoT 物联中心上已经实现了千万级设备跨品牌的互联互通，目前已广泛应用于智能家居、智能门店、地产商业、儿童娱乐陪伴及酒店场景等众多领域。

国内众多优秀企业的不断发展，使得技术水平不断提升、研发能力不断提高，为整个电商行业注入更多的创新活力和发展动力。

案例来源：根据以下资料进行整理。

细数亚马逊公司那些引以为傲的技术、产品和服务！https://www.sohu.com/a/251719464_488176

思考题：

1. 访问亚马逊公司网站，指出案例中提及的技术，你认为亚马逊还有哪些方面需要改进？需要实施哪些技术？

2. 比较 www.amazon.com 和 www.jd.com，指出他们使用体验的区别，并说明哪种技术差异决定了使用体验的区别？

3. 亚马逊在中国并没有获得如它在全球取得的成就，请思考，电子商务企业如何本土化？

索引

产品型电子商务市场

服务型市场

C/S 结构
B/S 结构
Web 浏览器
网页
Web 服务
EDI
搜索器
索引器
用户接口
数据库
数据仓库
数据挖掘
云计算
基础设施即服务
平台即服务
软件即服务
人工智能
虚拟现实
增强现实

本章参考文献

[1] 特班.电子商务（第 7 版）[M]. 北京：机械工业出版社，2014.

[2] 福罗赞. TCP\IP 协议族（第 4 版）[M]. 王海，张娟，朱晓阳，译.北京：清华大学出版社，2011.

[3] 郝兴伟.Web 技术导论（第 4 版）[M]. 北京：清华大学出版社，2018.

[4] 郝卫东，杨扬，王先梅，等. 网络环境下的电子商务与电子政务建设[M]. 北京：清华大学出版社，2006.

[5] 方美琪，刘鲁川. 电子商务设计师教程[M]. 北京：清华大学出版社，2005.

[6] 邵兵家. 电子商务概论（第 3 版）[M]. 北京：高等教育出版社，2011.

[7] 张万民，等. 新编电子商务概论[M]. 北京：北京大学出版社，2012.

[8] 方巍，文学志，潘吴斌，等. 云计算：概念、技术及应用研究综述[J]. 南京信息工程大学学报（自然科学版），2012，04（4）：351-361.

[9] 唐红涛，李胜楠. 电子商务、脱贫攻坚与乡村振兴：作用及其路径[J]. 广东财经大学学报，2020，35（06）：65-77.

[10] 鄢冰文. 大数据环境下电商平台卖家信任研究综述[J]. 电子商务，2017（11）：25-26.

[11] 肖建敏. 电子商务背景下消费者心理变化对电商企业营销策略的影响[J]. 现代营销（经营版），2020（01）：95.

[12] 马莉婷，电子商务概论（第 2 版）[M]. 北京：北京理工大学出版社，2019.

第3章 电子商务模式

📖 引言

电子商务的成功实施不只依靠企业,还依靠企业内部及整个供应链的协作。网络经济时代,企业赖以生存的供应链逐渐演化为动态的、客户驱动的虚拟价值链。虚拟价值链是驱动企业电子商务转型与价值创造的动力。电子商务的核心问题是电子商务模式问题,电子商务模式是分析、理解和把握电子商务的关键点。从商务生态系统来看,企业的发展离不开伙伴的协同,即电子商务模式创新的群体性,而创新的模式能否成功地实施,最终需要价值链的参与者协同规划、管理、重整和集成跨组织流程等。商业需求和信息技术的发展是相互促进的,大数据时代信息技术的快速发展、定制化需求和体验式消费的兴起为电子商务带来新的发展机遇,从而衍生出数据驱动模式、新零售模式等新型商务模式。

📖 本章重点

- ▶ 电子商务模式的定义
- ▶ 电子商务模式的理论基础
- ▶ 基于虚拟价值链的电子商务模式
- ▶ 信息技术驱动的电子商务模式
- ▶ 数据驱动的电子商务模式
- ▶ 新零售商务模式
- ▶ 电子商务模式组合

3.1 电子商务模式概论

3.1.1 电子商务模式的定义

对于电子商务模式的定义问题,国内外学者进行了很多的研究。对于电子商务模式的研究较早以宏观为主,其中比较典型的研究有:Michael Rappa 认为电子商务模式是一种企业开展业务并以此使企业生存下来的方式,是说明企业如何在行业价值链中定位而获利的一种方式。Chesbrough 等则指出,电子商务模式提供了一个转变框架,以技术的一些特性为输入,通过市场和顾客消费转化为价值和利润,主要突出了在新技术商业化中,电子商务模式发掘潜在价值并实现盈利的功能。Petrovic 将电子商务模式定义为商业系统的运行逻辑,为企业创造价值并隐于真实流程后。还有一些学者对电子商务模式进行了相对较具体的解释,Afuah 等指出电子商务模式是公司运用其资源向顾客提供比竞争对手更大的价值并由此获利的一种手段。Osterwalder 等提出电子商务模式是创造价值并将相应的价值传送给一个或几个顾客群,形成伙伴关系网络,并获得持续性的价值流的过程,是战略与流程之间的联系纽带,是企业战略的架构蓝图和流程的实施基础。

除了上述对电子商务模式的定义研究，还有一些学者从电子商务的组成要素方面对其进行定义。Paul Timmers、Peter Weill 等认为基于网络和信息技术的电子商务模式能够体现企业产品、信息和资金流的体系，能够描述如客户、供应商和合作伙伴等参与者的角色、价值链中的定位、主要获益及收入方式等，即电子商务模式能够利用信息技术的变革，在多个参与者合作的基础上形成高效流畅的物流、信息流和资金流体系结构，最终指导企业如何获得更多的利益，为企业带来竞争优势。

对于通用的商务模式组成要素，Osterwalder 和 Pigneur 提出了 4 个部分 9 个子元素：产品（价值主张）、客户界面（客户细分、客户关系、渠道通路）、基础设施管理（关键业务、核心资源、重要合作）和财务状况（成本结构、收入来源），进而设计了支持企业商业模式创新的"商业模式画布（Business Model Canvas）"。画布以价值主张为基准，分为左右两部分，左边是成本结构和基础业务侧，右边是收入来源和客户侧，如图 3-1 所示。商业模式画布表达了 Osterwalder 和 Pigneur 对商业模式的认识，即商业模式的运作围绕价值主张，通过各种核心资源和关键业务，加之与重要伙伴的合作，将抽象的价值主张以产品和服务的形式创造出来，通过渠道通路，维护良好的客户关系，针对不同客户需求进行客户细分，赢得收入，实现自身产品价值。商业模式画布的理念和分析工具在电子商务领域得到了广泛应用。

重要合作（KP）	关键业务（KA）	价值主张（VP）	客户关系（CR）	客户细分（CS）
企业合作网络 • 战略联盟 • 合作关系 • 联合经营 • 供应链合作 • ……	商业模式有效运转所必需的重要业务	为特定客户群体创造价值的系列产品和服务	与特定客户细分群体建立的关系形态	企业（产品）想要接触或服务的人群或组织 • 大众市场 • 利基市场 • 多边市场 • 多元化市场
	核心资源（KR）		渠道通路（CH）	
	商业模式有效运转所必需的核心资产		与特定客户细分群体建立的传递价值主张的沟通渠道	
成本结构（CS）			收入来源（RS）	
基于既定商务模式进行生产经营所产生的所有成本			企业从各个客户细分群体中获取的现金收入	

图 3-1 商业模式画布

针对电子商务的商务模式，Linder、Osterwalder 和 Afuah 等明确阐述了电子商务模式的要素分析主要集中在 6 个方面：目标顾客和市场，顾客获得的价值，企业在价值网中的位置和关系、成本收益分析、组织结构及流程。其中，目标顾客和市场是指企业应选择哪块或哪几块细分市场作为目标市场，涉及市场定位和目标客户群的获得；顾客获得的价值则是企业向顾客提供的产品、服务或相关信息；企业在价值网中的位置和关系则关注的是在价值链或价值网中的定位及与网络中其他企业的关系；成本收益分析是说明企业进行市场活动的成本和收益如何保证获利；组织结构是指企业内部的部门或机构架构；流程则说明企业如何组织活动，协调内部系统和外部合作伙伴，充分调动内外部的资源，完成预定的战略目标。关于目标顾客和市场、顾客获得的价值和成本收益分析这 3 个要素，传统商务模式和电子商务模式差别不大，而其余

3个要素，即企业在价值网中的位置和关系、组织结构及流程则受到信息技术的影响，产生了相应的变化，这也是电子商务模式和传统商务模式的区别。

综上所述，对于电子商务模式的定义主要包括两种：

（1）从整体上把握，给出了一个宏观的定义，内容包括电子商务模式在企业中的作用、地位及关系等。

（2）将电子商务模式细分为各个基本组成元素，也称为组件。这些基本元素的有机组合形成了电子商务模式。

通过对上述国外学者研究内容的总结，可以得出电子商务模式的定义，如表3-1所示。

表3-1 电子商务模式的定义

要素	Paul Timmers	Peter Weill	Linder	Osterwalder	Afuah	Chesbrough
目标顾客和市场	—	顾客的角色	—	顾客关系	范围	市场细分
顾客获得的价值	产品、服务、信息流	产品流、服务流	价值主张	产品创新	顾客价值	价值主张
企业在价值网中的位置及关系	各参与者及其角色	合作者、供应商的角色及关系	渠道、Internet中的商业关系	基础设施管理	相关活动	价值网定位
成本收益分析	收入来源、潜在利益	主要参与者利益、现金流	定价收入	财务状况	定价、收益来源、持续性	成本结构、潜在收益
组织结构	—	—	企业组织形式	基础设施管理	实施	—
流程	信息流	—	商业流程	—	相关活动	企业资源

从表3-1中可以看出，国外学者对于电子商务模式应该涵盖的基本要素并没有达成共识，Timmers、Osterwalder和Linder等给出的电子商务模式的定义中并没有涉及所有的6个要素。通过对国外学者对电子商务模式的概念内涵的比较分析，本章对电子商务模式的定义做出了如下总结：电子商务模式是确定目标顾客和市场后，通过企业组织结构及企业定位，运用网络信息技术，与其他合作者共同合作整合相关业务流程，最终满足顾客需求，为企业带来盈利的一种方式。电子商务模式的关键点是指出价值的创造过程，以及在此过程中不同参与者所扮演的角色和收益来源。

3.1.2 电子商务模式的理论基础

电子商务模式的形成借鉴了很多相关领域的理论与思想，包括客户关系管理理论、网络营销、供应链管理和价值网等。随着网络技术及信息技术的发展，虚拟价值链作为价值链理论与供应链管理理论的扩展和补充，是电子商务模式发展的基本理论。

（1）价值链

最早提出价值链的是哈佛商学院的Porter教授，他将价值链定义为原材料经过一系列价值增值活动后转化成满足顾客需求的产品和服务的过程，其中一系列活动之间是相互紧密衔接的，而且每项活动都强调对顾客的增值，所以整个价值链也可以看成是一条价值增值链。为了更好地了解价值增值的过程，过程中的一系列活动可以分成两大类：基本活动和辅助活动。基本活动是指那些在价值链中可以直接创造价值的活动，包括内部物流、生产活动、营销销售、外部物流及客户服务等；辅助活动则是指那些支持价值创造的活动，包括企业基础设施、人力资源管理、技术研发及采购管理等。价值链如图3-2所示。但不论基本活动还是辅助活动，都是实际存在的，可能存在于企业内部也可能存在于企业边界上。

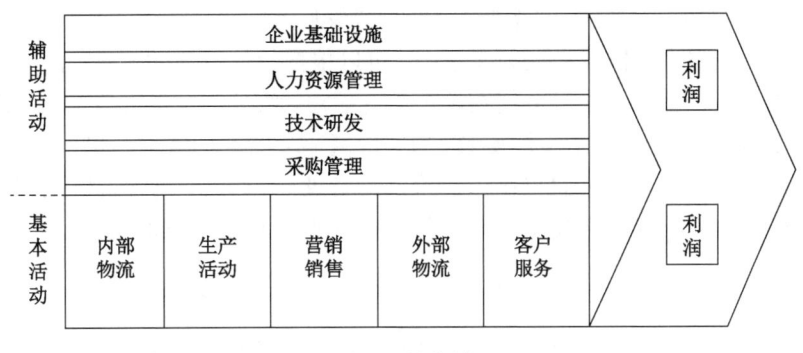

图 3-2 价值链

（2）虚拟价值链

随着信息技术的发展及商务电子化的普及，企业的运营已经突破了时空的限制，Raport等以此为基础提出了虚拟价值链的概念，指出任何一个企业的运营竞争都是在两种不同的世界中进行的：一种是看得见、摸得着的有形资源的世界，称为市场场所；另一种是由各种信息构成的虚拟世界，借助一定的信息技术产生一种新的价值创造场所，即市场空间。这两种世界通过不同的价值链开展价值创造活动：市场场所通过实际的采购、生产和销售等活动组成的物理价值链创造价值；市场空间则通过信息的收集、组织、综合、分析和发布等虚拟价值链创造价值。

电子商务使更多的业务信息通过网络传播和共享。就价值链中信息和物流的关系而言，信息流控制着物流的方向、流速和流量，因此物理价值链上的各项活动也对应着网络虚拟空间里的各项活动，它们主要是一些信息的加工活动，由各种信息系统辅助完成。这些信息加工互动构成了另一条价值链——虚拟价值链。虚拟价值链如图3-3所示。

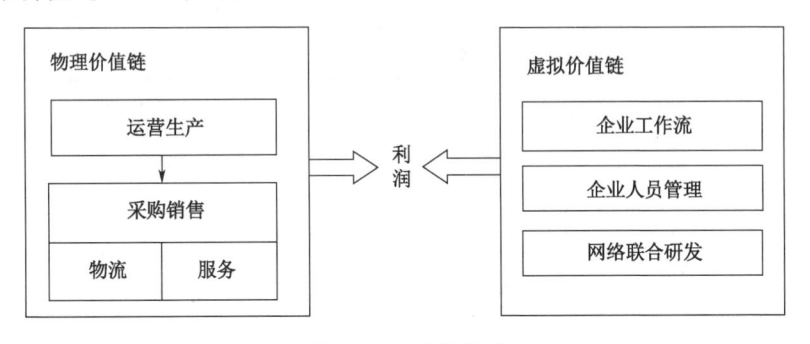

图 3-3 虚拟价值链

从图3-3中可以看出，企业的利润由两部分组成：由物理价值链的活动创造的利润和由虚拟价值链的活动创造的利润，并且物理价值链的各项活动与虚拟价值链的各项活动是相互对应的，但两种价值增值的机理存在一定差异。虚拟价值链中的信息加工是电子商务的产物，在此过程中可以派生出多种电子商务模式。企业通过充分利用先进的信息技术，对虚拟价值链上的各类信息进行收集、组织、选择、综合、分析和发布，可以帮助提升物理价值链上各项活动的工作效率、服务水平和合作能力等，实现企业的额外价值增值。

虚拟价值链的价值增值还包括对物理价值链上各项活动的优化或精简等。首先，随着虚拟价值链上信息的收集、组织等活动，可以淘汰一批没有增值前景的中间商，并且可以在买卖双方中间派生出信息中间商。其次，随着市场竞争的加剧，物理价值链之间的竞争升级为虚拟价值链之间的竞争。在虚拟价值链之间的竞争中，可以根据价值增值的要求，剔除物理价值链上不能增值或增值不大的活动，而且会使物理价值链缩短、细化，呈现价值网的形态。虚拟价值链的优势还在于利用互联网和信息系统升级物理价值链上的活动效率，也可能产生新的模式，物理价值链的其他活动也可以通过网络改变价值创造过程。因此，物理价值链和虚拟价值链是一种相辅相成的关系，虚拟价值链补充了物理价值链对企业创造价值的解释能力，并提供了新的战略思维。

（3）价值网

上述价值链的概念是针对单个企业的价值增值活动而言的，但随着电子商务的发展，企业的价值链将呈现虚拟化和网络化的特点。传统的线性价值链将转化为网状模式，企业价值创造的方式也不再局限于传统的价值链，价值网已经成为企业电子商务模式分析与设计的重要理论工具。价值网以网络和信息系统作为手段，通过快速精准地收集网上的各种信息，与包括供应商、分销商及顾客在内的参与者之间进行信息共享，通过信息连接、协调和控制各项活动，使价值链上所有成员密切合作，快捷、可靠和高效地创造更多的价值。表 3-2 从产品规格、竞争模式、属性、增值速度、规模和商务模式设计方面对传统价值链与价值网进行了对比，可以看出，价值网能够对新商业环境中的企业进行有效的分析与设计，为企业规划适合的电子商务模式提供很好的指导。价值网可以利用互联网和信息系统的潜力，加强网上参与者之间的协同合作，将顾客需求和价值网紧密结合起来。在价值网中，各参与者作为价值网集成者，通过收集提供信息创造价值。在价值网上，一个行业的经营者在创造出具备较强竞争力的品牌后可以成为产品价值网的核心企业，逐渐成为虚拟价值网的管理者。价值网集成者通过网络、信息系统与价值网内的各个角色进行及时交流，成为信息的集散中心，从而提高价值网的有效性，进而形成一种新的价值增值方式。

表 3-2 价值链与价值网属性比较

项 目	传统价值链	价值网
产品规格	产品单一	顾客需求导向
竞争模式	长期及线性竞争	网络化、合作性及系统化
属性	刚性、不可改变	敏捷、可伸缩性
增值速度	反应缓慢	快速流动性
规模	大规模模拟	数字化
商务模式设计	商务模式的部分设计	一种新的商务模式设计

3.1.3 电子商务模式的重要性

成功的电子商务模式可以帮助企业获得以下优势：一是可以帮助企业改进原有重要流程或特性，以此提高运作效率，降低成本；二是电子商务模式为企业业务带来创新型的突破，为企业带来新的价值等。在一定的内外部环境下，第一种优势可以转化为第二种优势。例如，随着网络应用的普及、企业服务意识的增强、服务流程的创新及消费数据的分析挖掘，创新型的网络服务、服务挽留系统等都是比较成功的电子商务模式。

电子商务模式形成的竞争优势不是静态的，会随着时间的推移而改变，竞争优势很难长时间地保持，如竞争对手的模仿或模式创新将会打破企业的竞争优势。电子商务模式对传统企业的重要性主要是通过电子商务对传统商业活动的冲击表现出来的。亚马逊、淘宝、京东、天猫等电子商务平台的构建给传统零售业带来了很大的冲击，打破了传统零售市场模式。电子商务模式对新兴的互联网企业也具有重要意义。拼多多、小红书等社群型电子商务模式的兴起，滴滴打车、美团等生活服务类商务模式对大众生活的改变，字节跳动将人工智能应用于移动互联网场景所带来的快速发展，在线医疗、在线教育等创新模式的涌现……可以看出，基于物联网、大数据等新信息技术的"互联网+"时代为互联网企业的发展及电子商务模式的创新带来了更大的契机。企业只有确定明确的目标客户和市场，才能实现企业价值，获得企业自身发展所必需的盈利。

企业、流程及组织结构等作为电子商务模式的主要组成要素，在电子商务环境下这些因素之间的关系都发生着改变。首先，随着互联网性能、网络技术的发展，企业可以很方便地打造"全渠道"供应链，以及与其他企业形成虚拟联盟，消除地理、时间上的限制，提高合作能力，提升效率等。例如，苏宁构建了线上线下全覆盖的渠道网络，通过流量与供应链的优势互补做到全场景、高时效、低成本的快消品到店、到家销售；宝洁及沃尔玛之间的合作联盟，通过电子商务将价值链上下游企业转变为利益相关的战略共同体；企业内部流程的自动化提高了工作效率，降低了成本，并通过梳理相关流程来改善原有的工作模式和运作机制，较高层次的流程变革是组织之间流程的连接和整合，通过有效的 IT 能力的配置重构业务网络，其中众多参与者共享 IT 基础设施，从而改变企业之间的商业关系，扩大企业在网络中或领域中的业务范围；电子商务模式中的组织结构要素也随着电子商务的发展而演化。一方面，大数据、人工智能、物联网等快速发展的新信息技术不仅能保障信息的实时贯通，还进一步推动了商务智能的发展，丰富了信息采集的类型和规模，加快了信息处理和决策的速度，提高了决策的智能化和精准性，进而推动了电子商务 O2O 模式、C2B 模式、移动商务模式及新零售模式等新模式的产生与发展；另一方面，由于信息技术增强了业务人员的处理能力，使决策可以在信息来源处就分布化，减少了中层管理人员，使组织层次趋于扁平化、网络化和分权，协调机制也向柔性且有利于创新的方向发展。

3.2 基于虚拟价值链的电子商务模式

电子商务模式的基础和关键之一在于商务模式的分类框架。最初的分类标准是参与电子商务的主体，主要有企业—企业（B2B）、企业—消费者（B2C）、消费者—消费者（C2C）、政府—企业（G2B）、政府—消费者（G2C）及新近发展起来的消费者—企业（C2B）等商务模式。上述分类很难揭示利润来源和创造过程，为了完整地分析电子商务模式的分类框架，本节通过虚拟价值链进行分类，并探讨在此框架下的电子商务模式。

3.2.1 基于虚拟价值链的模式分类框架

企业希望为客户提供更好的产品或服务,以提高竞争优势,优化流程,强化增值性的活动,摒弃那些不能为客户增加价值的活动。从这种角度来说,关注企业的流程,关键在于那些能够为客户带来价值的活动。随着企业之间竞争的加剧,客户对产品的要求也不再仅仅局限于价格和质量,客户需求日益多样化和个性化。传统企业,特别是制造企业讲究"大而全",关注从原材料零部件采购,到生产制造、物流配送和销售等各个环节。众多的活动环节使管理的难度加大,成本也难以控制,组织结构相对僵化,难以适应企业环境的激烈变化,更难以满足客户多样化的需求。面对上述挑战,最好的生存方法就是用市场链的协同方式进行合作创新,实现双赢。在这种背景下,企业之间的界限逐步模糊,企业需要建立起更加广泛和紧密的联系,甚至可能与企业的竞争对手采取某种竞争加合作的方式。传统的企业逐渐演化为多个合作伙伴组成的虚拟企业,企业的价值链也相应地虚拟化。此外,客户需求的多样化和个性化也要求企业在不同的供应链中扮演几种角色以获得竞争优势,形成纷繁复杂的价值网。

企业的 IT 基础设施在价值链虚拟化过程中发挥着重要的作用。借助 Internet 和各种管理信息系统,企业既能处理内部的运营信息,也能将客户、供应商和合作企业紧密联系起来,实现信息的及时分发和共享,组成一个虚拟的关系整合网络。这促进了企业在网上开展各项业务活动,促进了协同商务的发展。企业的增值活动也发生了一些明显的变化,主要可以分成几个部分:价值活动可能按照外包或其他形式由第三方来完成,产品不仅仅局限于物理形式也可能是以数字形式存在的内容等。企业的增值活动表现也发生了很大程度的变化:增值活动不仅存在于企业内部,也来自不同企业之间的合作。价值的创造不仅来源于传统的价值链,信息的收集、综合、分析和发布也成为创造价值的主要来源。企业之间的合作协调、信息的交流共享日益依赖于企业的 IT/IS,最终形成了虚拟价值链。

图 3-4 是电子商务模式的分类框架,揭示了企业战略、电子商务模式、业务流程和应用模式之间的关系,其中电子商务模式、业务流程和应用模式共同组成企业的经营架构,展现企业战略和远景。电子商务模式是企业在当前市场环境下赖以盈利的方式,规定了企业的具体运作;企业战略是公司在行业中的长远目标和定位,强调独特的、难以被模仿的能力,以此取得持续成功的电子商务模式要支持战略实现,并且要适应战略的变化。也就是说,一方面,业务流程从属于电子商务模式,电子商务模式决定业务流程,业务流程要适合企业相应的电子商务模式的高效运作;另一方面,电子商务模式服务企业战略,企业战略决定电子商务模式。因此电子商务模式是连接企业战略和业务流程的桥梁。这说明电子商务模式介于企业战略和业务流程之间,体现了战略制定和战略实施的一体化,商务模式不同则相关的业务流程也会不同。应用模式为电子商务模式和业务流程提供定制的企业应用解决方案,是为支撑企业内部及企业之间的流程的高效运作而存在的,不同的商务模式对基础设施、技术系统和应用组件的要求也是不一样的。电子商务模式的设计包括企业在互联网时代的价值定位、运作范围、利润获取、战略控制和实施等要素,既涉及相关战略的规划,也需要考虑这些战略的具体实施方法、核心能力培养等。

在电子商务时代,价值链上除了实体物流等活动,大多数商务互动都可以放在网上。在此分类框架下,电子商务模式的分类是以虚拟价值链中的活动为参考的,不同的活动和活动组合可能派生出不同种类的电子商务模式。

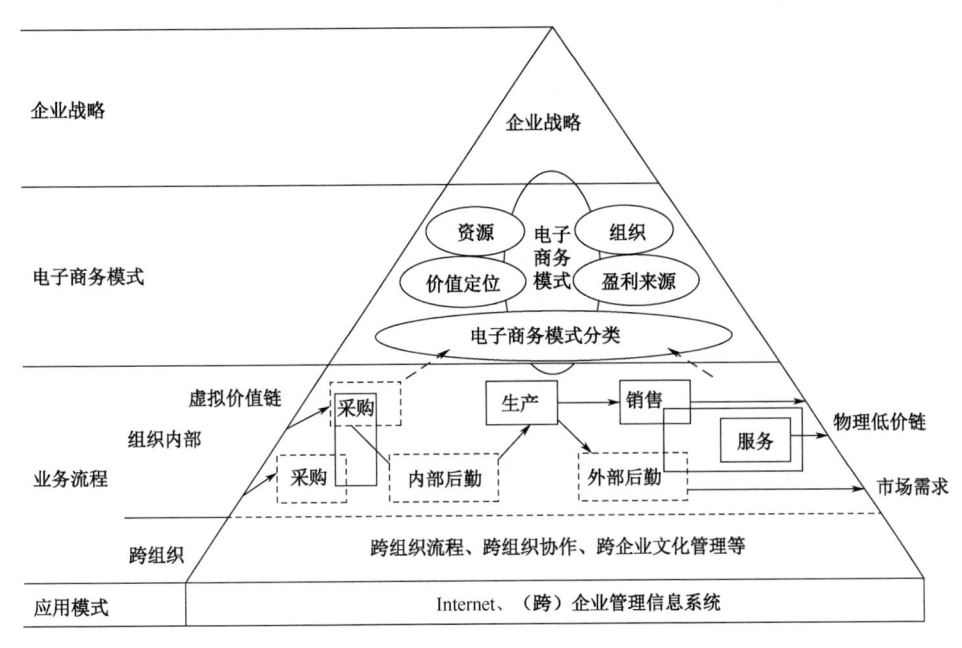

图 3-4 电子商务模式的分类框架

3.2.2 虚拟价值链上的电子商务模式

客户需求的日益多样化和个性化促使企业更多强调企业间的合作互动。合适的电子商务模式能够最大限度地利用信息技术协调和整合多个企业之间的合作,形成高效流畅的业务流程,为参与企业带来更大的利益。选择适合企业的电子商务模式,其关键在于分析虚拟价值链上的活动及活动之间的组合机制。这就需要重新考虑虚拟价值链,仔细分析企业最擅长的增值活动,通过研究活动之间的协调整合甚至重组方式的差异来分析不同的电子商务模式。图 3-4 所示的分类框架实际上就是以虚拟价值链的功能整合为标准的,不仅确定了企业在虚拟价值链中的位置,同时也说明了企业与合作伙伴间的关系。基于上述分析,下文在电子商务模式分类框架的基础上给出几种典型增值活动的协调整合方式。

(1) 电子采购

传统的采购流程需要诸多环节,降低了采购效率,而企业利用信息系统和互联网收集内部的采购需求,转化、合并需要采购的物品订单,并通过互联网向外界发布。多个企业相互合作将各自的采购活动联合起来,形成共同的在线采购平台,提高了采购的透明度及效率,降低了采购成本。例如,麦夫网采用此模式,为家电和汽车业配套厂家提供专业的联合采购服务和电子采购系统。

(2) 网络销售

网络销售的一个趋势就是产品的形式不再局限于物理状态,而可以是数字内容等虚拟方式。企业可以利用互联网方便快捷地向客户提供内容服务,如高德地图,可提供各城市的地图查询、公交选择及打车服务等多项内容服务。互联网已经成为企业向顾客发送信息、娱乐和其他内容产品的低成本通用销售渠道。网络销售的另一个趋势是能直接面向顾客,充分满足顾客个性化要求。

(3) 网络营销

网络营销以互联网为基本手段,借助网络、通信和数字媒体技术等营造网上经营环境的各种活动，以实现营销目标，为用户创造价值。互联网建立了企业与用户及公众的连接，为营销带来了活动便利与独特场景，如通过微博、微信等自媒体，低成本传播资讯到听众、观众手中，通过直播、短视频等方式增强用户体验并产生裂变效应。网络营销已成为电子商务中的一个重要环节，尤其是在交易发生前，网络营销发挥着主要的信息传递作用。

（4）网络服务

传统的服务都是依靠线下的接触来完成的，而互联网的出现让企业有机会实现服务电子化、自动化和自助化，使服务更加简便和快捷，切合顾客的实际需要。服务电子化同时也能大幅降低重复性劳动，减少成本；服务的自动化和自助化可以最大限度地减少人工成本的耗用，此外，自助化由顾客自助选择服务方式、服务内容、服务时间和地点，让顾客主动参与到服务过程中，增强了顾客参与的主动性。

将上述相关的销售、营销和服务活动进行整合，可进一步建立高效的客户关系管理（Customer Relationship Management，CRM），即面向客户全生命周期，将对客户的关怀与需求相互联系，构建精准的用户画像，从而为客户提供定制化的整套服务，简化客户的交易过程，增强客户黏性，提高客户满意度。这些销售、营销和服务活动往往属于企业内部不同部门，需要将数据和流程打通，实现功能整合。此外，在网络上与顾客交流，交互性也是很重要的，如阿里巴巴、京东等打造的在线客服即时通信平台也能体现互联网的优势。

除此以外，虚拟价值链上的活动还包括基础设施共享、网络研发、内外部物流的整合和后期活动整合等。虚拟价值链上的每一种活动都可能派生出一些具体的电子商务模式。目前出现的电子商务模式，都与虚拟价值链的某种或多种活动有关。不同的活动组合方式意味着不同的电子商务模式，每一种组合方式对应相应的电子商务模式，基于虚拟价值链的电子商务模式如表3-3所示。因为Internet的整合性，将价值链中的不同活动组合在一起开展电子商务，其价值要比将各活动电子商务化再简单相加的价值总和要大。

表3-3 基于虚拟价值链的电子商务模式

电子商务模式	定义	战略目标	案例
直接面向顾客	绕过传统的销售渠道，直接向顾客提供产品或服务	• 企业绕过分销渠道直接面向顾客； • 使企业拥有更高的利润率和更广的市场前景，以及更多的顾客信息； • 为顾客提供更大的选择范围、更低的价格和更具个性化的服务	DELL公司：通过网络直销向顾客销售电脑等设备
内容提供商	通过网络直接向客户提供信息产品服务	• 通过网络能够以较低成本获取企业提供的有价值的信息内容； • 客户拥有更多的选择、更低的价格、更具个性化的服务； • 提供更多专业化的知识	字节跳动的"今日头条"：基于个性化推荐引擎技术，为用户提供新闻、音乐、电影、游戏及购物等资讯
企业	把由一个大企业中各个事业部提供的各种服务进行整合，为顾客提供一个企业级的单接触点	• 具有多个事业单元的企业为某些客户实行单接触点； • 通过实际时间或者兴趣领域，组织相近的客户了解企业所提供的全部服务； • 作为对不同事业单元服务的指标器，以整体的战略指导各个事业单元； • 帮助客户标识需求，以选择和获得由多个不同事业单元提供的服务	海尔：多事业部产品统一销售、订单处理和配送等

续表

电子商务模式	定 义	战略目标	案例
企业	全渠道：企业采取线上线下尽可能多的渠道提供商品或服务，通过渠道整合，实现在多触点触达目标客户的同时提供一体化无缝式体验，既满足客户关于购买时间、地点、方式的个性化需求，又能达成无差别的购买体验	• 关注顾客体验； • 多接触点组合与整合，具有全程、全面、全线等特征； • 渠道类型主要包括实体渠道、电子商务渠道、移动商务渠道和信息媒体（网站、呼叫中心、社交媒体、Email、微博及微信）等； • 满足客户任何时候、任何地点、任何方式的购买需求，提供无差别的购买体验	优衣库、星巴克等全渠道零售模式
中介	通过集中买卖双方的信息，为供给商与客户提供直接交易的虚拟场所	• 缩短价值链，使供应商与客户直接进行交易； • 通过集中交易双方的信息，快速扩展市场的范围； • 降低进入市场的门槛	淘宝网、eBay 等
联合研发	将研发链的相关参与者进行信息整合，使集成者能够加强对研发网中活动的可控性，提高协调处理研发事务的能力	• 对研发网中各层次的信息进行集成，加快研发速度； • 拥有强势品牌； • 对合作伙伴的能力有更好的掌握	Ford、上海贝尔：通过网络系统协调世界各地不同的研发单位，协同完成飞机各项技术的攻关，成为研发网集成者
	协同创新的"众创"模式：以企业为主体，企业内部、外部参与者（创业创新的个体或组织）为客体，依托于互联网平台，围绕企业主体就未知领域进行知识识别、创造、转化等动态创新过程	• "万众创新"形势下新产品的创新研发； • 以用户为中心，面向应用融合了从创意、设计到制造的用户创新、开放创新、大众创新和协同创新模式； • 外部参与客体多为小型微型创新企业和个人创业者	海尔：通过 COSMO 平台集成了内部员工、创客、小微、社会资源和合作单位，打造开放的共创平台，形成创新生态系统
共享采购平台	在企业的采购端，将多个竞争者整合到一起，共享采购信息及采购平台的基础设施	• 通过提高采购规模增强议价能力，降低采购成本； • 满足供应商对多个客户的单接触点要求； • 降低基础设施建设和维护成本； • 降低寻找与开发供应商的成本	COVISINT：由 GM、Ford 和 Daimler Chrysler 三大汽车公司组建的共享采购平台
共享销售平台	将多个参与者的销售平台整合到一起，共享销售平台的基础设施	• 增加销售机会，降低销售成本； • 满足客户对多个供应商的单接触点要求； • 降低基础设施建设和维护费用； • 及时获取并共享行业信息； • 能够联合实力相当的竞争对手，以对抗其他竞争对手	上海爱姆意机电设备公司：将国内数家著名机电产品生产商共享于一个销售平台
全服务提供商	在某一个领域内直接或通过与第三方联盟的方式，为顾客提供全程的服务	• 通过把企业自己的与选定的第三方提供者的产品和服务进行集成，在某一领域满足目标顾客群的全部需求； • 顾客选择的集成服务能得到比选择单个产品与服务供应商更多的价值	携程：为商务和旅行人员提供全面的出行解决方案； 美团、滴滴出行等生活服务提供商
价值网集成者	将价值链的上下游厂商的生产与运营信息进行集成、分析，从而加强集成者对价值网的控制，以及彼此之间的协同	• 通过对价值网中各层次的信息进行集成，提高信息的透明度，加强价值网的控制与协同能力； • 掌握合作伙伴的经营现状与经营能力，更好地协调与控制整个价值网上的营销活动，提高市场反应速度； • 直接掌握顾客数据，把握市场需求	日本 7-11：通过网络、信息系统集成，掌握整个价值网中上下游企业的信息，为客户提供服务
虚拟社区	为拥有共同兴趣的顾客创建一个在线虚拟社区，并为他们提供相应的服务	• 建立一个拥有共同兴趣的会员社区； • 随着社区发展，获取逐步增加的回报； • 利用网络的外部性将虚拟社区作为其他模式的补充	知乎； 豆瓣； 小红书

续表

电子商务模式	定义	战略目标	案例
供应商管理库存系统	主要应用在供应商与其分销商之间，供应商为准确掌握实际需求，将分销商的库存纳入管理范围	• 供应商通过库存信息间接了解需求信息； • 供应商根据库存信息决定分销商的订货点及订货量，以此为依据指导并安排生产活动	宝洁对沃尔玛的库存管理； 联想的供应商管理库存
联合管理库存	供应链供需双方在共享库存信息的基础上，以顾客为中心，共同制订统一的生产计划与销售计划	• 解决供应链中各节点因为库存各自管理所导致的需求放大现象； • 供需双方同时参与，共同制订库存计划	富基软件公司在百盛集团信息系统基础上开发了 efuture ONE SCM 系统

3.3 信息技术驱动的电子商务模式

在互联网时代，利润和价值从过时的商务模式流向那些能更好地满足客户偏好的商务模式，因此企业需要不断完善这些商务模式，最大限度满足客户的要求。其中信息技术始终扮演着重要的使能器角色，脱离信息技术的支持，对顾客的快速响应和个性化服务就成为空中楼阁。

3.3.1 信息技术驱动电子商务发展

加州大学 Glazer 教授和 IBM 公司通过大量的调查研究，提出了电子商务演化概念模型，将电子商务的发展分成 3 个层次（层次一，关注降本增效，商务模式没有根本性改变；层次二，创造新的商务模式，价值链发生彻底变革；层次三，彻底的电子商务转型），并总结了成熟的电子商务企业的 4 个特征：遍及组织的快速共享客户信息，比其他企业更多地使用网络和客户交互，有一个高度交互的网站，以及使用信息技术来领导行业。模型表明，企业开展电子商务是一个逐渐成熟的过程。在电子商务发展的不同阶段，企业的组织结构、业务流程等电子商务模式要素发生了不同变革，所利用的信息技术也有明显差异。即在电子商务的不同发展阶段，企业的组织结构、业务流程和信息技术融合的方式各不相同，导致不同的电子商务模式出现。

（1）实施电子商务的演化阶段：在初始阶段，原有的业务流程没有很大的改变，往往只是利用网站提供信息发布和简单的网上交易功能；进一步，企业原有的业务流程不再满足运营的要求，需要进行改进甚至重组，与客户、供应商及相关企业的联系更加紧密，需要信息技术有效地整合前后台系统，紧密联系客户和供应商等；企业无缝整合相关流程，开始改变行业流程，对信息技术的覆盖范围和结合深度有了新的要求；进入持续改进阶段后，信息技术能够支持组织结构和业务流程不断完善，企业之间甚至行业的流程效率逐步提高。信息技术的应用也面临着相应的变革，它不仅能够整合企业内部，也能够紧密联系客户、供应商和联盟企业，与业务流程的结合程度逐步提高，信息技术应用的广度和深度显著变化，信息技术驱动的电子商务如图 3-5 所示。

（2）实施和完善电子商务的过程：电子商务的完善方式分为两种，逐渐演化策略和相对激进策略。对于逐渐演化策略，企业首先从非核心的业务尝试新的模式，不断深入和完善，同时逐步完善信息技术基础，最终过渡到核心业务和流程。对于相对激进策略，企业需要用信息技术来改变核心业务流程，实现从一个阶段到另外一个阶段的过渡。企业可以根据不同的环境和不同的阶段选择适合的方法。

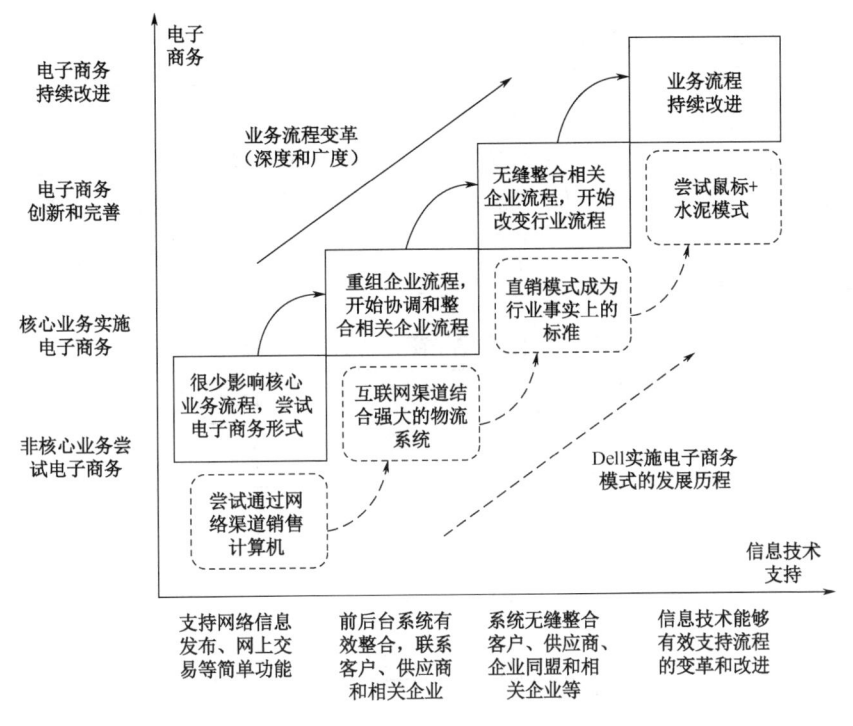

图 3-5 信息技术驱动的电子商务

3.3.2 信息技术与电子商务模式的关系

电子商务不断成熟，信息技术由贯穿业务流程，扩展到客户、供应商、联盟甚至竞争对手，应用更为广泛和深入，进而为企业降低成本、扩大市场及实现规模与范围经济等，但保持这种竞争优势需要商务模式不断创新，商务模式的创新又需要新技术，或采用新方式来应用现有技术。事实上，企业选择不同的电子商务模式，所需要的信息技术支持也可能是迥异的。一个简单的网上交易模式，可能仅仅需要一个网站和订单处理功能，而这显然不能满足价值网集成者的要求。如果缺乏相应的信息技术特别是网络的支持，就不能迅速准确地采集、获取和分析多个来源的信息，进而流畅地将信息分发到多个供应链成员。

（1）信息技术是电子商务模式演化的动力。

这是信息技术影响电子商务模式的主要方面。电子商务本身是在 Internet 的驱动下产生和发展起来的，信息技术也是企业网络就绪的基本条件之一。从众多优秀企业的电子商务发展历程来看，信息技术是企业电子商务转型的催化剂。不同的电子商务模式是信息技术发展到一定程度，与业务创新相整合的产物。从提高效率到建立新市场，创造新的增值方式；从产品和市场的转型，业务流程、组织结构转型，价值链重组到行业转型；从新技术采纳获得竞争优势，进而制定行业标准，后来者跟进，到技术持续创新带来的竞争优势保持，商务模式的创新，无不体现着信息技术的价值。从中可以看出信息技术转变商务模式的历程，但也应该注意技术创新的艰辛，而且保持先行的竞争优势是一个动态、持续的过程，与现代商务脱离、单纯追求应用先进的信息技术也会导致信息悖论。具体来说，信息技术对电子商务模式创新的影响表现在两个方面：一是，应用现有信息技术对商务进行变革，这是大多数企业的做法，但有时盲目采用新技术风险很大；二是，敢于采用新技术，勇当行业的领先者，尽管独领风骚的时间比较短。

（2）信息技术是电子商务模式选择的一个重要因素。

企业应该采用何种电子商务模式是制定电子商务战略需要考虑的关键问题，也涉及多方面的因素：战略规划和核心竞争力、面临的机遇和威胁、竞争对手的运营模式和信息技术能力等。其中关于信息技术的支持能力是非常关键的，Peter Weill 等从信息技术基础设施角度分析信息技术对实施电子商务战略的影响，他们将信息技术基础设施分成不同的服务，通过调查多家企业，分析不同服务在多种电子商务原子模型中的重要程度和应用（见表 3-4），为企业选择合适的信息技术提供了参考。

表 3-4 各种电子商务模型基础设施

原子模型	应用基础设施	通信	数据管理	IT管理	安全	结构与标准	渠道管理	IT研发	IT教育
直接面向顾客模型	2	1	1	2	3				
价值网集成者模型	1	1	1		3	1	2		
整体企业模型	2	1	2	1	3			1	
研发网集成者模型	1	1	1		3	2	1	1	
全服务提供商模型	1	1	3	1	3		1	2	
虚拟社区模型	1	1		2	3			1	1

注：1、2 和 3 分别代表重要、非常重要和必要。

实施电子商务模式，往往意味着业务流程发生明显变革，这就要求信息技术做相应的改变以达到匹配。充分利用信息技术，与供应链伙伴协作设计新的商务模式，以更快的速度满足消费者的要求，这是电子商务模式与传统商务模式能够抗衡的基础。信息技术需要支撑新的业务流程和组织结构的变化，还需要发现流程改进的机会，因此，企业实施电子商务战略需要认真考察信息技术，结合业务流程及组织结构的变革，形成与其相适应的信息技术支持。反之，如果忽略信息技术，那么可能对企业战略发展产生很大的影响。

（3）信息技术促进电子商务模式延伸与扩展。

实施电子商务是一个长期的过程。客户需求、竞争对手的压力、环境变化及新技术的促进，这都要求企业不断提高业务流程的运行效率，完善原有的电子商务模式。一些研究表明，处理上述问题有两种常见方法：一种方法是延伸，即在原电子商务模式的基础上，不断改进业务流程，寻找新的渠道和方式来满足客户的需求，侧重于电子商务模式的改进；另一种方法是扩展，即探索新的商务模式和机会，对原有的电子商务模式进行创新。企业往往结合这两种方法来不断完善电子商务模式。

为了延伸电子商务模式，企业往往需要对原有的信息系统升级，整合更多的功能。例如，中国国旅在"互联网+旅游"数字化转型过程中，全面打通贯穿整个业务流程的信息管理系统，对内快速搭建业务关键信息管理系统，对外打通客户关系管理系统，并积极探索旅游零售新模式，加快传统线下零售模式向线上延伸，统一会员平台建设，以会员体系共享为核心，运用大数据、人工智能等手段，深化线上推广力度，丰富品牌资源，引领消费体验升级，完成大会员平台建设项目，启用商务智能系统，从经营、财务、绩效和对标等多个维度实现对各级企业运行的实时监控、预测预警和分析诊断。

信息技术变革不但能够促进电子商务模式的延伸，还能为模式扩展提供新的机遇和渠道。电子商务模式的扩展离不开信息技术的变革。

（4）信息技术投资可能限制电子商务模式的完善。

信息技术应用日益广泛，带来的机会也难以估量，因此近年来信息技术投资逐渐受到人们的关注。Jeanne W. Ross 等在调查了多家企业信息化情况的基础上，从战略目标（短期盈利、长期增长）和技术视角（共享基础设施、商业应用）两个维度，分析得到转变、更新、流程改进和试验4种信息技术投资的方法。这4种方法和电子商务模式的完善方式是一致的：更新和流程改进实现了电子商务模式的延伸，而转变和试验则为模式扩展提供了支持和新的途径。然而，对于信息技术的进一步革新往往基于原有的信息技术投资，受到原有信息技术基础的限制，在一定程度上对电子商务模式的延伸和扩展产生了负面影响。

（5）信息技术对电子商务模式影响的持久性。

信息技术在电子商务实施的过程中扮演着重要的角色，是电子商务模式实施的基础和使能器，缺乏信息技术的支持，电子商务模式不能顺利实施，企业的信息技术优势往往很难保持很久，这是因为信息技术具有高度的可复制性和延展性，随着普遍应用而逐渐变为日常型投入。如戴尔（Dell）的网上销售系统曾经有明显的技术优势，然而这种优势随着技术的广泛应用而逐渐逊色。当 Dell 的技术优势随着信息技术的普遍应用不再明显的时候，Dell 的竞争优势是否也随之丧失呢？答案是否定的。Dell 多年来持续以"拥有及时调整方向并迅速抓住增长机会"的独特优势而闻名。究其背后的原因，技术优势只是企业竞争力的一个方面，高效的供应链管理水平，对客户需求的迅速满足及与供应商的良好关系等多种因素保证了 Dell 在竞争中胜出。Dell 的经验表明，在实施电子商务的过程中需要准确把握信息技术的作用：一方面，信息技术作为电子商务模式的基础和使能器，能够促进电子商务的延伸和扩展；另一方面，由于自身的特性，信息技术的优势往往容易被复制，实施电子商务战略不能仅仅关注信息技术的完善。企业不能简单地将信息技术和电子商务模式割裂开来，既要注意到信息技术投资的基础和使能作用，更要认识到信息技术变革对业务流程、组织结构等方面的影响。很多企业电子商务成功的经验充分说明了这点。

准确把握信息技术对于企业电子商务模式实施是非常关键的。这要求企业既要深刻认识到信息技术的重要作用——电子商务模式实施的基础和使能器，又要注意到实施电子商务模式绝不仅仅是信息技术的简单投入，业务流程的改进、客户满意度的提高、组织结构的变革及组织之间关系的调整等多个方面也是值得关注的。企业要将信息技术和电子商务模式结合起来考虑，利用信息技术改变原有的商务模式，更好地满足客户的需求，不断完善电子商务模式，形成并保持明显的竞争优势。

3.3.3　信息技术和电子商务模式的对应

如何保证信息技术和商务模式的对应是非常关键的问题，这是因为合适的信息技术能驱动原有运营模式的变革，帮助企业形成明显的竞争优势，而不合适的信息技术对战略发展有明显的反作用，在某些极端的情况下将成为负担，影响企业的运营。Henderson 和 Venkatraman 的战略一致性模型探讨了企业战略与信息技术战略保持一致的方法，为研究信息技术和电子商务模式的对应方式提供了参考。在战略一致性模型的基础上，可以总结得到电子商务模式驱动、信息技术使能和技术采用模型等几种对应方式。

（1）电子商务模式驱动方式

企业高层决定发展战略，确定电子商务模式，然后再根据电子商务模式对业务流程、组织结构等多方面的变革要求，规划和实施合适的信息系统。很多企业采用这种方式实施电子商务模式，有很多比较成熟的分析方法，如关键成功因素法等。需要指出的是，信息技术的规划和实施不能仅仅局限于电子商务模式的现有要求，需要结合电子商务模式的发展预期，尤其对那些关系到长期盈利和基础设施等方面的信息技术规划更要具有相当的前瞻性。

（2）信息技术使能方式

企业要关注最新的信息技术和发展趋势，分析其对战略发展的影响，要考虑利用最新信息技术来提高客户满意度和业务流程效率，实施新的电子商务模式。电子商务模式驱动方式要求企业能够利用信息技术满足电子商务模式的需求，从而保证信息技术和电子商务模式发展相一致。而信息技术使能方式则要求企业能够把握信息技术的最新动向和发展趋势，考虑利用最新信息技术的影响，实施新的电子商务模式，实现信息技术和电子商务模式的对应。这两种方式并没有明显的优劣之分，企业应根据自身情况选择合适的方式，使信息技术能够匹配电子商务模式。考虑到电子商务模式的成熟需要经历一个长期的过程，企业在不同阶段可能采用不同的方式相互协作，保证信息技术和电子商务模式对应发展，促进电子商务模式逐渐成熟。

（3）技术采用模型方式

有关信息技术对电子商务模式实施和变革的影响，从技术上采用模型的视角来研究哪些因素影响电子商务在企业中的应用和扩散，这也引起了许多学者的关注。这种电子商务采用模型不仅包含了组织内外部环境变量，还考虑了电子商务本身的技术特征，以便全面地分析哪些因素对企业电子商务应用与实施有显著的正面影响。电子商务模式作为业务流程、应用系统和组织结构的复杂融合，企业 IT 能力对电子商务模式的创新和实施的影响是不能低估的——这里的 IT 能力包括 IT 基础设施、IT 人力资源及与 IT 相关的无形资源，即企业在 IT 持续应用过程中形成的 IT 资源内化的知识资源、顾客导向和协同效应及 IT 使能的组织柔性。

3.4 数据驱动的电子商务模式

3.4.1 数据驱动电子商务模式发展

（1）从流程驱动到数据驱动

信息技术驱动的电子商务模式在很长一段时期内的主要目的是匹配业务流程、组织结构等多个方面的变革要求，进而形成流程驱动的电子商务管理方式。流程驱动管理是传统信息化的建设方式，为企业的信息化、数字化打下了基础，进而形成了流程和数字化的双轮驱动。随着大数据时代的到来，人工智能、区块链、云计算、大数据等一系列新技术逐步成熟，数据逐渐成为企业提升动态能力、赢得竞争优势的战略性资源，数据驱动逐渐取代传统驱动方式，成为行业趋势。

传统的流程驱动是完全根据预先设定好的流程进行流程实例的调度，可单产品或多产品刻画流程，适用于一个流程可固定刻画的场景，实时性要求高的产品，资源数据不准或不具备的产品。在流程驱动的商务模式下，企业以流程为中心，实现流程再造、组织再造及观念再造，采用先进的信息技术和信息系统对优化的流程进行固化，并将业务流程中产生的数据沉淀下来，为企业的数字化转型奠定了数据基础。随着大数据时代的发展，数据的价值被进一步发掘，成为企业的竞争资源，产生了数据驱动的商务模式。

2012 年，哈佛商业评论最早提出了"数据驱动企业"的概念。2014 年 IBM 创新调查发现：

"在创新过程中使用大数据和分析的组织,在竞争方面击败竞争对手的可能性要高出36%收入增长和运营效率"。2016年麦肯锡发表了研究报告——《分析的时代:在大数据的世界竞争》,提出近年来数据量呈指数型增长,技术融合的趋势正在加速,这些趋势伴随着技术日新月异的变化,商务模式也受到颠覆式影响。在当前信息技术飞速发展的大数据时代,无处不在的信息与通信技术和海量数据改变了企业间的竞争格局,企业的竞争优势向生态优势转变,优势来源从内部稀缺资源的配置能力转变为外部有效关联的创建能力和响应环境迅速变化的动态能力。

在数据驱动作用下,企业的商务模式发生了颠覆性的创新变化:基于大数据的深度分析,企业能够即时洞察客户需求,由随需而变到主动引导和创造需求;数据的泛在连接与交互促进了动态价值合作;数据流动与可视化属性激活使业务流程趋于敏捷。数据驱动的关键是通过创新数据使用场景、技能与方法来实现数据价值,在此过程中伴随着组织资源的数据化、标准化和联网化。

(2)数字商业生态系统

国际数据公司(International Data Corporation,IDC)2020年发布的《未来企业效率白皮书》指出,数字技术是驱动未来工作的核心动力,数字化转型是企业的核心战略,每个行业的增长都将由数字化增强的产品、运营和关系驱动。数字经济从根本上改变了企业间合作和竞争的方式、颠覆了生产力价值创造的模式,取而代之的是全新的价值创造网络,即数字商业生态系统(Digital Business Ecosystems,DBE)。

数字商业生态系统由数字生态系统和商业生态系统两个主要层次相结合,如图3-6所示。内层的数字生态系统以开放式互连模型为参考,由物理层、数据链路层、网络层、传输层、会话层、表示层和应用层协同,其中由应用层的协调层、资源层和服务层来共同反映数字生态系统的基础技术运用。外层的商业生态系统是指企业通过虚线表示的交互平台同系统内企业进行交互,企业间可以通过数字生态系统互相提供产品、服务,并通过平台获取大量的数据,从而支持企业的后续决策。数字商业生态系统能够汇集关键技术,有效助力系统内成员实现价值互换、价值组合、价值共享,从而实现价值共创,并源源不断地吸引系统外的企业加入,形成价值创造网络。

3.4.2 数据驱动的商务模式类型

徐晋在《大数据经济学》一书中指出,大数据本质上首先是现代经济体系的离散化解构,大数据使经济活动过程从过去的形象化模拟表达转变成当今数字时代的离散化表达,即经济活动过程可以通过数字和信息技术进行离散化解构和表达。依据这一思路,曾锵认为大数据驱动的商务模式包含三个基本的分析要素——产品、场景和消费者,围绕三个基本分析要素可以分为三种不同的大数据驱动的电子商务模式,在每种模式中,三个要素必然有一个是核心要素,另外两个是支撑要素。

(1)围绕产品的电子商务模式。不同的场景和不同的消费者围绕相同的产品,核心要素是产品,通过大数据手段不断增加场景和消费者的节点内容,场景内容主要是交易场景及与交易相伴随的需求确认场景,消费者内容主要是消费者对产品的评价和评论、消费者需求偏好信息,从而强化和夯实了在这一企业商务模式中产品要素的核心地位。在这一商务模式中,产品、场景和消费者三要素的关系体现了时间价值,即如果企业通过不同场景(不论是线上还是线下)搜集不同消费者对产品的评论和评价的信息,越是能够迅速传输到生产端并有所反应,那么时间价值就越大，三要素之间的关系也越紧密。例如，ZARA 的产品定位于平价的多款少量的时尚服装，为实现基于产品核心要素的价值创造，ZARA 不断拓展线上线下场景内容，实时搜集、了解和传递不同个性的消费者需求信息，通过潮流信息的快速响应，突破了原始潮流的时空枷锁，实现了商务模式创新。

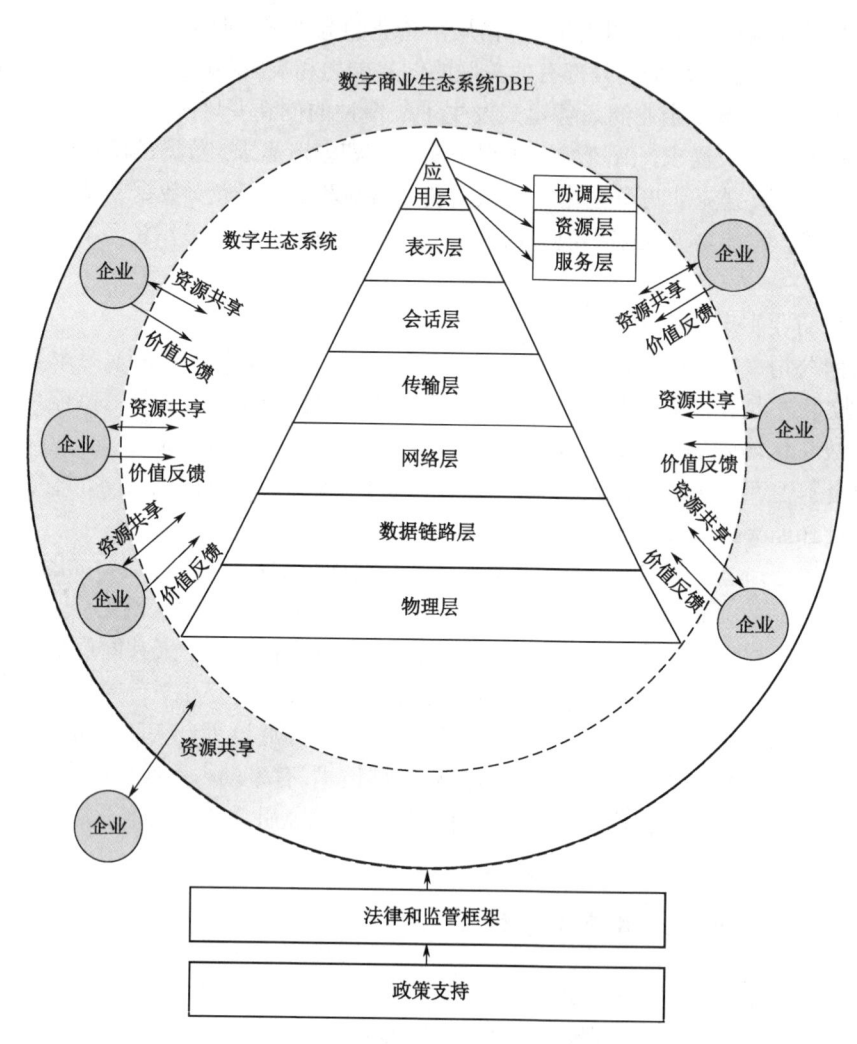

图 3-6 数字商业生态系统概念模型

（2）围绕场景的电子商务模式。不同的产品和不同的消费者围绕相同的场景，核心要素是场景，每一个产品的使用场景构成了整体场景的切片和片段，所有切片和片段的场景合在一起共同打造了一个完整和全面的场景，再以大数据为手段进行消费者个性化需求的挖掘和满足。企业进行产品的开发和创新并非单纯仅仅以产品价值的实现为目标，而是基于场景价值的实现和创造，场景价值的创造成为整个商务模式创新价值创造的主导逻辑。例如，小米围绕智能家居场景不断推出硬件产品的商务模式创新之路，打造以智能家居场景为核心的产品生态圈，既巩固了小米手机的市场地位，又为以智能家居场景为核心不断推出新产品开拓了商业前景。

（3）围绕消费者的电子商务模式。不同的产品和不同的场景围绕相同的消费者，核心要素是消费者，所有的产品和场景都是以满足消费者的个性化需求为目的并围绕其存在的。例如，美团以"帮大家吃得更好,生活更好"为使命,聚焦"Food+Platform"战略,围绕消费者的生活服务需求,以"吃"为核心,把业务覆盖至消费者生活的各个方面。通过数字化、智能化技术整合并深耕产业链,为消费者精准推荐优质的本地生活服务,同时致力于帮助消费者发现新鲜有趣的生活方式,提供美食、旅游、酒店、外卖及电影等吃喝玩乐游购娱一站式生活服务,基本形成到店、到家、旅行和出行四大生活服务类场景的自然延伸。

除了上述分类模式,其他学者也从不同角度对数据驱动创新模式进行了分类分析。吕本富等依据数据类型的不同,将数据驱动创新分为四类:其一,价值数据驱动创新,数据主要包括客户反馈数据,新产品/新服务模式的研发及改进数据,其主要创新对象为产品或服务;其二,关系数据驱动创新,数据主要包括全渠道营销和品牌管理数据,其主要创新对象为渠道;其三,平台数据驱动创新,数据主要包括企业的生产平台数据(如众包、众筹等相关数据)、合作伙伴平台数据(如供应商合作伙伴、技术合作伙伴等),其主要创新对象为支持生产的基础设施(包括网络平台);其四,盈利模式驱动创新,数据主要包括交易渠道/方式、付账方式、盈利方式等,其主要创新对象为企业获取收入的来源与方式,以及交易付款方式等。李文莲等认为"大数据"对商务模式创新主要通过三维驱动,一是企业对大数据资源和技术的工具化运用所引发的商务模式基本构成要素的创新;二是大数据资源和技术商品化催生的"大数据"产业链的形成,以及企业在"大数据"产业链上的不同定位所引发的商务模式创新;三是基于"大数据"的行业外扩张衍生的以连接、融合、跨界为特征的商务模式创新。

3.5 新零售商务模式

3.5.1 新零售商务模式发展

随着大数据技术的驱动和场景化服务模式的兴起,电子商务进入了提质升级阶段,"新零售"自2016年由阿里巴巴、小米和京东等互联网企业提出以来快速发展。2016年11月11日,国务院办公厅印发了《关于推动实体零售创新转型的意见》;2017年3月,国务院总理李克强在政府工作报告中提到了结合实体零售和电子商务推动消费需求;2020年9月9日,李克强总理主持召开国务院常务会议,确定支持新业态新模式加快发展带动新型消费的措施,促进经济恢复性增长,其中提到的五个方面的措施涉及新零售、线上医疗、线上教育、5G和物联网。在政策推动下,各大电子商务企业和传统企业纷纷进行了新零售的探索,出现了丰富多彩的新零售业态,如阿里的盒马鲜生、小米之家门店和永辉的超级物种等。

近年来,新零售商务模式在实践探索和学术研究方面具有较多成果,但新零售至今没有一个共同确认的定义。阿里研究院将新零售定义为,以消费者体验为中心的、数据驱动的泛零售形态。亿欧智库认为,新零售是整个零售市场在新技术和新思维的冲击下发生的新变化,其内涵和外延不应该局限于"阿里巴巴的新零售",并提炼出新零售的概念:"通过新零售的表现形式,进行人、货、场三要素重构,达到满足需求、提升行业效率的目标,从而实现人人零售、无人零售、智慧零售的最终形态"。杜睿云等认为新零售是企业以互联网为依托,通过运用大数据、人工智能等先进技术手段,对商品的生产、流通与销售过程进行升级改造,进而重塑业态结构与生态圈,并对线上服务、线下体验及现代物流进行深度融合的零售新模式。梁莹莹认为,新零售以互联网技术为支撑,通过线上、线下和物流的融合,构建"实体店铺+电商+物流"的商务模式。水木然等则认为,新零售是基于大数据、云计算等新兴科技,以数据为驱动，以满足个性化需求为目的，借助体验式服务完成的点对点商业行为。

虽然业界学界对其理解并不统一，但总体认为新零售是一种人、货、场的重构。零售的本质，是把"人"（消费者）和"货"（商品）连接在一起的"场"。不管技术与商务模式历经多少次变革，零售业都离不开"人""货""场"这三个基本要素。正如白东蕊等给出的定义，新零售是以消费者体验为中心，进行人、货、场三要素的重构，真正发挥"线上+线下+数据+物流+技术"的系统化优势，以达到满足消费升级的需求、提升行业效率的目标。

3.5.2 新零售的模式框架

（1）阿里的新零售知识框架

2017年，阿里研究院发布了《C时代·新零售——阿里研究院新零售研究报告》，从前台、中台、后台三个维度提出了新零售的知识框架，如图3-7所示。

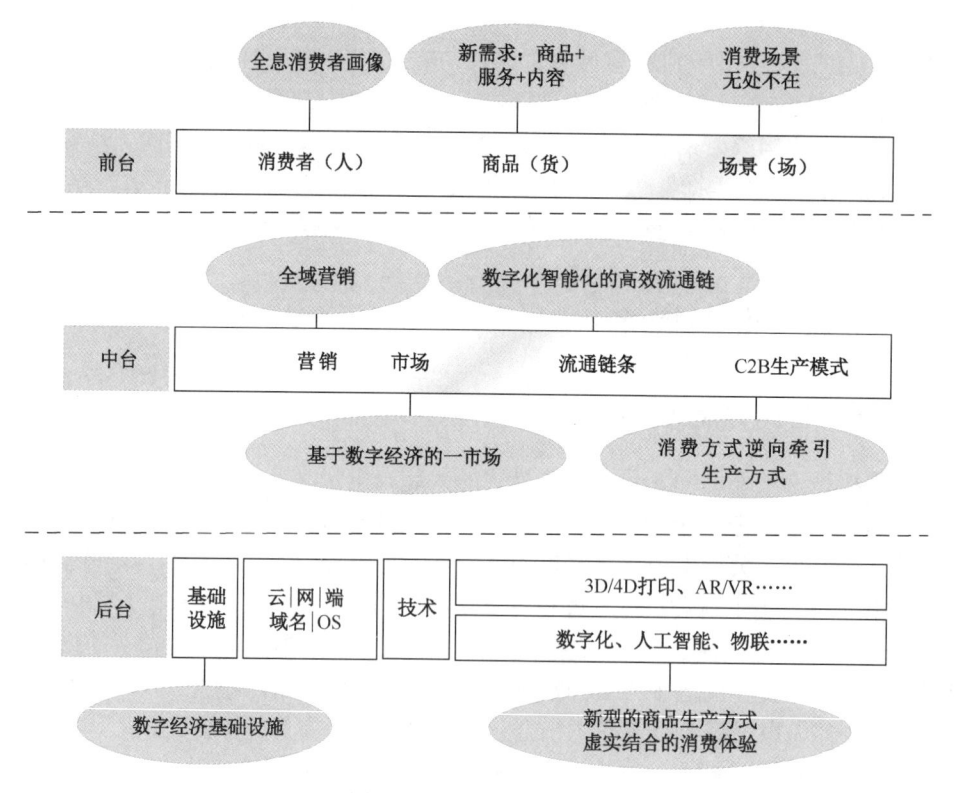

图3-7 新零售知识框架

新零售的前台重构了人、货、场的关系。传统的"货—人—场"特征为经验供货，分渠道场景及模糊的消费者。新零售将其重构为"人—货—场"，基于细粒度大规模数据打造可清晰辨识和服务的数字化消费者，基于最优供应链和智能制造实现按需智能供货，建立线上线下无处不在的消费场景。其中，货的概念不单指传统的"商品"，而是面向消费者需求，扩展至"商品+服务+内容"，更为关注消费者的体验感。

新零售的中台主要包括营销、市场、流通链条和C2B生产模式等业务要素。其中，营销是以消费者运营为核心的全域营销；新零售所面对的市场是基于数字经济的全球化、全渗透、全渠道统一市场；流通链条具有数字化和智能化特征，是由新零售服务商重塑的高效流通链条；

C2B 则代表着消费方式逆向牵引生产方式的新生产模式。

新零售的后台以基础设施和先进技术为主。其中，基础设施不再是传统的工业经济基础设施，而是支撑新零售运营的数字经济基础设施。新零售所采用的关键技术有互联网技术与数据云，改变商品生产方式的 3D/4D 工业打印技术，实现虚实结合消费体验的 AR/VR 技术，提升门店消费体验的物联网技术，以及贯穿新零售全流程的人工智能技术等。

前台、中台、后台的互相协调共同组成了新零售的运营体系。有理论指出，新零售实质上是一种"做减法"和"做加法"的融合：第一"做减法"，即基于互联网、物联网、人工智能等技术重构零售等运营框架和渠道手段，减少零售运营成本；第二"做加法"，即一系列技术与设计手段创造零售服务新场景和新消费方式。阿里研究院"前台—中台—后台"的三层模式可以视为以后台支撑中台"做减法"、支撑前台"做加法"。

（2）新零售的基本形态

结合阿里新零售的构建体系和布局思路，王正沛等归纳出了新零售的基本形态（见图 3-8）。在整个新零售生态体系中，消费者处于中心地位，为满足消费者的购物需求，形成了由实体零售企业构成的线下市场和以电子商务平台为主的线上市场两个购物载体。在传统零售模式下，这两个购物载体有明显的界线，呈现出互相竞争的关系；而在新零售模式下，这两个市场互相渗透，边界开始逐渐融合。例如，阿里对线下购物中心和超市的智能化改造（包括支付、物流、商品、卖场、会员和供应链数字化等），有效地对实体零售店赋能，实现了部分网络零售才具有的优势，打破了线上和线下零售对立的格局，实现双边市场的融合。而这种融合的重要前提和基础在于大数据、云计算、物联网等新技术。

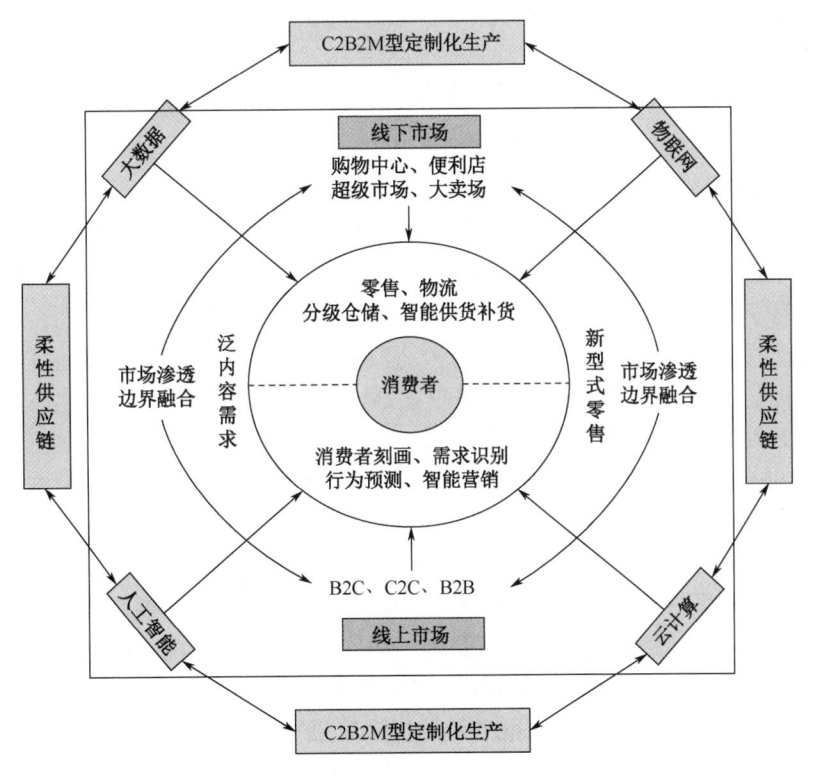

图 3-8 新零售的基本形态[22]

线上线下零售市场的融合更重要的驱动力来自功能和分工的改变。在新零售模式下，线下市场和线上零售的功能发生了变化，线下市场除了具备传统的零售功能，更承担了仓储、物流等功能，通过智能物流和供货补货系统的指引，线下市场的运营决策更加科学。而线上市场作为重要的引流载体，一方面继续承担线上零售的基本功能；另一方面更加承担起客户关系管理、消费行为挖掘和预测功能。由于线上消费更能形成大数据和海量数据，这使得线上平台对消费数据进行挖掘和分析，并使预测未来消费趋势成为可能。线上线下两种零售模式的功能和分工需要紧密配合和协同，才能有效提升零售服务水平，因此直接促使了两种零售模式的加速融合。

在新零售模式下，一切以消费者为中心展开服务，消费者偏好的变化需要快速传递到零售系统的整个链条中，才能实现对消费者偏好的快速对接和满足。这就要求新零售至少达到两个要求：其一，消费者偏好的精准捕捉。这一层面需要大数据和云计算作为可靠支撑。其二，灵活的供应链体系。传统的标准化供货体系对消费者偏好和市场变化缺乏足够的灵敏度，难以捕捉新消费动向；而在新零售模式下，在获得基于大数据分析的消费偏好和消费动向后，生产商需要协同快速生产和供货。因此，新型柔性供应链体系是新零售的必要要求，也是必然的发展趋势。

3.5.3 新零售的商务模式类型

零售行业的主体分为两类：线上的电子商务企业和线下的实体零售企业。在新零售的探索过程中，线上电子商务企业布局线下实体零售，线下实体企业谋划线上零售平台，在整合平台的基础上，进一步融合新技术，形成了全新的零售模式。根据主导新零售商务模式的主体，结合刘宇和白东蕊等的研究成果，可将新零售商务模式分为三类：新技术赋能的线下实体零售模式、场景化的线上电子商务模式和线上线下一体化的创新模式。

1. 模式一：新技术赋能的线下实体零售模式

针对线下零售业态中消费者所存在的交易成本高、选择的商品不够丰富、体验不佳等问题，线下零售企业通过新技术为其赋能，主要有以下两种具体形式。

① 电子商务技术赋能的线下零售。常见的方式有两种：传统实体企业借助成熟的第三方购物平台（如天猫、京东商城）销售自己的产品，或利用传统连锁店的品牌优势建立一个属于自己的独立电商平台。但无论哪种方式，都不是简单的线下零售企业+线上平台销售，而是利用通信技术及互联网平台将互联网与传统行业进行深度融合，创造新的发展生态。以永辉超市为例，超级物种是永辉云创推出的"零售+餐饮+体验"的业态，打造优质生鲜食材体验店，以门店为圆心提供3千米半径的配送服务。

② 无人化技术赋能的线下零售。目前无人零售店主要有三种类型：开架式无人便利店、闭架式无人便利店和无人超市。

在开架式无人便利店中，商品的陈列方式和便利店相差无几，消费者可以接触商品，营业面积一般在20~200平方米之间，属于新兴智能便利店。开架式无人便利店一般设在写字楼大厅、办公休息区等场所，经营的商品主要是食品和饮料等，如小麦公社、缤果盒子等。

在闭架式无人便利店中，消费者不可以直接接触商品，但可以通过人机互动的界面选购商品，一般设计精致，营业面积在10~60平方米之间，属于新兴自动售货机。闭架式无人便利店一般设在地铁等场所，经营的商品主要是饮料等，如神奇屋、F5未来商店等。

无人超市除了没有工作人员，和普通超市没有什么区别。以亚马逊无人超市为例，亚马逊在2018年1月推出Amazon Go无人便利店后，于2020年2月在西雅图开设了首家无人超市

Go Grocery，总面积约 966 平方米，储备了蔬菜、水果及家居百货等约 5000 种商品。通过摄像头、货架传感器和 AI 程序，消费者只需在进店时扫描亚马逊 App 二维码，然后从购物架上自主挑选想要的商品，购物结束后直接走出商店，手机应用便会进行自动结算和扣费。后期亚马逊还计划通过无人机提供半小时路程内的配送服务，并打造空中无人仓库，以配合无人机配送。

2. 模式二：场景化的线上电子商务模式

随着时代的发展，消费市场迎来了新的变化，消费者更注重体验式消费、悦己式消费和个性化消费。线上电子商务企业针对这一市场特征，积极探索线上线下融合的场景化和定制化新零售模式，例如，线上的直播和 AR/VR 技术的使用，线下场景化体验店和零售店的构建与运营等，通过聚焦场景创新，打通线上线下数据，增强消费者体验。

① 线上虚实结合的消费体验场景。目前主要直播的电子商务平台有淘宝、京东和苏宁等。以淘宝直播为例，2016 年淘宝开始直播带货，由于具有实时反馈、互动性强的特点，缩短了消费者的决策时间，改善了消费者的体验。2019 年淘宝直播带货能力爆发，直播电商在线交易额为 2500 亿元，在直播主播中，80 后、90 后占到了 80%以上。另外，淘宝平台通过运用人工智能算法主动识别和社会化监督通道等手段来提升平台治理能力，从而让假货问题得到了较好的解决。

除了电子商务平台直播，还可以用专业的短视频社区工具进行直播，如快手和抖音等。部分垂直电子商务企业利用这些工具进行直播。以格力为例，2020 年董明珠进行了 13 场直播，创下了 476.2 亿元的销售额。在格力电器的直播中，线上线下联动更加频繁，格力"新零售"布局初具雏形。

除直播手段外，AR/VR 技术也被用来打造虚实结合的消费体验场景。例如，京东零售云体系下的 AR 试妆功能，可以让消费者直接在线上一键上妆，还能让商家准确了解消费者诉求，为商家提供全方位的一站式解决方案，并支持品牌和商家的定制化需求。贝壳找房"VR 房源"引领了房地产企业的线上发展，截至 2020 年年底，累计收集超 900 万套房屋的 VR 房屋模型，年末 VR 拍摄房源覆盖在售二手房源比例超过了 73%。贝壳找房、安居客等平台还上线了 VR 智能设计，根据房源自动生成装修方案，做到了购房者足不出户却能身临其境。

② 线上电子商务企业布局线下实体店。线上电子商务企业也在加速布局线下门店，实现线上和线下相结合，通过打造线下实体场所提升消费体验，如阿里巴巴、小米和三只松鼠等均已开设了线下实体店。

阿里巴巴盒马鲜生。盒马鲜生是阿里巴巴进行新零售探索的排头兵，2016 年 1 月，盒马鲜生正式成立，市场定位于解决中产阶级在家吃饭问题。盒马鲜生的供应链环节包括农产品生产采购、产地仓、区域配送中心、门店前置仓、分拣打包及配送交付等，其中配送最快可以在 30 分钟内完成，可以当日送和隔日送。主要商品是活海鲜，在店内不用现金支付。运行 4 年后，盒马鲜生已从 1.0 版本升级到 2.0 版本，通过一体化的供应链体系，实现了全渠道销售。通过打造数字化农业基地，如在上海崇明建立了第一家盒马村；运用极飞智慧农业管理系统，通过无人机喷洒农药，实现了精准化灭虫除害；运用遥感无人机和物联网监控果树的生长情况和影响因素；通过农产品溯源解决消费者用餐安全问题，加强了与消费者之间的信任，丰富了消费者的体验。

小米之家。小米科技的全渠道零售战略包括线上和线下零售渠道，其中线上零售渠道包括小米商城、有品平台及第三方线上分销,线下零售渠道包括小米之家和第三方分销网络。小米之家在 2015 年前是线下售后服务和体验店,2015 年 9 月在北京开设线下商场站,于是小米之家由线下服务店升级为线下零售店,品类涉及手机、电脑、家电、安防、运动器材和箱包等。小米之家有三种业态,分别是专卖店、授权店和旗舰店。小米之家利用线上的流量把线上用户导入线下,实体店采用多品类经营模式来增加销售额。

三只松鼠投食店。三只松鼠将线上的流量引入线下,并延伸到除主营产品外的其他产品,还拓展了品牌的 IP。2016 年三只松鼠在芜湖首开线下体验店,2018 年开设线下零售店,包括直营店松鼠投食店和加盟商松鼠联盟小店,投食店主要分布在二三线城市的核心商圈和大学城附近,销售商品的品类主要有坚果类、烘焙类、肉食类和果干类食品等。通过自建仓储体系与第三方配送体系相结合的方式进行物流管理。

3. 模式三:线上线下一体化的创新模式

新零售是 O2O 模式的进化,不只是线上线下两种渠道的融合,而是全渠道融通,实现商品、会员、服务、数据、分销和区域等的共融互通,为顾客提供跨渠道、无缝式体验。以实现全渠道融合,提升消费者体验为目标,近年来探索出以下新零售创新模式。

① 多场景体验。为消费者提供购物、餐饮、休闲、学习和社交等多种场景的体验,为消费者打造属于个人的第三空间。以 Eataly 为例,Eataly 是一家大型意大利食品市场,以慢生活和自然为理念,积极倡导放慢节奏、享受生活,为顾客提供"吃、逛、学"一体化慢食场景,打造沉浸式的食物体验,并积极通过社会媒体开展线上线下活动,例如,在 Facebook 和 Twitter 等社会媒体上设定节日,如每周一素食主义日、反情人节、全国啤酒日、儿童之旅、大咖之夜及周五供货商日等。其中,周五供货商日会邀请原材料供货商为消费者讲解食材的培育过程,现场购买食材享受折扣,从而让消费者充分了解食材,加强消费者的信任。

② 社区团购零售。社区团购以小区或写字楼为中心,以微信小程序、社区 App 等为载体,进行开团预售,产品主要涉及生鲜农产品和生活日用品等。2017 年起步于长沙,主要市场定位于二三线城市,在 2018 年得到了快速发展。目前,社区团购中主要有两种典型模式,一是社群拼团模式,二是社区 App 模式。

社群拼团模式。基本运营方式是以线下小区为单位,线上建立微信群,招募团长。团长在微信群发布团购和预售的商品信息,消费者通过在微信小程序下单,平台统一发货到小区团长处,消费者到团长处自提。以食享会为例,食享会于 2017 年成立,以微信小程序为载体,目前覆盖 50 多个城市,拥有 2 万个"团长"、150 万名会员,生鲜农产品的品类达 70%,有固定的生鲜农产品供应基地。供应链成员包括供货商、团长、会员和物流商等。

社区 App 模式。以每日一淘为例,每日一淘于 2017 年成立,是每日优鲜旗下的品牌,以社区 App 为主要载体,无须社区拼团团长,会员可成为拼团发起者,有同样需求的会员可成为跟团者。目前,拥有会员 100 万名,相当于 100 万个团长,产品以生鲜农产品和快手美食为主体。通过每日优鲜的产地直供、直采来保证生鲜农产品的质量,通过社区居民的口碑效应进行传播。供应链成员包括供货商、会员和自有物流体系等。

新零售的诞生是一场场景革命,它会给零售业态乃至所有参与其中的相关业态都带来颠覆传统模式的变革。自新零售概念提出以来,国内外的新零售模式持续创新,随着时间的推移,新零售创新模式将会越来越丰富。新零售的迅速发展,将会推动新消费升级、大数据赋能、人工智能技术的应用等,这些都将使新零售最终达到降低成本、提高效率、提升体验的目的,能让消费者以更便利的方式购买到质量更好的商品。同时，新零售企业打造的全渠道供应链可以实现向供货商赋能，推动上游制造业和农业的转型升级及高质量发展。

3.6 电子商务模式组合与创新

目前，产业整合及企业调整的大趋势预示着未来只具有单一产品优势或技术优势的企业将面临严重生存危机，互联网经济正向网上模式整合、线上线下整合方向发展。一个成功的商业模型是几种基本模型的有机组合，把不同的模型组合在一起，作为电子商业战略的一部分。商业模型在互联网上迅速发展，新的和引人注目的变化在未来都是难以预料的。

3.6.1 电子商务模式组合

电子商务经过不断探索和完善，已经有一些成功的模式得到了广泛的认可，包括内容提供商、直接面向顾客、全服务提供商、中介、共享交易平台、价值网集成者、虚拟社区、整体企业和直接面向供应商等。这些模式有各自的特色，单独应用在企业的电子商务中能取得非常好的效果，给企业的发展壮大注入新的活力。同时，不同的模式在收入来源、战略目标和客户关系等方面都不尽相同，在某方面具有相对的优势，因此采用某种模式的企业在现实的竞争环境中能获得该方面的优势。但是，企业在发展的过程中要面对时刻变化的外部环境，竞争对手也在不断改进竞争策略，仅仅拥有单一方面的竞争优势仍显单薄，企业必须挖掘多方面的竞争优势，以获得市场的领先地位。换句话说，单一的商务模式只能在特定的时期提供足够的利润来源，不可能成为支持企业长远发展的核心动力，更何况有些模式很难单独生存，大多数的模式还要面对传统的竞争者。企业实现电子商务多元战略，除直接采用多种模式外，也可以通过收购或加盟的方式。投资并购是互联网平台实现融合创新和广泛生态布局的重要方式之一，大量互联网领域经营者通过投资并购实现业务拓展和战略发展。互联网收购的动机多为整合渠道、技术、客户、品牌和资金等模式要素。通过战略联盟等方式促进业务的融合——融合经济模式，增强企业核心竞争力也成为互联网的一种趋势。

（1）大多数电子商务模式有互补性。

不同的电子商务模式专注的优势领域是不同的，因此难免会在其他方面的能力上有所缺失。将不同的模式组合在一起，利用一种模式的优势弥补另一种模式的弱势，能增强抵抗市场风险的能力，增强创新的能力。例如，阿里巴巴通过对高德地图、饿了么、优酷土豆等实施互补性的横向并购，使经营领域覆盖到数字经济特别是数字服务业的方方面面，完善了自身的生态链，形成较为完整的市场生态环境。

（2）电子商务模式的组合可提高企业的综合竞争优势。

综合各模式在不同领域内的优势，能形成一个更有竞争力的电子商务模式，比使用单一电子商务模式的企业有更强的适应性。

（3）电子商务模式组合可开拓新的收入来源。

不同的电子商务模式有不同的收入来源，将模式合理地组合在一起，企业能获得更多种类的收入来源，或对原有收入起到促进性作用。

从价值链的角度看，各种模式发挥作用的价值活动是不一样的，有的模式是作用在采购活动中的；有的模式是作用在企业基础设施上的；有的模式是作用在生产过程中的；有的模式是作用在销售活动中的；有的模式是作用在服务活动中的。将没有冲突的各个价值活动上的电子商务模式组合在一起，可以提高整条价值链的集成性、高效性，并使其增值。

不同的电子商务模式各有特点和优势，在组合电子商务模式时需要充分利用模式之间的互补性，将互补的模式组合在一起发挥促进性的作用，要避免将互斥的模式组合，以免发生冲突，造成企业电子商务应用的失败。

不同电子商务模式之间的组合有一定的规律可以遵循。但是无论模式之间如何组合，都不能给电子商务应用带来冲突，冲突的模式组合只能使组合后的电子商务应用相互抵触而无法开展。由于电子商务模式之间的能力需求特征不同，可能会导致这两种模式组合时产生冲突，使模式间组合难以协同。电子商务模式之间还可能在销售渠道上产生冲突，例如，在信息中介与直接面向顾客两种电子商务模式之间，如果一家生产商想同时采用这两种电子商务模式，那么产品的价格就会在顾客与中介之间产生矛盾。因此探讨电子商务模式之间的组合与协同关系对于企业选择电子商务模式具有重要的参考价值。即便对于互补的模式，在某些方面整合时也会有一定的麻烦。

基于能力需求特征、渠道管理和信息管理等多种因素的分析，可以得到电子商务之间组合的基本类型，电子商务模式之间的组合与冲突如表 3-5 所示。

表 3-5　电子商务模式之间的组合与冲突

电子商务模式	直接面向顾客	内容提供商	信息中介	整体企业	研发网集成者	共享采购平台	共享销售平台	全面服务提供商	价值网集成者	虚拟社区
直接面向顾客		×	!	√	O	!	×	O	O	√
内容提供商			O	O	!	O	O	O	×	O
信息中介				√	O	O	!	√	!	O
整体企业					√	O	!	O	O	O
研发网集成者						O	O	√	√	O
共享采购平台							O	!	O	O
共享销售平台								!		
全面服务提供商									O	√
价值网集成者										√
虚拟社区										

注：×表示明显冲突；○表示中性；!表示可能冲突；√表示明显协调。

总之，随着技术与商务环境的不断变化，将会创造出更多的电子商务模式，表 3-5 所列的电子商务模式并不能覆盖企业所有可能存在的电子商务模式。不同电子商务模式的作用范围是不同的，合理的模式组合能充分利用组合中各模式的作用范围，形成全面的电子商务应用，帮助企业全面发展电子商务，赢取市场竞争优势。

3.6.2　电子商务模式创新

对一个企业来说，成功的电子商务模式能够为其提供独特的价值，随之而来的就是其他企业的模仿。所以，企业的电子商务模式必须是随着目标客户的需求、市场现状及竞争情况进行创新的，对于电子商务模式来说，创新是必要的课题。

目前出现的电子商务模式的创新大致包括以下三种：第一种是传统商务模式的自动化，对企业而言并没有任何创新性；第二种是在原来电子商务模式的基础上增加新的相关功能，这种创新无法从根本上改变原有的电子商务模式；第三种是借助 Internet 环境，创造网络环境下特有的电子商务模式，如 B2B2C 产业链整合模式、C2B 反向定制模式及 O2O 线上线下融合模式等。虽然成功的电子商务模式会引起同行的模仿，但相同类型的电子商务模式对于不同企业在具体实施时会存在一定的差别。企业通过一种电子商务模式实现长期的盈利对网络信息时代是非常困难的，究其原因主要是 Internet 为电子商务模式的传播提供了快速通道，技术创新的成果也很难维持。这就要求企业不能安于现状，对电子商务模式需要进行及时创新。

本章小结

本章首先提出电子商务模式的基本概念、理论基础和重要性。在此基础上，对电子商务模式进行深入探讨，给出基于虚拟价值链的电子商务模式、信息技术驱动的电子商务模式、数据驱动的电子商务模式、新零售商务模式及电子商务模式组合创新等相关问题。通过本章学习，读者能够了解并掌握常见的电子商务模式，以及虚拟价值链、信息技术等在电子商务发展过程中的作用，有助于了解电子商务模式发展。

问题与讨论

1. 试举例说明几种常见的电子商务模式。
2. 简述虚拟价值链及价值网。
3. 简要叙述基于虚拟价值链的电子商务的分类框架。
4. 简述信息技术在电子商务模式里的作用和应用方式。
5. 举例说明大数据技术相关的电子商务模式。
6. 举例说明新零售的模式类型。
7. 举例说明电子商务模式的组合。

案例分析　　　　　　　　小米的商业生态模式

小米科技有限责任公司（以下简称小米）成立于 2010 年，是一家专注于智能硬件和电子产品研发的全球化移动互联网企业，同时也是一家专注于高端智能手机、互联网电视及智能家居生态链建设的创新型科技企业。小米以"和用户交朋友，做用户心中最酷的公司"为愿景，驱动企业创新，不断追求极致的产品和效率，创业初期就创造了用互联网模式开发手机操作系统、发烧友参与开发改进的模式。

2013—2018 年，小米的商业模式以"生态链计划+铁人三项"为主。小米的"生态链计划"通过投资有潜力的生态链企业，迅速扩充物联网（IoT）产品矩阵，包括小米电视等五大自研产品，以及手机周边等生态链企业合作产品；为进一步提升用户体验，小米大举推进新零售，将线上的小米有品、小米商城，以及线下的小米之家相结合，并承诺线上线下同价，三者形成了一个倒金字塔结构。"铁人三项"商业模式即硬件+新零售+互联网服务，尽管硬件是重要的用户入口，但小米并不期望将硬件成为利润的主要来源，而是把设计精良、性能品质出众的产品紧贴硬件成本定价，通过自有或直供的高效线上线下新零售渠道直接交付到用户手中，然后持续为用户提供丰富的互联网服务。

2019年，小米开启了"手机 x AIoT 双引擎"战略，即"5G+AI+IoT 超级互联网"战略，助推"贯穿小米集团全产品、全平台、全场景的服务能力"。小米目前的两大开放平台——小爱开放平台和IoT开发者平台，与云平台底层互通，前者汇聚第三方力量，让"小爱同学"加速触达更多的AI应用场景和产品，从而提速智能语音系统的进化；后者则帮助小米在自身精力、财力有限的情况下覆盖到更多的IoT产品及场景，从而获得更广泛的第三方合作，接入更多设备及更多数据。全新战略加持下的小米将智能手机和IoT硬件作为流量入口，大力拓展互联网业务，携手生态链企业和小米用户构建商业生态，稳步提升互联网服务的变现及盈利能力，重塑市场对小米公司的认知。

"德不孤，必有邻"，小米历经十余年的发展，打造了独特的商业生态模式，建立了全球化的开放生态，让小米长期发展的机遇更多、边界更广阔、根基更稳健。

案例来源：根据以下文献进行整理。

王烽权,江积海.跨越鸿沟：新经济创业企业商业模式闭环的构建机理——价值创造和价值捕获协同演化视角的多案例研究[J/OL].南开管理评论.

思考题

1. 请查阅小米"铁人三项"模式、小米生态链、"手机 x AIoT 双引擎"战略等资料，梳理小米公司商业模式的发展阶段，以及各阶段的核心要素，并采用商业模式画布进行分析。
2. 小米公司采用了本章中的哪些电子商务模式？是如何实现组合和创新的？

索引

电子商务模式
商业模式画布
电子商务模式要素
价值链
虚拟价值链
价值网
基于虚拟价值链的电子商务模式
电子商务模式分类框架
电子采购
网络销售
网络营销
网络服务
客户关系管理
全渠道
众创模式
虚拟社区
供应商管理库存
联合管理库存
信息技术驱动的电子商务
流程驱动

数据驱动
数字商业生态系统
数据驱动的商务模式
新零售
新零售前台
新零售中台
新零售后台
新零售商务模式
场景化
电子商务模式组合
电子商务模式创新

本章参考文献

[1] 亚历山大·奥斯特瓦德. 商业模式新生代（经典重译版）[M]. 黄涛, 郁婧, 译. 北京: 机械工业出版社, 2016.

[2] 张帆. 专业市场与电子商务的业态融合与创新——基于义乌B2R商业模式的研究[J]. 技术经济与管理研究, 2016（02）: 110-113.

[3] 王家宝, 魏林平, 敦帅. 工具类App商业模式发展方向探究——基于画布模型的案例分析视角[J]. 管理现代化, 2017, 37（04）: 48-50.

[4] 邓文浩, 戴炳钦, 简兆权. 基于价值适配的远程医疗平台智能化服务商业模式研究[J]. 管理学报, 2021, 18（04）: 512-520.

[5] 王雅芳. 数字化转型对旅游企业业绩的影响研究——以中国国旅为例[D]. 桂林: 广西师范大学, 2021.

[6] 史凯. 一篇文章看懂流程驱动和数据驱动[EB/OL]. [2021.8.27]. https://xueqiu.com/9217191040/153030828.

[7] 陈衍泰, 罗海贝, 陈劲. 未来的竞争优势之源: 基于数据驱动的动态能力[J]. 清华管理评论, 2021（03）: 6-13.

[8] 苏更殊, 石彦彬, 陈世昊. 面向客户的服务开通系统架构优化方案及策略研究[J]. 电信科学, 2010, 26（03）: 97-102.

[9] 张明超, 孙新波, 钱雨. 数据赋能驱动智能制造企业C2M反向定制模式创新实现机理[J]. 管理学报, 2021, 18（08）: 1175-1186.

[10] 孙新波, 苏钟海. 数据赋能驱动制造业企业实现敏捷制造案例研究[J]. 管理科学, 2018, 31（05）: 117-130.

[11] 韩洪灵, 陈帅弟. 数字商业生态系统研究:本质构成、技术支持与价值创造[J]. 湖北大学学报（哲学社会科学版）, 2021, 48（04）: 119-128.

[12] STANLEY J, BRISCOE G. The ABC of Digital Business Ecosystems[J]. 2010.

[13] 徐晋. 大数据经济学[M]. 上海: 上海交通大学出版社, 2014.

[14] 曾锵. 大数据驱动的商业模式创新研究[J]. 科学学研究, 2019, 37（06）: 1142-1152.

[15] 吕本富, 刘颖. 飞轮效应: 数据驱动的企业[M]. 北京: 电子工业出版社, 2015.

[16] 李文莲, 夏健明. 基于"大数据"的商业模式创新[J]. 中国工业经济, 2013（5）: 83-95.

[17] 杜睿云，蒋侃. 新零售：内涵、发展动因与关键问题[J]. 价格理论与实践，2017（02）：139-141.

[18] 梁莹莹. 基于"新零售之轮"理论的中国"新零售"产生与发展研究[J]. 当代经济管理，2017，39（09）：6-11.

[19] 水木然，廖永胜. 新零售时代——未来零售业的新业态[M]. 北京：机械工业出版社，2017.

[20] 王福，长青，刘俊华，等. 新零售商业模式场景化创新的理论框架与实现路径研究[J]. 技术经济，2021，40（4）：39-48.

[21] 白东蕊，岳云康. 电子商务概论[M]. 北京：人民邮电出版社，2019.

[22] 王正沛，李国鑫. 消费体验视角下新零售演化发展逻辑研究[J]. 管理学报，2019，16（03）：333-342.

[23] 刘宇. 新零售典型创新模式分析[J]. 江苏商论，2021（07）：8-11.

第 4 章　电子商务支付

📖 引言

在网上进行电子交易的过程中，电子支付是其中核心和关键的环节，也是电子交易进行的基础条件，没有电子支付电子交易只能停留在电子合同阶段。近年来，随着网络支付和移动支付的普及及第三方支付平台的出现和完善，电子支付市场获得了快速的发展。作为电子商务交易的重要部分，本章将从概念、工具和类型等方面对电子商务支付进行系统的介绍，并阐述电子支付的安全问题。

📖 本章重点

- ▶ 电子支付的概念与特点
- ▶ 电子支付的工具
- ▶ 网上银行
- ▶ 第三方支付
- ▶ 电子支付的安全

4.1　电子支付概述

随着互联网的普及和发展，电子商务已经成为贸易活动中不可或缺的重要部分，并且在总交易额中所占的比重日渐加大。在一些电子商务交易模式中，如 B2B、B2C 或 C2C，一般情况下，双方并不相识，而且交易过程是在网上完成的。传统支付方式的指令需要通过面对面的手工处理，或邮政、电信部门的传递，存在结算成本高、凭证传递时间长、在途占用资金量大等劣势，不能满足电子商务的交易需求。在这样的背景下，电子支付的优势及采用电子支付的必要性就体现出来了。

4.1.1　电子支付

根据中国人民银行发表的第 23 号《电子支付指引（第一号）》公告，"电子支付是指单位、个人直接或授权他人通过电子终端发出支付指令，实现货币支付和资金转移的行为"。具体来说，电子支付是指以金融电子化网络为基础，以商用电子化设备和各类交易卡为媒介，以计算机技术和通信技术为手段，通过计算机网络系统以电子信息传递的形式实现货币支付和资金转移的一种支付方式，它是以电子方式完成交易的各种支付方式的总称。从基本形态上看，电子支付是电子数据的流动，它以金融专用网络为基础，发送方通过支付命令将在商业银行中的资金划入受益方开户银行，用来支付受益方的一系列转移过程。

电子支付的结算是支付清算组织提供的，支付清算组织通过建立支付平台连接电子商务中的交易双方、电子商务企业与银行。这种支付清算组织可以分为两类，一类是电子商务企业自身作为支付中介，自行建立支付平台，直接连接银行网关实现资金转移；另一类是第三方支付清算组织，是由独立于电子商务企业和银行之外的第三方机构提供的电子支付平台。

电子支付相比于传统的支付方式，有以下特点：

（1）电子支付通过数字流转完成信息传输，电子支付的各种支付方式都是采用数字化的方式进行款项支付的；而传统的支付方式则是通过现金的流转、票据的转让及银行的汇兑等物理实体的流转来完成款项支付的。

（2）电子支付的工作环境是基于一个开放的系统平台，即互联网；而传统支付则是在较为封闭的系统中运作的。

（3）电子支付需要先进的通信手段，如互联网、移动通信；而传统支付使用的则是传统的通信媒介。电子支付一般要求有联网的微机、相关的软件及其他一些配套设施；而传统支付则没有这样的要求。

（4）电子支付具有方便、快捷、高效、经济等优势，用户只需拥有一台上网的个人电脑或手机，便可在很短的时间内完成整个支付过程。

（5）电子支付的费用低，仅仅相当于传统支付费用的百分之几。

以上电子支付的优势，使金融机构体系和消费者、商家开始摒弃传统的支付方式，采用更加安全、可靠、简便的电子支付。相对于传统的支付方式，电子支付已成为支付的重要手段。

4.1.2 电子支付系统

1. 电子支付系统的概念与特点

由于传统的支付方式在电子商务环境中暴露出运行速度较慢和处理效率较低的缺点，不能满足电子商务的支付需要，与电子商务匹配的电子支付系统应运而生。电子支付系统是把新型支付工具，包括电子现金（E-Cash）、信用卡（Credit Card）和借记卡（Debit Card）等的支付信息，通过网络安全地传送到银行或相应的处理机构，来实现电子支付的系统，它是一个综合了金融机构、认证机构、支付工具和安全技术的大系统。电子支付系统是电子商务系统的重要组成部分，建立完善的支付系统具有重大意义。

电子支付系统通常具有以下特点。

（1）以计算机技术和通信技术为支撑，进行存储、支付和流通。

（2）集储蓄、信贷和非现金结算等多种功能为一体。

（3）可广泛应用于生产、交换、分配和消费领域。

（4）使用安全、可靠、简便。

（5）无柜台支付，通常需要经过银行专用网络。

电子支付系统是实现网上支付的基础，电子支付系统的发展方向是兼容多种支付工具的，但目前的各种支付工具之间存在较大差异，分别有自己的特点和运作模式，适用于不同的交易过程。

2. 电子支付系统的基本构成

基于互联网的电子支付系统由客户、商家、认证中心、支付网关、客户银行、商家银行和金融专网七个部分组成，电子支付系统的基本构成如图4-1所示。

（1）客户：一般是指利用电子交易手段与企业或商家进行电子交易活动的单位或个人。他们通过电子交易平台与商家交流信息，签订交易合同，用自己使用的网络支付工具进行支付。

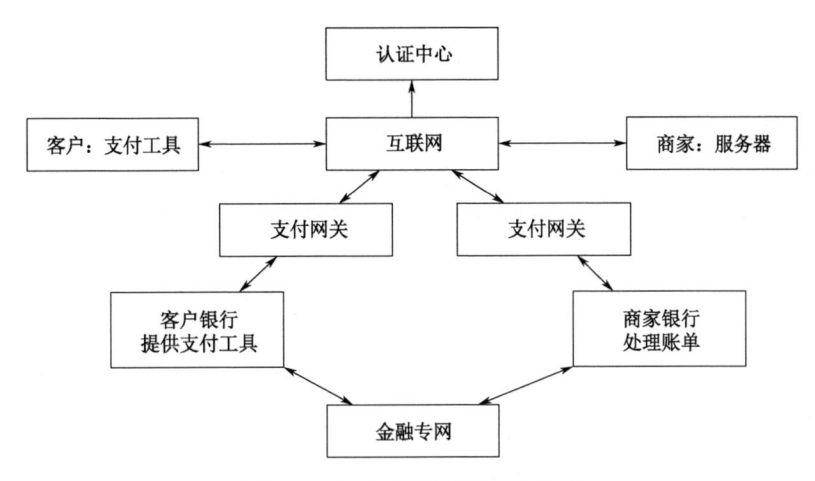

图 4-1　电子支付系统的基本构成

（2）商家：是指向客户提供商品或服务的单位或个人。在电子支付系统中，它必须能够根据客户发出的支付指令向金融机构请求结算，这一过程一般由商家设置一台专门的服务器来处理。

（3）认证中心：是交易各方都信任的公正的第三方中介机构，它主要负责为参与电子交易活动的各方发放和维护数字证书，以确认各方的真实身份，保证电子交易整个过程的安全进行。

（4）支付网关：是完成银行网络和 Internet 之间的通信、协议转换，进行数据加密、解密，以及保护银行内部网络安全的一组服务器。它是互联网公用网络平台和银行内部的金融专用网络平台之间的安全接口，电子支付的信息必须通过支付网关进行处理后才能进入银行内部的支付结算系统。

（5）客户银行：是指为客户提供资金账户和网络支付工具的银行，在利用银行卡作为支付工具的网络支付体系中，客户银行又被称为发卡行。客户银行根据不同的政策和规定，保证支付工具的真实性，并保证对每一笔认证交易的付款。

（6）商家银行：是为商家提供资金账户的银行，因为商家银行是依据商家提供的合法账单来工作的，所以又被称为收单行。客户向商家发送订单和支付指令，商家将收到的订单留下，将客户的支付指令提交给商家银行，然后商家银行向客户银行发出支付授权请求，并进行它们之间的清算工作。

（7）金融专网：是银行内部及各银行之间交流信息的封闭的专用网络，通常具有较高的稳定性和安全性。

3. 电子支付系统的功能

电子支付系统通常具备以下功能。

（1）对交易各方的认证

为了保证电子交易能够安全进行，电子支付系统需要能够对参与交易的各方身份的真实性进行认证，具体的方式是通过认证机构为交易各方发放数字证书，使用数字签名和数字证书证实交易各方身份的真实性。

（2）对支付信息进行加密

电子支付系统需要符合一定安全等级的要求，其中包括对支付信息进行加密。根据安全级别，电子支付系统采用对称密钥或公开密钥技术对传输的信息加密，并采用数字信封技术加强数据传输的安全性，防止被未被授权的第三方获取支付信息。

（3）保证支付信息的完整性

为保证传输的信息完整无误，电子支付系统需要能够将原文用数字摘要技术加密后传送给接收者，接收者就可以通过数字摘要来判断所接收的消息是否完整无误。

（4）保证业务不可否认性

由于电子商务的交易流程一般通过网络或移动通信等技术实现，可能会出现交易纠纷。电子支付系统必须在交易过程中能够生成或提供充分的证据，通过数字签名和数字信封技术分别使发送方和接收方不能否认发送、接收的信息。

（5）能够处理电子商务交易的多边支付问题

电子商务交易涉及用户、商家和银行等多方，交易各方需要准确地得到所需的业务信息才能完成交易，并且出于信息安全的考虑也需要防止交易各方得到其他参与者的信息。电子支付系统通过多重签名等技术处理电子商务交易中的多边问题。

4. 电子支付系统的分类

电子支付系统按照时间的先后可以分为预支付（Pre-paid）系统、即时支付（Instant-paid）系统和后支付（Post-paid）系统。

（1）预支付系统

预支付指的是先付款，之后才能购买到相应的商品和服务，是目前银行和在线商店首选的支付方式之一。一般来说，预支付系统是通过将电子货币保存到智能卡或硬盘中的方式来工作的。预支付系统的工作方式就像真实商店中购物一般，顾客用现金支付所需购买商品的金额，然后才得到所需的商品。

（2）即时支付系统

即时支付系统是指在交易发生的同时，在买方收到商品时，将钱从银行账户中转入卖方。即时支付系统由于其时效性，所以实现起来比较复杂，而且即时支付系统要求直接访问银行的内部数据库，同时其安全措施也比其他的支付系统更加严格。基于互联网的即时支付系统是在线支付的基本模式。

（3）后支付系统

后支付系统是指允许顾客在购买商品后再进行付款。该系统是一种"延时付款"的支付系统，特点是通过银行提供消费贷款完成网上支付。将信用卡的账号和密码发送给银行直接进行网上支付，其结构和业务流程适合 B2C 模式和小额的 B2B 模式。

电子支付系统根据在线传输数据的加密和分发类型可以分为基于信任的第三方的支付系统、信息加密的支付系统和使用电子货币的支付系统。

（1）基于信任的第三方的支付系统

在基于信任的第三方的支付系统中，顾客和商家的敏感信息如银行账号、信用卡号都被信任的第三方托管和维护。在进行交易时，商家和顾客都需要在第三方注册，顾客用账号向商家订货，商家通过第三方服务器验证账号的有效性，如果账号有效，商家就将货物信息付给顾客和第三方服务器。第三方服务器再询问顾客是否对货物满意，顾客满意则完成支付，不满意则中止交易。因此，在基于信任的第三方的支付系统中进行交易，涉及个人敏感信息的银行账号、信用卡号等不会进行传送，系统只传送交易订单相关的信息。

（2）信息加密的支付系统

在信息加密的支付系统中，电子支付的过程涉及被交换的敏感信息，必须对在线传送的信息进行加密处理。在电子支付的过程中，敏感信息被交换，例如，顾客以明文方式输入其信用卡号，该卡号被加密后发送给商家的服务器。后台的银行及商家之间的交换信息，需要一系列的加密、授权和认证。交易的各方都要采用数字签名来验证自己的身份，所以伪造信函和抗业务否定性比较好。

（3）使用电子货币的支付系统

和上述两种系统不同，使用电子货币的支付系统传送的是真正的价值和金钱。在前面两种系统中，丢失的信息往往是信用卡号码等支付有关的信息，不直接涉及财产损失；而在使用电子货币的支付系统中偷窃信息，结果不仅仅是信息的丢失，往往也是财产的真正丢失。

4.2 电子支付的工具

4.2.1 银行卡

银行卡是由商业银行等金融机构及邮政储汇机构向社会发行，供客户办理存取款等业务的新型服务工具的总称，银行卡包括信用卡、借记卡、支票卡、自动出纳机卡和记账卡等。银行卡支付是金融服务的常见方式，电子商务是在网络环境下通过 SET 协议进行网络直接支付的，具体方式是用户在网上发送银行卡号和密码，加密发送到银行进行支付，在支付过程中会验证用户、商家和付款要求的合法性。银行卡类的电子商务支付工具，主要包括信用卡和借记卡；从银行卡的介质的角度看，目前智能卡在电子商务中也有重要的应用。

1．信用卡

信用卡又叫贷记卡，是由商业银行或信用卡公司对信用合格的消费者发行的信用证明。持有信用卡的消费者可以到特约商业服务部门购物或消费，再由银行同商户和持卡人进行结算，持卡人可以在规定额度内透支。信用卡是电子支付中常用的工具之一，目前信用卡支付主要有3 种方式：无安全措施的信用卡支付、通过第三方代理人支付和简单信用卡加密支付。

（1）无安全措施的信用卡支付

无安全措施的信用卡支付是指，持卡人通过网络向卖家订货，信用卡信息通过电话、传真等非网络方式传送，或通过互联网传送但是没有任何安全措施，卖家和银行之间使用各自现有的银行商家专用网络授权来检查信用卡的真伪。这种方式存在一定的风险，首先买家有可能会否认购买行为，并且，使用无安全措施的信用卡传输信息可能会导致信息被盗取。

（2）通过第三方代理人支付

通过第三方代理人的支付能够在一定程度上增加银行卡事务处理的安全性，在这种支付方式中卖家看不到买家的信用卡信息，避免信用卡信息因在网上多次公开传输而被盗取。

（3）简单信用卡加密支付

简单信用卡加密支付方式会把被买家输入浏览器或其他电子商务设备的信用卡信息进行简单加密，作为加密信息安全地通过网络从买家向卖家传递。

2. 借记卡

借记卡是指发卡银行向持卡人签发的，没有信用额度，持卡人先存款、后使用的银行卡。借记卡可以通过网络和 POS 机消费或通过 ATM 进行转账和取款。借记卡不具有信用额度，因此不能透支，使用借记卡进行消费或转账、取款时资金直接从储蓄账户划出，并且借记卡在使用时一般需要密码。因此，相对于信用卡，借记卡具有低风险、低运营成本等特点。借记卡的持卡人可以根据自身需要，在网上银行办理网上转账、网上汇款等资金实时划转业务，该业务为网上各项交易的实现提供了支付平台。客户可以办理转账结算、缴纳生活收费（如煤气费、水费、电费、房租、电话费和收视费等）等。

4.2.2 电子钱包

电子钱包是电子商务交易中常用的一种支付工具，尤其是在小额购物或购买小商品时。在电子钱包中可以存放用户的银行卡账号、电子现金、电子零钱和电子信用卡等。电子钱包有两种概念：一是纯粹的软件，主要用于网上消费、账户管理，这类软件通常与银行账户或银行卡账户连接在一起；二是小额支付的智能储值卡，持卡人预先在卡中存入一定的金额，交易时直接从储值账户中扣除交易金额。目前国内常用的电子钱包有微信零钱、余额宝等。他们嵌在各自的应用程序中，为用户提供一些生活服务支付或应用内支付服务。

电子钱包由两个部分组成，即安装在用户个人计算机上的电子钱包客户端和安装在银行或第三方金融机构的电子钱包服务器。在电子钱包内只能添加电子货币，即装入智能卡（IC 卡）、电子现金、电子零钱、电子信用卡、在线货币、数字货币和网络货币等。使用电子钱包时，可以将电子钱包通过有关电子钱包的应用软件安装到电子商务服务器上，利用电子钱包服务系统就可以把自己电子钱包内各种电子货币的数据输入进去。

4.2.3 电子现金

电子现金又称为电子货币，是一种用电子形式模拟现金的技术。可以被看作是实际货币的电子或数字模拟，电子现金以数字信息形式存在，通过互联网传播。电子现金的基本流通模式：用户与银行执行提取协议从银行提取电子现金；用户与商家执行支付协议支付电子现金；商家与银行执行存款协议，将交易所得的电子现金存入银行。电子现金的特点主要包括：（1）银行和商家之间应有协议和授权关系；（2）用户、商家和电子现金银行都需要使用电子现金软件；（3）电子现金银行负责用户和商家之间资金的转移；（4）电子现金对使用者来说都是匿名的，使用电子现金消费可以保护使用者的信息。

出于功能和安全性的考虑，电子现金应具备以下性质。

（1）独立性。电子现金的安全性不能只靠物理上的安全来保证，必须通过电子现金自身使用的各项密码技术来保证电子现金的安全。

（2）不可重复花费。电子现金只能使用一次，重复花费可以轻易地被检查出来。

（3）匿名性。即使综合银行和商家的信息也不能对电子现金进行跟踪，通过电子现金的支付数据无法将用户和支付行为联系到一起，从而隐蔽电子现金用户的购买历史。

（4）不可伪造性。用户不能伪造电子现金，包括两种情况：一是用户不能凭空制造有效的电子现金；二是用户从银行提取多个有效的电子现金后，也不能根据提取和支付这些电子现金的信息制造出更多有效的电子现金。

（5）可传递性。用户能将电子现金像普通现金一样，在用户之间任意转让，且不能被跟踪。

（6）可分性。电子现金不仅能作为整体使用，还应能被分为更小的部分多次使用，只要各部分的面额之和与原电子现金面额相等，就可以进行任意金额的支付。

简单来说，开通电子现金服务就是在银行卡上叠加了一个电子现金账户，账户可以通过银行进行管理，在刷卡时可以选择使用银行卡账户或电子现金账户。但是，电子现金的性质和现金一样不记名不挂失，能够在付款时实现不需要密码的快速支付，类似于公交 IC 卡，因此一般用于小额支付。例如，银联闪付（Quick Pass）是银联的非接触式支付产品，在标记有"闪付"的 POS 机上可以通过各银行发行的 IC 卡或手机使用电子现金进行无密码快捷支付。

4.2.4 电子支票

电子支票，也称数字支票，是一种借鉴纸张支票转移支付的优点，利用数字传递将钱款从一个账户转移到另一个账户的电子付款形式，主要用于大额资金的传输。这种电子支票是将传统支票的全部内容电子化和数字化，形成电子版的标准格式，在用户、银行间的计算机网络上以密码的方式进行传递。用电子支票支付，事务处理费用较低，而且银行也能为参与电子商务的商户提供标准化的资金信息，故而可能是最有效率的支付手段。电子支票的优势包括：

（1）使用便利。电子支票的使用方式与传统支票基本相同，用户能够很快接受这种电子支付工具而不需要学习。电子支票保留了纸制支票的基本特征和灵活性，在此基础上加强了纸制支票的功能，易于理解，能得到迅速推广。

（2）安全、可靠，用户风险低。电子支票通过使用数字证书、数字签名、加密技术及唯一电子支票号码检验技术的方式来保证用户资金的安全；并且可以在收到支票时验证付款者的签名和资金状况，避免收到空头支票或无效支票，降低了风险。

（3）降低了时间和人力、物力成本。电子支票能够在任何时间、地点通过计算机网络进行传输，显著提升了支票的传递速度，大大缩减了支票的在途时间；电子支票的整个处理过程实现了自动化、网络化，在一定程度上降低了银行的处理成本，节省了人力、物力。

使用电子支票进行网上支付时，用户使用电子支票簿来代替传统的支票簿，在电子支票上进行的签名，采用的是数字签名技术，并通过认证中心鉴别用户的身份。电子支票和电子现金的架构类似，最大的不同在于电子现金需要其发行机构对所发行的电子现金进行担保，而电子支票则是付款人需要为其开出的电子支票进行担保。

4.2.5 虚拟货币

国际货币基金组织将虚拟货币定义为价值的数字化表现,由私人机构发行并且使用自有的记账单位，包括常见的电子优惠券、航空里程、加密数字货币及某些资产支持货币等。欧盟银行管理局定义虚拟货币是不受政府监管、由开发者发行和控制、在一个虚拟社区的成员间流通的数字货币。英格兰银行认为，与传统主权货币不同，虚拟货币不是一种求偿权，它应被看作一种商品。

按照是否与真实货币存在自由兑换关系，虚拟货币可以分为三类。

（1）与真实货币不存在自由兑换关系，只能在网络社区中获得和使用，如各大网游公司发行的只能通过进行游戏获得的游戏币。这类虚拟货币一般是由网络运营商提供发行并应用在网络虚拟空间的类法币，即它是真实世界货币体系的一种映射模拟。

（2）与真实货币不存在自由兑换关系，但可以通过法定货币获取，用于购买商品或服务，如 Facebook 推出的 Libra 等。公众可以用法定货币购买到此类虚拟货币，但只能在某些特定平台内流通，不可跨平台使用、不可用于兑换真实货币，也就是说此类虚拟货币不可赎回。

（3）与真实货币之间可以按照一定比率自由兑换，并可以用于购买商品或服务，如央行发行的法定数字货币、比特币。这是一种基于节点网络和数字加密算法的虚拟货币，由于虚拟货币来自某些开放的算法，而且交易过程需要网络中各个节点的认可，因此该类虚拟货币的交易过程是安全的。

4.2.6 其他电子支付工具

除上述电子支付工具外，还有电子汇款（EFT）、电子划款等电子支付工具，这些电子支付工具的主要特点都是依托银行的计算机网络，采用先进的信息技术，将现金或货币电子化和数字化，方便其在网络中的传输、支付和结算，实现电子支付。

4.2.7 常见的支付方式

支付是消费社会中的重要一环，是消费者在商家完成消费活动时所不可缺少的一项。随着技术的发展，产生了很多新型的支付方式。如二维码支付、近场通信支付（Near Field Communication，NFC）、指纹支付和无感支付等。

二维码支付是一种基于账户体系搭起来的新一代无线支付方案。在该支付方案下，商家可把账号、商品价格等交易信息汇编成一个二维码，并印刷在各种报纸、杂志、广告及图书等载体上发布。用户通过手机客户端扫描二维码，确认交易信息后便可实现与商家账户的支付结算。

NFC 支付是指消费者在购买商品或服务时，即时采用 NFC 技术通过手机等手持设备完成支付，是一种新兴的移动支付方式。支付的处理在线下进行，不需要使用移动网络，而是使用 NFC 射频通道实现与 POS 收款机或自动售货机等设备的本地通信。NFC 近距离无线通信是近场支付的主流技术，允许电子设备之间进行非接触式点对点数据传输交换数据。

指纹支付是将消费者的指纹数据信息与指定的付款账户（用户在申办业务时指定的银行账户或电子钱包账户）绑定，购物时只要在一台指纹终端机上将手指轻轻一"按"，确认是本人后，就可以完成付款，消费的金额就会在对应的银行账户中扣除。刷脸支付、声纹支付和虹膜支付等和指纹支付类似，都是靠采集人体固有的生理特性，来进行个人身份的鉴定。

无感支付是借助物品某种独一无二的特征，绑定相关的支付工具，然后通过生物识别或图像扫描等方式来识别，从而完成支付的支付方式。目前无感支付在交通领域应用比较广泛，全国多个地区开始逐步开展高速无感支付试点，越来越多的停车场也运用了无感支付系统来完成停车缴费。除此之外，无感支付也开始应用于无人超市等新零售和智慧餐厅等生活场景中，通过节省结账时间，提高了消费者的购物体验。

4.3 网上银行

4.3.1 网上银行与电子商务

网上银行(Internet Banking)又称网络银行、在线银行或电子银行,是银行业务在网络上的延伸,它利用数字通信技术,以互联网作为基础的交易平台和服务渠道,在线为客户办理结算、查询、对账、行内转账、跨行转账、信贷及投资理财等传统服务项目,使客户可以足不出户就能够安全便捷地管理活期和定期存款、支票、信用卡及个人投资等。与传统的银行服务体系相比,网上银行具有服务质量高、运营成本低、突破时间和地域限制及金融服务多元化的优势。

无论是传统的交易,还是新兴的电子商务,资金的支付都是完成交易的重要环节,所不同的是,电子商务强调支付过程和支付手段的电子化。网上银行的特点是客户只要拥有账号和密码,便能在世界各地通过互联网,进入网上银行处理交易。网上银行创造的电子货币及独具优势的网上支付功能,为电子商务中电子支付的实现提供了强有力的支持。作为电子支付和结算的最终执行者,网上银行起着连接买卖双方的纽带作用。

4.3.2 网上银行支付

网上银行支付是电子支付的一种形式,是指通过登录网上银行进行支付的支付方式。这种支付方式直接通过银行卡进行支付,在支付时完全是在银行的网上银行界面输入信息并验证支付密码的。网上银行支付功能主要向客户提供互联网上的资金实时结算功能,是保证电子商务正常开展的关键性的基础功能,也是网上银行的一个标志性功能。

网上银行支付是一种即时到账交易。客户可以通过网上支付,也可以完成B2C和C2C商务模式下的购物、订票、证券买卖等零售交易,以及B2B商务模式下的网上采购等批发交易。这类服务真正地实现了不同客户之间的资金收付划转功能。

网上银行支付的基本流程为:

(1)客户通过网络浏览商品,选择货物,填写网络订单,选择网上银行支付。

(2)客户核对相关订单信息,如支付信息进行加密,在网上提交订单。

(3)商家服务器对客户的订购信息进行检查、确认,并把相关的、经过加密的客户支付信息转发给支付网关,得到银行专用网络的银行后台业务服务器确认,以期从银行等电子货币发行机构验证得到支付资金的授权。

(4)银行验证确认后,通过建立起来的经由支付网关的加密通信通道,给商家服务器回送确认及支付结算信息,为进一步安全,可根据情况给客户回送支付授权请求。

(5)银行得到客户传来的进一步授权结算信息后,把资金从客户账号上转拨至开展电子商务的商家银行账号上,借助金融专用网进行结算,并分别给商家、客户发送支付结算成功信息。

4.4 第三方支付

第三方支付是在电子支付中,由第三方机构为所有参与方提供电子连接和交易服务的网络支付模式。从本质上讲，它们消除了商户处理在线支付中授权和结算的复杂性要求。

4.4.1 第三方支付与第三方支付平台

第三方支付的出现是源于电子商务的需要。电子商务交易离不开电子支付，而传统的银行支付方式只具备资金的转移功能，不能对交易双方进行约束和监督；另外，支付手段也比较单一，交易双方只能通过指定银行的界面直接进行资金的划拨，或采用汇款方式；交易也基本全部采用"款到发货"的形式。在整个交易过程中，无论是在货物质量、交易诚信还是退换要求等方面，都无法得到可靠的保证，交易欺诈行为也时有存在。于是，第三方支付应运而生。

在第三方支付模式中，买方选购商品后使用第三方平台提供的账户进行付款，并由第三方通知卖方货款到账、要求发货；买方收到货物，并检验商品进行确认后，就可以通知第三方付款给卖方，第三方再将款项转至卖方账户上。第三方支付作为目前主要的网络交易手段和信用中介，最重要的是起到了在网上商家和银行之间建立起连接，实现第三方监管和技术保障的作用。

第三方支付具有以下特点：

（1）支付手段多样且灵活。第三方支付平台提供一系列的应用接口程序，将多种银行卡支付方式整合到一个界面上，负责交易结算中与银行的对接，使网上购物更加快捷、便利。消费者和商家不需要在不同的银行开设不同的账户，可以帮助消费者降低网上购物的成本，帮助商家降低运营成本。

（2）除了资金传递功能，还能对交易双方进行约束和监督。例如，如果出现交易纠纷，第三方支付会对交易进行调查并对违规方进行处理。

（3）为网络交易提供保障。第三方支付平台本身依附于大型的门户网站，且以与其合作的银行的信用作为信用依托，因此第三方支付平台能够较好地突破网上交易中的信用问题，有利于推动电子商务的发展。

第三方支付指的是独立于商户和银行并且具有一定实力和信誉保障的独立机构，为商户和消费者提供交易支付平台的网络支付模式。第三方支付平台就是其中具备一定实力和信誉保障的独立机构，第三方支付平台采用与各大银行签约的方式，提供与银行支付结算系统接口的交易支持平台。发展初期，第三方互联网支付平台更多是作为支付网关，为客户提供支付接口。随着平台技术的完善及用户的积累，目前以支付宝为代表的第三方支付平台自身已形成相对独立、与银行功能类似的结算账户体系。以支付宝为例，一方面，平台功能日趋完善，能为客户提供大额收付款、多层级交易自动分账和一对多批量付、转账汇款、机票订购、火车票代购等一系列支付服务；另一方面，随着支付宝账户的日渐普及，其用户可在很大程度上通过支付宝内部账户体系实现资金的收付，而无须通过银行账户体系。

4.4.2 第三方支付平台的类别

1. 根据支付平台的运营模式分类

根据第三方支付平台的运营模式，大致可以将其分为两类，一类是独立的第三方支付平台，另一类是非独立的第三方支付平台。

（1）独立的第三方支付平台

独立的第三方支付平台是指没有自己的电子商务交易网站，仅提供支付产品和支付系统的解决方案来运营平台的第三方支付平台。平台前端为网上用户和消费者提供多种支付方法，并相应地在后端联系着与各种支付方法相对应的银行的电子接口。第三方支付平台负责与各银行之间账务的清算，并为签约用户提供订单管理和账户查询等增值服务。快钱、Webmoney、Paymat 和易宝支付等都是独立的第三方支付平台。

（2）非独立的第三方支付平台

非独立的第三方支付平台是指依托自身的 C2C、B2C 等电子商务交易网站发展起来的既能满足自身实时支付的需求，又为其他用户提供专业化的支付产品和服务的第三方支付平台。这种类型的第三方支付平台通常由大型的电子交易平台独立开发或与其他投资人共同开发，通过与各大银行合作，为买卖双方提供支付及中介担保等增值服务。美国 eBay 的 PayPal、阿里巴巴的支付宝和腾讯的财付通等都属于此类运营模式。

2. 根据系统的支付流程分类

根据系统支付流程的不同，第三方支付平台可分为三类：账户型支付模式、网关型支付模式和多种支付手段结合模式。

（1）账户型支付模式

账户型支付平台一般由电子交易平台参与开发，并与各大银行建立合作关系，凭借公司本身的信誉担任交易双方的中间担保。在这种模式中，交易双方都需要在第三方平台设立账户。在付款人发出支付请求时，第三方平台将交易资金转移到自己的账户，然后通知收款人可以发货；在付款人收到货物并确认收货后，第三方平台将资金从自己账户转移到收款人账户；典型的账户型第三方支付平台包括支付宝、财付通等。

（2）网关型支付模式

支付网关是指连接银行内部金融专用网络和互联网公用网络的一组服务器。在网关型支付模式中，第三方支付平台只作为支付通道将付款人发出的付款请求发送给银行，银行完成转账后再将信息发送给第三方平台，支付平台根据银行消息通知收款人并与收款人进行账户结算。在支付过程中，付款人的资金直接进入银行账户，由支付平台与收款人银行进行结算，不存在虚拟账户，典型的网关型第三方支付平台为快钱。

（3）多种支付手段结合模式

多种支付手段结合模式指第三方支付平台利用网络支付、移动支付等多种方式提供支付服务。相比电脑，该模式更加倾向于其他终端的操作，典型的第三方支付平台为拉卡拉。

4.4.3 第三方支付平台的监管

第三方支付平台在满足电子商务交易多样性需求的同时，也存在监管盲区，使市场各交易主体面临更大的支付风险，如巨额沉淀资金风险、信用卡套现、洗钱与非法交易和虚拟货币发行的风险。金融系统是"多米诺骨牌效应"最为典型的经济系统之一。任何对机构无力兑现的怀疑都会引起连锁反应，骤然出现的挤兑狂潮会在很短时间内使金融机构陷入支付危机，这又会导致公众金融信心的丧失，最终导致整个金融体系的崩溃。金融市场对风险是极其敏感的，对任何一个方面监管的疏忽都有影响整个市场稳定的可能性。第三方支付服务无论是看作支付业还是看作信用担保业，其都是金融市场的一个组成部分，对其进行有效监管也是保证经济稳定运行的必要条件。

4.5 电子支付的安全

4.5.1 电子商务支付的安全问题

（1）信息欺诈问题

电子支付过程中涉及的各方身份信息均需要验证，攻击者可能假冒支付中某一方的身份，从而盗取被假冒一方的信誉或财产等，如冒充淘宝上的客服人员进行诈骗。又如假冒真实的交易网站或将一些含有病毒的链接发给用户，以达到窃取信息的目的。例如，一些钓鱼网站，与真实网站界面基本一致，欺骗消费者或窃取访问者提交的账号和密码信息。

（2）平台安全问题

由于网络的开放性，支付的数据信息在互联网上传送时，如果支付平台没有采用有效的数据加密手段，就极有可能造成数据被破解、篡改或伪造。另外有一些支付平台本身存在一些安全漏洞，后台系统容易遭受攻击，从而造成了用户的损失。

（3）信用体系问题

电子商务交易双方互不见面，对信用有较高要求。社会信用机制的建立需要可靠的信誉基础，以及完整且合理的针对电子商务交易双方的信用调查及评价体系。信用体系的不完善会引发电子商务支付的安全问题，导致电子商务支付易出现网络欺骗、失信等行为，目前还缺乏有效的失信惩罚机制。

（4）法律规范问题

虽然近些年我国为规范电子商务的交易市场和支付安全，出台了较多的法律法规，但在立法执法阶段仍存在一定的问题，对侵权者较难进行法律上的取证和制裁，也在一定程度上制约了电子支付的进一步发展。

4.5.2 电子商务支付的安全要求

电子商务支付的各种安全需求依赖于电子商务支付系统的特征。一般来说，电子商务支付系统必须具备授权、保密性、可靠性和可用性。

（1）交易双方的授权。一个具有完整性的支付系统不允许一个用户在没有另一个用户明确授权的情况下取走资金。为了防止行贿受贿，没有允许，系统也不能接收款项。授权构成支付系统中最重要的环节。支付授权有三种方式：外部授权、口令授权和数字签名授权。在外部授权方式中，检验方（如银行）通知交易的授权方（付款人），授权方通过一个安全的外部通道（如邮件或电话）同意或否定支付。在口令授权方式中，每个从授权方发来的信息需要一个密码检查值，这个值由只有授权方和检验方知道的密码计算得出。在数字签名授权方式中，检验方要求授权方的数字签名。数字签名提供一个原始的非拒绝支付证据，因为只有签名密码的拥有者才能签署有关信息。

（2）交易的保密性。交易的保密性是指防止泄露有关交易的各种信息，如付款人和收款人的标识、交易的内容和数量等。保密性要求这些信息只能让交易的参与者知道，有时甚至要求只让参与方的部分人知道，保证交易双方的信息在网络传输或存储中不被他人窃取或在窃取后不能被破译。交易的保密性是在交易信息可用的情况下，保障信息安全的重要手段。交易信息的保密主要通过两个阶段,首先可以通过防火墙等手段实现数据不被窃取,接下来还可以通过加密方法保障被窃取的数据无法被破译。

(3) 交易的可靠性和可用性。交易的可靠性和可用性是指基本网络服务和软硬件系统足够可靠,能恢复故障系统的信息,交易方需要可靠的存储器和专用重同步协议。在此基础上,交易方要求无论何时都可以进行支付和接收支付。支付必须是原子的,即它们要么完整发生要么根本不发生,不能处于一种未知或不一致的悬挂状态。在可靠的交易系统中,付款人不希望它们的钱由于网络或系统的故障而丢失。

4.5.3 电子商务支付的安全对策

为推动电子支付的健康发展,提高电子支付的安全性,需要从以下范围构筑防范体系:构建覆盖全社会范围的信用评估体系,防范道德性风险;构建严密的电子支付监管体系,防范系统性风险;完善网络信息安全技术、构建统一的电子支付安全认证平台,防范技术性风险;加强电子支付的立法工作,从根本上规范电子支付产业的市场。

(1) 构建覆盖全社会范围的信用评估体系

为促进电子商务快速健康发展,构建安全高效的电子支付信用评估体系,需要做到:制定与研究信用评估指标体系、建立支付信用信息系统、落实账户实名制。制定相关统一的第三方支付标准,实现与传统支付清算的对接,解决用户、商家、银行之间的相互选择问题,提供透明、便利的电子支付服务。

(2) 构建严密的电子支付监管体系

由于我国对电子支付提供商监管的缺失,少数第三方电子支付企业在处理电子商务过程中庞大的资金流时,突破经营限制,从事吸收存款等违法活动。构建安全高效的电子支付流程体系,可以对电子支付服务提供商进行有效的管理和控制,以防范与电子支付相关的金融风险。

(3) 完善网络信息安全技术

为了有效地防止用户交易数据被窃听和篡改,保障用户支付安全,应通过不断提高和完善网络安全技术来解决电子商务支付的安全问题,如架设防火墙、数据加密技术、数字签名技术、数字时间戳技术及设置电子商务安全协议等。除此之外,入侵检测是网络信息安全防御体系的一项重要内容。入侵检测系统包括入侵检测的软件和硬件,入侵检测系统可以弥补网络防火墙的静态防御漏洞,能够对内外部攻击和误操作等进行实时的防护和拦截。

(4) 构建统一的电子支付安全认证平台

为确保电子支付的真实性,还需要有相应的电子商务认证机构,为买卖双方提供值得信任的认证服务。为电子支付业务应用提供保障的安全认证技术在我国有了较好的研究与应用。我国自主研制出入侵容忍 PKI 系统、PMI 权限管理系统、电子证书认证系统和 PKI 中间件等一批认证产品和支撑系统。

(5) 加强电子支付的立法工作

为确保电子支付中资金的安全问题,需要制定相关的法律。例如,我国颁布了一系列关于支付安全的法律法规及出台了一些相关政策文件,如《中华人民共和国电子商务法》、《中华人民共和国电子签名法》和《非银行支付机构网络支付业务管理办法》等。这些法律条例和政策规定通过规范网络支付业务、防范支付风险,从而保护电子商务交易各方的合法权益。

本章小结

电子支付是电子商务的核心内容，本章首先从电子支付、电子支付系统的概念和特点入手，系统性地阐述了电子支付的支付工具和支付类型。其中，电子支付工具包括银行卡、电子钱包、电子现金、电子支票和虚拟货币等。网上银行作为商业银行发展的新趋势，提供了网上银行支付服务，在本章中进行了介绍；除此之外，还对第三方支付的概念、第三方支付平台的概念、类别与监管进行了介绍。讨论了电子支付安全方面的问题，对电子商务支付的安全要求和电子商务支付的安全对策进行了阐述。

问题与讨论

1. 试举例说明什么是电子支付，并讨论相对于传统支付方式，电子支付有哪些优势？
2. 电子支付系统的基本构成是怎样的，包含哪几个部分？
3. 电子支付的工具包含哪些，简要说明各自特点并结合实际举几个例子。
4. 结合网上银行支付和第三方支付的概念与特点，试讨论第三方支付超过网上银行支付成为我国用户规模最大的支付方式的原因。
5. 结合国家对第三方支付平台的监管政策，试讨论为什么要对第三方支付平台进行监管？
6. 阐述在电子商务支付的过程中，电子商务安全基本要求的作用是什么？

案例分析　　　　　　　微信与支付宝的支付之争

支付宝，于 2003 年诞生，依托淘宝及阿里巴巴等电商平台迅速发展，早在 2013 年就凭借 27.8 亿笔支付、9000 亿元支付额，成为全球最大的移动支付公司。

微信支付，于 2013 年诞生，虽然比支付宝晚了 10 年，但在短短五年中，已经发展为国内市场上仅次于支付宝的支付工具，作为用户超过 10 亿人并顺应移动互联网趋势诞生的平台，微信支付的力量不可小觑。

从微信诞生之初，双方便在各个领域开始了激烈的过招。

2013 年 8 月，微信结合"扫一扫"功能，上线扫码支付，打通线上和线下，小小的二维码让线下移动支付成为可能。到 11 月中旬，微信支付开通人数已经高达 2000 万人，平均每天有 20 万名新增用户，不过此时的微信在多数人眼里仍只是一个即时通信工具，并不愿意绑定银行卡，支付宝仍是支付领域的王者。而早在 2011 年，支付宝推出条码支付，2012 年又推广扫二维码支付，希望能跟上移动互联网的脚步，但效果却并不理想。

2014 年春节前，微信红包正式上线，上线后迅速蔓延，并在除夕当夜全面爆发。据财付通官方提供给时代周报的数据：除夕当天到初八，超过 800 万名用户参与了红包活动，超过 4000 万个红包被领取，平均每人抢了 4~5 个红包。红包活动最高峰是除夕夜，最高峰期间的 1 分钟有 2.5 万个红包被领取，平均每个红包在 10 元内。其实，支付宝早在 1 月 23 日小年夜就推出了"发红包"和"讨彩头"功能，但却没能引发外界广泛关注，完全被微信红包的光芒所掩盖。究其原因，还是在于微信是基于强社交关系，更利于人群间的互动和扩散。

2015 年，微信支付又跟央视春晚合作，将微信红包推向新的高度。据统计，除夕当晚，微信共有 2000 万名用户参与，红包收发数量超过 10 亿个，是 2014 年的 62 倍。微信绑卡用户数随之大规模增长，此后，依托微信社交关系链，让客户自发学习、传播的方式，以及微信红包这种创新支付形式的普及，微信支付一炮而红，绑卡用户数成功破亿，奠定了微信支付在移动支付领域的地位。

在出行领域，2013年腾讯投资滴滴，而快的打车的背后则是阿里巴巴，并且接入了支付宝。2014年1月，滴滴率先宣布每单微信支付乘客返现10元，司机补贴10元。快的也不甘示弱，针锋相对地推出活动：使用支付宝支付，立减乘客车费10元，奖励司机10元。2月17日，滴滴这边把乘客打车返现的标准提到10~15元，新司机首单立奖50元；而快的也在当天宣布乘客返现11元，司机返5~11元。第二天，滴滴继续提高返现标准到12~20元，快的则提高到13元……双方针尖对麦芒、你来我往，三个月后，双方暂时休战：取消乘客补贴。一个月后，世界杯拉开大幕，双方又展开新一轮补贴大战。乘客在滴滴打车上使用微信支付后，可以获得领取微信红包机会，快的则推出了打车返代金券。到2014年12月，双方已经烧了二三十亿元，但是都没有占据优势，反而是在腾讯和阿里的烧钱大战中，众多打车软件纷纷"阵亡"，市场上只剩下滴滴和快的两家，线下支付场景被他们瓜分完毕，继续烧钱下去，已经没有任何意义。双方最终还是回到谈判桌上，滴滴与快的宣布合并，而支付宝和微信支付也同时接入滴滴、快的，皆大欢喜。此时的第三方支付市场，支付宝仍然拥有着74.92%的绝对优势，财付通的份额提高到了11.43%。

在O2O领域，在微信支付诞生后，财付通就确定了"支付+O2O+互联网金融"这三大步。支付宝在2013年下半年，通过地推入驻了很多线下商家，主要是百货商场，其次是自动售货机、出租车和电影院等其他场所。几乎和支付宝同一时间，腾讯开始借助微信支付，与支付宝争夺线下商户。在2015年，双方在O2O领域的战争，达到了高潮。开年没多久，腾讯就跟京东、大众点评组团，投资3.5亿美元入股饿了么，6月，阿里针锋相对，砸了60亿美元，重启口碑。7月，腾讯投资在线旅游网站同程，8月，腾讯4亿美元支持58同城收购赶集网的消息被确认，而在同一时间，阿里以283亿元入股苏宁。10月，美团和大众点评合并，11月，腾讯以10亿美元入股新美大……到2016年第四季度，在第三方移动支付市场中，财付通的比重已经进一步提升到37.02%，而支付宝则下降至54.1%。

在金融领域，2013年，也被称为中国互联网金融元年，蚂蚁金服在当年6月，推出互联网金融理财产品——余额宝，迅速火遍大江南北，成为支付宝的"头牌"。微信支付也在同年建立理财通平台，接入华夏基金等一线基金公司。2015年9月，微信上线微粒贷，被视为对标支付宝借呗。2017年腾讯又上线了微保。2017年9月，腾讯模仿余额宝，推出了零钱通。腾讯的互联网金融产品，一方面满足了自身用户的支付和理财需求，另一方面则是对标支付宝。不过，因为金融业务的高门槛、高风险特征，腾讯并不擅长，他们更多的是利用资本的力量，交给专业的合作伙伴来做。而支付宝，经过十几年的摸索，已经自成一派，在用户生活、工作、投资，甚至是最新的垃圾分类领域，都可以发挥作用。从这方面讲，支付宝的金融属性仍然压过微信支付一头。截至2020年1月，理财通管理资产累计超过9000亿元，而在2020年年底，余额宝规模就高达1.43万亿元，双方已经不在一个级别。

截至2020年第一季度，支付宝仍然以55.6%的市场份额高居第一，腾讯金融以38.8%的份额紧随其后。微信支付虽然极大地缩小了跟支付宝的差距，但是仍然没有反超后者。随着移动互联网红利的逐渐消失，面对新零售时代，谁能更好地赢得用户的青睐，双方仍需下一番苦功。

案例来源：根据以下资料进行整理。
1. 移动支付战争史：支付宝与微信支付的五年攻防战；
2. 微信与支付宝的五年战争（上）；
3. 微信与支付宝的五年战争（下）。

思考题：

1. 微信和支付宝一共在哪些领域进行了斗争？斗争的结果如何？
2. 微信支付比支付宝晚成立了十年。结合自己的理解，谈谈微信支付迎头赶上的原因。
3. 微信和支付宝各自的优势是什么？结合各自的优劣势，设想微信和支付宝在未来应该采取怎样的战略？

索引

电子支付
电子支付系统
信用卡
借记卡
智能卡
电子钱包
电子现金
电子支票
虚拟货币
网上银行支付
第三方支付

本章参考文献

[1] 肖英. 电子商务[M]. 北京：北京航空航天大学出版社，2011.
[2] 穆炯，许佳丽. 电子商务概论[M]. 北京：清华大学出版社，2011.
[3] 汤兵勇. 电子商务原理[M]. 北京：化学工业出版社，2012.
[4] 李晓燕，李福泉，代丽. 电子商务概论[M]. 西安：西安电子科技大学出版社，2011.
[5] 彭媛，唐建军，涂传清. 电子商务概论[M]. 北京：北京理工大学出版社，2011.
[6] 帅青红. 电子支付与安全[M]. 成都：西南财经大学出版社，2009.
[7] 马刚，李洪心. 电子商务支付预结算[M]. 大连：东北财经大学出版社，2009.
[8] CNNIC. 第 44 次中国互联网络发展状况统计报告[EB/OL]. 2019.
[9] 祝凌曦，陆本江. 电子商务安全与支付[M]. 北京：人民邮电出版社，2013.
[10] 马莉婷. 电子商务概论[M]. 北京：北京理工大学出版社，2019.
[11] 艾媒咨询. 2019 上半年中国移动支付行业研究报告[EB/OL]. 2019.
[12] 人民日报海外网. 中国许多大型超市引入自助结账系统 告别"排大队"[EB/OL]. 2020.
[13] 中国金融认证中心. 2019 中国电子银行调查报告[EB/OL]. 2019.

[14] 艾瑞咨询. 中国第三方支付行业研究报告[EB/OL]. 2019.
[15] 唐旭. 第三方电子支付平台法律监管制度的完善[J]. 重庆社会科学, 2019（8）: 64-73.
[16] 刘建国, 郭强, 石珂瑞. 电子商务安全管理与支付[M]. 上海: 立信会计出版社, 2011.
[17] 中国电子商务协会,《第三方电子支付实践与探索》编委会. 第三方电子支付探索与实践[M]. 北京: 中国标准出版社, 2008.
[18] 冯静. 货币演化中的数字货币[J]. 金融评论, 2019, 11（04）: 67-82+125-126.
[19] 徐忠, 汤莹玮, 林雪. 央行数字货币理论探讨[J]. 中国金融, 2016（17）: 33-34.
[20] 温信祥, 张蓓. 数字货币对货币政策的影响[J]. 中国金融, 2016（17）: 24-26.
[21] 于秀丽. 电子商务中第三方支付的安全问题研究[J]. 宏观经济管理, 2017（S1）: 134-135.

第 5 章　电子商务物流

引言

进入 21 世纪以来，我国物流产业持续升温，发展势头迅猛，物流作为提升市场竞争力的关键因素，在促进国民经济的发展和企业经济效益的提高方面发挥着极其重要的作用，已受到我国理论界和实业界的高度重视。与此同时，电子商务的飞速发展引发了交易方式的创新，特别是流通模式的变革，向传统物流业提出了新的挑战。在电子商务的发展过程中，作为支持有形商品网上商务活动的物流，已经成为商品网上交易活动能否顺利进行的一个关键因素。随着互联网、大数据和云计算等技术的快速发展，物流各环节呈现出了自动化、信息化、网络化和智能化等特点。在电子商务的背景下，如何构建一个有效的、合理的、畅通的物流体系，以保证电子商务的顺利发展，进而提高消费者体验，已经成为全世界企业关注、探索和实践的热点。

本章重点

- 电子商务物流的概念
- 电子商务物流的模式
- 电子商务物流的基本技术
- 电子商务物流系统设计
- 电子商务物流的发展趋势

5.1　电子商务物流概述

5.1.1　物流的概念

物流（Logistics）这个概念最早在 1915 年由阿奇·萧（Arch Shaw）在《市场流通中的若干问题》一书中提到，他从经济学的角度指出物流的重要性，并称："物流是与创造需求不同的一个问题，物质经过时间和空间的转移，会产生附加价值。"

第二次世界大战中，美国军队及其盟军的军事物资装备的制造、采购、运输、战前配置与调运，以及战争中的补给与养护等活动需要作为一个整体进行统一的布局，以使补给的效率更高、费用更低、服务更好。为此，美军建立了"Logistics Management"（当时译为后勤管理，现译为物流管理）理论，使物流理论和方法得到不断发展和完善，系统的物流管理理论得以形成。

随着供应链管理思想的出现，美国物流界对物流的认识更加深入。1998 年，美国物流管理协会对物流的定义是："物流是供应链流程的一部分，是为了满足客户需求而对商品、服务及相关信息从原产地到消费地的高效率、高效益的正向和反向流动及储存进行的计划、实施与控制过程。"上述概念不仅把物流纳入了企业间互动协作关系的管理范畴，而且要求企业在更广阔的背景上来考虑自身的物流运作，进一步拓展了物流的内涵与外延，其强调物流是供应链的一部分,强调有效流动、运输可见性、库存可见性及信息管理在物流中的应用。

物流的概念于 20 世纪 60 年代至 80 年代引入欧洲、日本和中国,不同的国家和地区从不同的角度给出了物流的定义,如表 5-1 所示。

表 5-1 物流的定义

物流的定义	定义来源
物流是为了满足消费者需要而进行的从起点到终点的原材料、中间过程库存、最终产品和相关信息有效流动和存储计划、实现和控制管理的过程	联合国物流委员会
物流是供应链流程的一部分。物流是为了满足消费者需求而进行的对货物、服务及相关信息从起始地到消费地的有效率与效益的流动与储存的计划、实施与控制的过程	美国物流管理协会
物流是在一个系统内对人员或商品的运输、安排及与此相关的支持活动的计划、执行与控制,以达到特定的目的	欧洲物流协会
物流是将实物从供应者物理性移动到用户的这一过程的活动,一般包括输送、保管、装卸及与其有关的情报等各种活动	日本工业标准
物流是指物品从供应地向接收地的实体流动过程。根据实际需要,将运输、储存、装卸、搬运、包装、流通加工、配送、信息处理等基本功能实施有机结合	中国国家标准《物流术语》

尽管各国对物流的定义表述不尽相同,但是从上述定义我们可以分析得出:

(1)物流强调一体化的管理。物流是对物资资料从供应商到最终消费者的整个流通过程中所涉及的相关活动(运输、存货、流通加工、配送、仓储和包装等)的计划、执行与控制,强调活动之间的有机结合。

(2)物流和信息流是密不可分的。物流的各个环节如运输、存货、流通加工、配送、仓储和包装都伴随着信息的流动,实时准确地信息传递和反馈能够提高整个供应链条的物流效率。

(3)物流注重效率和效益的统一。物流的最终目的是如何能够更快地满足客户的需求并实现企业的盈利目标,而费用的最低化与反映服务水平的订货周期、可获得性、准时性等指标之间存在着不可避免的矛盾。因此物流服务的重点在于如何能够在提高配送效率的同时,尽可能地降低物流成本,以实现效率和效益的统一。

5.1.2 电子商务物流

物流是为满足消费者需求、挖掘"第三利润源",利用现代信息技术将运输、仓储、装卸搬运、包装、流通加工、配送、信息处理、需求预测及用户服务等活动有机整合起来,经济有效地将原材料、半成品及产成品由生产地送到消费地的所有流通活动。电子商务物流是在电子商务环境下,基于条形码技术、射频识别技术、信息统计技术、自动控制技术、互联网技术、移动通信技术、数据库技术、物联网技术、云计算技术、大数据和人工智能技术等新兴技术,将物流、商流、资金流和信息流有机结合的社会化物流配送体系。

相对于传统的物流模式,电子商务下的物流呈现出了以下特点。

(1)以顾客信息为中心

传统物流活动的实质是以商流为中心,其运动方式是紧紧伴随着商流而来的。在传统的物流供应链中,由于受到通信手段和管理模式的限制,信息流和物流都是逐级传递的,物流和供应信息从供应商到制造商再到分销商最后到顾客,而需求信息则由顾客逐级传到供应商。由于供应链中各企业对不同需求的反应时间不同，企业在需求生产的前期，如果不能迅速生产或过多生产，往往会失去市场机会或导致积压库存。

在电子商务环境下，物流是以"顾客的需求信息"为中心进行运作的，信息来源于最终顾客，再通过互联网实时地传递给上游的分销商、制造商和供应商，电子商务环境下的供应链如图 5-1 所示。信息决定了物流的运动方向和运作方式。供应商可以根据顾客的实际需求及时安排发货计划，制造商能够根据顾客信息及时安排生产计划，而分销商能够根据需求信息制订销售计划。供应链上的各节点企业可以通过网络准确地掌握来自顾客的需求信息，并实现对物流的实时控制。

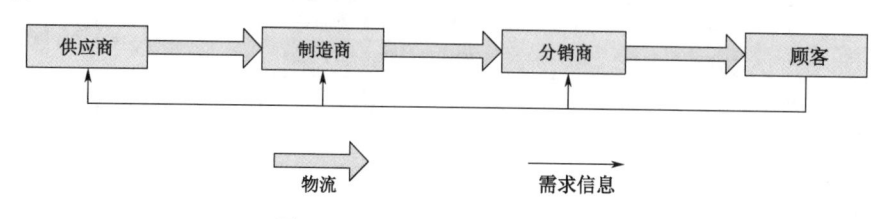

图 5-1　电子商务环境下的供应链

（2）虚拟化

电子商务出现前，人们对物流的概念只停留在简单的运输、配送等活动上，而随着电子商务的兴起和发展，人们对传统物流的观念已经大为改观。首先，电子商务为现代物流创造了一个虚拟的运动空间。在电子商务的状态下，物流的各种职能及功能可以通过虚拟化的方式表现出来。在虚拟的状态下可以通过各种组合方法寻求物流的最优合理化，使商品实体在实际的运动过程中达到效率最高、距离最短、用料最省、时间最少的目的。

（3）柔性化

柔性化源自生产领域，是为了实现"以顾客为中心"的理念而提出的，它是指通过采用计算机控制和管理及加工中心之间的自动导向车或传送带，使多品种、小批量生产取得类似大批量生产的效果。柔性生产系统成就了大规模定制生产，满足了用户多变的个性化需求。但是要真正做到柔性化，即真正地能根据消费者需求的变化来灵活调节生产工艺，则需要作为生产后勤保障系统的物流系统柔性化，即要求物流系统能够提供"多品种、小批量、多批次、短周期"的物流服务，而柔性化的物流正是适应生产、流通与消费的需求而发展起来的一种新型物流模式。

物流柔性化指通过系统组成结构、人员组织、运作方式和装配组成等方面的动态调整，对需求变化做出快速反应，满足不同种类物流作业要求，消除冗余损耗，获得最大效益。由于电子商务具备多品种、小批量、多批次、需求多样化等特征，服务于电子商务的物流体系应柔性化。物流系统柔性化主要体现为物流系统的网络结构和运营策略。网络结构决定了物流系统资源和能力在整个系统中的配置和定位，取决于系统中物流节点的位置和能力配置，其中最为关键的问题为物流中心选址的柔性。运营策略为基于一定的物流网络结构，对物流系统中资源和能力的运用策略，如在运输车队规模确定条件下，如何安排调运计划以应对需求不确定。

（4）智能化

物流智能化是物流自动化、信息化的高层次应用，通过综合运用物联网技术、计算机技术、自动控制技术、智能决策技术、云计算、大数据等，实现物流过程中部分问题的自发识别分析，并做出决策，如库存水平的确定、运输（搬运）路径的选择、自动分拣机的运行和物流配送中心选址等。基于云计算技术，现代物流企业探索出新的物流服务平台"云物流"，将物流公司、代理服务商、设备制造商、行业协会等物流资源集中于物流资源云，以构建高效物流服务系统，为客户提供便捷低价的个性化物流服务。大数据为云物流汇聚了海量信息，智能分析企业物流成本及预估订单收入，有利于促成企业多方交易，实现精细化管理，为客户提供定制整体物流解决方案等。

（5）多功能一体化

物流服务需求的多功能一体化是电子商务环境下物流业呈现出来的另一个显著特点。传统的做法是将物流分割成包装、运输、仓储、装卸等若干个独立的环节，分别由不同的企业独立完成。在电子商务时代，物流发展到集约化阶段，一体化的配送中心不单单提供仓储和运输服务，还必须开展配货、配送和各种提高附加值的流通加工服务项目。

电子商务下的物流要求物流提供全方位的服务，把整个物流活动看作一个完整的系统，通过统筹协调、合理规划等使物流服务尽可能地多样化，来更好地满足客户的需求，使物流成为连接生产企业与用户的重要环节。企业追求的是全面系统的综合效果，通过从供应者到消费者供应链的综合运作，使物流达到整体的最优化。在配送中心里，对进口商品的代理报关业务、暂时储存、搬运和配送，以及必要的流通加工，从商品进口到送交消费者的手中将逐渐实现一条龙的服务。

（6）协同竞争

电子商务的发展也改变了物流企业的经营方式。在传统经济活动中，物流企业之间依靠提供优质的服务和降低物流费用等方式互相竞争，而在电子商务时代，企业不仅需要以较低的物流费用来提高服务质量，更需要从社会的角度来实行系统的组织和管理，以打破传统物流分散的状态。这就要求企业在组织物流的过程中，除了考虑本企业的物流组织和管理，还要考虑全社会的整体系统，要求企业具有较高的宏观决策能力和整体社会意识的能力。这就促使物流企业相互联合起来，通过形成一种协同的竞争状态，以达到物流的高效化、合理化和系统化。

5.2 电子商务物流的模式

电子商务物流模式主要指获取系统总效益最优化以适应现代社会发展的模式。当下的电子商务市场早已步入激烈竞争的阶段，"物流"作为电商交易不可或缺的一环，对企业赢得消费者、获取竞争优势至关重要，因此，物流管理模式的选择在企业战略层面愈发得到重视。下面对电子商务环境下几种典型的物流模式进行介绍。

5.2.1 企业自营模式

自营物流是在电子商务刚刚萌芽时期形成的物流管理模式，是指电子商务企业自行组建物流配送系统，经营管理企业的整个物流运作过程。在自营模式下，企业也会向仓储企业购买仓储服务，向运输企业购买运输服务，但是这些服务都只限于一次或一系列分散的物流功能，而且是临时性的纯市场交易的服务，物流公司并不按照企业独特的业务流程提供独特的服务。

如果企业有很高的顾客服务需求标准，物流成本占总成本的比重较大，而企业自身的物流管理能力较强时，企业一般应采用自营的物流管理模式。自营模式能够使企业对物流系统运作的全过程进行有效的管理和控制，保证原材料采购、仓储、生产制造、销售等供应链上各业务环节的紧密配合,并且能够根据供应商、销售商和客户的信息快速地调整自己的经营战略,有利于企业在竞争的市场环境下降低库存水平,缩短交货周期,提高市场的反应率和顾客服务的质量,最终提高整体供应链的运营效率,降低运营成本。

由于自营物流所需的投入非常大,因此并不适合于所有的企业。一般来说,资金实力雄厚且业务规模较大的传统商务公司可以选择采取自营的物流模式,如互联网零售企业京东通过自建物流体系,保证货物能够在顾客下单当日或隔日就送达目的地,有效地提高了顾客满意度。而快餐连锁行业的龙头麦当劳公司为保证每天把汉堡等保鲜食品及时地、准确地运往中国各地供货,就组建了自己的物流货运公司。同时,自营物流需要较强的物流管理能力,建成后需要工作人员具有专业化的物流管理能力。这就迫切需要提高企业内部从事物流管理人员的专业化素质和物流管理能力,以应对物流管理过程中复杂的问题。

5.2.2 物流联盟模式

物流联盟是销售企业、生产制造企业和物流企业基于正式的相互协议而建立的一种物流合作关系,是介于自营和外包之间的一种物流模式。参加联盟的企业通过统一物流资源以获取共同利益;同时,合作企业仍保持各自的独立性。企业间不完全采取导致自身利益最大化的行为,也不完全采取导致共同利益最大化的行为,只是在物流方面通过契约形成优势互补、要素双向或多向流动的中间组织。联盟是动态的,只要合同结束,双方又变成追求自身利益最大化的单独个体。

物流联盟具有更低的风险,能够减少从交易全过程、交易主体行为和交易特性等领域和环节中产生的种种交易费用,是一种节约交易费用的制度安排。在交易过程和交易主体行为方面,物流合作企业之间通过良好的沟通和协作,能够降低搜索交易对象所产生的成本,而物流合作企业通过提供个性化物流服务建立起来的相互信任能够较少风险,避免交易过程中产生的冲突;在交易特性方面,物流合作企业通过建立战略性的合作关系,有利于保持合作契约关系的连续性和稳定性。

为了比单独从事物流活动取得更好的效果,物流联盟需要在企业间形成相互信任、共担风险、共享收益的物流伙伴关系。组成物流联盟的企业之间具有很强的依赖性,物流联盟的各个组成企业明确自身在整个物流联盟中的优势及担当的角色,内部的对抗和冲突减少,分工明晰,使供应商把注意力集中在提供客户指定的服务上,最终提高了企业的竞争能力和竞争效率,满足企业跨地区、全方位物流服务的要求。

在全球化的市场环境下,供应链已经成为一个动态的网络结构,企业需要能够根据自身的特点考虑是否与其他企业构建战略联盟关系,以适应快速变化的市场环境。一般来说,可以根据物流企业服务的范围大小和物流功能的整合程度这两个标准来选择合作的物流企业类型(物流服务的范围主要是指业务服务区域的广度、运送方式的多样性、保管和流通加工等附加服务的广度;物流功能的整合程度是指企业自身所拥有的提供物流服务所必要的物流功能的多少,包括基本的运输功能在内的经营管理、集配、配送、流通加工、信息、企划、战术和战略等各种功能)。

5.2.3 第三方物流模式

第三方物流(Third-Party Logistics,简称3PL或TPL)是由相对"第一方"发货人和"第二方"收货人而言的第三方专业企业来承担企业物流活动的一种物流形态,是独立于买卖之外的专业化物流公司,长期以合同或契约的形式承接供应链上相邻组织委托的部分或全部物流功能,为特定企业提供如商品运输、存储、配送和包装加工等全方位物流解决方案,以实现特定企业的产品或劳务快捷地向市场移动。

第三方物流注重与客户在长期合作的基础上建立长期的战略联盟关系,通过提供增值服务等方式巩固与客户的关系,与客户实现"共赢"。第三方物流不参与商品买卖,而是以合同约束和结盟为基础,通过与第一方或第二方的合作来提供其个性化、专业化的物流服务,在信息共享的基础上,实现优势互补,从而降低物流成本,提高经济效益。

第三方物流具有定制服务的特点,能够根据客户的个性化需求,通过合同方式向客户企业提供具有定制特点的物流服务,通过为企业提供包括运输、仓储和加工、包装、重组等附加服务,使企业能够集中自身资源在核心业务上,有利于提高企业的自身竞争力。同时,第三方物流需要能够提供从生产到销售整个流通过程的一体化、全方位的物流服务,通过对货物进行加工、包装和重组等一系列工序,给客户带来更多的利润并创造更多的价值。

企业采用第三方物流模式对提高经营效率具有重要作用。首先,第三方物流可以使企业不必把大批资金投入到物流的基础设施上,而投入到能产生高效益、高资金利润率的业务上,能够有效地降低运营成本。其次,通过第三方物流,企业可以将不是自己核心业务的业务外包给从事该业务的专业公司,以集中力量于自己的核心能力,以实现更为柔性化的管理。例如,戴尔(Dell)公司通过将物流外包给联邦快递(FedEx),国内的当当网上书店通过把其配送业务委托给第三方物流公司,以保证将更多的资源投入到核心业务上,来提高竞争优势。最后,第三方物流同样能够提高客户服务质量,通过与第三方物流公司进行供应链的优化组合,能够大大缩短产品的流通周期,加快物流配送的速度,并且在传统的运输、加工等服务基础上增加了物流咨询、市场调查与预测、库存控制的建议等增值服务。通过这种快速、高质量的服务可提升企业的信誉和形象,提高客户的满意度。

第三方物流目前已经被广泛应用于国内的企业,具有广阔的发展前景。值得指出的是,第三方物流的发展离不开信息技术的发展。企业需要通过如电子数据交换(Electronic Data Interchange,EDI)、条形码等信息技术以实现订货、包装、保管、加工和流通等各环节的自动化和一体化管理,以保证数据快速、准确地在供应链各个关键环节传递,提高供应链的运营效率。

5.2.4 第四方物流模式

第四方物流是由美国埃森哲咨询公司率先提出的,专门为第一方、第二方和第三方提供物流规划、咨询、物流信息系统和供应链管理等服务。第四方物流公司不需要从事具体的物流活动,也不需要建设物流基础设施,而是以其知识、智力、信息和经验为资本,为物流客户提供一整套的物流系统咨询服务,提供整个供应链的整合方案。

相对于第三方物流,第四方物流有众多的优势。

(1) 对整个供应链及物流系统进行整合规划

如前文所述,第三方物流的优势在于运输、储存、包装、装卸、配送、流通加工等实际的物流业务操作能力,但在综合技能、集成技术、战略规划、区域及全球拓展能力等方面存在局限性,特别是缺乏对整个供应链及物流系统进行整合规划的能力。而第四方物流的核心竞争力就在于对整个供应链及物流系统进行整合规划，以降低客户企业的物流成本。

（2）对供应链服务商进行资源整合

第四方物流公司作为有领导力量的物流服务提供商，可以通过其影响整个供应链的能力，整合最优秀的第三方物流服务商、管理咨询服务商、信息技术服务商和电子商务服务商等，为客户企业提供个性化、多样化的供应链解决方案，为其创造超额价值。

（3）信息及服务网络优势

第四方物流公司的运作主要依靠信息与网络，其强大的信息技术支持能力和广泛的服务网络覆盖支持能力是客户企业开拓国内外市场、降低物流成本所极为看重的，也是取得客户的信赖，获得大额长期订单的优势所在。

（4）人才优势

第四方物流公司拥有大量高素质国际化的物流和供应链管理专业人才和团队，可以为客户企业提供全面的卓越的供应链管理与运作，提供个性化、多样化的供应链解决方案，在解决物流实际业务的同时实施与公司战略相适应的物流发展战略。

综上所述，发展第四方物流可以减少物流资本投入、降低资金占用。通过第四方物流，企业可以大大减少在物流设施（如仓库、配送中心、车队和物流服务网点等）方面的资本投入，降低资金占用，提高资金周转速度，减少投资风险，降低库存管理及仓储成本。第四方物流公司通过其卓越的供应链管理和运作能力可以实现供应链"零库存"的目标，为供应链上的所有企业降低仓储成本。同时，第四方物流能够提高客户企业的库存管理水平，从而降低库存管理成本，提升企业的竞争优势。作为国内电子商务的领军者，阿里巴巴联合银泰等公司创建"菜鸟网络"，旨在打造"中国智能物流骨干网"，即构建一个能整合物流、商流和信息流的公正信息平台。通过云计算整合闲置的物流资源，打造大规模的资源集群，并通过互联网让这个资源集群为网络中的各个企业和个人提供服务。该模式广义上属于第四方物流，企业不需要从事任何物流活动，不需要建设物流基础设施，而是专注于信息平台的建设，通过采集、处理及传输信息，为电商企业、物流服务商等提供服务，最终让广大消费者受益。

5.3　电子商务物流的管理

5.3.1　电子商务物流的采购与供应商管理

采购是指在市场经济条件下，在商品流通过程中，各企业及个人为获取商品，对获取商品的渠道、方式、质量、价格、时间等进行预测、抉择，把货币资金转换为商品的交易过程。采购是企业取得货物和服务的过程，是用户为取得能够满足自身需求的货物和服务而必须进行的所有活动。采购管理是指为了达成生产或销售计划，从适当的供应商那里，在确保质量的前提下，在适当的时间，以适当的价格，购入适当数量的商品所采取的一系列的管理活动。一个完整的采购管理包括了制订采购计划、搜寻供应商、签订采购合同、发出采购订单、采购入库和验收及供应商评价等几个主要环节。

网上采购是在电子商务环境下的采购模式，也称电子采购。在电子商务的背景下，企业可以通过建立电子商务交易平台，在网上寻找供应商、寻找产品，并发布采购信息，然后通过网上比价、竞价签订电子采购订单，实现网上订货。在订单确认后，通过网下的物流过程进行货物的配送，并在网上进行货款的支付，以完成整个采购交易的过程。网上采购进一步扩大了企业的采购范围,信息更加公开、透明,避免了传统采购过程中人为因素的干扰;同时,网上采购能够保证信息在企业和供应商之间进行实时的传递,实现了信息传递的准确性和及时性,解决了传统采购中由于供需距离而导致的信息传递滞后的问题,减少了采购时间并降低了采购成本,极大地提高了采购的效率。

企业采购成本是产品总成本的重要组成部分,采购成本的降低可以快速、有效地降低生产成本,提高企业的经济效益,同时采购优质的原材料可以保证产品的质量。因此,管理好企业的采购工作是保证产品质量和提高企业核心竞争力的重要保障。一般来说,采购管理应该实现以下目标:

(1) 为企业提供所需的不间断的物流和服务,以保证企业正常运转。
(2) 保证合理的库存水平,将存货和损失降低到最低限度。
(3) 在保证产品供应数量的同时,确保每种物料的投入达到一定的质量要求。
(4) 在确保产品质量满足各项要求的前提下,以最低的价格获得所需的物料和服务。

供应商的评价和选择是采购管理中一个重要的组成部分,包括企业自身需求分析、建立供应商评价标准、选择供应商等多个环节。首先,企业应该根据自己的产品需求、类型和特征,以及业务发展需求,来确认应该与哪些潜在的供应商建立合作伙伴关系;其次,企业应该建立供应商评价标准,从供应商的资质、水平、能力、产品价格、供应链稳定性及其综合实力等几方面,由企业内部专门的评价小组对潜在供应商进行完整的评估,以此来确定最优供应商的名单和数量;最后,企业应该与入选的供应商进行商谈,来确认他们是否愿意与企业建立供应链合作关系,以此来确立最终的合作供应商名单。

在与供应商实施供应链合作关系的过程中,市场需求将不断变化。为快速地应对外部的市场环境,企业应该能够根据实际情况的需要及时建立供应商的选择和评价标准,通过与供应商结成战略联盟关系,强化供应链管理,降低企业库存,保证供货的及时性和准确性,从而获取长期的竞争优势。

5.3.2 电子商务物流的仓储与库存管理

仓储是对货物的储存,一般是指从接收储存物品开始,经过储存保管作业,直至把物品完好地发放出去的全部活动过程,其中包括存货管理和各项作业活动。仓储的主要功能包括储存保管、调节供需、调节运输能力和配送流通加工等。仓储管理是为了充分利用仓库内的物资所进行的计划、组织、控制和协调的有效管理过程。一般来说,常见的仓储管理作业流程包括物资入库、物资保管和物资出库三个环节。

(1) 物资入库:对入库物资进行接货、验收和办理入库手续。其基本要求是:清点物资的数量,验看物资的包装,检查物资的质量,合理地组织物资入库和办理入库手续。

(2) 物资保管:在物资验收后,将物资按指定位置进行堆码,以及日常的保管、检查和养护。物资保管是物资仓库管理的中心环节和经常性的业务工作。其基本要求是:根据入库物资的技术要求和包装特点,科学地进行堆码,合理地使用库存容量;建立科学和严格的养护制度,保证物资的质量完好,降低物资的自然损耗;正确记载和及时检查物资的动态。

(3) 物资出库:根据物资经营部门开列的物资出库凭证所记载的物资编号、名称、规格、牌号和数量,进行记账、配货、复核、包装和交接,把物资发送到需用单位或发运部门。其基本要求是:按顺序发货,加强出库复核,做到数量准确、质量完好、包装牢固、标志清晰、交接清楚。

库存管理是企业的一项非常重要的内部管理活动,它的主要工作是研究企业的库存水平,保证适当的库存以维持生产和销售的正常进行。库存管理的目标是在保障供应的前提下,通过控制企业的库存水平,力求使库存物资的数量最少,提高物流系统的效率,以增强企业的竞争力。企业可以通过库存资金周转率、服务水平、缺货率和平均供应费用等四个指标来评价库存管理的效率。一般来说,合理化的库存水平需要考虑以下因素。

(1)库存时间:主要包括物资消耗和产品销售时间等。随着存储时间的增长,物资的有形及无形损耗会加大,同时也会降低库存资金的周转率。因此,企业在日常的库存管理中,应该严格控制好物资的销售时间。例如,超市一般用商品库存周期,来控制资金的使用率,加强商品销售时间的控制。

(2)库存数量:库存数量是决定库存合理化的另一个重要因素。其包括市场需求量、产品再生产时间、交通运输条件、管理水平和设备条件等库存。物资过少会降低仓库的使用率,同时也会降低库存对生产和销售的供应能力,由于缺货而导致产品交付延迟容易降低客户的满意度;而物资过多会导致库存货物的过多积压,降低库存的资金周转率。因此,企业应该根据市场需求量、产品生产时间和生产设备条件等方面的因素,制定一个合理的库存量水平。

(3)库存结构:库存结构是指被存储物资的比例关系,包括存储物资的品种、规格、保质期等。库存的合理化管理是一个系统工程,不仅应该考虑库存的时间和数量,还应该考虑库存的结构,避免被存储物资的比例失调。

现今,移动互联网等技术使消费者可以随时随地进行网上购物。在获得线上海量需求的同时,电商企业也面临着快速处理订单来提高消费者体验以避免客户流失的巨大压力。企业必须提高发货效率,进而提高用户体验,这对企业的仓储管理水平也提出了更高的要求。按照仓储管理的流程,需要依次进行产品的入库、上架和出库,而且货物清点、调动等都需要依靠人力来完成,耗费时间长且效率低。运用自动化仓储系统能够极大地提高效率,从而大大缩短发货时间,提高客户满意度,最终实现利润上升的目标。例如,京东建设了"亚洲一号"物流仓储,打造以机器人为核心的自动化立体仓库,货品的包装、码垛、装卸及搬运都可以由机器人来操作,在减少人力成本的同时,还能提高效率、安全性和管理水平。为了应对市场需求波动,最大程度实现供需平衡,电商企业的库存管理水平也亟待加强。随着互联网技术的快速发展,库存管理已经从原有的传统管理发展到网络管理,通过网上订单管理和供应商管理,供应链上的企业可以加强合作,减少信息传导过程中的失真。在电子商务环境下,企业基于 Internet 网络与上游企业及下游客户紧密地联系在一起,生产商与供应商、客户之间的交流频率和效率极大地提高,信息的传递更加及时和准确,进一步降低了信息传输的成本,使"零库存"成为可能。同时,企业应当充分发挥大数据的作用,提高需求预测水平,从而给上游企业提供更加准确的市场需求数据以减小"牛鞭效应"。此外,随着传统商务与电子商务不断融合发展,"新零售"应运而生,拥有线上和线下渠道的零售商可以综合利用各分销渠道的仓库/门店进行备货,优化库存管理。

5.3.3 电子商务物流的包装与流通加工管理

包装是为了在流通过程中保护产品、方便储运、促进销售,按一定技术方法而采用的容器、材料及辅助物等的总体名称,也指为了达到上述目的而采用容器、材料和辅助物的过程中施加一定技术方法等操作活动。因此，包装具有双重含义，一是静态的含义，指能合理容纳商品，抵抗外力，保护和宣传商品，促进商品销售的包装物，如包装材料和包装容器等；二是动态的含义，指包裹、捆扎商品的工艺操作过程。简言之，包装是包装物及包装操作的总称。

具体来讲，包装最基本的功能主要包括保护商品、促进销售、方便物流和方便消费等四个功能。从物流方面来看，包装的作用主要可以从其对运输、装卸搬运及保管等方面来进行分析。

由于产品的多样性，包装的要求也不同，主要按以下方法进行分类。

（1）按包装目的分类：销售包装和运输包装。

（2）按包装形态分类：内包装和外包装。

（3）按包装使用次数分类：一次性包装、复用性包装。

（4）按包装的保护技术分类：防潮包装、防霉包装、防锈包装和危险包装。

包装方法是指包装操作时所采用的技术和方法，通过包装方法才能是销售包装件和运输包装体形成一个有机的整体。包装方法主要包括在包装操作中置放、排列、加固和捆扎等一般方法，以及包装操作中所采用的各种技术，如缓冲、保鲜、防潮、防霉和防锈等特殊方法。包装的材料、容器和技法及外形设计都会对物流其他环节起到重要的作用。在电子商务环境下，物流包装管理要实现合理化，应防止包装不足、包装过剩和包装污染，要从物流总体角度出发，用科学的方法确定最优包装，实现包装的标准化、绿色化、智能化和经济实用化。

流通加工管理是指物品在从生产地到使用地的过程中根据需要施加包装、分割、计量、分拣、组装、价格贴附、商品检验等简单作业的总称。流通加工是商品在流通中的一种特殊加工形式，是为了提高物流速度和物品的利用率，在商品进入流通领域后，按客户的要求进行的加工活动。

流通加工的作用主要包括提高原材料的利用率、提高效率、提高物流附加值、方便客户、物流业的重要利润来源和充分发挥各种输送方式的效率等。

在电子商务环境下，企业对流通管理的速度和质量提出了更高的要求。为实现流通加工管理的合理化，不但要做到避免各种不合理的加工，使流通加工有存在的价值，而且要做到最优的选择。对是否设置流通加工环节、在什么地点设置、选择什么类型的加工、采用什么样的技术装备等，需要做出正确的选择，以避免各种不合理现象。流通加工管理的合理性主要取决于流通加工点设置的合理性、流通加工方式的选择、流通加工的作用和成本等方面。

5.3.4　电子商务物流的装卸与运输管理

装卸是指物品在指定地点以人力或机械装入运输设备或卸下。装卸是物流过程中针对保管货物和运输两端货物等一系列处理活动，具体来讲，包括货物的装载、卸载、移动、货物堆码上架、取货、备货、分拣等作业及附属于这些活动的作业。

装卸搬运必然要消耗劳动，包括人工劳动和物化劳动。这些劳动消耗要以价值形态追加到电子商务装卸搬运的对象中，从而增加产品的物流成本。因此，应科学合理地组织装卸搬运工作，尽量减少用于装卸搬运的劳动消耗。在装卸搬运的实践中，最基本的装卸搬运合理化措施包括：

（1）充分利用货物自重进行少消耗的装卸搬运。

（2）充分利用机械设备的作业能力，实现"规模装卸搬运"。

（3）提高货物的装卸搬运活性指数。

(4) 缩短搬运距离。

运输管理主要是负责为客户选择满足需求的运输方式，组织网络内部的运输作业，在规定的时间内使用专用设备将物品由一个地点运往目的地。运输影响着物流系统的其他构成要素，便利和可靠的运输服务是有效组织输入和输出物流的关键。运输管理具有"规模经济"效应，即随着装运规模的增长，单位重量的运输成本降低。一般来说，基本的运输由铁路、公路、水路、航空、管道运输和联合运输等多种主要运输方式组成。联合运输指由两家以上运输企业或用两种以上运输方式共同将某一批物品运送到目的地的运输方式。联合运输实行一票到底、单一费率的方式。而货物联合运输是由多个联合运输经营人与各种运输方式、各区段的实际承运人订立分运或分包合同来完成，各区段承运人对自己承运区段的货物负责。

运输管理具有实现产品空间转移和短时间产品存放两个基本功能。

（1）实现产品空间转移：商品运输可以创造出商品的空间效用和时间效用，并扩大商品的市场范围，同时，也保证商品价格的稳定性，促进社会分工的发展。

（2）短时间产品存放：从广义库存的概念讲，运输的过程本质上是处于动态库存状态，同时，对产品进行临时存放是一种特殊的运输功能，因此，在仓库有限的时候，利用运输车辆存放也是一种可行的选择。

在电子商务环境下，为保证运输的合理化，应该合理布局生产力，恰当布置仓储中心和配送中心，合理规划运输路线，改善运输交通网络，并采取现代化的信息技术，如条形码技术、全球定位系统（Global Positioning System, GPS）和移动通信技术等来提升运输的效率，以缩短产品的存放时间并提高产品的库存周转率。

5.3.5 电子商务物流的配送管理

根据中国国家标准《物流术语》中的定义，配送是在经济合理区范围内，根据用户要求，对物品进行拣选、加工、包装、分割、组配等作业，并按时送达指定地点的物流活动。配送系统将"配"和"送"有机结合起来，以物质为工作对象，以完成物质实体流动为目的。物流配送可使企业的经营活动更为经济、简便，以便更好地满足消费者需求，提高整个国民经济的运行效率，改善国民生活质量。

电子商务环境下的物流配送是指配送企业采用网络化的计算机技术和现代化的硬件设备、软件系统及先进的管理手段，针对社会需求，严格地、守信地按用户的订货要求，进行一系列分类、编配、整理、分工及配货等理货工作，定时、定点且定量地交给没有范围限制的各类用户，满足其对商品的需求。电子商务给物流配送观念带来深刻的革命，并使得网络对物流配送的控制代替了物流配送管理程序，同时，物流配送的持续时间在网络环境下会大大缩短，对物流配送速度提出了更高的要求，简化了物流配送的过程。

在电子商务环境下，物流配送具有以下三个典型的特征。

（1）信息化：物流企业要嵌入电子商务的供应链中，对参与电子商务的企业（如制造商、供应商）、客户进行信息整合，实现信息资源与数据资源的共享。把先进的信息技术和管理思想如电子数据交换（EDI）、电子订货系统（EOS）、有效的客户反应（ECR）等运用到物流配送中，以降低成本，提高效率。信息化是电子商务配送管理的必然要求。

（2）网络化：主要包括是物流实体网络化和物流信息网络化。电子商务的物流配送要根据市场情况和现有的运输条件，确定各种物流设施和配送中心的数量及地点，形成覆盖全国的物流配送网络体系。当物流网络中任何一个节点收到物流信息时，物流网络系统快速制订物流配送计划，利用物流企业的地理布局，选择最优的物流配送地点和运输路线，以缩短配送时间和降低配送成本。而通过信息网，物流企业内部可实现运输工具的合理调配、运输路线的最佳选择及在途货物的实时查询等功能。通过电子数据交换系统、电子订货系统向供应商订货，收集下游顾客的订货信息也可通过该信息网自动完成。

（3）自动化：电子商务的物流配送必须使用先进的技术设备为销售提供服务，这些技术包括条形码、语音、射频自动识别系统、自动分拣系统、自动存取系统、自动导向、货物自动跟踪系统等，只有采用自动化的配送设施才能提高配送的反应速度，缩短配送时间。而且生产规模越大、范围越广，物流配送对技术、设备自动化的要求越高。

物流配送是电子商务成功交易的关键一环。在新零售时代，很多企业实现了线上渠道与线下渠道相融合，对物流的快速响应能力提出了更高的要求，物流要完成多批次、少批量的配送任务。在物流配送的末端环节，企业越来越注重为消费者提供优质的物流服务，致力于解决"最后一公里"问题。

在当前新零售环境下，企业在实践中逐渐形成了以下四种配送模式。

（1）第三方代收平台模式

第三方代收平台（快递自提点）是指来自不同快递企业的快递员将货品集中送到第三方代收点，然后由该站点对快递进行二次分发。在该模式下，快递员无须送货上门，大大降低物流配送成本。同时，与传统配送方式相比，用户取货更加方便，摆脱了时间限制，且降低了安全隐患。目前，该模式主要存在于社区和高校。菜鸟驿站是第三方代收平台模式的典型代表，其不仅承担收发快递，还利用大数据技术为用户提供快递代收、代寄等服务。

（2）智能快递柜模式

在该模式下，快递员只需要将包裹放进快递柜，系统将自动发取件码给用户，用户可以根据自己的任意空闲时间前来取货。与第三方代收模式一致，该模式同样具备节约配送时间、消除配送时间限制等优点，因此提高了物流配送效率和消费者体验。除取货之外，智能快递柜还提供包裹邮寄服务，用户只需在 App 或小程序下单，然后将包裹放进快递柜即可。作为最接近用户的物流基础设备，智能快递柜是解决配送末端"最后一公里"难题的有效方式。该模式的典型企业有蜂巢科技、中邮速递易等。

（3）众包物流配送模式

众包物流配送模式是指把原来由企业员工承担的配送工作转交给企业外的大众群体来完成。该模式可以作为企业已有配送方式的有效辅助。类似于滴滴打车，在众包物流模式下，需求方在 App 上发布订单信息，平台根据算法快速给出服务费用，然后服务提供方开始抢单，完成配送服务后获得报酬。该模式通过有效整合社会闲置资源，降低了企业成本。同时，相比传统模式，大大降低了派件、取件的时间，提高了配送效率。但是，由于缺乏完善的监管机制，加上兼职快递员可能缺乏专业素养，容易产生产品安全问题，因此降低用户体验。当下，电子商务发展如火如荼，线上订单爆发式增长，众包物流模式在一定程度上缓解了物流企业的压力，有效提高了同城配送和"最后三公里"配送效率。众包物流模式的典型代表有人人快递、达达和京东到家等。

（4）店仓一体化模式

在传统商业模式下，门店储存的产品仅供展示且只能满足线下消费者的需求，在新零售环境下，门店还可以作为仓库，企业可以根据库存情况，将来自线上渠道的订单从距离消费者最近的门店进行配送，从而大大提高物流配送效率。

5.3.6 电子商务物流的成本管理

物流成本是指产品在空间位移（含静止）过程中所耗费的各种劳动和物化劳动的货币表现，是产品在实物位移过程中，各个活动中所支出的人力、财力和物力的总和。物流成本管理是指对物流相关费用进行的计划、协调与控制。物流成本管理并不是管理物流成本，而是通过成本去管理物流。两者的区别在于，前者只重视物流成本的计算，而后者则是把成本作为一种管理手段。物流成本管理的目的就是要提升公司的物流能力，实现物流活动的高效率。

美国物流管理协会采用1997年日本《物流成本计算统一标准》中的按功能划分方式将物流成本划分为四类，包括仓储作业成本、存货成本、运输成本和管理成本，各类成本的定义如下。

（1）仓储作业成本：包括装卸成本、检货成本、物流加工成本、补货成本、进货入库成本和验收成本。

（2）存货成本：包括库存占压资金的利息。现代物流与传统物流费用计算的最大区别在于现代物流把库存占压资金的利息加入物流成本，以此把降低物流成本与加速资金周转统一起来。

（3）运输成本：包括公路运输和其他运输费用及货主费用，货主费用包括运输部门运作和装卸费用。

（4）管理成本：也称物流管理费用，包括订单处理成本和采购处理成本。在美国是按照美国的历史情况由专家确定一个固定比例，乘以仓储作业成本、存货成本和运输成本的总和得出来的。

随着电子商务在我国的日益发展，电子商务企业的规模和数量也在日益增加。传统的物流具有经济效应，而在电子商务环境下，物流具有多品种、小批量、多批次、短周期的特点，很难考虑传统物流的经济规模，因而电子商务下的物流成本会明显增加。据统计，电子商务经营中大多数产品的直接成本约占总成本的10%，其余90%是在储存、装卸、运输、包装、销售等过程中消耗的。企业在自身扩张的同时，利润率却居高不下，其中的一个重要因素就是物流成本过高和物流运作效率低。因此，如何能够有效地降低物流成本是摆在众多电子商务企业面前的一个亟待解决的重要问题。

一般来说，在电子商务环境下，企业可以通过以下方式来降低物流成本。

（1）加强信息化建设，构建信息共享平台：电子商务，尤其是B2C电子商务企业的客户订单多，客户庞大，且多为小批量。客户寻求在节日、黄金假期等不同时期内需求量差异大，时常出现运输车辆过剩或不足或装载不经济等影响物流运输效率的问题。为解决这些问题，应加快建设国内国际相互连接的信息化网络，通过搭建一体化的信息平台，加强对信息的管理和对需求的预测，协调与其他企业及客户、消费者之间的关系，保证物流系统的实时监控，减小供应链管理中可能产生的"牛鞭效应"，实现供应链管理的效率化。同时，电子商务企业内部各环节要加强物流成本控制，在提高效率的同时加强和其他企业的合作，共同降低总体物流成本。

（2）合理布局自身网络，实施物流战略联盟：电子商务企业要根据自身情况，合理设计、布局自己的仓库、配送中心、销售网店，尽可能保证在销售旺季时各网点间可以相互支持；同时，由于物流网络和网点的建设成本高、投入大，电子商务企业可以和其他企业加强合作，实施物流战略联盟，降低成本，在提高效率的同时实现共赢。

（3）规范行业标准，保证合理竞争：在全球化的商务背景下，电子商务企业间的竞争日益激烈。为保证商务竞争的公平、合理，电子商务行业内部需要规范与电子商务物流交易相关的行业标准，为电子商务企业营造一个健康、稳定的发展环境，通过公平、合理的竞争实现优胜劣汰，提高行业整体运营效率。

5.4 电子商务物流技术

5.4.1 条形码技术

条形码技术最早产生于20世纪20年代，诞生在Westinghouse的实验室里。条形码（Bar Code）又称条码，是由一组规则排列的条、空及字符组成的，用以表示一定信息的代码。条形码中的条、空通常由满足一定光学对比度要求、反射率差别较大的两种颜色（黑色和白色）表示。在进行条形码识别时，条形码扫描器将光源发出的光束照在条形码上，并根据光束从条形码上反射回来的光强度做出回应。通过专门的识别设备，条形码中所含的信息可以转换成计算机可以识别的数据。

条形码可以标出物品的生产国、制造厂家、商品名称、生产日期、图书分类号、邮件起止地点、类别和日期等许多信息，因而在商品流通、图书管理、邮政管理及银行系统等许多领域都得到了广泛的应用。根据编码方式的不同，条形码可以进一步分为一维条形码和二维条形码。

（1）一维条形码

一维条形码是指在一个方向（水平方向）表达信息，而在垂直方向不表达任何信息的条形码符号。一维条形码的信息存储量小，仅能存储一个代号，使用时通过这个代号调取计算机网络中的数据。常见的一维条形码包括EAN码、UPC码和39码。

EAN码：EAN码是国际物品编码协会制定的一种商品用条形码，通用于全世界。EAN码符号有标准版（EAN-13）和缩短版（EAN-8）两种，标准版由13位数字及相应的条形码符号组成，缩短版由8位数字及相应的条形码符号组成。EAN-13和EAN-8条形码的实例如图5-2所示。日常购买的商品包装上所印的条形码一般就是EAN码。

图5-2 EAN码

UPC码：UPC码是美国统一代码委员会制定的一种商品用条形码，主要用于美国和加拿大地区，我们在美国进口的商品上看到的就是UPC码。UPC码仅可用来表示数字，故其字码集为数字0~9。UPC码的实例如图5-3所示。

图 5-3　UPC 码

39 码：39 码是一种可表示数字、字母等信息的条形码，目前被广泛应用于工业、图书及票证的自动化管理中。39 码最大的优点是码数没有强制的限定，且可用大写英文字母码。39 码的实例如图 5-4 所示。

图 5-4　39 码

（2）二维条形码

一维条形码所携带的信息量有限，更多的信息只能依赖商品数据库的支持，离开了预先建立的数据库，因此在一定程度上也限制了条形码的应用范围。基于这个原因，在 20 世纪 90 年代发明了二维条形码。二维条形码依靠其庞大的信息携带量，能够把过去使用一维条形码时存储于后台数据库中的信息包含在条形码中，可以直接通过阅读条形码得到相应的信息，并且二维条形码还有错误修正技术及防伪功能，增加了数据的安全性，具有信息量大、可靠性高，保密、防伪性强等优点。二维条形码可把照片、指纹编制于其中，可有效地解决证件的可机读和防伪问题。因此特别广泛应用于护照、身份证、行车证、军人证、健康证和保险卡等。目前最为常见的二维条形码是 PDF417 码。

PDF417 码：PDF417 码是一种堆叠式二维条形码，是由美国 SYMBOL 公司发明的，PDF（Portable Data File）意为"便携数据文件"。组成条形码的每一个条形码字符由 4 个条和 4 个空，共 17 个模块构成，故称为 PDF417 码，如图 5-5 所示。

图 5-5　PDF417 码

PDF417 码可表示数字、字母或二进制数据，也可表示汉字。一个 PDF417 码最多可容纳 1850 个字符或 1108 个字节的二进制数据，如果只表示数字则可容纳 2710 个数字。PDF417 的纠错能力分为 9 级，级别越高，纠正能力越强。由于这种纠错功能，污损的 PDF417 码也可以被正确读出。我国目前已制定了 PDF417 码的国家标准。PDF417 码需要有 417 解码功能的条形码阅读器才能识别。

PDF417 码最大的优势在于其庞大的数据容量和极强的纠错能力。当 PDF417 码用于防伪时，并不是 PDF417 码不能被复制，而是由于使用 PDF417 码可以将大量的数据快速读入计算机，使大规模的防伪检验成为可能。

美国亚利桑那州等十多个州的驾驶证、美国军人证、军人医疗证等在几年前就已采用了 PDF417 码技术。将证件上的个人信息及照片编在二维条形码中，不但可以实现身份证的自动识读，而且可以有效地防止伪冒证件事件的发生。菲律宾、埃及、巴林等许多国家也已在身份证或驾驶证上采用了二维条形码，中国香港护照也采用了二维条形码技术。

条形码技术的产生为推动电子商务物流发展奠定了重要的基础，可以有效地提高物品流动的效率。在商品入库时，操作员可以通过扫描物品的条形码来及时准确地将商品的信息传递到后台的管理信息系统，以及时更新商品的状态和位置；在商品出库时，操作员可以通过装箱单上的条形码来记录货物的装箱情况，并将数据实时地传递到后台管理信息系统，将商品信息由"在库"及时更改成"在途"；在运输的过程中，操作员可以通过扫描装箱单上的条形码标志来及时记录并更改运输情况，并将货物的运输路径和流通速度实时地传递到后台的管理信息系统中，以实现对货物的实时监控，提高物流管理的效率和效果；在货物到达目的地时，操作员通过扫描装箱单上的条形码来确认到达货物的信息，并将货物的信息实时传递到后台管理信息系统，及时更改货物到达目的地的状态。

5.4.2 射频识别技术

射频识别技术 RFID 英文全称为 Radio Frequency Identification，是一种新型的无线识别通信技术，于 20 世纪 80 年代出现，90 年代后进入应用阶段。其基本工作原理是利用无线电波信号，通过空间耦合（交变磁场或电磁场）识别特定目标并读写相关数据，而无须识别系统与特定目标之间建立机械或光学接触。

射频识别一般由阅读器、电子标签和天线三部分组成。阅读器是信号接收机，也叫做读写器。阅读器基本的功能是提供与标签进行数据传输的途径。同时，阅读器也能够提供复杂的信号状态控制、奇偶错误校验与更正等附加功能。射频识别技术工作原理如图 5-6 所示。

电子标签是信号发射源，相当于条形码技术中的条码符号，用来存储需要识别传输的信息。电子标签的目的是使用一种统一标准的电子产品代码，使产品在不同领域都能被辨识，标签中存储的数据是由系统的应用和相应的标准决定的。例如，电子标签能够提供产品生产、运输和存储情况，也可以辨别机器、动物和个体的身份，这些类似于条形码中存储的电子标签还可以连接到数据库，存储产品库存编号、当前位置、状态、售价和批号的信息。与条形码不同的是，电子标签必须能够自动或在外力的作用下，把存储的信息主动发射出去。射频识别技术可识别高速运动物体并可同时识别多个电子标签，电子标签根据商家种类的不同能存储容量不等的数据。

天线是电子标签与阅读器之间传输数据的发射、接收装置。射频识别技术主要有线圈型、微带贴片型和偶极子型等三种基本的类型，不同类型天线的工作原理是不相同的。在实际应用中，除了系统功率，天线的形状和相对位置也会影响数据的发射和接收，需要专业人员对系统的天线进行设计、安装。

与条形码技术相比，射频识别技术具有长工作距离、非接触、无须人工干预和抗环境干扰等特点。条形码技术是将已编码的条形码附着于目标物，使用专用的扫描阅读器利用光信号将信息由条形磁传送到扫描阅读器；而射频识别技术则使用专用的阅读器及可附着于目标物的电子标签，利用频率信号将信息由电子标签传送至阅读器。目前射频识别技术已经被广泛应用于图书馆管理、食品安全管理、医疗卫生、超市管理、门禁系统和物流管理等多个领域。

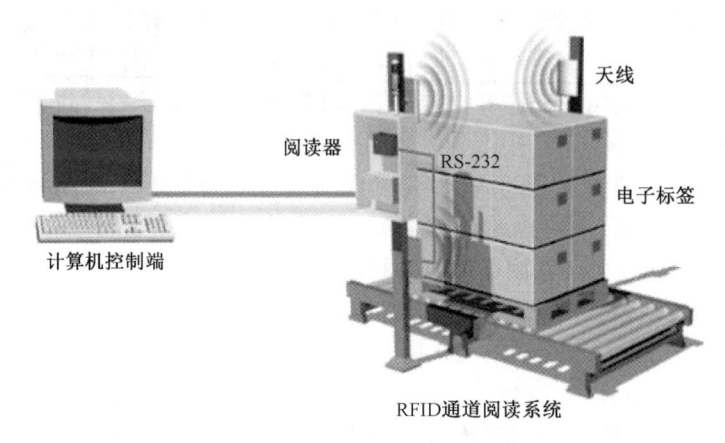

图 5-6　射频识别技术工作原理

5.4.3 POS 系统

销售时点信息（Point Of Sale，POS）系统，是指通过自动读取设备（如收银机）在销售商品时直接读取商品销售信息（如商品名、单价、销售数量、销售时间和销售店铺等），并通过通信网络和计算机系统传送至有关部门进行分析加工以提高经营效率的系统。POS 系统的构成包括前台 POS 系统和后台管理信息系统。POS 系统最早应用于零售业，逐渐扩展至其他服务性行业（如金融、旅馆等），利用 POS 信息的范围也从企业内部扩展到整个供应链。

POS 系统的基本作业原理是将商品资料创建于部门内部的计算机系统内，标识商品部分信息的条形码或 OCR（Optical Character Recognition）标签贴于商品实物上。当商品上的条形码透过收银设备上的光学读取设备直接读入（或由键盘直接输入代号）后，内部计算机存储的商品信息（单价、部门和折扣等）就会显示在店铺的收银机上，加速收银速度与正确性。并且每笔商品销售的明细资料（售价、部门和时段等）会自动记录下来，再传回内部计算机。经计算机计算处理后能生成各种销售统计分析信息，为经营管理提供依据。

以零售业为例，POS 系统的运行流程如下。

（1）店内销售商品都贴有表示该商品信息的条形码。条形码和 POS 系统是相辅相成、互相促进的，普及条形码是运行 POS 系统的前提，没有 POS 系统，在商品上印制条形码则毫无意义。

（2）在顾客购买商品结账时，收银员使用扫描读数仪自动读取商品条形码信息，通过店铺内部计算机确认商品、计算顾客购买总金额等，同时返回给收银机，打印出顾客购买清单和付款总金额。

（3）各个 POS 终端获得的销售时点信息以在线连接方式汇总到企业总部，与其他部门发送的有关信息一起由总部的信息系统加以集中并进行加工分析，如把握畅销商品和滞销商品及新商品的销售情况。总部通过对销售时点信息进行加工分析来掌握消费者购买动向，找出畅销商品和滞销商品，对商品店铺陈列方式、商品品种配置、商品的销售价格、促销方法、商品的销售量和销售时间之间的相关关系进行分析。以此为基础，完成下一阶段商品的营销方案，并制定合理的价格区间。

（4）在零售商与供应链的上游企业（批发商、生产厂家和物流从业者等）达成战略联盟的条件下，零售商以在线连接的方式把销售时点信息即时传送给上游企业。这样上游企业可以利用销售现场的最及时准确的销售信息制订经营计划、进行决策。

通过实例介绍，可以发现 POS 系统能够实现销售信息的实时传递和共享，有利于供应链上的信息整合。POS 系统即时准确地反映每一种商品的销售信息，使供应链的参与各方可以利用销售时点信息并结合其他的信息来制订企业的经营计划和市场营销计划。POS 系统还有利于提升企业的客户关系管理能力。在顾客购买商品结账时，通过收银机自动读取零售商发行的顾客 ID 卡或顾客信用卡来把握每个顾客的购买品种和购买额，从而对顾客进行分类管理，针对不同类别的顾客制定个性化的营销方案。除此之外，POS 系统还能够通过终端机上计时器的记录，对职工的出勤状况和工作效率进行考核。

5.4.4 全球卫星定位技术

全球卫星定位系统（Global Positioning System, GPS）是一种以空中卫星为基础，由无线电导航，提供高精度三维定位、三维速度及精确时间信息的系统。GPS 系统是美国从 20 世纪 70 年代开始研制，历时 20 年，耗资 200 亿美元，于 1994 年建成，具有海、陆、空全方位实时三维导航与定位能力的系统。建立之初，它主要用于船舶和飞机的导航、对地面目标的精确定时和精密定位、地面及空中交通管制以及空间与地面灾害监测等。

GPS 系统由三部分组成：空间卫星系统、地面监控系统和用户接收系统。

（1）空间卫星系统

GPS 系统的空间部分是由 24 颗工作卫星组成的，位于距地表 20200km 的上空。各卫星均匀分布在 6 个轨道面上，每个轨道面 4 颗，轨道倾角为 55°。卫星的分布使在全球任何地方、任何时间都可观测到 4 颗以上的卫星，并能在卫星中预存导航信息。GPS 系统的卫星因为大气摩擦等问题，随着时间的推移，导航精度会逐渐降低。

（2）地面监控系统

地面监控系统由主控站、监测站和注入站三部分构成。主控站负责管理、协调地面监控系统各部分的工作，收集各个监测站的数据，编制导航电文，送往注入站将卫星星历注入卫星，监控卫星状态，向卫星发送控制指令，维护卫星和处理异常情况；监测站负责接收卫星数据，采集气象信息，实时监测卫星，并将收集到的数据传送给主控站；注入站负责将导航电文注入 GPS 系统卫星。

（3）用户接收系统

用户接收系统即 GPS 信号接收机。生活中常见 GPS 信号接收机主要有三种：手持式 GPS、车载式 GPS 和智能手机 GPS。

GPS 系统的典型应用是基于 GPS 技术的车辆监控管理系统和基于 GPS 技术的智能车辆导航仪，通过 GPS 系统和计算机网络实时收集全路汽车的调度管理，实现汽车定位、跟踪调度、陆地救援等。GPS 系统以其全球性、实时性、全天候、快速和高精度的特点，在物流领域得到广泛应用，利用 GPS 系统可以实现货物跟踪管理，如图 5-7 所示。在铁路运输方面，GPS

系统可以实时收集全路列车、机车、车辆、集装箱及所运货物的动态信息，实现列车、货物追踪管理。在航空物流方面，利用 GPS 系统可以实现空中交通管理、精密进场着陆、航路导航和监视。在水路运输方面，GPS 系统可以用于最佳航程和安全航线的测定，并可以实现航向的实时调度和监测。

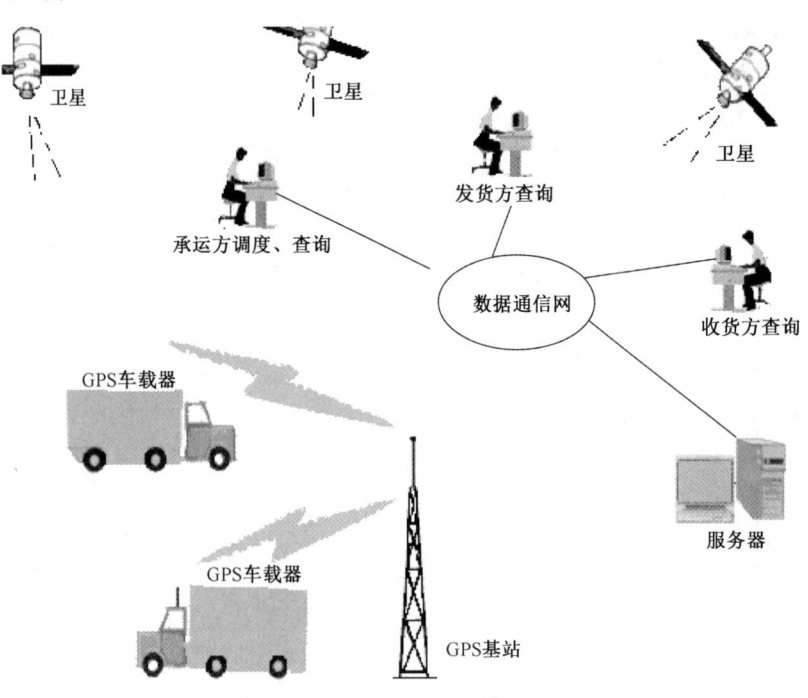

图 5-7　GPS 系统在物流领域的应用

北斗卫星导航系统是中国自主建设、独立运行的卫星导航系统，是全球卫星导航系统的重要组成部分。北斗卫星导航系统的发展可以分为三个阶段。阶段一（1994—2000 年）：启动北斗一号系统建设，发射三颗地球静止轨道卫星，在中国范围内投入使用，提供定位、授时等功能。阶段二（2004—2012 年）：启动北斗二号系统建设，发射五颗地球静止轨道卫星、五颗倾斜地球同步轨道卫星和四颗中圆地球轨道卫星，在亚太地区范围内提供服务。阶段三（2009—2020 年）：启动北斗全球系统建设，完成三十颗卫星发射组网，在全球范围内提供服务。

北斗卫星导航系统具有首次定位速度快、集定位、授时和报文通信为一体及授时精度高等优点。随着数字时代的到来，北斗卫星导航系统与大数据、云计算、互联网与移动通信的融合发展呈现出蓬勃发展的态势。例如，在车联网中，北斗卫星导航系统的应用可以减少空载率，同时有助于交通安全；在物联网中，借助北斗卫星导航系统，可以实现产品溯源，有助于商品质量监管。

5.4.5　地理信息处理技术

地理信息系统（Geographical Information System，GIS）是 20 世纪 60 年代开始发展起来的计算机技术系统，它以地理空间数据为基础，采用地理模型分析方法，适时提供多种空间的动态地理信息。

GIS 的基本功能是将表格型数据转化为地理图形显示，显示对象包括人口、销售情况、运输线路及其他内容，然后可对显示结果进行浏览、操作和分析。GIS 的应用领域主要有测绘与地图制图、资源管理、国土监测、区域规划、物流分析和辅助决策。GIS 在物流领域主要是利用它的强大的地理数据功能来完善物流分析技术。完整的 GIS 分析软件集成了车辆路线模型、网络物流模型等，不同的模型应用解决不同的问题。

（1）车辆路线模型：用于解决在一个起始点、多个终点的货物运输中，如何降低物流作业费用并保证服务质量的问题，包括决定使用多少辆车、每辆车的行驶路线等。

（2）网络物流模型：用于寻求最有效的分配货物路径问题，即物流网点布局问题。例如，将货物从 m 个仓库运送到 n 个商店，每个商店都有固定的需求量，因此需要确定由哪个仓库提货送给哪个商店，使得总运输成本最小。

（3）分配集合模型：用于确定服务范围和销售市场范围等问题。例如，某一公司要设立若干个分销点，要求这些分销点要覆盖某一地区，而且要使每个分销点的顾客数目大致相等。

（4）设施定位模型：用于确定一个或多个设施的位置。在物流系统中，仓库和运输线共同组成了物流网络，仓库处于网络的节点上，节点决定线路，如何根据供求的实际需要并结合经济效益等原则，在既定区域内设立仓库，并确定每个仓库的位置、规模，以及仓库之间的物流关系等。

5.4.6　大数据、云计算和人工智能技术

1. 大数据技术

随着中国电子商务的快速发展，物流问题尤为突出。大数据的核心是发现和预测，可以从海量的数据中发现新的价值，而快递物流行业恰好能产生大量数据，在运输、仓储、配送等环节都会产生海量的数据。应用大数据技术，可以最大限度地节约物流成本、提升物流行业的整体服务水平，满足客户对物流服务的需求。大数据技术与物流行业的高度结合，打破了低层次、低效率、高成本的运输局面，颠覆了传统的物流商业模式。在这方面，京东、菜鸟等已经提供了经验借鉴。物流企业想要促进企业发展壮大，必须要学会利用大数据技术。大数据技术在电子商务物流中有以下应用。

（1）精准的市场预测。在大数据技术背景下，通过收集用户消费特征、商家历史销售等大数据，利用算法提前预测客户的商品需求，前置仓储与运输环节，科学有效地利用现有资源，避免错过最佳销售时间段。例如，京东作为中国最大的自营式 B2C 电商平台，在"618"年中购物节、"双十一"购物狂欢节等大型促销期间，利用京东青龙系统，对客户的购物车、浏览时间、评价信息及收藏夹等所有与销售相关的数据进行分析，确定客户群，并对商品的生命周期进行预测，做好库存和运输工作的安排。

（2）网络及路由规划：物流业务具有突发性、随机性、不均衡性等特点，通过大数据分析，利用历史数据、时效、覆盖范围等构建分析模型，对仓储、运输、配送网络进行优化布局，结合 GPS、GIS、PMS 等抓取配送地区实时路况，结合智能算法规划出最合理的物流线路和方式，缩短配送时间，提高企业的配送效率，进而提高企业的核心竞争力。

（3）物流金融风险控制：物流金融风险控制存在的问题包括信息采集不完备、风险度量依赖专家的主观经验、缺乏对企业持续动态风险监控和缺乏完善的信用评价体系。大数据技术在物流金融风险控制中的优势有：一是拓宽信息来源渠道，提升风险识别水平；二是基于大数据

平台，提高风险计量水平；三是通过数据化管理，提高风险控制效率；四是实现动态跟踪管理，加强风险控制能力。

2. 云计算技术

云计算技术能够高效分配动态资源，根据用户需求形成动态计算与存储功能，为大数据分析提供了基础。依托云计算技术所建立的"云物流"具有更高的效率。依靠云计算、大数据及物联网等新兴技术的融合，云物流能够有效地整合资源，优化物流路径，在降低成本的同时提升物流效率。与传统物流模式相比，云物流仓储产品种类多、数量多，采用精细化管理方式。在供给端，云物流能够实时更新仓储等资源信息，实现智能补货，提高库存周转率；预测商品的最优仓储位置，规划运输最短路程。在需求端，云物流通过全供应链的实时信息共享，预测未来销售情况，实现最优路程配置资源。

在电子商务环境下，云计算已经应用到了物流的多个运作环节。例如，车辆配载可以借助云计算中的"行业云"，多方收集货源和车辆信息，并使物流配载信息在实际物流运输能力与需求发生前得以发布，加快了物流配载的速度，提高了配载的成功率。在仓储环节，云仓储进行实体分仓，在一体化信息系统支撑下，分仓为云，形成公共仓储平台。对于物流信息，云物流利用云计算强大的通信能力、运算能力和匹配能力，集成众多物流用户的需求，形成物流需求信息集成平台，实现所有信息的交换、处理、传递，整合零散的物流资源，使物流效益最大化。在实际运作中，首先，快递行业中的某个企业搭建一个"行业云"的平台，集中行业中的私有数据，即集中来自全球发货公司的海量货单；其次，对海量货单和货单的目的路径进行整理；再次，指定运输公司发送到快递公司；最后，送达收件人。在这一过程中，云物流对快递行业的收货、运输、终端配送的运作模式进行了整合，实现了批量运输，部分解决了内地运输行业长期存在的空驶（或是半载）问题，提高了运输公司的效率，降低了成本。

3. 人工智能技术

人工智能技术在物流仓储中也得到了广泛的应用。目前，人工智能技术中的搜索技术在物流配送的路径选择、模式识别，计算机视觉技术在物流中物品自动拣选、识别等领域能够发挥重要作用。

（1）人工智能技术在物流配送路径中的应用

伴随着人工智能技术的快速发展，人工智能算法在配送领域得到广泛应用。基于代价树的广度优先算法和深度优先算法、A 算法、A*算法等算法，在求解配送路径最短路的过程中具有巨大的优势。在配送过程中，如果对每一个物品单独配送，那么效率较低且成本较高。如果采用智能机器人、无人机进行配送，就会大幅度提高效率，降低成本。在无人配送模式中，如使用视频识别技术、模式识别技术等，就能够实现对货物信息的实时扫描和读取，对提高物流配送效率能够发挥重要作用。

（2）人工智能技术在物流仓储中的应用

人工智能技术通过分析历史数据，获取库存货物存取规律，动态调整库存，不仅能够降低仓储成本，还能提高时效性及客户满意度。自动导向车（Automated Guided Vehicle，AGV），利用电磁或光学等自动导引装置，沿预先设置的导引路径行进，自动将货物运送至事先设置好的目的地。依靠人工智能算法，智能设备能够完成进货、扫码、传输、出库、补货等仓储作业。随着人工智能技术和自动控制技术的改进，如导航技术、规避障碍物算法及车载控制系统等，仓储机器人可以实现自动运行。特别是神经网络、深度学习等算法的广泛应用，仓储机器人能够自主判断环境情况，智能对路径进行规划，实现了真正的无人化。

（3）人工智能技术在物流分拣中的应用

电子商务行业的高速发展，催生了物流企业的海量订单，这给物流系统的配送工作带来了沉重的负荷。传统的人工分拣已经无法应付这样的配送负荷，使用人工智能技术，利用自动化、智能化的设备，建立起灵活、高效、柔性的分拣系统势在必行。自动化立体仓库、输送分拣系统等技术的广泛应用，很有可能成为高效的自动化分拣系统的技术。

5.5 电子商务物流系统设计

5.5.1 电子商务供应链

供应链是指为满足顾客需要，从原材料供应开始，经过生产加工，最终由销售网络将最终产品送到顾客手中的全过程，是由原材料供应商、生产商、分销商、零售商及运输商等一系列企业组成的价值增值链。供应链既包括实体物质流动的各个环节，同时还包含了与之对应的虚拟链条。原材料、零部件依次通过"链"中的每个企业，交到最终用户手中，这一系列的活动就构成了一个完整的供应链。

供应链管理（Supply Chain Management，SCM）运用集成的管理思想和方法对整个供应链中的各个企业或部门之间的物流、信息流和资金流进行统筹规划和控制。协调供应链上各成员企业如原材料供应商、生产商、零售商和物流配送商的关系，加强供应链成员之间的有效配合，将供应链上的各成员企业发展成为一个不可分割的有机体，实现"供需平衡"，提升供应链整体的绩效和服务水平，增强整个供应链的竞争力。完善的供应链管理系统能够辅助企业全面掌握各地分销点的销售情况，及时制订生产计划并下达生产订单，合理安排订货的批次和时间，合理规划库存和运输，并及时地调整营销策略，以快速地响应客户的需求，提升客户满意度。

随着电子商务技术的发展，市场竞争愈加激烈，企业与企业之间的竞争已经演变为供应链与供应链之间的竞争。供应链上的节点企业必须达到同步、协调运行，才能够提高整个链条的效率。面对不确定的外部市场环境，企业需要专注于自身的核心竞争力，通过与上、下游企业的战略联盟，形成一条网络化的供应链条，以有效地实现规模经济，快速获得互补性的资源和能力。

电子商务技术的发展为实现一体化的供应链管理提供了有力的技术支持和保障，进一步促进了供应链的发展。在电子商务的背景下，供应链管理呈现出了全球化和网络化的特点，中小型企业能够以较低的成本加入全球网络化的供应链中。有了先进的电子商务和网络平台，企业之间可以方便地建立多种连接并进行实时通信，供应链网络上的各个成员企业通过实时、准确的信息传递和共享，紧密地连接在一起。当市场需求发生变化时，供应链上的各节点企业能够及时地调整自己的业务方案，通过各企业之间的协同、一致来快速响应客户的需求，极大地提升了供应链整体的效率和效益。

总结来说，电子商务环境下的供应链管理具有以下几方面的特点。

（1）协同运作网络化：在电子商务模式下，企业突破了时空的界限，生产过程和消费过程达到了和谐的统一，使企业的供应链更加简洁、高效、开放和灵活，应用电子商务交换有关消费者的信息成为企业获得消费者和市场需求信息的有效途径。电子商务环境下的供应链成员（供应商、制造商和分销商等）之间形成了密切合作的业务伙伴同盟关系。供应链上下游企业紧密相连，信息得以及时、真实、准确地共享，减少了供应链成员之间的信息不对称情形，强化了企业之间的信任，形成了供应链企业间协同运作的网络效应。供应链中的企业可以充分利用外部资源，通过业务外包等形式，将企业资源更集中于自身核心竞争力。充分利用网络化供应链的协同优势，有利于避免传统供应链中单个企业业务领域过于庞杂所带来的高经营风险与高管理成本。

（2）物流系统专业化、智能化：在传统供应链时代，物流作为商务活动的辅助职能存在。但在电子商务时代，物流成为制约电子商务发展的重要环节，直接影响着交易完成和顾客对电子商务服务质量的感知。因此，物流与信息流高度集成是电子商务供应链管理的首要目标。物流系统的建设应科学、专业、智能，能够全方位、全过程地系统管理、协调物流活动。在电子商务时代，为满足消费者追踪供应链中货物实时状态的需求，适应消费者个性化需求组织商品流动，提供差异化配送服务，供应链的物流系统变得更为智能化。电子商务供应链中的物流企业纷纷引入先进信息技术（如云计算、人工智能算法）、智能设备（如机械手、立体货架和仓储无人机）等，促进供应链各主体间信息共享，各环节间协同运作，改进服务流程，实现物流系统与供应链智能化。

（3）资金流通安全化：传统的交易活动主要是通过供需双方纸张签约、人工转账等方式实现的，而电子商务活动中的订单实现和货币支付等活动基本上都是通过网络平台实现的，且一切信息都可可追溯性，整个交易活动能够有效地避免暗箱操作带来的不必要的损失，也保证了资金流通的安全性。与此同时，电子商务也使物流的管理变得透明化，传统一体化供应链物流需要众多部门共同到厂家验货，牵涉部门与人员多，过程复杂且流程不公开不透明。电子商务则使整个物流流程通过网上交易平台公开透明地完成，这就节省了大量人员开支，并且多家供货商互不知道竞争对手的出价，这就迫使供货商在有效报价过程中必须降低自己的获利空间来提高自己的产品质量，以获得更好的商业机会。

5.5.2 物流中心的设计

1. 物流中心的概念

物流中心（Logistics Center）是物流的基础设施和组成部分，是为了实现物流系统化、效率化，在社会物流中心下设置的货物配送中心。根据中国国家标准《物流术语》，物流中心被定义为："从事物流活动的场所或组织。"一个物流中心应该基本符合的要求：面向社会服务且物流功能健全；具备完善的信息网络；具备较大的辐射范围；具备较强的存储吞吐能力。在更一般的意义上，可以将物流中心理解为：处于枢纽或重要地位的、具有较完整物流环节，并能将物流集散、信息和控制等功能实现一体化运作的物流据点。

物流中心需要将来自供应商的货物进行分类、包装、保管、流通加工、信息处理，并按众多用户要求完成配货、送货要求。物流中心作为物流中枢或物流枢纽，不但执行一般的物流职能，而且越来越多地执行指挥调度、信息处理、作业优化等神经中枢的职能，在区域经济发展中具有重要作用。总的来说，物流中心具有以下一些优点。

（1）实现物流资源的优化配置：我国传统的物流基础落后，物流资源比较分散，物流设施和设备多分布在交通、商业等各个部门，具有分散化和无序化的特点，许多物流资源被闲置和浪费。而物流中心以市场为调节机制、以经济效益为目标，让企业自主地组织管理物流活动，可以突破部门和行业界限的束缚，实现物流资源的合理配置。

（2）提高物流集约化程度、创造规模效益：物流中心以物流活动为主来组织商品流通活动，统筹物流活动的各个环节，借助于现代化的物流技术和手段，进行有序和系统化的组织管理，是实现物流业和整个流通领域由粗放型经营向集约化经营转变的重要工具。通过使用专业化的设备、专业的物流工作和专业的核算体系，物流中心能够提高物流组织活动的专业化水平，适应社会大流通的需要，可以将社会物流资源集中起来并形成较大的规模，创造规模效益。

（3）完善区域的功能布局：随着社会经济的不断发展，商品供应和消费需求不断扩大。物流需求量的增加一方面要求物流渠道的通畅化，以提高物流设施的容量和效率；另一方面也要求调整物流空间分布，有效控制交通需求。通过合理地规划区域物流中心，可以有效地布置物流企业的空间分布，从而缓解区域交通压力，完善区域的功能布局。

（4）有利于发展多式联运：物流中心一般都布置在公路、铁路、港口、空港等不同运输方式的衔接处，因此有利于发展公铁、海陆、陆空等多式联运，减少了多次搬运、装卸和储存环节，缩短了物流时间，提高了物流速度和准时化的服务水平。例如，德国政府为减轻大型货车长途运输所造成的环境和生态负面影响，推行综合运输政策，鼓励发展多式联运，对于长距离运输尽可能使用铁路、水路等运输方式，两头的衔接和集疏则以公路运输为主，并为此专门规划建设物流中心。

2. 物流中心的规模和选址

（1）物流中心的规模

准确地确定物流中心的规模是物流中心规划中一项十分重要的内容。缺乏对物流中心规模的合理规划和计算，错误地估计客观实际需要，就会严重影响配送的经济效益。如果配送中心的规模过大，超过实际需要，就会造成物流中心闲置，利用率不高。反之，如果物流中心的规模小于配送的实际需要，不仅无法满足配送的需要，还会影响配送各项作业活动的顺利进行。在进行物流中心设计时，应根据业务量、占地面积、单位面积作业量等要求确定总体规模。在对物流中心各项功能进行逐个分析的基础上，对物流中心的总体规模进行设计和决策。

① 物流业务量的预测：物流业务量的预测包括对历年业务经营的原始数据进行分析，以及根据企业发展规划和目标进行预测。在确定配送中心的作业能力时，要考虑商品的库存周转率、最大库存水平。通常以备齐商品的品种作为前提，根据商品数量的 ABC 分析，做到 A 类商品备齐率为 100%，B 类商品为 95%，C 类商品为 90%，以此来研究、确定配送中心的平均储存量和最大储存量。

② 物流中心的占地面积：一般来说，辅助生产建筑的面积占物流中心建筑面积的 5%～8%；办公、生活建筑占地面积占物流中心建筑面积的 5%左右。如果再考虑作业区的占地面积，物流中心总的建筑面积便可大体确定，然后根据城市规划部门对建筑覆盖率和建筑容积率的规定，可基本上估算出物流中心的占地面积。

③ 单位面积作业量定额：根据作业规范和实际经验来确定单位面积作业量定额，从而确定各项物流活动所需的作业场面积。避免为了追求高储存率而造成的理货场堵塞、作业混杂等现象，应该按照物流中心要求的周转速度、出货速度的目标来设计。

（2）物流中心选址

物流中心选址是指在一个具有若干供应网点及若干需求网点的经济区域内，选一个地址设置物流中心的规划过程。较佳的物流中心选址方案可以使货物通过物流中心的汇集、中转、分发,直至输送到需求网点的全过程的效益最好。

物流中心选址是物流中心规划中另一个重要的决策问题,物流中心的位置对物流速度和流通费用都会产生直接影响,并且关系到物流中心的服务水平和服务质量。物流中心选址应符合城市规划和商品储存安全的要求,适应商品的合理流向,交通便利,且具有良好的运输条件。总结来说,在进行物流中心选址时,应满足协调性、经济性和战略性的原则。

① 协调性:物流中心选址应将区域的物流网络作为一个系统来考虑,使物流中心的基础设施设备在地域分布、物流作业生产力和技术水平等方面互相协调。

② 经济性:物流中心选址可以定在市区、近郊区或远郊区。在不同的区域,物流活动辅助设施的建设费用及运费等物流费用是不同的,因此在选址时应以总费用最低作为物流中心选址的经济性原则。

③ 战略性:物流中心选址应具有战略视角,不能仅仅考虑具体的短期利益,还要考虑全局的长远发展,使物流中心的建设既能够满足目前的实际需求,又要满足企业的战略发展需要。

在选择和确定物流中心的位置时,可以采取定性分析和定量分析两种方法。定性分析的方法是针对各种影响因素,提出选址应遵循的一些基本原则,如选择交通发达、交通条件便利的地点,接近消费区、靠近超市、选在城乡结合的地方等。从这些基本原则出发,对现有条件进行分析、评价和比较,从备选的地址中做出选择。

定量分析的方法是根据影响物流中心位置的各种因素,建立数学模型,通过反复迭代,从中选择、确定出最优方案。实际操作时往往先初定若干个候选地点,然后采用数值分析和运筹优化的方法计算并进行比较,最后选择配送成本最低的地点。

3. 物流中心的规划和设计

物流中心的规划和设计是一项复杂的系统工程。配送中心的作业多而且复杂,包括收货、验货、搬运、储存、装卸、分拣、配货、送货、信息处理及与供应商、连锁商场等店铺连接等工作,因此在设计配送中心时应该充分考虑各项作业间的协调均衡,追求整体优化。在追求较高的服务质量的同时还要考虑到物流总成本的最小化,尤其是建造配送中心耗资巨大,必须对建设项目进行可行性研究,从技术和经济角度做出多个方案,比较优劣后进行正确的选择,以求得最大化的经济效益和社会效益。在规划物流中心时,还要具备战略发展的眼光,充分考虑到物流量扩大、经营范围拓展等变化,例如,在设计第一期工程时应该将第二期工程纳入总体规划,并充分考虑扩建时各项工作的衔接。电子商务和信息技术的发展加速了商品的流转速度,提高了经济效益和现代化管理水平。因此在进行物流中心规划时,应合理选择和使用智能化与自动化的设备,以充分发挥配送中心多功能、高效率的优势。

物流中心规划和布局主要包括方案设计规划和运营系统规划两方面的内容。方案设计规划包括物流中心的功能设计、作业流程规划、作业区域设计、设施布置设计和物流设备规划设计;运营系统规划包括组织机构、人员配备、作业标准和规范等的设计。在进行物流中心规划和设计时应充分考虑以下几个关键的基础要素。

(1)配送对象:不同的配送对象对应不同的订单形态和出货形态。例如,为生产线提供配送服务的配送中心和为分销商提供服务的配送中心,其分拣作业的计划、订单传输方式、配送过程的组织将会有很大的区别;而同是销售领域的配送中心,面向批发商的配送和面向零售商的配送,其出货量的多少和出货的形态也有很大不同。

（2）配送的货品种类：配送中心所处理的货品品类、项目数差异性非常大，多则上万种，如书籍、医药及汽车零件等配送中心；少则数百种甚至数十种，如制造商型的配送中心。不同的品类项目数、不同的货品种类，都导致了配送运作的复杂性与困难性有所不同，因此在厂房及物流设备的选择上也应有所不同。

（3）配送的货品数量：货品的出货数量的多少和随时间的变化趋势会直接影响到配送中心的作业能力和设备的配置。例如，一些季节性波动、年节的高峰等问题，都会引起出货量的变动；配送中心的库存量和库存周期将影响配送中心的面积和空间的需求。因此应对库存量和库存周期进行详细的分析。

（4）物流的服务水平：物流服务水平的主要指标包括订货交货时间、货品缺货率和增值服务能力等。一般来说，物流企业的服务水平与其物流成本成正比。但是就客户的立场而言，希望以最经济的成本得到最佳的服务，所以原则上物流的服务水准应该是合理的物流成本之上的服务品质，也就是物流成本不会比竞争对手高，但物流的服务水准比竞争对手高一点即可。物流企业应该针对客户的需求，制定一个合理的服务水准。

（5）物流的交货时间：物流交货周期是十分重要的服务评价指标，交货时间太长或不准时都会严重影响零售商的业务。物流的交货时间依厂商的服务水准的不同，可分为 2 小时、12 小时、24 小时、2 天、3 天和 1 星期送达等几种。同样的物流，其交货时间愈短则其成本也会愈高，因此最好的水准约为 12~24 小时左右，稍微比竞争对手好一点，但成本又不会增加。

（6）配送货品的价值或建造的预算：在物流中心规划时除考虑以上的基本要素外，还应该注意配送货品的价值和建造预算。在物流的成本计算方法中，往往会计算它所占货品的比例，因此如果货品的单价高则其百分比相对会比较低，则客户比较能够负担得起；如果货品的单价低则其百分比相对会比较高，则客户负担感觉会比较高。另外，物流中心的建造费用预算也会直接影响配送中心的规模和自动化水准，没有足够的建设投资，所有理想的规划都是无法实现的。

5.5.3 物流管理信息系统

物流管理信息系统（Logistics Management Information System，LMIS）是指在物流领域内建立的信息收集、整理、加工、存储和服务系统。物流管理信息系统是现代物流正常运作的基础和保障，任何一个物流环节，尤其是不同物流环节的连接处，其正常运作必须以物流信息为支撑。物流信息系统在企业物流运作过程中扮演了关键的角色，是电子商务物流企业的灵魂，并且自始至终发挥着不可替代的枢纽作用。物流管理信息系统可以看做管理信息系统的一个分支，其将物流活动和物流信息有机地结合起来，通过信息的收集、传递、存储和分析，为物流管理提供决策支持。

2004 年，国家发改委、商务部、公安部、铁道部、交通部等九部委联合发布了《关于促进我国现代物流业发展的意见》，将发展物流信息化提到了一个新的高度。目前，我国各级政府也已经把物流信息化作为一项基础建设纳入发展规划中，并进一步加大了对物流信息化的投资力度。我国的许多企业已经开始实施并使用物流管理信息系统，协调和控制物流作业流程，以实现对物流的有效管理和控制，为物流管理人员和企业管理人员提供运营及战略决策支持。

按照企业内部的管理活动，可以进一步将物流管理信息系统分为业务操作层、管理控制层和战略决策层。一般来说，下层系统的处理量比较大，上层系统的处理量相对较小，所以就形成了一个金字塔式的结构,系统的层次结构如图 5-8 所示。

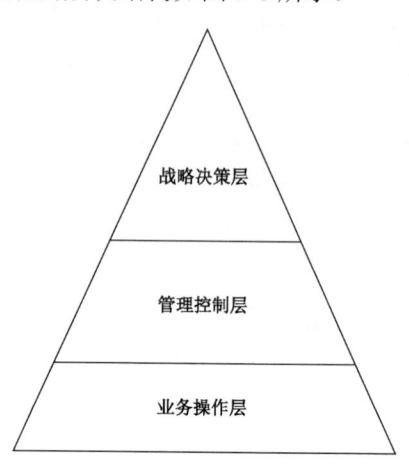

图 5-8 物流管理信息系统的层次结构

(1) 业务操作层:业务操作层是为有效利用现有资源和设备所展开的各项活动,属于企业的基层管理。其主要作用是处理货物的采购、仓储、包装和流通加工、装卸与运输管理等物流活动,记录、收集、存储和加工处理物流活动过程中所产生的各种物流票据和报表等基础信息,为物流的管理控制提供基础数据的支持。在这一层上的管理信息系统职能一般由三种处理方式组成,即事务处理、报告处理和查询处理。

(2) 管理控制层:管理控制层的管理活动属于企业的中层管理,其主要工作是根据高层管理所确定的总目标,对组织内所拥有的各种资源,制定出资源分配计划及实施进度表,并组织基层单位来实现总目标。管理控制层的管理活动包括物流部门工作计划的制订、监控和各项计划完成情况的评价等,其职能主要是为物流管理部门的负责人提供所需要的信息,以支持他们在物流管理控制活动中正确地制订各项计划和了解计划的完成情况。管理控制层管理信息系统所提供的职能主要包括对物流部门的工作计划和预测、对计划执行情况的定期和不定期的偏差报告、对问题的分析评价,以及对各项查询的响应等。

(3) 战略决策层:战略决策层是物流管理信息系统最高的层次,其物流管理活动涉及企业的总体目标和长远发展规划。通过对有价值的物流信息进行有效的处理,为物流管理人员制订和实施物流战略计划提供决策支持。战略决策层管理活动服务的信息系统需要广泛的内、外部数据来源,并且需要具有高度的概括性和综合性,从而为企业制定长远的战略目标提供决策支持。

物流企业的信息化建设是一个系统工程,需要分阶段、分步骤地实施。一般来说,一个完整的物流管理信息系统设计与开发包括以下步骤。

(1) 系统的可行性分析:系统的可行性分析阶段是企业战略规划的主要组成部分,其主要任务是根据用户的系统开发请求,初步调查,明确问题,然后进行可行性研究,如果不可行,则取消项目;如果可行并满意,则进入下一阶段工作。系统的可行性分析阶段的工作一般包括以下几个方面。

① 明确物流管理信息系统的目标及总体功能结构。其中,物流管理信息系统的目标决定了物流管理信息系统的关键功能及关键信息要求。物流管理信息系统的总体功能结构给出了系统的总体功能划分,即系统的子系统组成。

② 分析物流管理信息系统技术上的可行性，包括人员和技术力量的可行性、计算机硬件与软件的可行性等，明确计算机等设备及人员的情况。

③ 分析物流管理信息系统经济上的可行性，主要从组织的人力、财力和物力三个方面来考察系统开发的可行性，如有多少资源可以被利用，有多少资金可以被使用，从而建立怎样规模的系统，资金分几批投入时投资效果较好，并研究系统开发后的经济效益，进而更好规划物流管理信息系统开发的费用及进度。

④ 从整体上研究企业管理（或业务）流程的现状及存在的问题，以便在物流管理信息系统的整个开发过程中解决这些问题。

（2）系统分析与设计：系统分析的任务是在对现有信息系统进行详细调研的基础上，通过各种可能的方式充分描述现有系统的业务流程及所需处理的数据，并分析这些处理过程及数据结构的逻辑合理性，最后给出新系统的逻辑方案。系统分析的本质是通过分析现有系统业务和数据处理要求而达到确定新系统的逻辑功能及信息需求的目的。新系统逻辑方案主要描述目标系统的功能结构，如新系统的子系统及进一步功能分解，这其中也包括新系统中的管理模型，即具体管理业务中采用的管理模型和处理方法。

系统设计的任务是依据系统分析工作得到的系统功能和信息需求设计新系统的处理流程及数据结构，依据新系统的功能需求及信息需求设计系统的硬件结构及系统软件结构。对构成新系统应用软件结构的每一功能模块给出其实现的输入、输出及处理过程的设计。

（3）系统实施和试运行：系统实施的主要任务是通过程序员对新系统进行编程，并由系统分析设计人员培训业务人员和操作人员，同时，由业务人员进行数据准备工作，然后投入试运行。系统试运行的主要工作包括新系统运行后的系统运行维护、运行管理和对新系统从目标、功能、性能及经济效益方面的评价。如果转换运行结果较好，系统的评价和监理审计合格，则送管理部门管理；如果存在问题，则要对系统进行修改、维护或局部调整；如果出现较为严重的问题，以致不可调和，用户将会进一步提出开发新系统的要求，结束旧系统而产生新系统。

5.6 电子商务物流的发展趋势

随着互联网的普及，电子商务的应用和发展给传统的产业结构带来了巨大的影响，同时也推动了物流产业的不断发展、创新，使物流产业呈现出了信息化、网络化、自动化、智能化和全球化等新的发展趋势。

（1）信息化

在电子商务的影响下，信息化成为现代物流的必然要求。物流的信息化体现在物流信息的商品化、物流信息收集的数据库化和代码化、物流信息处理的电子化和计算机化、物流信息传递的标准化和实时化以及物流信息存储的数字化等。因此，新一代的物流信息技术，如条形码技术、射频识别技术、全球卫星定位系统、无线传感器网络、机器对机器通信技术（M2M）、电子订货系统（Electronic Ordering System，EOS）、电子数据交换系统（Electronic Data Interchange，EDI）、企业资源计划系统（Enterprise Resource Planning，ERP）、协同规划预测补货系统（Collaborative Planning, Forecasting and Replenishment，CPFR）、大数据及云计算等，在我国的物流业中得到了普遍的应用。信息化是一切的基础，物流信息化使先进的技术设备应用于物流领域成为可能，而信息技术及计算机技术在物流中的应用将会彻底改变世界物流的面貌。

（2）网络化

物流网络化同样以信息化为基础，对其的理解可以分为两个层面：一是物流信息网络化。借助电子商务技术，物流信息网络有了更高效、开放的平台。物流中心可以实时地向上游供应商传送发货信息，向下游客户收集订货信息。例如，物流配送中心向供应商提出订单这个过程，就可以使用计算机通信方式，借助于电子订货系统和电子数据交换系统来自动实现，物流配送中心通过计算机网络收集下游客户的订货过程也可以自动完成；二是物流组织的网络化，即所谓的企业内部网（Intranet）。物流系统是一个大跨度的系统，理想的物流组织是由在地域上分布极广的相互联系的节点组成的网络。例如，台湾地区的电脑业在20世纪90年代创造出了"全球运筹式产销模式"，即按照客户订单组织生产，生产采取分散形式，即将全世界的电脑资源都利用起来，采取外包的形式将一台电脑的所有零部件、元器件和芯片外包给世界各地的制造商去生产，然后通过全球的物流网络将这些零部件、元器件和芯片发往同一个物流配送中心进行组装，由该物流配送中心将组装的电脑迅速发给客户。这一过程就需要有高效的物流网络进行支持。

物流的网络化是物流信息化的必然，同时两者也互为因果关系，组织网络化必须以信息网络化为基础和物质条件，而正是组织网络化才促使了信息网络化的产生和发展。全球网络资源的可用性及网络技术的普及为物流的网络化提供了良好的外部环境，物流网络化的趋势不可阻挡[11-12]。

（3）自动化和智能化

物流的自动化以信息化为基础，它的核心是机电一体化，效果体现为省力化，外在表现为无人化，另外还可以扩大物流作业能力、提高劳动生产率、减少物流作业的差错等。物流自动化的设施非常多，如条形码/语音/射频自动识别系统、自动分拣系统、自动存取系统、自动导向车和货物自动跟踪系统等。这些设施在早些年已经普遍应用于发达国家的物流业中，随着近几年我国物流技术设备的迅猛发展，这些设施在我国一些大规模现代化工业企业中也已经得到普及，而一些中小型企业也有选择性地购进一些先进的物流自动化设备。但是由于我国物流业起步晚，受规模、资金等条件限制，自动化技术的普及还需要相当长的时间，但是应用前景广阔。

物流自动化的高层次应用表现为智能化。物流作业过程涉及了大量的运筹和决策，如最优路径的选择、最佳车辆的调度、库存最优水平的确定、自动导向车的运行轨迹和作业控制、自动分拣机的运行及物流配送中心经营管理的决策支持等问题都需要借助大量的知识才能解决。物流信息化和自动化的发展决定了物流智能化的应用。国际上专家系统、机器人等相关技术已经有比较成熟的研究成果，在发达国家这些技术也已经开始应用于物流的作业和管理，我国的少数企业也已经开始将机器人等技术应用于物流过程中。目前，智能机器人主要运用在装卸、搬运、包装、码垛及分拣环节，在物流配送环节仍处于探索阶段。近年来，亚马逊、顺丰、京东等都在无人机配送领域做了一些尝试，鉴于在实施过程中存在一些不可控的人为因素，目前的无人机物流只用于各网点之间的配送，尚未直接面向客户。随着物流现代化水平的进一步发展，物流的智能化已成为电子商务下物流发展的一个新趋势，无人机物流将成为智慧物流的一大亮点。

（4）全球化

电子商务的出现加速了全球经济的一体化，致使物流企业的发展跨越了国家的边界。它从许多不同的国家收集所需要资源,再加工后向各国出口。随着我国加入 WTO 融入世界经济的大潮,越来越多的外国企业进驻我国市场,同时,越来越多的国内知名企业走向世界的舞台,这都必将涉及物流配送的问题。全球化战略的趋势,使物流企业和生产企业更紧密地联系在一起,形成了社会大分工。生产企业集中精力制造产品、降低成本、创造价值;物流企业则花费大量时间和精力从事物流服务。

在全球化的背景下,跨境电子商务正蓬勃发展。随着人们生活水平的不断提高,购买进口商品成为越来越多消费者的选择。除了产品的价格和质量,消费者越来越重视收货效率带来的购物体验,这对跨境电商的物流管理提出了更高的要求。作为我国国际贸易的新增长点,跨境电子商务的发展具有重大意义。一方面,政府应当增强对跨境物流的扶持力度,完善人才培养和融资渠道,助力跨境电子商务的发展;另一方面,企业应重视提升跨境物流信息化水平,创新跨境物流服务模式,从而提高电子商务物流服务水平。

本章小结

在经济全球化和市场国际化的背景下,电子商务活动取得了蓬勃的发展,对传统的物流活动提出了新的挑战。本章在前面章节的基础上,对电子商务背景下的物流管理进行了详细的介绍。5.1 节介绍了物流及电子商务物流的概念;5.2 节介绍了企业自营、物流联盟、第三方物流和第四方物流等四种主要的物流模式;5.3 节详细地阐述了一个完整的物流管理过程;5.4 节介绍了支持电子商务物流发展的主要信息技术;5.5 节探讨了电子商务环境下供应链管理呈现的新特点、物流中心的概念,以及电子商务物流信息平台的构建及其层次结构;5.6 节对电子商务的未来发展趋势进行了归纳、总结。通过本章的学习,读者能够系统地掌握电子商务物流的概念、模式及其特点,为其今后从事电子商务物流的相关工作打下坚实的基础。

问题与讨论

1. 请分析相对于传统的物流,电子商务环境下的物流呈现出了哪几方面的特点。
2. 请解释"智慧物流"的含义,并给出具体的实例。
3. 请阐述大数据、云计算和人工智能技术在电子商务物流管理中扮演的重要作用。
4. 请阐述电子商务环境下常见的四种物流模式,并分析电子商务企业应该如何根据自身的特点选择合适的物流模式。
5. 请给出物流中心的定义,并分析企业在进行物流中心选址时应考虑哪几方面的因素。

案例分析　　　　　　　　京东网上平台自营物流管理

京东是目前中国最大的自营电商企业,2018 年京东集团市场交易额接近 1.7 万亿元。京东于 2004 年正式涉足电商领域,自 2007 年开始自建物流,2012 年注册物流公司,2017 年 4 月 25 日正式成立京东物流集团。

自建物流需要巨额的资金投入,且资金的回报周期长。我国当前的物流基础设施还不尽完善,电商企业对物流的投入需要花费大量的资金,物流所具有的投入高、回报周期长的特点使资金不充裕的企业难以独立支撑,不能完全满足大区域投资建设仓储、配送的需求。首先,物流建设如果以高投入应对,企业在电商环节的资金投入就会不足,物流与电商体系构建形成两难选择。其次,自营物流企业需要自建配送团队和商品储存中心,而大量的资金投入物流建设中会使企业面临资金短缺、突发事件缺少应急资金的状况。尽管自建物流面临着诸多挑战，京东仍然将70%的资金投资于物流体系建设。2009年，京东在上海投资2000万元成立了快递公司，用来缓解重要地区的第三方物流速度慢、服务差等问题，扭转线上顾客购物体验低的现状。随后，京东陆续在北京、上海、广州等城市建立了7个大型物流中心，也在部分地区建设了二级仓库。2010年4月，京东自营配送模式在全国首推"211限时达"服务，每天上午11点前下单，23点前客户收到购买的商品，这一服务大大缩短了商品的送达时间，提高了消费者在京东商城上购物的信任感，使京东的客户大量增加。

京东商城采取的自营物流模式极大地提高了配送质量和效率，更好地满足了顾客的需求。特别是在春节之类的重大节日，一般快递企业放假，但此时也是网购高峰时期，京东的自营快递服务保证节假日照常配送，在消费者获得好的消费体验的同时京东也不会丢失传统节假日的订单。京东物流结合京东营销措施进行特色化的物流服务，物流与电商的融合程度高，物流体验好、效率高。此外，京东快递在全国都有自己的交通工具，使用统一的卡车在城市间穿行，有利于推广企业形象，具有广告效应。

目前，京东物流是全球唯一拥有中小件、大件、冷链、B2B、跨境和众包（达达）六大物流网络的企业，凭借这六张大网在全球范围内的覆盖及大数据、云计算、智能设备的应用，京东物流打造了一个从产品销量分析预测，到入库/出库，再到运输配送各个环节无所不包，综合效率最优、算法最科学的智能供应链服务系统。京东物流在全国运营超过650个仓库、25座大型智能化物流中心"亚洲一号"，投资建设了全国首个5G智能物流园区。包含云仓在内，京东物流运营管理的仓储总面积达到1600万平方米。京东物流大件和中小件网络已实现大陆行政区县几乎100%覆盖，自营配送服务覆盖了全国99%的人口，90%以上的自营订单可以在24小时内送达，90%区县可以实现24小时内送达。

京东集团以数据技术、人工智能、物联网、区块链等时代前沿技术为基础，建立并发展起核心的数字化风险管理能力、用户运营能力、产业理解能力和B2B2C模式的企业服务能力。京东数字科技集团经营的宗旨是从数据中来，到实体中去，通过数字科技来服务金融与实体产业，助力相关产业实现互联网化、数字化和智能化，通过实现成本降低、效率提高、用户体验提升和模式升级，最终实现新的增长，并在这个过程中创造公平与普惠的社会价值。

案例来源：根据以下资料进行整理。

徐婷婷. 我国b2c电子商务的物流配送模式研究——以京东商城为例[J]. 商场现代化，2018，38（14）：46-48.

卢红霞，吴雨晨. 京东自营物流模式分析[J]. 物流工程与管理，2015，37（1），154-160.

京东官网.

思考题

1. 企业建立自营物流需要考虑哪些因素？
2. 京东自营物流给企业带来了哪些优势？
3. 大数据、云计算等信息技术如何助力京东物流的进一步发展？

索引

物流
第三方物流
第四方物流
供应链管理
物流中心
条形码
射频识别技术
全球定位系统
物流管理信息系统

本章参考文献

[1] GUNASEKARAN A, NGAI E.W.T. Information systems in supply chain integration and management. European Journal of Operational Research [J], 2004, 159(2): 269-295.

[2] GOLICIC S L, DAVIS D F, MCCARTHY T M. The impact of e-commerce on supply chain relationships [J]. International Journal of Physical Distribution & Logistics Management, 2002, 32(10): 851-871.

[3] BOWERSOX D J. Supply chain logistics management [M]. 3th ed. New York: McGraw-Hill, 2011.

[4] YU Y, WANG X, ZHONG R Y, et al. E-commerce logistics in supply chain management: Practice perspective [J]. Procedia Cirp, 2016, 52: 179-185.

[5] 王先庆，李征坤. 互联网+物流："互联网+"时代，下一个千亿级"风口"[M]. 北京：人民邮电出版社，2019.

[6] 何流. 基于电子商务的供应链管理[J]. 湖北工业大学学报，2010, 25（4）：133-136.

[7] 施先亮，李伊松. 供应链管理原理及应用[M]. 原书1版. 北京：清华大学出版社，2006.

[8] 曹俊琴，李纪滨，龚雯. 企业采购管理系统[J]. 中国制造业信息化，2010, 39（1）：11-18.

[9] 黄梯云，李一军. 管理信息系统[M]. 修订7版. 北京：高等教育出版社，2009.

[10] 薛华成. 管理信息系统[M]. 修订6版. 北京：清华大学出版社，2007.

[11] 马宁. 电子商务物流管理[M]. 修订3版. 北京：人民邮电出版社，2017.

[12] 胡荣. 智慧物流与电子商务[M]. 原书1版. 北京：电子工业出版社，2016.

[13] 王先庆. 智慧物流：打造智能高效的物流生态[M]. 原书1版. 北京：电子工业出版社，2019.

[14] 王洪艳. 基于物联网的物流智能化路径[J]. 重庆理工大学学报（社会科学），2013, 27（11）：33-37.

[15] 梁红波. 云物流和大数据对物流模式的变革[J]. 中国流通经济，2014, 28（5）：41-45.

[16] 申作兰. 电子商务物流大数据处理探析[J]. 电子商务，2015, 6：39-40.

[17] 任芳. 物流系统柔性化建设[J]. 物流技术与应用，2014, 10：128-132.

[18] 马姗姗. 电商物流全球化加速资源整合和创新成关键——访亚马逊全球副总裁、亚马逊全球物流中国总裁薛小林[J]. 中国物流与采购, 2017, 23: 38-39.
[19] 陈嘉伟, 夏扬. 电子商务供应链管理分析[J]. 商业经济研究, 2015, 10: 58-59.
[20] 张建华. 电子商务供应链管理与传统供应链管理的比较[J]. 商场现代化, 2006, 4: 155-156.
[21] 王剑. 零售企业的全渠道演变及供应链优化研究[J]. 商业经济研究, 2018, 4: 93-95.
[22] 许美贤, 郑琰. 大数据技术在物流企业中的应用——以京东企业为例[J]. 电子商务, 2019, 5: 55-56.
[23] 边峰. 人工智能在物流领域里的应用研究[J]. 科技经济导刊, 2019, 27 (22): 12-38.
[24] 中国北斗卫星导航系统白皮书[R]. 卫星应用, 2016, 7: 72-77.
[25] 宁津生, 姚宜斌, 张小红. 全球导航卫星系统发展综述[J]. 导航定位学报, 2013, 1 (1): 3-8.
[26] 李佳. 基于大数据云计算的智慧物流模式重构[J]. 中国流通经济, 2019, 33 (2): 20-29.
[27] 王智泓. 大数据时代下云物流模式探究及转型路径研究[J]. 技术经济与管理研究, 2019, 3: 15-19.

第 6 章　电子商务的安全

引言

2000 年 1 月，在美国发生了一起大规模的信用卡失窃事件：一位网名"Maxim"的计算机黑客窃取了 CD Universe（美国一家互联网音乐商店）客户的信用卡号码。Maxim 在 CD Universe 金融信息防火墙软件中找到一个漏洞，并在窃取信用卡号码后，勒索 CD Universe 支付其 10 万美元。在要求遭到拒绝后，Maxim 在一个叫做"Maxus Credit Card Pipeline"的网站上公布了大约 30 万个他窃取来的信用卡号码。美国联邦调查局试图找出这名黑客的踪迹，发誓要绳之以法，但最终也只查到 Maxim 来自东欧，线索从此中断。CD Universe 的 30 万个用户却经历了失去隐私数据的痛苦，而商店 CD Universe 也因此遭受了失去客户的巨大损失。

本章重点

- 电子商务中存在的安全威胁
- 数据加密中的几种常用算法
- 数字签名的原理及其在电子商务中的应用
- CA 认证的过程及数字证书的使用
- 客户机、通信信道和服务器的安全
- 电子商务安全的政策、过程和法律

6.1　电子商务的安全环境

对于大多数互联网用户来说，一方面，Internet 提供了与世界各地人们和企业接触的机会，也提供了更多的便利。但另一方面，Internet 同时也存在很多安全隐患，为一些心术不正者提供了新的犯罪途径。无论产品、服务、现金还是信息，都可以通过 Internet 来获得。由于网络的虚拟性，不法分子更容易隐藏其身份，通过多种途径获取非法利益，并对消费者和商家造成巨大伤害。

根据国家互联网应急中心发布的《2020 年中国互联网网络安全报告》，2020 年，CNCERT/CC 协调处置各类网络安全事件约 10.3 万起，同比减少 4.2%。接受的网络安全事件中，排名前三位的分别是安全漏洞、恶意程序和网页仿冒。其中，安全漏洞数量为 36 122 起，较 2019 年的 33 763 起增加 7.0%，占所有接受事件的 35.0%；恶意程序数量为 33 819 起，较 2019 年的 27 797 起增加 21.7%，占所有接受事件的 32.8%；网页仿冒为 18 728 起，较 2019 年的 23 227 起下降 19.4%，占所有接受事件的 18.2%。根据由中国互联网络信息中心（CNNIC）牵头组织开展的《2021 年第 48 次中国互联网络发展状况统计报告》，2021 年，通过对遭遇网络诈骗网民的进一步调查发现，遭遇虚拟中奖信息诈骗（40.8%）和网络购物诈骗（31.7%）排名最高，共占总量的 72.5%，是网民最常遭遇的网络诈骗类型。由此可见网络安全问题不容忽视，电子商务安全问题更是不容乐观。

电子商务安全是全局性的概念,它不仅涉及计算机安全、网络安全,还涉及电子商务的应用环境,与参与的人员和社会环境都有密不可分的关系。电子商务安全既涉及计算机的物理安全,又涉及用户信息安全、网络通道安全等多种安全因素。

6.1.1 电子商务的安全威胁

对电子商务中的个人和企业带来危险的任何行动或对象都可以称为安全威胁。这些安全威胁可以从不同角度进行不同的分类。

1. 从用户的角度进行分类

电子商务交易过程是电子商务中的核心内容。在传统的交易过程中,买卖双方是面对面进行交易,因此交易过程的安全性较高,且容易在买方和卖方之间建立起一种信任关系。相反,在电子商务环境中,交易的双方是通过网络进行交流和操作的,在空间上可能存在很大距离,加上支付和获得商品的时间不同步,交易双方的安全就面临很多问题,因而存在很多安全威胁。

(1) 买方面临的安全威胁

① 私密信息泄露。买方的私密信息(如住址、账号、口令及信用卡信息等)在网络传递中被拦截,或由于网站数据库被攻击而导致这些信息外流,甚至被不法分子窃取和使用,给买方造成经济上的损失。如引言中的 CD Universe 案例。

② 交易不能顺利完成。买方在付款后,没有得到正确的处理(如卖方没有按时发货),导致买方没有收到购买的商品。

③ 网络诈骗。买方在网上交易过程中可能遇到"退款诈骗""钓鱼网站"等多种网络诈骗方式。以钓鱼网站为例,2015 年"双十一"当天,360 互联网安全中心用户共截获新增虚假购物类钓鱼网站 2045 个,假冒银行类钓鱼网站 1512 个。猎网平台共接到用户报案 98 起,涉案总金额约 118.3 万元。

(2) 卖方面临的安全威胁

① 中央系统的安全性。入侵者进入中央系统,对数据进行窃取或恶意篡改。如改变商品送达地址、解除用户订单或生成虚假订单等。

② 竞争者对商业信息的探听和窃取。恶意竞争者以他人名义订购商品,从而了解有关商品的递送状况或货物的库存情况。

③ 消费者抵赖。货物发出后买方否认收到货物而给卖方造成经济损失。

2. 从电子商务链的角度进行分类

由于电子商务是在网络中进行的,因此电子商务的安全同时受到计算机网络安全的威胁。要全面了解电子商务中存在的安全威胁,需要对电子商务的整个过程链进行考察,包括客户机、通信信道和服务器等。

(1) 对客户机的安全威胁

由于动态网页技术的广泛应用,加上其他的一些相关技术(如 cookie 等),增加了客户机与服务器之间的交互能力,同时,客户机也分担了服务器端的负载,因此,客户机的安全状态也发生了相应的改变。对客户机的安全威胁主要有以下三个方面。

① 动态内容。动态内容是在页面上嵌入一段对用户透明的程序,它能产生一些动态的效果,如显示动态图像等。动态内容在增加页面生动性的同时,也将原来要在服务器上完成的辅

助处理任务转移到了在多数情况下处于闲置状态的客户机上来完成,从而均衡了服务器的负载。

动态内容有多种形式,如 JavaScript、VBScript 和 ActiveX 控件等。这些程序经常被那些企图破坏客户机的人伪装成无害的内容,对客户机造成安全威胁。例如,隐藏在程序或页面里,并掩盖其真实目的恶意代码被统称为特洛伊木马。它可窃听计算机上的私密信息,并传给它的远程 Web 服务器,或通过电子邮件发送给其他人。而且,特洛伊木马还可以改变或删除客户机上的信息,构成完整性侵害。

② Cookie/Cookies。Cookie 是某些网站为了辨别用户身份、进行 Session 跟踪而储存在用户本地终端,也就是客户机上的数据。Cookie 虽然在通常情况下都经过加密,但仍然给一些恶意的动态内容提供了可乘之机。

③ 邮件通讯簿。使用客户端邮件收发软件的用户通常在电子邮件通讯簿上存放联系人的各种信息,一些计算机病毒可以成功地检测到这些内容,并将病毒发给这些联系人。例如,在上面介绍的特洛伊木马中,就成功地运用了邮件通讯簿。

(2) 对通信信道的安全威胁

Internet 是将客户机和服务器连接起来的电子通信信道。Internet 的建造并不是为了安全传输,发展到今天,其安全状态与最初相比并没有多大改观。在 Internet 上传输的信息,从起始节点经由若干中间节点到达最终节点之间的路径是随机的,因此根本不能控制信息的传输路径,因而无法保证信息传输时所通过的每台计算机都是安全的和无恶意的。如果信息包在传输过程中被任意一个中间节点窃取、篡改或删除,那么用户很可能遭受巨大的损失。对通信信道的安全威胁主要有以下四种形式。

① 搭线窃听。搭线窃听是一种窃听程序,可以监视网络中传递的信息。当合法使用时,网络窃听可以帮助企业发现网络上可能存在问题的节点;但当非法使用时,则会对企业造成严重的危害。例如,黑客利用窃听器,盗取企业的电子邮件、机密报告等。由于它类似于在电话线上搭线并记录一段对话,因此被称为搭线窃听。

嗅探器(又称协议分析器),是一种监视网络数据运行的软件设备,既能用于合法网络管理,也能用于网络信息窃取。网络运作和维护都可以采用嗅探器,来监视网络流量、分析数据包、监视网络资源利用、执行网络安全操作规则、鉴定分析网络数据及诊断并修复网络问题等。非法嗅探器严重威胁网络安全性,这是因为它实质上并不进行探测行为且容易随处插入,所以网络黑客常将它作为攻击武器。它可以截获并阅读电子邮件信息,也可以记录敏感信息或个人隐私信息,或用来攻击相邻的网络。

② IP 欺骗。IP 欺骗是指将某个 IP 伪装成合法主机的 IP 地址,并与目标主机成功建立连接。IP 欺骗可以将某个服务器的访问者引到一个虚拟网站,或冒充合法主机用户进入目标服务器。

③ IP 源端路由选择。IP 数据包在 Internet 上的传输需要经过很多路由器才能到达最终目的主机,而路由器动态决定了 IP 数据包的传输路线。允许 IP 源端路由选择,即允许 IP 数据包选择经过的路由。入侵者通常利用 IP 源端路由选择来避开那些包含过滤路由器、防火墙及其他安全检查机制的路由,访问那些在正常情况下不能访问的主机。

④ 目标扫描。入侵者在确定扫描目标后,利用一些扫描程序和安全分析工具,如 SATAN、ISS 漏洞扫描器等,寻找系统的安全漏洞或弱点并进行攻击。若薄弱主机被攻破,会继而造成对与本机建立了访问链接和信任关系的其他网络计算机被攻破的连锁反应,最终威胁到整个系统。

SATAN（Security Administrator Tool for Analyzing Networks）中文名为安全管理员的网络分析工具。它可以搜集网络上主机的信息，并可以识别且自动报告与网络相关的安全问题。SATAN 对这些问题提供解释，并报告它们可能对系统和网络安全造成影响的程度，且在所附的资料中解释如何处理这些问题。

ISS 漏洞扫描器能够扫描系统漏洞和系统弱点，并具有很强的漏洞分析功能，且它不允许非法访问。很多程序员评价，ISS 漏洞扫描器是安全界最为出色的扫描器。特别是它的可移植性和灵活性，在众多的 UNIX 的平台上都可以运行。ISS 漏洞扫描器的扫描时间短，效率高，很适合于企业级的用户。

这些扫描器的设计初衷都是为了提高系统的安全性，但现在却经常成为黑客攻击系统时所用到的有力武器。

（3）对服务器的安全威胁

企业借助各种服务器软件来设置自己的 Web 服务器、FTP 服务器等。这些服务器软件和服务器，加上数据库和数据库服务，以及网关接口 CGI（Common Gateway Interface）程序等都可能成为攻击的入口。

① Web 服务器。Web 服务器软件是用来响应 HTTP 请求并传送 HTML 格式的页面的，主要目标是支持 Web 服务和方便使用的。由于这类软件通常都比较复杂，因此包含错误代码的概率也比较高，包含的安全漏洞也比较多。这些漏洞就成为攻击者攻击的对象。

② 数据库服务器。电子商务系统用数据库来存储用户数据、交易数据和产品数据等，这些数据库通常与 Web 服务器连接，用来检索产品信息等。因此数据库的安全非常重要，一旦隐私数据被泄露将会给公司带来巨大的损失。

③ 网关接口 CGI。通过 CGI 可实现 Web 服务器到另一个程序的数据传输。和 Web 服务器一样，CGI 脚本是能以高权限运行的程序，且运行时不受 Java 运行程序安全的限制。因此，恶意的 CGI 程序能自由访问系统资源，使系统失效，或调用系统程序删除文件，或查看隐私信息等。

6.1.2　电子商务的安全要求

由于电子商务所处的网络环境，电子商务的安全受到了多种威胁，因此，对电子商务的安全也提出了多种要求，主要有以下六个方面。

（1）真实性/认证性

真实性是指网络两端的使用者在通信前相互确认对方的身份，保证交易方确实存在，防止其他人假冒。通常由权威的第三方来进行身份认证，如颁发数字证书等。

（2）保密性

保密性是指防止未授权的数据被暴露。如防止非法的信息存取及信息在传输过程中被窃取。在商务活动中，交易信息代表着个人或企业的商业机密，如信用卡卡号、客户资料和内部报价单等。保密性通常使用数据加密技术来实现，使信息截获者无法解读加密信息的内容。

（3）完整性

完整性是指防止未授权的数据被篡改。例如，防止对信息的随意生成、修改和删除，并防止数据在传输过程中被丢失或重复，如在数据库中进行数据修改的授权、存取控制等。另外，加密后的信息在传输过程中虽然能保证其保密性，却不能保证其完整性，因此网络传输所使用的协议应具有纠错功能，如在报文验证中使用 Hash 函数等。

（4）不可抵赖性

建立有效的责任机制，防止交易的任何一方抵赖其行为。若交易达成后，任何一方抵赖其行为，必然会损害另一方的利益。因此不可抵赖性是对双方利益的保障，通常通过数字签名等技术来实现。

（5）系统可用性

能够防止延迟或拒绝服务，并为用户提供稳定可靠的服务。如保证合法用户的正当请求不会被不正当地拒绝。因此，需要对网络故障、操作错误、硬件故障和计算机病毒等所产生的潜在威胁进行预防和控制。

（6）抵御攻击性

能够有效地抵御恶意访问和攻击。例如，在网络上限制和控制通信信道对主机系统和应用的访问，保护计算机的资源不被未经授权的人或以未经授权的方式接入、使用、修改或删除。可用防火墙等技术来实现抵御攻击性。

6.1.3　电子商务的安全体系

为确保电子商务持续健康的发展，需要构建一套合理而有效的电子商务安全体系，合理地协调法律、技术和管理三种因素，集成防护、监控和恢复三种技术。

在设计安全体系时，可以参考 Gary P. Schneidert 提出的 IT 系统风险管理模型（见图 6-1），保护电子商务资产免受物理或逻辑的安全威胁。该模型是从影响大小和风险发生的概率来对风险进行划分的，例如，在第一象限，安全威胁的影响大，发生的概率高，就需要进行严格预防，如黑客、病毒和窃听等安全威胁就处在第一象限。相反，在第三象限，安全威胁的影响小，发生的概率又低，则无须对其进行控制，如沿海地区发生的台风不会对内陆地区的电子商务安全造成威胁。在具体的应用中，要根据具体的电子商务环境来确定面临的各种风险和安全威胁，并制定完备的安全策略和相应的措施，达到电子商务的安全要求。

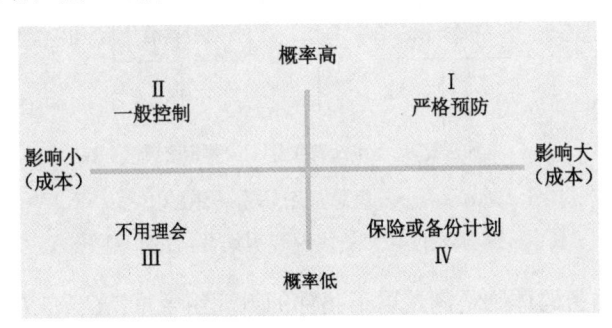

图 6-1　IT 系统风险管理模型

6.2　电子商务的数据传输安全

6.2.1　数据加密技术

数据加密技术是将数据和信息进行编码处理使之成为一种隐蔽形式的技术。数据加密技术的目的在于保护信息不被非法用户获知。加密中采用数学方法对原始信息进行再组织，使加密后的信息内容对于非法接收者来说成为无意义的符号。而对于合法的接收者，因为其掌握正确的密钥，就可以通过解密过程得到原始的数据。

1. 密码学的分类

（1）密码编码学：进行密码体制设计。设计出安全的密码体制，防止被破译。
（2）密码分析学：在未知密钥的情况下，从密文推出明文或密钥的技术。
这两门学科合起来称为密码学。密码学正是在这种破译和反破译的过程中发展起来的。

2. 基本术语

（1）信息
明文（Plaintext）：最初的原始信息，也就是没有加密的信息。
密文（Ciphertext）：加密后的信息。
（2）密钥（Key）
加密（Encryption）密钥：将明文转换为密文的算法中输入的数据。
解密（Decryption）密钥：将密文转换为明文的算法中输入的数据。
（3）算法
加密算法：将明文改为密文的方法。
解密算法：将密文改为明文的方法。

3. 密码体制

一个密码体制由信息、密钥与算法这三个基本要素构成。图 6-2 显示了一条信息加密解密传递的过程。

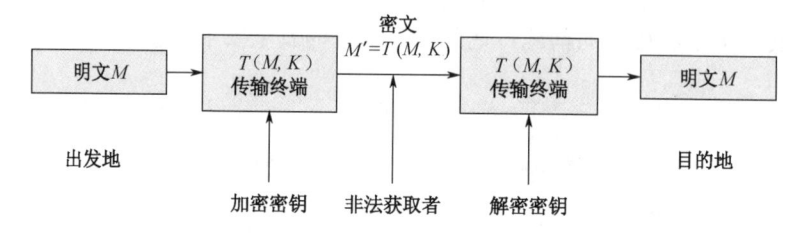

图 6-2 一条信息加密解密传递的过程
（其中，M 代表信息，K 代表密钥集合，T 代表算法）

通常，一个完整的密码体制是满足以下条件的五元组合（P,C,K,E,D）。
P：是可能的明文集合，又称为明文空间。
C：是可能的密文集合，又称为密文空间。
K：是可能的密钥集合，又称为密钥空间。
E：表示一组加密变换。
D：表示一组解密变换。
并满足：对于密钥空间的任一密钥 $k \in K$，都存在一个加密算法 $E_k \in E: P \to C$ 和存在一个解密算法 $D_k \in D: C \to P$，对任意的明文 $x \in P$，加密解密函数满足 $D_k(E_k(x)) = x$。
一个理想的能应用于实际的密码体系需要满足：

(1) 每一个加密函数 E_k 和解密函数 D_k 都能被有效计算;
(2) 破译者取得密文后不能在有效的时间内破解出密钥 k 或明文 x;
(3) 密钥空间非常大,使破译者不能用穷举密钥搜索法来找到密钥。

6.2.2 加密算法的对比

1. 古典密码加密

恺撒密文:把每一个明文字符都由字母表中的字母右移 k 个字符来代替。
加密和解密的算法为:

$$E_k(P) = (P+k) \bmod 26$$
$$D_k(C) = (C-k) \bmod 26$$

其中,$E_k(P)$ 表示加密,P 是明文字符在字母表中的序号;$D_k(C)$ 表示解密,C 是密文字符在字母表中的序号;k 是密钥,在这里是指右移 k 个字符。

例如,一轮恺撒密码,是右移 1 个字符:

ABCDEFGHIJKLMNOPQRSTUVWXYZ
BCDEFGHIJKLMNOPQRSTUVWXYZA

若明文为 E-Business,则密文为 F-Cvtjoftt。其中密钥 $k=1$。

(1) 单表密码

在恺撒密码中,一旦密钥被选定,每个字母对应的数字被加密成对应的唯一数字,这种密码体制被称为单表密码。恺撒密码实际上是单表密码的一种。

(2) 多表密码

多表密码有多个单字母密钥,每个密钥被用来加密一个明文字母(见图 6-3)。密文字母由表中明文字母所在行,密钥字母所在列确定。第一个密钥被用来加密明文的第一个字母,第二个密钥加被用来密明文的第二个字母,并以此类推。在所有密钥使用完后,密钥再次循环使用,若有 m 个单字母密钥,则每隔 m 个字母的明文被同一个密钥加密,m 就称为密码的周期。在传统密码学中,m 越大,破译的难度越大。

例如:若密钥为 Harbin,明文为 E-Business,则密文为 L-bltqalsj。

2. 现代密码加密

现代密码学开始于 20 世纪 70 年代。现代密码学的基本原则是:一切密码寓于密钥之中,即算法公开,密钥保密。

1975 年 3 月 IBM 公司公开发表了 DES(Data Encryption Standard)数据加密标准;1977 年,美国国家标准局(ANSI)宣布 DES 作为国家标准用于非国家保密机关(目前使用的 3DES 为 3 重加密)。1976 年 Diffie 和 Hell man 提出不仅密码算法本身可以公开而且加密用的密钥也可以公开,只要解密密钥——非对称密码体系(公开密码体系)保密就可以。1977 年,MIT、Rivest、Shamir 和 Adleman 合作提出了第一个实用的公开密钥密码算法,即著名的 RSA 算法。

(1) 私钥加密体制(单钥加密体制、对称加密体制)

① 私钥加密体制的特点。

加密密钥和解密密钥相同,$K_e == K_d$,密钥必须特殊保管。优点是保密强度高,计算开销小,处理速度快。缺点是在拥有大量用户的情况下密钥管理困难,且无法完成身份认证等功能,不适用于开放式网络环境。

A	B	C	D	E	F	G	H	I	J	K	L	M	N	O	P	Q	R	S	T	U	V	W	X	Y	Z
B	C	D	E	F	G	H	I	J	K	L	M	N	O	P	Q	R	S	T	U	V	W	X	Y	Z	A
C	D	E	F	G	H	I	J	K	L	M	N	O	P	Q	R	S	T	U	V	W	X	Y	Z	A	B
D	E	F	G	H	I	J	K	L	M	N	O	P	Q	R	S	T	U	V	W	X	Y	Z	A	B	C
E	F	G	H	I	J	K	L	M	N	O	P	Q	R	S	T	U	V	W	X	Y	Z	A	B	C	D
F	G	H	I	J	K	L	M	N	O	P	Q	R	S	T	U	V	W	X	Y	Z	A	B	C	D	E
G	H	I	J	K	L	M	N	O	P	Q	R	S	T	U	V	W	X	Y	Z	A	B	C	D	E	F
H	I	J	K	L	M	N	O	P	Q	R	S	T	U	V	W	X	Y	Z	A	B	C	D	E	F	G
I	J	K	L	M	N	O	P	Q	R	S	T	U	V	W	X	Y	Z	A	B	C	D	E	F	G	H
J	K	L	M	N	O	P	Q	R	S	T	U	V	W	X	Y	Z	A	B	C	D	E	F	G	H	I
K	L	M	N	O	P	Q	R	S	T	U	V	W	X	Y	Z	A	B	C	D	E	F	G	H	I	J
L	M	N	O	P	Q	R	S	T	U	V	W	X	Y	Z	A	B	C	D	E	F	G	H	I	J	K
M	N	O	P	Q	R	S	T	U	V	W	X	Y	Z	A	B	C	D	E	F	G	H	I	J	K	L
N	O	P	Q	R	S	T	U	V	W	X	Y	Z	A	B	C	D	E	F	G	H	I	J	K	L	M
O	P	Q	R	S	T	U	V	W	X	Y	Z	A	B	C	D	E	F	G	H	I	J	K	L	M	N
P	Q	R	S	T	U	V	W	X	Y	Z	A	B	C	D	E	F	G	H	I	J	K	L	M	N	O
Q	R	S	T	U	V	W	X	Y	Z	A	B	C	D	E	F	G	H	I	J	K	L	M	N	O	P
R	S	T	U	V	W	X	Y	Z	A	B	C	D	E	F	G	H	I	J	K	L	M	N	O	P	Q
S	T	U	V	W	X	Y	Z	A	B	C	D	E	F	G	H	I	J	K	L	M	N	O	P	Q	R
T	U	V	W	X	Y	Z	A	B	C	D	E	F	G	H	I	J	K	L	M	N	O	P	Q	R	S
U	V	W	X	Y	Z	A	B	C	D	E	F	G	H	I	J	K	L	M	N	O	P	Q	R	S	T
V	W	X	Y	Z	A	B	C	D	E	F	G	H	I	J	K	L	M	N	O	P	Q	R	S	T	U
W	X	Y	Z	A	B	C	D	E	F	G	H	I	J	K	L	M	N	O	P	Q	R	S	T	U	V
X	Y	Z	A	B	C	D	E	F	G	H	I	J	K	L	M	N	O	P	Q	R	S	T	U	V	W
Y	Z	A	B	C	D	E	F	G	H	I	J	K	L	M	N	O	P	Q	R	S	T	U	V	W	X
Z	A	B	C	D	E	F	G	H	I	J	K	L	M	N	O	P	Q	R	S	T	U	V	W	X	Y

图 6-3 多表密码

② DES 算法。

DES（Data Encryption Standard）算法是由美国 IBM 公司研制的一种分组密码算法，于 1977 年被美国定为联邦信息标准 FIPS-46。美国国家安全局（ANSA）每隔五年对它进行评估，并重新批准它是否继续作为联邦加密标准。

DES 是一种典型的"对称式"加密法，即加密与解密的密钥及流程完全相同，区别仅仅是加密与解密使用的子密钥序列的施加顺序刚好相反。DES 是一个分组加密算法，它以 64 bit 位为分组对数据加密，其中有 8 bit 奇偶校验，有效密钥长度为 56 bit。

DES 最大的缺陷是密钥较短。为了增加密钥的长度，对 DES 做了改进，提出了新的算法。例如，3DES，其使用的密钥长度是使用 DES 密钥长度的三倍，为 192 bit。另外还有序列密码算法 A5，由三个线性反馈移位寄存器组成。

（2）公钥加密体制（双钥加密体制、非对称加密体制）

① 公钥加密体制产生的背景。

在私钥加密体制中，主要有两个问题不好解决。一是密钥量问题。每一对通信者需要一对密钥，当用户大量增加时，密钥量成倍增加，因此在网络通信中大量密钥的产生、存放和分配是一个难以解决的问题。二是密钥分发的问题。在私钥密码体制中，加密的安全性很大程度上依赖于对密钥的保护，由于加密密钥和解密密钥相同，密钥的交流、分发和告知是一个不容易解决的问题。

② 公钥加密的思想。

每个用户都有两个密钥：加密密钥与解密密钥，且这两个密钥不同。加密密钥可以在信息团体内公开，因而称为公钥；解密密钥由用户秘密保存，称为私钥。加密密钥的公开不会影响解密密钥的机密性，因而解决了密钥分发问题。

在公钥加密体制中，用户将自己的公钥登记在一个公开密钥库中或选择实时公开，密钥则进行严格保密。由出发地向目的地发送信息时，先找到对方的公钥，并对要发送的信息用这个公钥进行加密后在公开信道上发送给对方，对方收到密文后，用自己的私钥进行解密，从而读取信息。这里省略了由秘密信道传递密钥的过程，是公钥体制的一大优点。

③ 公钥加密体制的实现——RSA 算法。

a．数论知识。

（a）同余的概念。

同余的概念是德国数学家高斯（Gauss）在 1800 年左右给出的。设 n 为正整数，若用 n 除整数 a 和 b，所得的余数相同，则称 a 与 b 关于模 n 同余，记作 $a \equiv b \pmod{n}$，否则，称 a 与 b 为关于模 n 不同余。"同余"满足：

- 自反性 $a \equiv a \pmod{n}$。
- 对称性 $a \equiv b \pmod{n}$，则 $b \equiv a \pmod{n}$。
- 传递性 $a \equiv b \pmod{n}$，$b \equiv c \pmod{n}$，则 $a \equiv c \pmod{n}$。
- 求和差性 $a \equiv b \pmod{n}$，$a_1 \equiv b_1 \pmod{n}$，则 $a \pm a_1 \equiv b \pm b_1 \pmod{n}$。
- 求积性 $a \equiv b \pmod{n}$，$a_1 \equiv b_1 \pmod{n}$，则 $aa_1 \equiv bb_1 \pmod{n}$。

（b）费马小定理

当 p 是素数时，对于互质的整数 a 和 p，即 $(a, p)=1$，有以下的等式：
$$a^{p-1} \equiv 1 \pmod{p}。$$

例如：$a=3, p=5$，有 $81 \pmod 5 = 1$。

（c）欧拉定理。

对于互质的整数 a 和 N，即 $(a, N)=1$，且 $N>2$，有以下的等式：
$$a^{\phi(N)} \equiv 1 \pmod{N}$$

其中，$\Phi(N)$ 为欧拉数，是不大于 N 且与 N 互质的整数的个数。
$$\Phi(N) = (p-1)(q-1)$$

例如：$a=3, N=4$，欧拉数 $\Phi(N)=2$，有 $9 \pmod 4 = 1$。

b．RSA 的演算方法。

（a）随机选择 2 个足够大的保密质数 q 和 p（一般为 100 位以上）。

（b）令 $N=pq$，N 是公开的（但从 N 分解出 q、p 是极其困难的）。

计算 N 的欧拉数：$\Phi(N)=(p-1)(q-1)$，丢弃 p 和 q，且 $\Phi(N)$ 保密。

（c）随机选择一个相对大的整数 e 作为加密指数，使 e 与 $\Phi(N)$ 互质。

（d）解同等方程：$ed \equiv 1 \bmod \Phi(N)$，求出解密指数 d，且保密。

（e）设 M、C 分别为要加密的明文和被加密的密文（M、C 小于 N），则加密运算为 $C \equiv M^e \pmod{N}$，解密运算为 $M \equiv C^d \pmod{N}$。

（f）每个用户都有一组密钥 (e, d, N)。其中，(e, N) 为可以公开在手册上的公钥，e 为加密指数；(d, N) 为用户保密的私钥，d 为解密指数；将 p、q 销毁。

RSA 算法第一个实用的公开密钥密码算法，目前已被广泛应用。下面举例进行详细的说明。

（a）选两个质数：$p=5$，$q=11$。
（b）计算：$N=pq=55$，$\Phi(N) = (5-1)(11-1)=40$。
（c）e 必须与 $\Phi(N)$ 互质，选 $e=3$。
（d）计算：$ed \equiv 1 \bmod \Phi(N) \equiv 1 \bmod (40)$，求出 $d=27$。

将 e、N 公布，d、$\Phi(N)$ 保密，并将 p、q 销毁，得到公钥 $e=3$，$N=55$；私钥 $d=27$，$N=55$。

加密运算为 $C \equiv M^e \pmod{N}$；

解密运算为 $M \equiv C^d \pmod{N}$。

对键盘上的字符做如下变换：

空格=0，$A=1$，$B=2$，$C=3$，…，$Z=26$（例如：H，I，$T=8$，9，20）

明文 $a_1=8$，$a_2=9$，$a_3=20$

将第 1 块 M_1 加密后得密文 C_1：

$$C_1 = a_1^e \pmod{N} = 8^3 \pmod{55} = 17$$

依次对各区块加密后得密文 C：

对第一块 C_1 解密后得到明文 M_1：

$$M_1 = C_1^d \pmod{N} = 17^{27} \pmod{55} = 8$$

对 RSA 算法的破解十分困难，不存在由公钥求出私钥的多项式时间算法，即求解是一个 NP 问题。表 6-1 中显示了不同密钥长度需要的破解时间。

表 6-1 攻破不同密钥长度的时间

密钥长度	100	200	300	500	750	1000
时间	30 秒	3 天	9 年	1 兆年	2×10^9 年	6×10^{15} 年

c. 对 RSA 算法的评估。

RSA 算法已经在互联网上得到了广泛应用，包括数字签名、安全接口层协议（SSL）标准方面的应用。另外，RSA 算法还应用于一些网络安全产品。

RSA 算法的优点：在多点间进行保密信息传递所需的密钥组合数量较少；便于密钥管理、分发；可以实现不可否认的数字签名。该算法特别适用于互联网环境，解决了大量网络用户密钥管理的难题。

RSA 算法的缺点是计算开销大，处理速度慢。

6.2.3 数字签名

在网络环境中，由于参与交易的各方在整个交易过程中多数是通过网络进行交流的，自始至终不会面对面，因此多采用数字签名方式来防止交易双方对自己行为的抵赖。

1. 数字签名的概念

数字签名是使用公钥加密体制和散列（Hash）函数来变换电子记录的一种电子签名。数字签名使同时持有明文和签名人公钥的任何人可以准确地判断：

（1）该项变换是否是使用与签名人公钥相匹配的私钥制成的；

（2）进行变换后的密文在传输过程中是否被改动过。

数字签名与手写签名在形式上完全不同，它是 0 和 1 的数字串。数字签名实际上采用了公钥加密技术，用信息发送者的公钥变换所需传输的信息，因而不能复制，安全可靠。

2. 数字签名的原理

（1）散列函数

散列函数，又称 Hash 函数，是一种单向函数，设 Hash 函数为输入是一可变长 x，输出是一固定长的二进制串 h，该串 h 被称为输入 x 的 Hash 值，记为 $h=H(x)$。目前常用的 Hash 函数有 MD5、SHA-1 等。

Hash 函数是一种没有密钥的加密算法，用来产生确定长度的数据"摘要"，又称消息摘要，只用于一致性的比较。加密后的消息摘要就是"数字签名"。

① Hash 函数的安全性特征。

一致性：相同的输入产生相同的输出。

随机性：生成的消息摘要外观是随机的，以防源消息被猜出。

唯一性：几乎不可能找到两个消息产生相同的消息摘要。

单向性：即使给出输出，也很难确定输入消息，即 Hash 函数不可逆。

统一性：输入长度任意，输出长度固定。

② Hash 函数应用过程。

现有发送者 A 利用 Hash 函数向接收者 B 发送报文 M，基本过程为：

A 写一报文 M，作为 Hash 函数 H 的输入，生成消息摘要 $H(M)$；

$H(M)$ 随报文 M 一起发送给 B；

B 分离报文 M 和消息摘要 $H(M)$，并利用报文生成消息摘要；

B 比较两消息摘要，如果相同，说明报文 M 在传输过程中未被更改。

（2）数字签名（Digital Signature）

数字签名是用来证明持有者身份的加密数字信息。数字签名的实现过程如下。

现有发送者 A 要发送一个使用其数字签名的电子文件给 B，则：

A 用它的私钥加密文件，这就是签名过程；

A 将加密后的文件发送给 B；

B 用 A 给出的公钥解开 A 送来的文件。

数字签名实现过程背后的原理如下。

可信性：只有 A 知道自己的私钥，并且源文件只能被 A 的私钥加密，因而如果 B 能用 A 的公钥解开加密后的文件，说明源文件是被 A 的私钥加密的。

不可伪造型：只有 A 知道自己的私钥，因此只有 A 能用私钥对文件进行加密。

不可重复性：数字签名是一个加密过程，因此不能对同一文件重复使用。

不可篡改性：由于加密后的文件被改动后是无法用公钥进行解密的，因此若文件能用公钥解密，说明其未被篡改。

不可抵赖性：由于能被 A 的公钥解密的文件只能由持有私钥的 A 本人进行加密，因而数字签名具有不可抵赖性。

6.2.4 加密和签名的综合运用

在电子商务中，各种技术通常是结合在一起使用的。例如，在数字签名中，也同样用到了加密技术。这些技术在电子商务中被广泛应用，如加密技术被运用于 SSL 协议和 S-HTTP 协议。另外，在安全电子交易（Security Electronic Transaction，SET）协议中，不仅用到了公钥加密技术，也用到了私钥加密技术，并且广泛地使用了数字签名技术。

SET 协议是目前已被标准化且被业界广泛接受的一种基于信用卡的付款机制。在电子购物中，持卡人希望保护自己的账户信息，商家又希望客户的行为具有不可抵赖性；同时，双方都希望能确认对方的身份，防止欺诈。

SET 协议涵盖了银行卡在电子商务支付中交易保密及交易认证等内容，是一个为在线交易而设立的开放的、以电子货币为基础的电子付款系统规范。SET 协议在保留对客户信用卡认证的前提下，又增加了对商家身份的认证，为在互联网上进行安全的电子商务提供了一个开放的标准。SET 协议主要使用电子认证技术，其认证过程使用 RSA 和 DES 算法，因此可以为电子商务提供很强的安全保护。

SET 协议的交易系统由持卡人、商家、收单银行、发卡银行和 CA 认证中心五个部分组成。持卡人在选择好商品并填写订单后，到达选择付款方式的阶段，这时候 SET 协议开始介入。SET 协议包括三个主要的阶段。

（1）支付初始化请求和响应阶段

持卡人选好商品后要求在线支付，激发支付软件，向商家发送初始请求。初始请求指定了交易环境，包括持卡人所使用的语言、交易 ID 和持卡人使用的交易卡类型等。商家接收初始请求，产生初始应答，并对初始应答生成消息摘要，这个摘要需要数字签名。该签名后的消息摘要，连同商家证书、网关证书和初始应答等发送给持卡人。持卡人接收初始应答，检查商家证书和网关证书。

（2）购买请示阶段

用户与商家确定所用支付方式的细节。在持卡人确认商家身份后，持卡人发出购物请示，包括订单和支付命令。在订单和支付命令中必须有客户的数字签名，同时利用双重签名技术保证商家看不到客户的账号信息。而位于商家开户行的被称为支付网关的另外一个服务器可以处理支付命令中的信息。

（3）支付认定阶段

商家向银行出示交易细节，银行负责存款转移。收单银行得到发卡银行的批准后，通过支付网关发给商家授权响应报文。该报文同样需要数字签名。商家认证网关的证书，若数据完整，商家发送购买响应报文给客户，该报文也需要数字签名。同时，商家记录客户交易日志备查。

SET 协议为电子交易提供了许多保证安全的措施。它能保证电子交易的机密性、数据完整性、交易行为的不可否认性和身份的真实性。SET 协议是于 1995 年由信用卡国际联盟（Visa International）、万事达（Master Card）、IBM、Microsoft、Netscape 和 Verisign 等着手研究，并于 1996 年 2 月正式发布的。

（1）保证客户交易信息的保密性和完整性

SET 协议采用了双重签名技术对 SET 交易过程中消费者的支付信息和订单信息分别签名，使商家看不到支付信息，只能接收用户的订单信息；而金融机构看不到交易内容，只能接收到用户支付信息和账户信息。因此充分保证了消费者账户和订购信息的安全性。

（2）确保商家和客户交易行为的不可否认性

SET 协议确保了商家和客户的身份认证和交易行为的不可否认性。其理论基础就是不可否认机制，采用的核心技术包括数字证书、数字签名、报文摘要和双重签名等技术。

（3）确保商家和客户的真实性

SET 协议使用数字证书对交易各方的合法性进行验证。通过数字证书的验证，可以确保交易中的商家和客户都是真实的、可信赖的，不是冒充顶替的。

由以上 SET 协议的处理过程，我们可以看到数据加密技术和数字签名被广泛应用在 SET 协议中。

6.3 电子商务交易过程的安全

6.3.1 CA 认证概述

CA（Certificate Authority）是一个第三方的安全认证机构。在电子商务交易过程中，需要解决两个问题：首先，需要对身份进行验证；其次，是交易的不可抵赖性。由于在电子交易过程中，交易双方通常互不见面，且所交换的数据也不带有本人的任何特征，因此不仅需要验证其身份，还要防止抵赖交易的情况出现。为了解决这些问题，需要引入一个第三方，该第三方需要被交易双方共同信赖，能够对交易双方的身份进行鉴别，并能保证交易的不可抵赖性。另外，在公钥加密体制中，对公钥的管理也是一个重要内容，也需要一个权威第三方。CA 就是这样一个受各方信任的第三方安全认证机构。该机构向用户发放数字证书，该证书是一个有该用户的公钥和个人信息并经证书授权中心数字签名的文件。

6.3.2 CA 认证的过程

CA 认证的过程：在进行网上交易时，首先需要进行身份的确认，因此交易的任何一方都需要向对方提交一个由 CA 签发的包含个人身份的证书，来为自己的身份提供证明。用户向 CA 申请证书时，可以提交自己的身份证、护照等个人信息，经验证后，由 CA 向用户颁发证书。证书中通常包含了用户的名字和他的公钥等，以此作为其在网上证明自己身份的依据。例如，在 SET 交易协议中，主要的证书有持卡人证书和商家证书。其中，持卡人证书是由金融机构以数字化形式签发的，不能随意更改。持卡人证书并不包含账号等信息，而是根据账号等计算出来的一个码，但由这个码无法推出账号的信息。商家证书则用来记录商家的结算卡类型。

6.3.3 数字证书的使用

1. 数字证书的概念

数字证书又称为数字凭证（Digital Certificate，或 Digital ID），是一种用电子手段来鉴别用户身份的技术。数字证书是一个经证书授权中心进行数字签名的包含公开密钥和公开密钥持有者个人信息的文件。它是各类实体（如持卡人/个人、商户/企业、网关/银行等）在网上进行信息交流及商务活动的身份证明。数字证书可广泛用于电子邮件、电子商务和电子基金转移等。

数字证书的具体形式和内容如图 6-4 所示。数字证书由两部分组成，证书所有者的主体信息及证书发行方的数字签名，通常包含以下内容：

（1）证书的版本信息；

（2）证书的序列号；

（3）证书所使用的签名算法；

（4）证书的发行机构名称；

（5）公共密钥的有效期；
（6）证书所有人的公开密钥；
（7）证书所有人的名称；
（8）证书发行者对证书的数字签名。

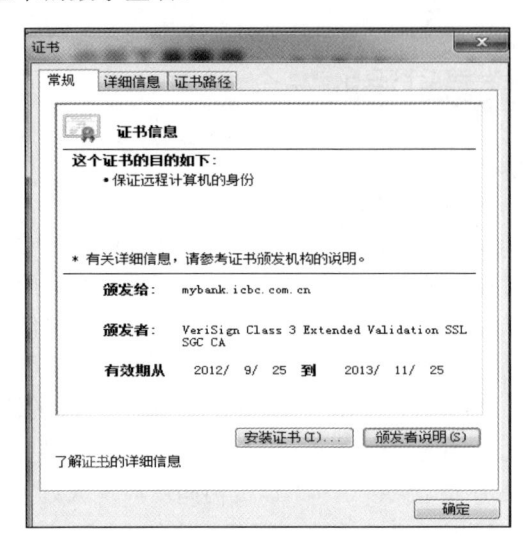

图 6-4　数字证书

数字证书采用的是公钥加密体制。由用户产生自己的密钥对，将公钥及部分个人身份信息传送给认证中心。认证中心对用户身份进行核实，并对用户发送来的信息进行确认。认证中心发给用户一个数字证书，该证书内附了用户信息及其拥有的密钥等信息，同时还附有对认证中心公共密钥加以确认的数字证书。数字证书可以保证参与网上交易双方的真实性，并且广泛地应用于数字签名、安全传输等加密技术，使 Internet 上的数据传输更具安全性、保密性、真实性和不可抵赖性。

2. 数字证书的申请、获取和使用

数字证书可根据其所有人的不同，分为个人数字证书和服务器数字证书。

（1）个人数字证书的申请、获得和使用

个人数字证书的申请可以在用户浏览器上进行，个人数字证书分为两个级别。第一级数字证书仅提供个人电子邮件地址的认证。第二级数字证书提供对个人姓名、身份等信息的认证。当获得数字证书后，认证中心会将认证信息列入公共目录。

以第一级数字证书为例，个人在 Web 浏览器上安装数字证书后，当要发送一封邮件的时候，就可以在 Web 浏览器中设置以下三种状态：

① 普通发送，不使用数字证书；

② 签发文件，在发送信息的同时，系统会自动将信息和发送者的数字签名一起发送给对方，但用此方法发送的信息本身并未被加密；

③ 加密文件，除拥有上面签发文件功能外，在发送时还会自动用接收者的公共密钥加密信息，并会注明此信息是加密的。

（2）服务器数字证书的申请、获得和使用

服务器数字证书帮助企业在虚拟交易环境中建立信任度。由于在电子交易中，人们无法和商家面对面地接触，因此很难对其产生信任。数字证书则是对商家身份的认证，可以增强消费者的信任度。

服务器数字证书的申请验证要比个人身份的验证复杂，需要把调查表文件填写后用电子邮件或其他方式发送到认证中心，调查文件的内容包括：

① 企业或组织的情况介绍；
② 合作伙伴的情况；
③ 营业执照；
④ 纳税证明。

服务器数字证书生效后，数字证书依靠与之绑定的一对密钥来保证该服务器的身份。当一个认证的客户与一个认证的服务器进行通信的时候，客户端的软件会自动地验证服务器端的数字证书，而服务器绑定的这对密钥又被用来加密一个会话密钥。会话密钥是用来对服务器和客户机的会话进行加密的。该会话密钥只有 12~24 小时的有效期，使用之后就被丢弃。因此，要在被认证的服务器和客户机通信时进行信息窃听是十分困难的。

6.3.4 认证中心

CA 是数字证书认证中心的简称，是指发放、管理、废除数字证书的第三方权威机构。CA 的作用是检查证书持有者身份的合法性，并签发数字证书（CA 在证书上进行数字签名），防止证书被伪造或篡改，并对证书和密钥进行管理。一个典型的 CA 系统包括安全服务器、注册机构 RA、CA 服务器、LDAP 目录服务器和数据库服务器等。

1. 认证中心的主要功能

（1）证书的颁发：认证中心接收并验证用户的数字证书的申请。认证中心会根据申请的内容确定是否受理该申请，并进行备案。新证书用认证中心的私钥签名后，发送到目录服务器供用户下载和查询。为了保证消息的完整性，返回给用户的所有应答信息都使用认证中心的签名。

（2）证书的更新：为避免在长期使用中用户的证书内容泄密而影响交易的安全性，认证中心定期更新所有用户的证书。另外，也会根据用户的请求来更新用户的证书。

（3）证书的查询：若证书正在申请审核阶段，则认证中心根据用户的查询请求返回当前用户证书申请的处理过程；若证书已颁发，则认证中心的目录服务器会根据用户的请求返回适当的证书。

（4）证书的作废：当用户由于私钥泄密等原因需要申请证书作废时，认证中心根据用户的请求确定是否将该证书作废。另外，若证书已经过了有效期，认证中心会自动将该证书作废。

（5）证书的归档：CA 所颁发的证书需要定期归档，以备查询。有时我们可能需要验证某个历史交易过程中产生的数字签名，这时就需要查询作废的证书。基于这样的考虑，认证中心还应当具备管理作废证书和作废私钥的功能。

2. 认证中心的分级结构

对于一个大型的应用环境，认证中心往往采用一种多层次的分级结构。各级认证中心类似于各级行政机关，上级认证中心负责签发和管理下级认证中心的证书，底层的认证中心直接面向最终用户。处在顶层的是金融认证中心（Root CA/根 CA），它是所有人公认的权威。CA 认证中心的分级示意如图 6-5 所示，当商家 1 想验证持卡人 1 的数字证书时，则商家 1 利用其熟知的地方 CA1 的公钥来验证地方 CA1 对持卡人 CA1 的数字签名。在进行网上购物时，持卡人的证书与发卡机构的证书关联，而发卡机构的证书通过不同品牌卡的证书连接到根 CA，而根 CA 的公共签名密钥对所有的软件都是已知的，可以校验每一个证书。

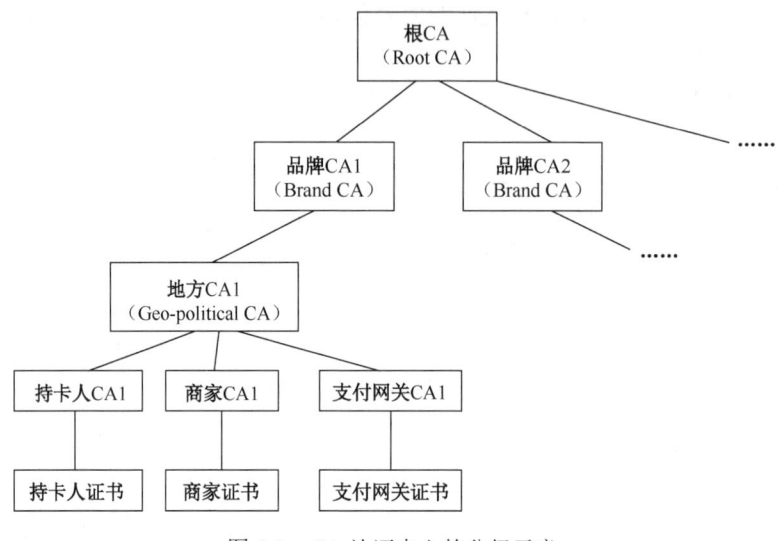

图 6-5　CA 认证中心的分级示意

认证中心应根据国际标准，而不是依据某一个专利技术来进行设计。认证中心的提供商在商业和技术中都应有出色的表现。

6.4　电子商务的软硬件安全

6.4.1　客户机的安全

在前面，我们介绍过客户机受到很多方面的安全威胁，如 Cookie、动态内容等。因此，需要采取一定的措施来对客户机进行保护。

1. 防病毒软件

（1）几种常见的计算机病毒

计算机病毒是利用计算机软件与硬件的缺陷，破坏计算机数据并影响计算机正常工作的一组指令集或程序代码。《中华人民共和国计算机信息系统安全保护条例》中将计算机病毒定义为"编制或者在计算机程序中插入的破坏计算机功能或者破坏数据，影响计算机使用并且能够自我复制的一组计算机指令或者程序代码"。

计算机病毒具有自我复制性、感染性、潜伏性、触发性、很大的破坏性且难以根除的特征。计算机病毒有很多种类型。

① 蠕虫病毒：蠕虫病毒其前缀是 Worm，是指能自我复制的以占用系统和网络资源为主要目的恶意程序。这种病毒的共有特性是通过网络或系统漏洞进行的传播，很大部分的蠕虫病毒都有向外发送带毒邮件、阻塞网络的特性。例如，"冲击波"会阻塞网络，"小邮差"则会发

送带有病毒的邮件。

② 木马病毒：木马病毒其前缀是 Trojan，是以盗取用户个人信息，甚至是以远程控制用户计算机为主要目的的恶意程序。木马病毒的共有特性是通过网络或系统漏洞进入用户的系统并隐藏，盗取用户的私密信息。例如，病毒名中带有 PSW 或 PWD 之类的木马病毒通常具有盗取密码的功能（这些字母一般都为"密码"的英文"Password"的缩写）。

③ 脚本病毒：前缀是 Script，其共有特性是使用脚本语言编写，通过网页进行传播，如红色代码（Script.Redlof）。

④ 宏病毒：前缀是 Macro，通常还有第二前缀，如 Word、Excel 等。这类病毒的共有特性是能感染 Office 系列文档，然后通过 Office 通用模板进行传播，如著名的美丽莎（Macro.Melissa）。

（2）防病毒软件

安装防病毒软件是抵御系统完整性侵害最容易也是最便宜的方法。目前市场上有很多防病毒软件，如诺顿、卡巴斯基和瑞星等。这些防病毒软件都提供了简便的工具，可以在病毒进入计算机时对其进行识别和清除，并且可以清除那些已经潜伏在计算机硬盘上的病毒。由于新的病毒每天都出现，因此仅安装一次防病毒软件是不够的，还需要定期更新其病毒库来抵御病毒的侵袭。

2. 入侵检测系统

（1）黑客

黑客是指那些在未经授权的情况下进入计算机系统的人。这一类人通常喜欢探索软件程序的奥秘，并从中增长其个人才干。黑客大都是程序员，他们对于操作系统、网络、编程语言有着深刻的认识，乐于探寻系统的奥秘并且善于发现系统中的漏洞及其原因。黑客中又分为善意和恶意，其中那些帮助组织寻找安全隐患的"好"黑客称为白帽黑客（White Hats）；而那些带有破坏性目的的黑客称为黑帽黑客（Black Hats）。黑帽黑客通常通过攻击系统中的薄弱环节，进入网站盗取机密信息。

（2）入侵检测系统是预防黑客攻击的第一道防线

入侵检测系统与防病毒软件的功能较为类似，但更为复杂，价格也更昂贵。这类系统的设计特点是，当发现可以识别的黑客攻击及活动信号时就发出警报。因此，需要有工作人员或入侵检测设备对其进行监控来更好地发挥入侵检测系统的作用。例如，安装在计算机网络上的传感器会发出数百种警报，尽管这些警报中只有一小部分是真正潜在的安全威胁。

3. 其他防护措施

对于那些防病毒软件和入侵检测系统不能解决的问题，则可以通过其他途径来进行解决，如通过寻求计算机犯罪专家的协助，来对某些特定的问题进行分析。另外还有监控动态内容，因为这些内容通常被那些企图破坏系统的人加以利用。还可以通过识别身份，包括服务器身份、下载内容发行者身份等，来控制进入系统的人。另外，还可以通过指纹识别器等来保护客户机的物理安全。

6.4.2 通信信道的安全

在本章开始曾介绍过，Internet 是将客户机和服务器连接起来的电子通信信道。在 Internet

上，存在很多安全威胁。因为 Internet 本身设计的初衷并不是为了安全传输。在 Internet 上，通常采用加密技术来保证数据的保密性，用数字签名来保证数据和交易的完整性。这在前面已进行过详细介绍。另外，SSL 协议和 S-HTTP 协议都是用来提供 Internet 的安全性的，而 TCP/IP 协议也提供了部分安全性。

1. SSL 协议

SSL 协议由美国 Netscape 公司开发和倡导，是目前安全电子商务中使用最广泛的协议。它是一个保证任何安装了 SSL 协议的客户和服务器间事务安全的协议，该协议向基于 TCP/IP 协议的客户/服务器应用程序提供了客户端和服务器端的鉴别、数据完整性及信息机密性等安全措施。SSL 协议处于 Internet 多层协议的传输层。

建立 SSL 协议会话如图 6-6 所示。SSL 协议客户机在与服务器开始交换一个简短信息时提供一个安全的"握手"信号。在相互确认身份后，SSL 协议对在两台计算机之间传输的信息进行加密和解密，所加密的信息包括客户机所请求的 URL、用户所填的各种信息（如信用卡号等）和 HTTP 访问授权数据（如用户名和口令）等。换句话说，SSL 协议支持的客户机和服务期间的所有通信都使用了加密技术，因此即使窃听者拦截到信息，也无法进行识别。

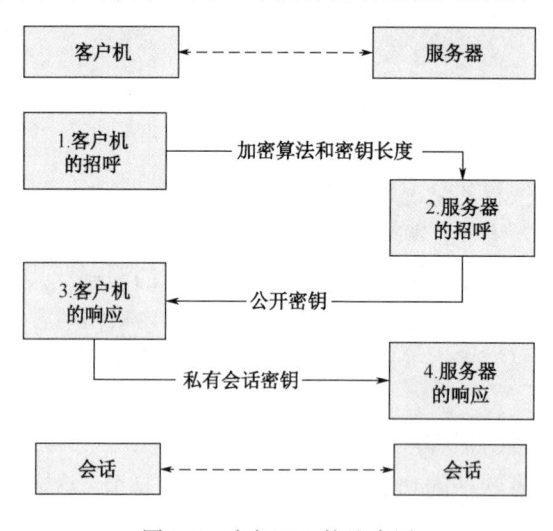

图 6-6 建立 SSL 协议会话

SSL 协议同时使用私钥加密技术和公钥加密技术来实现对传输信息的保护。虽然公钥加密非常方便，但速度较慢，因此 SSL 协议对所有的安全通信都是用私钥加密的。但由于客户机和服务器共享同一个私钥，又需要使用公钥加密来防止搭线窃听。具体的实现方法为：由浏览器为双方生成私有密钥，然后由浏览器使用服务器的公开密钥对这个私有密钥进行加密（公开密钥存储在服务器中，在身份认证时放在数字证书中发送给浏览器）。之后，浏览器将加密后的密钥发送给服务器，服务器用其私有密钥对此信息进行解密，得到双方共用的私有密钥。之后，公开密钥将不再使用，只需要用双方共用的私有密钥对传输的信息进行加密，该密钥也称为私有会话密钥。会话结束后，此密钥被丢弃。

2. S-HTTP 协议

S-HTTP 协议是对 HTTP 的扩展，该协议由 CommerceNet 协会提出。S-HTTP 协议处于

Internet 多层协议的应用层。S-HTTP 协议提供了用于安全通信的私有密钥加密技术及用于客户机和服务器认证的公开密钥加密技术。S-HTTP 协议与 SSL 协议的不同之处在于，S-HTTP 协议通过在 S-HTTP 协议交换包的特殊头标志来建立安全会话，并且在客户机和服务器开始的握手会话中完成对 S-HTTP 协议安全的细节设置。头标志中定义了安全技术的类型，包括使用私有密钥加密、服务器认证、客户机认证和消息的完整性等。头标志的交换也确定了各方所支持的加密算法。一旦客户机和服务器同意彼此之间的安全设置，那么此会话的所有信息将被封装在安全信封里，并用此安全信封对传输的信息进行过加密。

3. TCP/IP 协议

TCP/IP 协议（Transmission Control Protocol/Internet Protocol），中文译名为传输控制协议/网际协议，又叫网络通信协议，是 Internet 最基本的协议。TCP/IP 协议是由网络层的 IP 协议和传输层的 TCP 协议组成的。

传统的开放式系统互联参考模型，是一种通信协议的七层抽象的参考模型，其中每一层执行某一特定任务。该模型的目的是使各种硬件在相同的层次上相互通信。这七层分别是物理层、数据链路层、网络层、传输层、会话层、表示层和应用层。而 TCP/IP 协议采用了四层结构，每一层都呼叫它的下一层所提供的网络来完成自己的需求。这四层结构具体内容如下。

应用层：应用程序间沟通的层，如简单电子邮件传输（SMTP）、文件传输协议（FTP）和网络远程访问协议（Telnet）等。

传输层：提供了节点间的数据传送、应用程序之间的通信服务。传输层的主要功能是数据格式化、数据确认和丢失重传等，如传输控制协议（TCP）、用户数据包协议（UDP）等，TCP 和 UDP 给数据包加入传输数据并把它传输到下一层中，这一层负责传送数据，并且确定数据已被送达并接收。

互连网络层：负责提供基本的数据封包传送功能，让每一块数据包都能够到达目的主机（但不检查是否被正确接收），如网际协议 IP。

网络接口层（主机—网络层）：接收 IP 数据包并进行传输，从网络上接收物理帧，抽取 IP 数据包转交给下一层。

由于加密和数字签名都无法保证信息包不会被盗取或速度降低，而拒绝或延迟服务会删除或占用资源，因此 TCP/IP 协议中的传输控制协议（TCP）负责对信息包的端到端的控制。当 TCP 在接收端以正确的次序重组数据包时，会处理包丢失的问题。TCP/IP 的职责会要求客户机重新发送丢失的数据包。TCP/IP 在数据里加入验证码，就可以知道数据包是否被改变或丢失。

6.4.3 服务器的安全

Web 服务器中通常存储了重要数据，包括客户数据、销售数据等，因此必须进行严格的保护，如进行远程数据备份，或通过网络服务提供商来保护 Web 服务器的安全。其中最常采用的措施是访问控制和防火墙。

1. 访问控制

访问控制包括两个方面：一是控制进入 Web 服务器的人，二是控制进入者所访问的内容。通常对 Web 服务器的访问是通过客户机来进行的。例如，在 6.3 节中介绍的数字证书就可用来对客户机的身份进行识别和认证。首先，Web 服务器通过使用用户的公开密钥对证书的数字签名进行解密，来判断用户证书的真伪。其次，Web 服务器检查证书上的时间标记来判断证书是否过期。最后，用户名和口令也在一定程度上提供了保护。服务器通常采用明文的方式来保存用户名，而用加密的方法来保存口令。

Web 服务器一般用访问控制表的方式来限制用户的文件访问权限。访问控制表（Access Control List，ACL）是用户和设备可以访问的那些现有服务和信息的列表。每个文件都有自己的访问控制表。当客户机请求对某个文件的访问时，Web 服务器就会检查此文件的访问控制表来确定该用户是否有权访问此文件。另外，Web 服务器还将文件访问分为"读""写"或运行等活动，从而对资源进行更细致的控制。例如，允许某些用户阅读公司的员工手册，但不允许修改，而将修改的权限限制在人力资源经理手中。

2．防火墙

（1）防火墙的概念

"防火墙"是借用的建筑学上的一个术语，本意是用来防止大火从建筑物的一部分蔓延到另一部分而设立的阻挡设施。在计算机网络中，防火墙是一种安全防范技术，包括访问控制机制、安全策略和防入侵策略。

防火墙是实质上是访问控制技术的一种，其目的是通过控制网络资源的存取权限，保障计算机网络、计算机主机和数据的合法访问。

防火墙示意图如图 6-7 所示。防火墙通常会在内部、外部两个网络之间建立一个安全控制点，通过允许、拒绝或重新定向经过防火墙的数据流，实现对进、出内部网络的服务和访问的审计和控制。防火墙以内的网络被定义为可信网络，防火墙以外的网络则被定义为不可信网络。

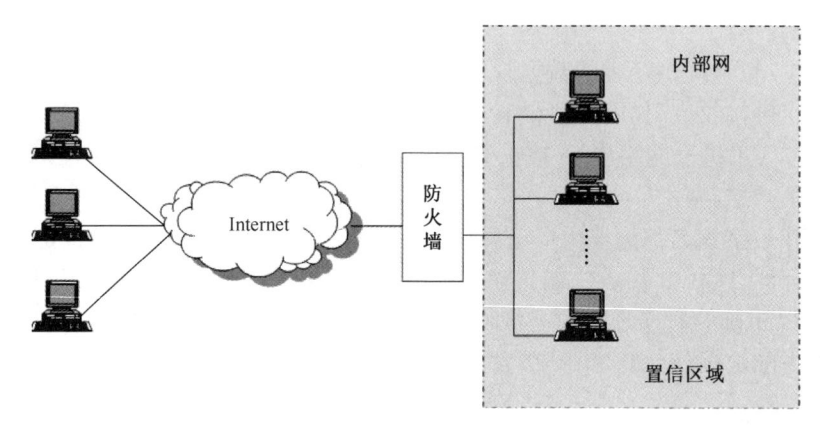

图 6-7 防火墙示意图

（2）防火墙的类型

① 包过滤。包过滤能够检查在可信网络和互联网之间传输的所有数据，包括数据包的源地址、目标地址及进入可信网络的端口，并根据预先设定的规则拒绝或允许这些包进入。

② 网关服务器。网关服务器是根据所请求的应用，对访问进行限制的防火墙，是应用级的防火墙。

③ 代理服务器。代理服务器英文全称是 Proxy Server，是提供转接功能的服务器，其功能就是代理网络用户去取得网络信息，是网络信息的中转站。

6.5 电子商务安全的政策、过程和法律保障

前面几节所介绍的各种安全技术,为电子商务的安全提供了一个基础。但电子商务企业中的 CEO 和 CIO 都认为,技术并不是电子商务风险中的关键问题,如果缺少明智的管理策略,缺乏合理的法律保障,那么再好的技术也会被轻易击败。因此,企业需要制定相关的管理策略,政府也需要制定相应的政策和法律来提高网络犯罪行为所要付出的代价。

6.5.1 企业管理制度

安全管理制度是用文字形式对各项安全要求所做的规定。企业在参与电子商务初期,就应当制定一套完整的安全管理制度。

(1) 人员管理制度。对内部人员的管理也是电子商务安全中的一项重要内容,因此需要采取一定的措施,来防止内部人员犯错。例如,防止某些销售人员不把订单发给有关执行部门,导致客户在付款后没有收到商品,或防止某些技术人员盗用客户信用卡号等。

(2) 保密制度。建立完善的保密体系,提出相应的保密措施,对重要数据进行加密,并加强对密钥的管理。

(3) 跟踪审计制度。跟踪是指企业建立网络交易系统日志机制,记录系统运行的全过程。审计则是对系统日志的检查、审核,以便及时发现恶意入侵行为和非法访问等问题并及时解决。

(4) 系统维护制度。系统维护制度包括软硬件的日常维护工作。另外,还要做好数据备份工作。

(5) 病毒防范制度。安装防病毒软件,并利用网络安全检测设备找出安全隐患,及时堵住安全漏洞。

(6) 进行严格的访问控制。对访问系统的人员及其访问内容进行严格的控制,如使用身份认证技术或用户名和口令等方式。

(7) 应急措施。预先制定应急措施,以便在紧急事故发生时,利用各项应急措施来保障计算机信息系统继续运行或紧急恢复,如可以采用瞬时复制技术、远程磁盘镜像技术和数据库恢复技术等。

6.5.2 电子商务安全法规

没有法律保障的电子商务是难以正常发展的,政府应及时制定和出台相应的法律法规来支持和引导电子商务的发展。同时,电子商务法规在颁布和实施时应是保护电子商务的发展,而非限制其发展。

(1) 美国用来保障电子商务安全的相关法律

《计算机反欺诈和滥用法》(1986):打击计算机犯罪的主要联邦法令。

《电子通信隐私保护法》(1986):对于访问、拦截或泄露他人私有电子邮件通信的人处以罚款或关押。

《国家信息基础设施保护法》(1996):规定拒绝服务攻击是违法行为,同时在联邦调查局下设国际基础设施保护中心。

《网上电子安全法案》(2000):减少对出口的限制。

《电子签名法》(2000)：使电子签名与书面签名具有同等法律效力，从而为电子交易顺利进行扫清了障碍。

欧盟《通用数据保护条例》(2018)：除加强和标准化整个欧盟国家/地区的用户数据隐私外，还对处理欧盟公民个人数据的所有组织推行了新的或额外的义务，无论这些组织位于何处。

欧盟《网络安全法案》(2019)：欧盟机构在处理个人用户、组织和企业网络安全问题的过程中加强网络安全结构、增强对数字技术的掌控、确保网络安全应当遵守的法律规制，促进卫生、能源、金融和运输等关键部门的经济发展，特别是促进内部市场的运作。

欧盟《电子隐私条例》(2021)：旨在加强对电子通信服务中用户隐私的保护，对新技术的监管需求做出了积极的回应，是《通用数据保护条例》在电子通信领域中起细化和补充作用的特别法，这标志着欧盟的个人隐私保护立法迈入新阶段。

发达国家监管措施已经趋于成熟，近年来推出了一系列法律法规来规范互联网平台在数据收集、使用和保留等方面的行为，有望成为中国完善数据监管的参考。

（2）我国用来保障电子商务安全的相关法律

《计算机软件保护条例》(1991)：调整计算机软件在开发、传播和使用中发生的利益关系，鼓励计算机软件的开发和沟通，促进计算机事业的发展。

《计算机软件著作权登记办法》(1992)：规定计算机软件著作权管理的细则。

《中华人民共和国计算机信息系统安全保护条例》(1994)：将安全和监察结合起来保护计算机资产。

《中华人民共和国计算机信息网络国际联网管理暂行规定》(1996)。

《中华人民共和国计算机信息网络国际互联网管理暂行规定实施办法》(1997)。

《中国 Internet 域名注册暂行管理办法》和《中国互联网络域名注册实施细则》(1997)。

《中华人民共和国电子签名法》(2005)：明确了电子签名的法律效力、所需要的技术和法力条件，明确了电子商务交易双方和认证机构在电子签名活动中的权利、义务和行为规范，明确了"技术中立"原则。

《中华人民共和国网络安全法》(2021年4月)：确立了网络安全法的基本原则，将近年来一些成熟的好做法制度化，并为将来可能的制度创新做了原则性规定，为网络安全工作提供切实法律保障。

《中华人民共和国数据安全法》(2021年6月)：搭建了以"重要数据"为核心的安全监管制度，而重要数据的识别则是数据安全工作的重中之重，同时也体现了数据治理的分类分级管理和保护原则。

《中华人民共和国个人信息保护法》(2021年8月)：形成了具备系统性、针对性、可操作性的完备的专门规范体系，是一部专门的、高效力层级的个人信息保护立法，解决了个人信息保护立法缺失、零散的沉疴，开启了我国公民个人信息保护的新篇章。

我国在电子商务安全方面的法律主要集中在设计信息技术领域的计算机立法和网络安全方面，针对电子商务交易本身的商法和民法还缺乏相应的具体规定。一方面是由于我国的电子商务还处在起步阶段，另一方面是由于我国现有的一些法律体系还不健全。根据美国的经验，电子商务交易的规范秩序对传统的法律规范进行重新解释和补充说明就可以沿用，这是我国立法机关可以借鉴的地方。

本章小结

本章介绍了电子商务的安全。首先从为什么需要安全入手,介绍了电子商务的安全的概念、存在的安全威胁,进而提出电子商务的安全要求和安全体系。然后针对电子商务的数据安全,介绍了数据加密技术和数字签名。又针对交易过程安全介绍了数字证书和 CA 认证中心。之后则针对软硬件安全从客户机、通信信道和服务器这三个方面讨论了相应的安全防范措施。最后介绍了安全的政策、过程和法律保障。

问题与讨论

1. 针对我国电子商务的现状及现有的法律,思考还应从哪些方面对电子商务进行立法保护。
2. 请试着破译下列恺撒密文,并指出密钥:
   Bpqa qa bpm ivaemz wn bpm xzwjtmu
3. 若密钥为 HIT,即

   ABCDEFGHIJKLMNOPQRSTUVWXYZ
   HITABCDEFGJKLMNOPQRSUVWXYZ

   利用上述单表密码,将密文 Seb fabh fr vbqy dnna 译为明文。
4. 利用图 6-3,若密钥为 Security,明文为 E-Business,请写出密文。
5. 私钥加密体制和公钥加密体制的基本原理是什么?有哪些区别?

案例分析　　　　　美国科洛尼尔公司网络勒索事件

美国东部时间 2021 年 5 月 7 日,美国最大的天然气和柴油运输管道公司科罗奈尔公司(Colonial)宣布,因遭受勒索软件攻击,该公司暂停其在美国东海岸的关键输送业务。2021 年 5 月 9 日,美国交通部下属联邦汽车运输安全管理局发布区域紧急状态声明,临时给予 18 个州汽油、柴油、航空燃料和其他成品油的临时运输豁免(按照此前规定只能通过管道运输),以确保通过公路运输维持燃料供应。2021 年 5 月 12 日,Colonial 宣布燃油管道运输管理系统逐步恢复运行。该攻击并非史上针对关键基础设施的首次网络攻击,却是第一次导致主干能源管道暂时完全停止运营的网络攻击,对于美国乃至全球关键基础设施网络安全将产生不可忽视的影响。

事件波及面引起白宫高度重视。Colonial 运营着美国最大的成品油管道,每天输送原油多达 250 万桶,占美国东海岸消耗燃料总量的 45% 左右,堪称美国东部最重要的油气大动脉。消息一出,美东地区的加油站前大排长龙,汽油价格升至 2014 年来新高,期货价格随之飞涨,创下 2018 年 5 月以来最高水平。美国天然气与电网之间关系密切,2020 年约 40% 的电力是通过燃烧天然气产生的,民用电网因此也面临重大威胁。专家普遍认为,如果管道不能迅速重开,有更多领域将因"蝴蝶效应"而遭受波及。

初步调查结果显示,此次攻击由一个名为"黑暗面"(Darkside)的黑客组织发起。他们先是在该公司目标系统内植入恶意软件,窃取了多达 100GB 的内部数据,然后用勒索软件锁住电脑,要求支付赎金,否则将在网络上公布相关数据。2021 年 5 月 10 日,"黑暗面"发表声明,称其目的是赚钱而非给社会制造麻烦,相当于间接承认了对此攻击行为负责。

此次事件暴露了美国关键基础设施网络安全防护的严重不足，迫使美国政府迅速采取行动。白宫宣称，拜登总统 2021 年 5 月 8 日听取了相关事件简报，11 日发起"全政府行动"，以确保关键能源供应链安全；12 日，拜登签署《改善国家网络安全行政令》，将应对网络威胁称为"保障国家和经济安全的首要任务"，宣布将大幅收紧针对政府承包商的网络安全规定，并成立事件调查委员会。能源部、网络安全和基础设施安全局（CISA）、运输安全管理局（TSA）等部门根据各自职能采取措施，帮助 Colonial 尽快恢复管道运营，避免供应中断。众议院能源和商业委员会则发布声明，敦促积极支持和推动相关立法，提升能源部应对网络安全威胁的能力。

近年，针对关键基础设施的网络攻击不胜枚举，能源行业尤其成为"重灾区"。西门子公司的一项研究表明，在过去 12 个月里，68%的美国石油和天然气公司至少经受过一次网络攻击。2020 年以来，就有葡萄牙 EDP 公司、意大利 Enel Group 公司、巴基斯坦 K-Electric 电力公司等遭受类似攻击，2019 年年底美国另一家天然气管道公司的网络也曾被植入勒索软件。电力、医疗及其他公共设施也都是网络攻击的对象。

为保护关键基础设施网络安全，多国政府积极出台战略文件、建立相关机构和加大资金投入，如美国早在 1998 年就发布题为"保护美国关键基础设施"的总统行政令（PDD-63），2021 年 4 月下旬拜登政府还出台了提振能源供应体系网络安全的"百日计划"。然而这一切努力并未取得显著成效。

此次网络攻击持续时间不长，实质经济损失也相对有限，但其影响颇为深远。

首先，此次攻击暴露了美国关键基础设施行业的网络脆弱性，但无疑对包括中国在内的世界各国敲响了警钟。中国正加速推进能源等关键基础设施的两化融合和数字化转型，这在提升生产效率的同时，也带来了难以预估的网络安全风险。我国石化领域所应用的工业控制系统核心技术均由西方发达国家垄断，更加剧了相关行业网络安全威胁的复杂性。

其次，此次的网络攻击事件，以及近期接连发生的"太阳风"攻击事件、微软 Exchange 电子邮件攻击事件，将迫使拜登政府加快出台新的网络安全战略。近年来，美国反复指责中、俄对其构成网络威胁，强调以强力手段予以反制。可以预见，拜登政府的新网络安全战略与之前相比将具有更强的攻击性和威慑意味，而中国作为其网络空间主要假想敌，也必然成为其打击和压制的对象。

第三，保护关键基础设施免受网络攻击，是当前大国在网络空间为数不多的共识之一。联合国于 2004 年成立的"联合国信息安全政府专家组"（UNGGE），作为当前最具权威性的构建网络规范的国际机制曾在 2015 年达成共识，要求各国不对其他国家的关键基础设施发动攻击。我国发布的《2016 年世界互联网发展乌镇报告》中也强调，关键基础设施和数据保护已成为全球关注的重点。中国积极与相关国家开展网络安全合作，推动达成更多具有实质意义的国际共识，将类似美国管道被劫持这样的恶性事件消除在萌芽状态，既是中国作为网络大国的责任，也符合中国自身利益。

资料来源：吕晶华. 美国油气管道公司遭受"史上最严重网络勒索". 世界知识，2021（12）.

思考题：

1. 案例中提到虽然美国政府采取了一些维护网络安全的举措，但是未取得显著成效，请列举相关理由。

2. 可采取哪些网络安全措施来阻止网络犯罪活动的蔓延？并解释为何这些措施是有效的。

3. 结合本章内容，讨论我国网络安全建设需要在哪些方面进行加强？

索引

CA 认证

SSL 协议

TCP/IP 协议

电子商务的安全威胁

防火墙

计算机病毒

密钥

数据加密技术

数字签名

数字证书

本章参考文献

[1] 国家计算机网络应急技术处理协调中心. 2014 年中国互联网网络安全报告[M]. 北京：人民邮电出版社，2015.

[2] 360 互联网安全中心. 2014 年中国网站安全报告[EB/OL]. http://zt.360.cn/report/.

[3] 360 互联网安全中心. 2015 年双十一中国网购安全专题报告 [EB/OL]. http://zt.360.cn/1101061855.php?dtid=1101062366&did=1101488620.

[4] 李红心. 电子商务安全[M]. 大连：东北财经大学出版社，2008.

[5] 张波. 电子商务安全[M]. 上海：华东理工大学出版社，2006.

[6] 闫强，胡桃，吕廷杰. 电子商务安全管理[M]. 北京：机械工业出版社，2007.

[7] 王锋，杨坚争，罗晓静，等. 电子商务交易风险与安全保障[M]. 北京：科学出版社，2005.

[8] 黄敏学. 电子商务[M]. 北京：高等教育出版社，2004.

[9] 覃征，李环，卢江，等. 电子商务案例分析[M]. 西安：西安交通大学出版社，2007.

[10] Kenneth C. Laudon，Carol Guercio Traver. 电子商务——商业、技术和社会[M]. 劳帼龄，等译. 北京：高等教育出版社，2004.

[11] Gary P.Schneider. 电子商务（第七版）[M]. 成栋，译. 北京：机械工业出版社，2008.

[12] 胡山泉，王安生. SSE-CMM 在信息系统安全体系建设中的应用[J]. 网络安全技术与应用，2006，4：66-68.

第 7 章 网 络 营 销

引言

2016 年,支付宝"集五福"的横空出世成为当年春节红极一时的话题。除了民众积极扫福和换福,尤其是"敬业福"的稀缺还连续多日登上了各大社交平台的热搜榜,成为被街头巷尾热议的话题。从那一年顺利跻身舆论视野开始,"集五福"便在随后的若干年里持续拥有了较强的影响力。

从 2017 年开始,集五福便摆脱了单纯集卡式活动的样态,几乎每年都会推出不同的创新玩法。2018 年首次出现了可以兑换任一福卡的"全能福",扫身边好友"五福到"的手势,以及通过蚂蚁庄园和蚂蚁森林也能获得福卡;2019 年,支付宝又推出了 2019 张花花卡,获得此卡片的用户能获得"全年帮你还花呗"的权益;而到了 2020 年,支付宝的花花卡升级为"全家福卡",其中最具诱惑力的福利则是"帮还全家花呗"。

随着每年玩法的推陈出新,"集五福"开始具有了对用户的持续吸引力。每到岁末年初,期待集五福活动的到来已变得颇具仪式感,它也开始沉淀为互联网领域拥有强大影响力的中国春节营销活动之一。

本章重点

- ▶ 网络营销的概念及特征
- ▶ 网络营销战略制定的过程
- ▶ 网上消费者的购买动机及购物流程
- ▶ 不同产品的网络营销策略组合
- ▶ 网络营销的途径
- ▶ 网络营销的成本与效益

7.1 网络营销的基本概念与特征

7.1.1 网络营销的基本概念

网络营销是以互联网为核心平台,以网络用户为中心,以市场需求和认知为导向,利用各种网络应用手段去实现企业营销目的的一系列行为。网络营销是电子商务在营销过程中的运用,是电子商务应用中发展最快的领域之一。

网络营销的英文表达方式有多种,常见的有 E-marketing、Internet Marketing、Online Marketing、Web Marketing、Cyber Marketing 和 Network Marketing 等。本书中采用 E-marketing 这种简洁直观的表达方式,并且与电子商务 E-business、E-commerce 相呼应。

网络营销是随着互联网进入商业应用而逐渐发展起来的,尤其是 Internet、电子邮件、搜索引擎等得到广泛应用后,网络营销的价值体现得越来越明显。网络营销是在互联网技术的发展、消费者个性化的发展和企业经营的需要等背景下应运而生的。

（1）互联网技术的发展

随着互联网在全球的发展和普及，互联网已成为最快速迅捷的信息沟通渠道。企业交易过程需要进行大量数据信息的传输，使 Internet 在商业中的潜力被挖掘出来。随着计算机通信技术的发展，Internet 在电子商务领域已经显现出巨大的威力和发展前景。

而对于发展如此迅猛的 Internet 市场，传统的市场营销理论、手段和方法已经很难在网络上发挥作用，而依托 Internet 的发展生长的网络营销以新的方式、方法和理念，针对网络市场的特性实施营销活动，将更有效地促成企业的交易活动的实现。

（2）消费者个性化的发展

在传统的市场营销过程中，消费者个性化的需求经常被忽视，没有完全能够以消费者的个人意愿为基础挑选和购买商品或服务。企业的各生产经营要素要适应个性化消费。个性化的大规模定制不仅仅是一种制造过程，而且伴随而来的是，企业的供应系统、促销策略、企业文化与形象等生产经营要素，必须适应个性化消费的特点和要求。例如，互联网将帮助生产者与消费者进行"一对一"的对话，从而使互联网成为生产者与消费者最好的沟通渠道。在这样的情况下，生产者与消费者的关系出现了根本性的改变，"讨价还价"的主动权将从生产者手中转而落入消费者的手中。

（3）企业经营的需要

当今社会市场竞争日益激烈化，企业为了占领市场，获取竞争优势，使出浑身解数来吸引消费者，消费者复杂灵活的购买行为使传统营销中的各种手段现在已经很难再帮助企业在竞争中出奇制胜了。而网络营销正是迎合了企业的这种需要，企业在虚拟的网络上开店销售产品，可以节约大量昂贵的店面租金，减少库存商品的资金占用，使经营规模不受场地限制，能够实时与客户交流获得信息，了解消费者个性化的需求。企业追求成本降低、缩短运作周期、增强竞争优势及获得更多客户等这些经营上的需要，使网络营销的产生成为必然。

网络营销贯穿于营销的全过程，从市场调研、分析消费者行为，到制定网络营销战略及策略，以及对网络营销进行管理和控制都属于网络营销的范畴。其内容主要涵盖以下五个方面。

（1）网上市场调研

网上市场调研是指利用 Internet 的某些特性（交互性、全球性等）及网上调研工具，开展调研活动，获取有用的资料，发掘有价值的信息。例如，每年 CNNIC 发布的《中国互联网络发展状况统计报告》，其调研方式就是将问卷放置在中国互联网络信息中心的网站上，同时在全国各省的信息港与较大的 ICP/ISP 上设置问卷链接，以网民主动参与填写问卷的方式来获取信息。

（2）网上消费者行为分析

网民作为一类特殊的群体，有着与传统市场中消费者群体不同的特性，若要在网上开展有效的网络营销活动来获得更多的顾客，则要对网上购物群体按照其需求、心理动机、购买行为等做详细的区分，以便更好地开拓企业的网上市场，增加盈利。目前，各购物网站大多配有虚拟社区，在这里，一些兴趣爱好趋同的网上消费者可以交流心得，交换信息，形成了一个个性鲜明的群体。

（3）网络营销战略的制定

网络营销战略可以为组织的网络营销活动提供一致的目标，使组织能够整合其他网络营销活动并支持目标。任何一个企业要想实现经营目标，必须制定一个在较长时期内企业发展的总体设想和规划,网络营销也不例外。企业在实施网络营销前,需按照总体的经营目标,制定好网络营销战略,确定企业销售产品或服务所用手段的组合,提供比竞争者更有价值、更有效率的产品和服务,扩大市场营销规模,实现企业的战略目标。

(4) 网络营销策略的制定

网络营销策略包括在线营销产品、服务与网站的各个层面,也包括市场调研、电子邮件营销与直销等方式。不同企业在市场中的地位不同,在采取网络营销实现企业网络营销战略目标时,必须采取与之相适应的营销策略。一般地,网络营销策略主要包括价格营销策略、产品营销策略、渠道营销策略和品牌营销策略等。不同的营销策略会给企业带来不同的效果,实现企业目标的手段和方式也各有千秋。

(5) 网络营销的管理和控制

网络营销是在网络上开展的营销活动,势必会遇到在传统营销活动中无法出现的一些新问题,如质量问题、隐私保护问题和信息安全问题等,这些都是网络营销必须重视和进行有效管理和控制的,否则网络营销的效果会大打折扣。

7.1.2 网络营销的特征

组织与个人之间传播和交换信息是市场营销中最重要也是最本质的东西,如果没有信息的交换,那么任何交易都无从谈起。而互联网所创造的营销环境使营销活动的范围和方式变得更灵活,与传统营销相比,网络营销表现出以下特征。

1. 跨空间

通过 Internet,企业和个人能够超越地理空间的限制进行交易,使他们能够有更充足的时间和空间中进行营销活动,可以每天 24 小时随时随地与客户保持联系,为其提供营销服务,实现企业的盈利。例如,某酒店通过携程网可以很轻松地为各地到北京的客户提供预订服务。携程网的跨时空网络营销如图 7-1 所示。

图 7-1 携程网的跨时空网络营销

2. 多媒体

Internet 被设计成可以传输多种媒体的信息，如文字、图像、声音和视频等信息的形式，这使得为达成交易进行的信息交换可以以多种形式进行，能够充分发挥营销人员的创造性和能动性。统一企业相关产品的多媒体网络营销如图 7-2 所示，活动采用了包括视频、动画、图片与文字等多种多媒体的形式，使产品特性能够更好地展现，吸引更多的潜在用户购买商品，从而达到营销的目的。

图 7-2　统一企业相关产品的多媒体网络营销

3. 交互性

交互性，就是指厂商可以通过网络与顾客进行实时交流，向顾客提供具体必要的信息，也可以从顾客那里收集市场情报、了解顾客满意度等。因此，Internet 是企业进行产品推广、提供信息和服务的最佳场所。图 7-3 展示的是亨氏公司网站的在线问答板块，从中我们可以看到一些与产品有关的常见问题与答案，同时客户也可以通过单击其他按钮来提交未曾回答的问题。亨氏公司通过 Internet 与客户互动，解决客户问题，收集信息以提高产品声誉。

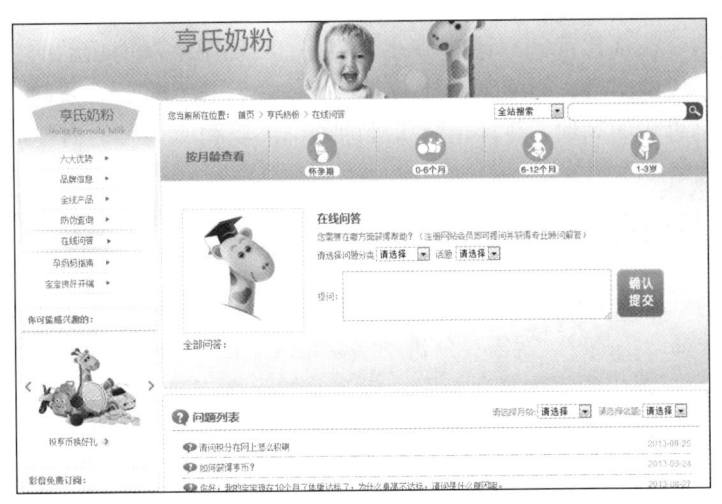

图 7-3　亨氏公司网站的在线问答板块

4. 整合性

Internet 为整合营销提供了更广阔的范围。当评价公司网站的营销绩效时，可以从两个方面来评价网络在与顾客和其他合作者沟通方面所起到的作用：从组织到顾客方向和从顾客到组织方向都是以网络为基础的沟通（Outbound and Inbound Internet-based Communications）。一般来说，前者是向新市场和现有顾客传达公司的产品和服务信息的，而后者主要将一些电子邮件回应和网站回馈整合到已有的客户服务部。如图 7-4 展示的 DELL 公司的整合营销，DELL 公司网站通过网页、电话订购、在线咨询等多种方式向顾客宣传公司的产品，并且，从历年的数据来看，这种整合的网络营销已经取得了很好的效果。

图 7-4　DELL 公司的整合营销

7.2　网络营销战略

网络营销战略是在现代营销理论的基础上，为了实现网络营销活动的目标，企业对销售产品或服务所用手段的组合。网络营销战略对企业的经营总战略起重要的支持作用，它的制定受企业整体战略思想的制约，并且企业所处的外部环境和所拥有的内部资源也会在一定程度上对网络营销战略产生影响。

7.2.1　网络营销战略的环境分析

网络营销作为一种竞争手段，具有很多竞争优势。而要了解这些竞争优势如何给企业带来战略优势及如何选择竞争战略，就需要分析网络营销战略的开发环境。本节借鉴哈佛大学商学院波特（Porter）教授提出的五力竞争模型，对企业的网络营销战略做环境分析。网络营销战略的环境如图 7-5 所示。

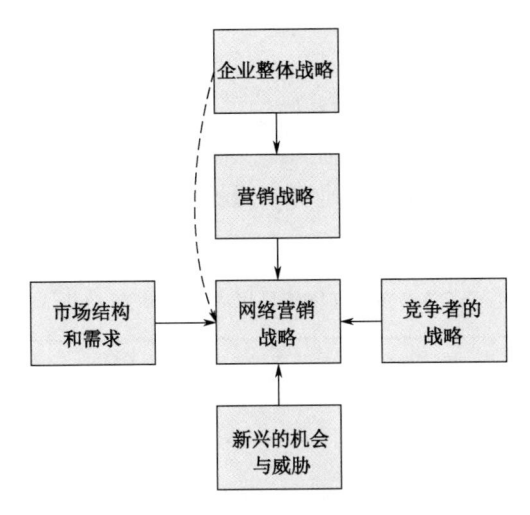

图 7-5　网络营销战略的环境

1. 企业整体战略与营销战略

企业的整体战略刻画了企业的总体经营目标，引导企业其他战略的制定和实施，网络营销战略无疑会受企业整体战略规划的制约，营销部门需要按照其制定的经营目标来制定网络营销战略。与企业的整体战略相比，营销战略对网络营销战略的影响更为直接，网络营销战略可以看作企业营销战略中获得企业竞争优势的一种方式，网络营销战略实现的目标是营销战略的目标之一。

与其他的环境因素相比，企业整体战略与营销战略可以看作是企业内部对网络营销战略制定的影响因素。

2. 市场结构和需求

目前，各国实行的都是市场经济，这就要求企业的发展必须是以市场为导向的，企业制定的战略、计划都是为了市场需求服务的。在传统的消费者市场中，不同类型产品的市场结构基本上已明确，因此在制定网络营销战略时，就要考虑营销产品的市场结构情况，对不同的市场结构采用不同的网络营销战略，以获得最大的竞争优势。

影响网络营销战略制定的另一个关键因素是在不同的细分市场中，顾客对网络营销服务的当前需求和将来计划。他们的需求在很大程度上影响着网络营销战略的制定；除此之外，那些转向网络的新顾客的需求也是企业网络营销战略所应重点考虑的因素，因为，在电子商务的消费者中，有很多是新进入的顾客。因此，针对这些新进入的消费者，网络营销战略需制定留住他们的策略组合。

3. 竞争者的战略

同传统市场一样，竞争者的战略影响着企业的网络营销战略。由于网络媒体是具有动态性的，因此，对竞争者战略的分析是很重要的。传统市场中的竞争者是很容易找到的，并且由于市场结构的稳定性，竞争者不会在较短时间内迅速扩大市场，但是，网络环境却大相径庭，新进入者可能由于恰当的网络营销战略瞬时占领市场的很大份额。因此，企业在制定网络营销战略的同时要考虑竞争者的战略。

4. 新兴的机会与威胁

企业在对其外部环境中新兴的机会与威胁进行分析时,也应该考虑自身在网络营销中的优势和劣势。企业应该在明确机会和威胁的基础上,再制定网络营销战略。最常用的机会、威胁分析工具是 SWOT 分析。总体来看,企业在网络环境中的优势与劣势、机会和威胁(SWOT 分析)如表 7-1 所示。

表 7-1　企业在网络环境中的 SWOT 分析

分析点	企业对应要素
优势——S	现有品牌
	现有客户基础
	现有分销渠道
劣势——W	品牌占有率
	中间媒介的作用
	技术/技能
	渠道支持
机会——O	交叉出售
	新市场
	新服务
	联盟/品牌共建
威胁——T	客户选择
	新进入者
	新竞争性产品
	渠道冲突

7.2.2　网络营销战略的制定

企业为了实现其网络营销优势,必须开发一个有计划、有结构的方案——网络营销战略。没有制定网络营销战略的企业,经常面临着营销活动职责不清、缺乏具体目标、预算不足、忽略顾客在线价值及网络营销评价不充分等风险,因此,制定并实施网络营销战略能够降低上述风险,获得新的机会和优势。

网络营销战略的制定大致需要以下四个主要步骤。

1. 战略分析

战略分析是对营销活动进行有效性的营销审计,包括控制战略制定方式分析、企业内部和外部环境分析等。这些原则可以被用到评价网络营销的有效性和内部能力上。战略分析的主要内容有以下几点:

(1)企业的内部能力、资源和流程及市场活动的评价;

(2)当前企业运作所处的微观环境,包括消费者需求、竞争者的行为、市场结构及与上下游企业之间的关系;

(3)企业运作所处的宏观环境,包括经济发展状况、政治和经济环境及社会法律道德约束等。

2. 战略目标设定

营销战略应基于清晰明确的企业经营目标，网络营销战略也不例外，网络营销管理同样首先需要设置明确的营销目标，用于支持经营目标。只有确定了明确的营销目标，才能对网络营销活动做出及时的评价。企业在引入网络营销的时候应根据自身的特点，设定不同类型的明确目标。战略目标设定的主要任务包括：

（1）设定能够实现的网络运营目标；
（2）评估并说明网络对企业未来的贡献；
（3）说明所获得的全部营业收益。

一般地，企业可以运用 SMART（Specific、Measurable、Actionable、Relevant、Time-related）评估所设定的目标对于不同战略的驱动作用或全面的业务流程改进的适合程度。通过 SMART 目标，每个企业都能设定目标并确定达成它的过程是什么。

3. 战略制定

战略制定是对可供选择战略的识别，对测评标准及最佳备选方案的选择。网络营销的关键战略决策与传统营销的战略决策是一样的，它们都涉及目标顾客分组并明确怎样给每组顾客提供价值。细分市场、寻求目标顾客、差异化和定位等对于有效的网络营销起到了关键的作用。这就是说，许多与网络营销战略开发相关的决策是在营销战略相似部分的基础上，对企业战略方法的重新评估。通过网络营销战略的制定，企业能够：

（1）明确企业对网络的承诺；
（2）为顾客设定合适的网站价值主张；
（3）识别网络在开发新市场、竞争场所和分销渠道，以及在传递产品和服务中的作用。

4. 战略实施

在战略实施阶段，企业要根据业务变化和技术发展对战略进行控制，评估战略的实施情况，评估是否充分发挥了战略的竞争优势、是否有改进余地等。

网络营销战略的实施是一个系统工程，它不是简单的某个技术方面的问题、某一个网站的建设问题，而是企业的营销部门对营销活动的整体规划。因此，企业需要在战略实施过程中密切注意技术的发展和竞争者的战略，评价和修正已确定的战略，保持企业的竞争优势。

7.2.3 网络环境下的营销战略

1. 市场/产品开发战略

该战略主要针对网络环境下新市场的建立、新产品的开发而开展的营销战略，对市场类型和产品类型的不同组合分别采取不同的营销战略，主要有以下四种类型：

（1）市场渗透战略是指使用网络将更多的已有产品销售到已有市场去；
（2）市场开发战略是指利用网络中广告的低成本性将已有产品销往新的市场；
（3）对于产品开发战略，网络能够帮助企业宣传、提供某些特定类型的新产品或新服务，为现有产品增值，延伸现有服务；
（4）多元化战略意味着销往新市场的新产品将被开发。尽管网络无法降低经营战略的高风险，但是能够实现比以往更低的成本。

企业采用市场/产品开发战略，通过改变卖什么（产品维度）和卖给谁（市场维度）来增加销售额。图 7-6 展示了该战略在网络环境下可以实现的战略目标。

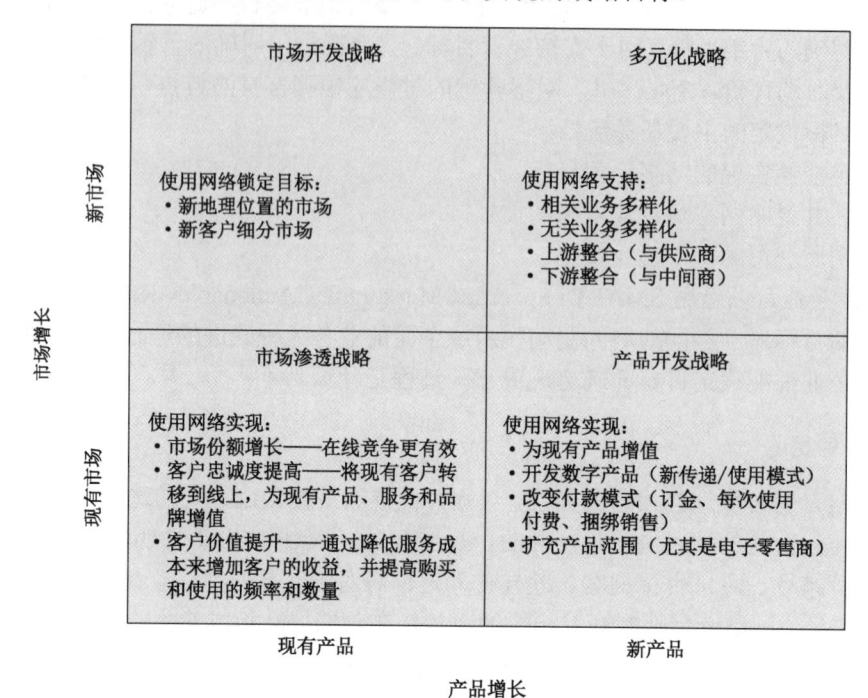

	现有产品	新产品
新市场	**市场开发战略** 使用网络锁定目标： • 新地理位置的市场 • 新客户细分市场	**多元化战略** 使用网络支持： • 相关业务多样化 • 无关业务多样化 • 上游整合（与供应商） • 下游整合（与中间商）
现有市场	**市场渗透战略** 使用网络实现： • 市场份额增长——在线竞争更有效 • 客户忠诚度提高——将现有客户转移到线上，为现有产品、服务和品牌增值 • 客户价值提升——通过降低服务成本来增加客户的收益，并提高购买和使用的频率和数量	**产品开发战略** 使用网络实现： • 为现有产品增值 • 开发数字产品（新传递/使用模式） • 改变付款模式（订金、每次使用付费、捆绑销售） • 扩充产品范围（尤其是电子零售商）

（纵轴：市场增长；横轴：产品增长）

图 7-6　市场/产品开发战略在网络环境下可以实现的战略目标

2. 目标营销战略

就像在传统的营销战略中一样，目标市场也是网络营销战略值得考虑的关键问题之一。在网络环境中，企业需要将那些具有高在线率、高购买倾向的消费者群体作为目标市场。目标营销战略的制定涉及以下四个步骤（见图 7-7）。

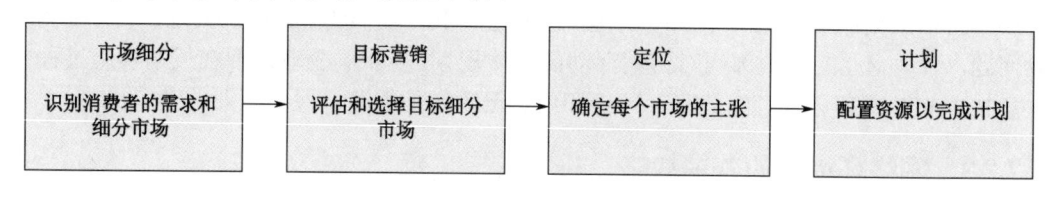

| 市场细分
识别消费者的需求和细分市场 | → | 目标营销
评估和选择目标细分市场 | → | 定位
确定每个市场的主张 | → | 计划
配置资源以完成计划 |

图 7-7　目标营销战略的步骤

（1）市场细分。企业需要了解网络消费者的人口统计学特征、需求和行为，将市场分为若干个不同的细分市场，以便接下来根据产品和服务选择特定的细分市场作为目标市场。

（2）目标营销。企业选择成长性优良和利润率高的细分市场作为目标市场，对网上消费者进行营销活动。

（3）定位。企业根据已确定的目标市场采取区别于其他竞争者的营销策略，以获得竞争优势。

（4）计划。企业对内部资源进行配置和评估，以完成计划。

3. 差异化战略

网络营销的差异化战略就是企业在网络环境下，凭借自身的技术优势和地理优势，生产出在性能上、质量上优于市场上现有水平的产品；或在销售方面，通过有特色的宣传活动、灵活的推销手段和周到的售后服务，在消费者心目中树立起优于一般的良好形象。

在此基础上，我们可以把差异化战略分为产品差异化、市场差异化和品牌形象差异化三大方面[8]。产品差异化是指企业生产的产品，在质量、性能上明显优于同类产品的生产厂家，从而形成独自的市场。市场差异化是指由产品的销售条件、销售环境等具体的市场操作因素而生成的差异。品牌形象差异化是指企业实施品牌战略和CI战略而产生的差异。

4. 多渠道分销战略

分销是指企业的产品或服务提供给终端顾客的流程。在互联网时代，传统的"砖块加水泥"的企业越来越不能博得新顾客的青睐，因此，目前大多企业向着"水泥加鼠标"方式、"只用鼠标"方式转变，以期获得网络细分市场中的一些份额。迪·卡雷希尔福[9]用图（见图7-8）说明了企业的战略选择应该根据目标市场使用每种渠道的百分比和企业承诺来制定，理念就是承诺应该能反映出顾客使用新媒体的意愿。

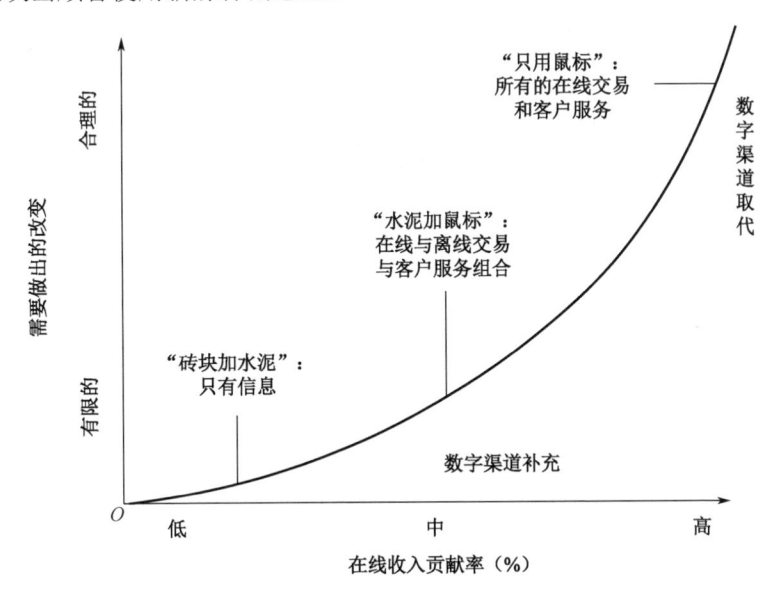

图 7-8　企业网络营销的渠道重要性战略选择

7.3　网络营销策略

传统的营销策略，即产品、价格、渠道和促销的 4P 营销组合，最早是由杰罗姆·麦卡锡提出的，现在仍被营销人员作为制定和执行营销战略的重要环节。然而，必须认识到的是 4P 营销组合倾向于产品导向而非消费者导向，而后者恰是市场导向与网络营销的关键。基于此，劳特伯恩提出了基于消费者的需求（产品）、消费者的成本（价格）、消费者的便利（渠道）及与消费者的双向沟通（促销）的 4C 模式的框架，它是从消费者角度来考虑 4P 模式的。网络营销正是强调以消费者为中心,从各方面充分满足消费者需求的。

7.3.1 产品策略

产品策略是企业为了在激烈的市场竞争中获得优势,在生产、销售产品时所运用的一系列措施和手段,包括产品组合策略、产品差异化策略、新产品开发策略、品牌策略及产品的生命周期运用策略。在网络营销条件下,产品策略的内容已由原来单一的实物产品策略转化为实物产品策略、软件产品策略、信息产品策略和服务产品策略四位一体的产品策略;并在新产品开发策略、品牌策略等方面表现出新的特点。

1. 网络适销产品

并非所有的产品都适于网络销售,一般来说,适于网络销售的产品主要包括以下几种。

(1) 实体产品

在网络上销售实体产品的过程与传统的销售方式有所不同,网络上的交互式交流成为买卖双方交流的主要形式。消费者或客户通过卖方的主页考察其产品,通过填写表格表达自己对品种、质量、价格、数量等的选择;而卖方通过邮寄产品或送货上门完成产品交付。图书就是一种非常适合于网络销售的产品,最近几年互联网书店如亚马逊书店(Amazon)、当当网书店等大大方便了用户购买图书的方式。网络销售的图书易于查找,便于邮寄,很快被人们所接受。

(2) 软件产品

软件产品包括计算机系统软件和应用软件。直接通过网络传送软件,可以省去一切包装材料,而且快速便捷。网上软件销售商通常可以提供一段时间的适应期,好的软件自然能够吸引消费者购买,实现网络营销目标。

(3) 服务产品

服务产品(简称服务)是生产者通过由人力、物力和环境所组成的结构系统来销售和实际生产及交付的,能被消费者购买和实际接受及消费的"功能和作用"。在网络营销中,服务可以分为普通服务和信息咨询服务两大类。普通服务包括远程医疗、法律救助、网上订票、饭店/酒店预订和网络游戏等,而信息咨询服务包括法律咨询、股市行情分析、金融咨询、资料检索、电子新闻报刊等。

2. 新产品开发

(1) 在线产品市场调研

与传统产品市场调研相比,互联网为生产商提供了更及时、方便且低成本的在线产品市场调研方式,生产商通过调查消费者对产品和服务的感觉、评价和意见,可以不断对已有产品进行必要的调整,同时便于开发和设计新产品。

(2) 新产品的开发速度

网络也能加快新产品开发,因为作为市场调研的一部分,在线方式能够更快地测试不同的产品选择。公司还可以根据自己的调查对象更快地测试其选择情况,如通过对领先用户发出试用和测试邀请,这种方式所需的成本比传统的营销调查方法更低,反馈意见可能更快。另一方面,网络效应可使公司之间更快地形成投放新产品的合作关系。

(3) 新产品的传播速度

由于网络及与之相伴的全球化影响,企业为保持竞争性就要更迅速地大量生产新产品来满足国际市场需求。同时,互联网的传播途径越来越广,传播速度也正变得越来越快。因此,如果在互联网上投放新产品广告及使用其他营销手段,结合传统的宣传方式,使新产品甚至还未上市就已经引爆了未来的市场。

3. 品牌策略

（1）网络品牌内涵及特征

网络品牌是网络与品牌的统一。网络品牌主要指企业注册在通用网址的域名,与企业名称、商标一起构成企业的品牌。广义的网络品牌是指"一个企业、个人或组织在网络上建立的一切美好产品或服务在人们心目中树立的形象"。

网络品牌与传统品牌有着很大不同,网络优势品牌的建立需要重新进行规划和投资。尽管可口可乐、耐克等知名品牌仍然受到广大青少年的青睐,但是这些公司网站的访问量并不高,说明知名品牌与网站访问量没有必然联系,公司是否需要建设网站及如何建立网络品牌就是值得认真考虑的问题。

（2）网络品牌命名和设计

网络产品在品牌命名和设计时应注意以下策略：

① 品牌命名和设计要符合当地的法律规范；

② 品牌命名和设计要简洁明快、令人印象深刻；

③ 品牌命名和设计要较好地体现出产品的特点,并能暗示产品的优良属性；

④ 品牌命名和设计力求新颖,体现出产品的与众不同；

⑤ 品牌名称应与产品名称相统一,或与产品品牌标志相统一等。

（3）在线改变品牌识别的方式

阿克和乔治姆塞勒认为品牌识别是一个品牌关系的集合,这个集合揭示了组织给顾客的一份承诺。公司需要使自己的在线服务实现差异化,而改变品牌识别就是其中的一个部分。目前公司可采用以下四种主要方式来实现在线品牌的移植,以改变品牌识别的方式。

① 将传统品牌转移到网上。

这是最常使用的方式。公司可以把自己已被大家广泛接受的传统品牌转移到网络上。这样做的唯一风险就是品牌价值可能会因为网站性能、结构或信息内容较差而降低。

② 扩展传统品牌——衍生。

有些公司在建立网站时,会创造一个与原品牌略有不同的版本。DHL 快递公司网站的早期版本就建立在一个属于太空船概念的"红色星球"在线品牌之上。通过这种方式,公司不仅可以使自己区别于其他竞争性服务,还可用于在线与离线促销,使公司网站区别于其他网站。但阿克和乔治姆塞勒认为建立衍生品牌时有可能存在识别问题,而且品牌信任和质量联想也可能会受到影响。

③ 现有网络品牌的匹配。

有时公司会将产品跟一个强大的现有网络品牌（如 Yahoo! 和 Google）联合起来进行推销。这样的营销策略可能会使公司的品牌被显著地突出,这种情况往往对公司与互联网企业都有利。

④ 创立一个全新的网络品牌。

如果现有的传统品牌相对新媒介来说有消极含义或太过传统,那么公司就有必要建立一个全新的网络品牌。关于具体的品牌命名和设计方法可以参照本节的"网络品牌命名与设计"。

7.3.2 定价策略

传统营销是以企业成本+利润来定价的。在网络营销中,定价策略转化为以消费者为满足意愿付出的代价为基础来定价的,同时降低消费者的购买成本,产品和服务在研发时就要充分考虑消费者的购买力。消费者可以通过互联网提出愿意付出的成本,企业根据消费者的要求提供柔性的产品设计和生产方案供用户选择,直到消费者认同确认后再组织生产和销售。这种定价模式符合真正意义上的以消费者为中心的成本策略。

1. 影响定价的因素

影响企业定价的因素主要包括成本、供求和竞争等因素。

（1）成本因素

成本是营销产品价格的最低界限,产品的成本是由产品在生产过程和流通过程中耗费的物质资料和支付的劳动报酬所形成的。那些正在进行网上销售的企业在降低边际成本方面具有经济优势,这一优势使企业得以吸引更多的消费者。表7-2列出了传统交易与网上交易的成本比较。

表7-2 传统交易与网上交易的成本比较

传统交易	平均数额	网上交易	平均数额
电话交易成本再加上相关的客户服务费用	5.00	网上自动交易成本	0.01
银行交易成本	1.07	网上银行交易成本	0.01
机票交易成本	8.00	网上机票交易成本	1.00

（2）供求因素

市场供求影响企业产品定价,而供求又受价格和收入的影响。价格与收入等因素引起的需求的相应变动率,称为需求弹性。不同产品的需求弹性是不一样的,总之,当商品供小于求时,企业产品的营销价格可能会高一些,反之,则可能低一些;在供求基本一致时,商品的售价为买卖双方能够接受的"均衡价格"。

（3）竞争因素

不同企业之间生产同类产品的相互替代性,使竞争者的产品质量和价格对本企业的产品销售有所影响。因此企业就必须采用适当的方式了解竞争者所提供的同类产品的质量和价格,并及时调整自己的产品价格及销售方式。比较一下《史蒂夫·乔布斯传》一书在当当网和亚马逊的价格,如图7-9所示。

2. 个性定价策略

网络营销的互动性使企业可以为顾客提供个性化的定制服务,即消费者对产品的外观、颜色、附件提出个性化的需求,企业按订单进行生产。这是企业提供了高附加值的服务,可实行较高价格的个性化商品定价策略。

个性化定制生产分为两类：一类是面对工业市场的定制生产；另一类是满足消费者个性化要求的生产。企业利用网络技术软件,帮助消费者选择配置或自行设计能满足需求的个性化产品,同时使消费者承担愿意付出的价格。

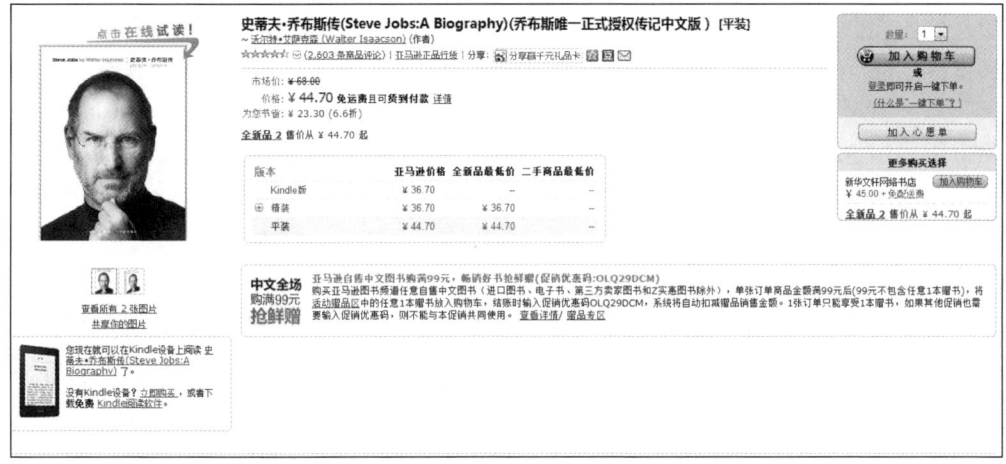

图7-9 《史蒂夫·乔布斯传》在不同网站的价格

3. 网络促销定价策略

（1）免费

Avira（小红伞）杀毒软件将其一部分防护功能整合成免费版无偿地提供给消费者，以此来建立消费者对其产品的忠诚度，目的是为了随后向大量的消费者出售它的升级版软件。

（2）折扣

亚马逊将网络信息传递所节省的费用，通过折扣的形式转移到消费者身上，使消费者充分领略到现代交易方法的优越性，也使自己的书店成为世界上图书销售量最大的无国界的书店。

4. 拍卖竞价策略

网上拍卖竞价主要有竞价拍卖、竞价拍买和团购价三种方式。竞价拍卖主要用在 C2C 的交易中，包括二手货、收藏品，也可以是普通商品以拍卖的形式进行出售等。竞价拍买是竞价拍卖的反向过程，消费者提出一个价格范围，求购某一商品，由商家出价，出价可以是公开的或隐蔽的，消费者将与出价最低或最接近的卖家成交。团购价主要用于多个消费者结合起来向批发商（或生产商）以数量换价格优惠的方式。由于网络为团购行为提供了实现的可能性，现在很多人非常乐于在网上进行团购，大到家居装潢材料，小到生活用品。

5. 免费定价策略

免费定价策略是最有效的市场占领手段。免费定价策略有四类：第一类是对产品和服务完全免费，即产品（服务）从购买、使用和售后服务所有环节都实行免费服务，如免费的信息报道、免费的软件下载、免费的电子邮箱、个人主页空间和贺卡等。第二类是对产品和服务实行限制性免费，即产品或服务可以被有限次使用，超过一定期限或次数后，取消免费服务。例如，一些杀毒软件有免费使用日期，鼓励大家下载使用。第三类是对产品和服务实行部分免费。例如，著名研究公司艾瑞咨询的网站公布部分研究成果，如果要获取全部成果必须付款成为公司客户；第四类是对产品和服务实行捆绑式免费。

目前企业在网络营销中采用免费定价策略的一个目的是先占领市场，达到目的后，再开设收费项目；另一个目的是想发掘后续商业价值，它是从战略发展的需要来制定价格策略的，主要目的是先占领市场，然后再在市场上获取收益。免费定价策略还可以获得资本市场对公司的认可和支持，因为资本市场更看好其未来的增长潜力，而它的免费定价策略恰好是占领了未来市场。

除上所述定价策略外，网络营销定价策略还包括低价定价策略、使用次数定价策略、声誉定价策略和品牌定价策略等。

7.3.3 渠道策略

美国市场营销学权威菲利普·科特勒定义营销渠道为："某种货物或劳务从生产者向消费者移动时，取得这种货物或劳务所有权或帮助转移其所有权的所有企业或个人。"简单地说，营销渠道就是商品和服务从生产者向消费者转移过程的具体通道或路径。与传统营销渠道一样，以互联网作为支撑的网络营销渠道也应具备传统营销渠道的功能。

1. 传统营销渠道

传统营销渠道按照有无中间商可以分为直接销售渠道和间接销售渠道。直接销售渠道：一般是指依照生产商规定经批准采取直销方式销售产品的销售方式，如戴尔、安利等；另外一种就是生产商不从事下游销售活动，在某个区域指定一家直销单位，且不增加二级销售商的行为，也可理解为直销渠道方式。间接销售渠道：生产者与消费者之间存在中间商，根据中间商数量的多少，又可分为一级、二级、三级，甚至更多级的分销渠道。传统营销渠道的结构如图 7-10 所示。

2. 网络营销渠道

相对于传统的营销渠道，网络营销渠道也可分为直接销售渠道和间接销售渠道，但其结构要简单得多。网络的直接销售渠道和传统的直接销售渠道一样，都是零级分销渠道，这一点没有大的差别。重要的是对于间接销售渠道，电子商务的网络营销中仅有一级分销渠道，即只存在一个信息中介商（电子商务中心）沟通买卖双方的信息，而不存在多个批发商和零售商，因此也就不存在多级分销渠道。网络营销渠道的结构如图 7-11 所示。

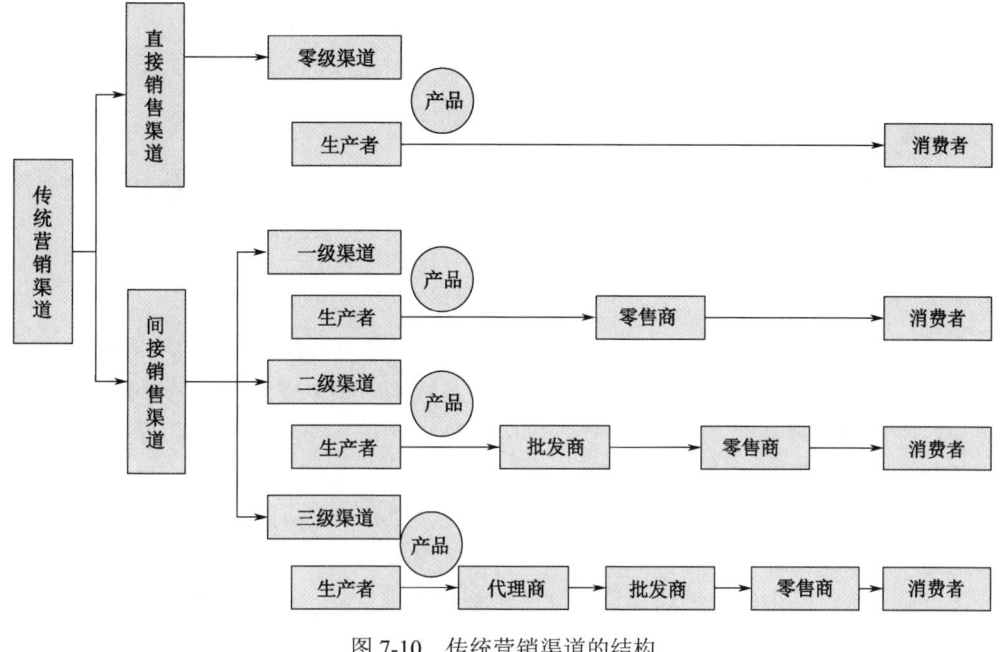

图 7-10　传统营销渠道的结构

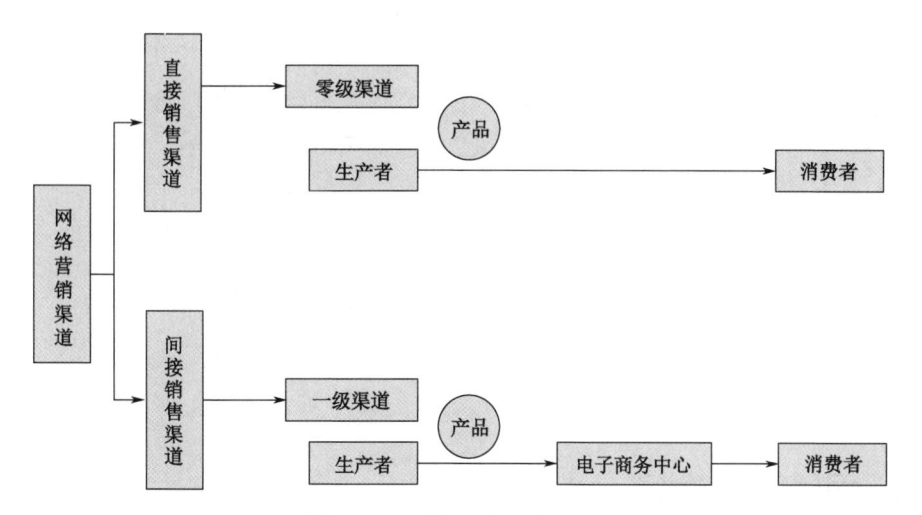

图 7-11　网络营销渠道的结构

3. 网络直销渠道

在网络直销情况下生产企业可以通过建立网络营销站点，直接在线销售，并提供支付结算功能。网上直销可以减少流通环节，有效降低成本。生产企业可以通过网上直销渠道为消费者直接提供售后服务和技术支持等。

（1）网络直销渠道的优势

与传统营销渠道相比，网络直销渠道有很多更有竞争优势的地方。①利用互联网交互特性，网络直销渠道成为双向直接信息的沟通方式，增强了生产者与消费者之间的直接连接；②网络直销渠道可以提供更加便捷和相关的服务；③网络直销渠道可以大大减少过去传统分销渠道中的流通环节，有效降低成本。

（2）网上支付

由于互联网的发展，传统交易中的以现金为主要支付手段的方式发生了重大变革。网络交易和付款通常是在网上完成的，付款可以用网上支付系统来完成。

（3）物流管理与控制

为配合网络直销的顺利实施，企业需要构建或利用外包来建立基于互联网技术的现代网络系统，其主要特点有：①顾客直接驱动；②全面服务性；③可跟踪性。

4．网络营销间接渠道

网络营销间接渠道指网络中间商，在企业产品或服务销售过程中为提高各种服务水平起到一定促进作用。这些中间商由于在市场信息、规模、技术和知名度等方面的优势，能更有效地帮助单个生产企业实现销售，他们与生产企业是一种专业分工与合作的关系，承担着收集信息、促销宣传、关联营销及结算支付等职能。

网络营销间接渠道主要包含两种类型，第一种是以商品或服务经销商为中介的网络营销间接渠道；第二种是以信息中间商为中介的网络营销间接渠道。第一种中间商与传统渠道中的中间商一样，起着将产品由生产领域向消费领域转移的作用；第二种中间商，本身不经营任何商品和服务，仅仅凭借其掌握的大量相关信息沟通买方和卖方之间的交易，如比较购物代理等。

7.3.4 促销策略

促销策略是指企业如何通过人员推销、广告、公共关系和营业推广等各种促销方式，向消费者或用户传递产品信息，引起他们的注意和兴趣，激发他们的购买欲望和购买行为，以达到扩大销售的目的。传统促销一般通过两种方式进行：一种是人员推销，即推销员和消费者面对面地进行推销；另一种是非人员推销，即通过大众传播媒介在同一时间向大量消费者传递信息，主要包括广告、公共关系和营业推广等多种方式。而网上促销（Cyber Sales Promotion）是指利用 Internet 等电子手段来组织促销活动，以辅助和促进消费者对商品或服务的购买和使用。根据促销对象的不同，网上促销策略可分为消费者促销、中间商促销和零售商促销等。本章主要讲针对消费者的网上促销策略。

7.4 网络营销途径

7.4.1 网络市场细分

Internet 的出现，不仅为人们创造了一种全新的媒介，而且使得 Internet 本身也逐渐成为一个充满勃勃生机的国际市场。在这个市场中，消费者是身处各地的网民，而商家就是众多的基于 Internet 的网站。实体产品、数字产品、数字化产品、信息和服务等都作为商品在网上被广泛交易。在 Internet 上，传统市场的地理区位阻隔变得模糊甚至消失，任何企业都是一个真正意义上的跨国企业。在全球范围内，只要有网络存在的区域和地方，企业就可以直接与客户进行各种商务活动，增加营销机会。

网络市场细分，或称为网络营销市场细分，是指企业在市场调查的基础上，根据网络消费者的购买意愿、动机及产品偏好等的差异性，把网络市场划分成不同类型的子市场的过程。这样每个消费者群体就构成了一个细分市场。每个细分市场都是由需求和愿望大体相同的消费者构成的，不同的细分市场之间则存在着显著的差异性。例如，"美丽说"是一个受众为时尚女性的购物分享社区；"红孩子"是专门针对母婴市场应运而生的一个购物网站。

1. 网络市场细分的原则

网络市场细分要根据一定的原则进行划分，并不是盲目地对网络市场中消费者做简单分类。一般地，细分原则主要有以下几点。

（1）可衡量性。该原则要求细分市场能够清楚反映消费者需求的差异性，并且细分市场的范围、容量和发展潜力等都能够定量地加以说明。

（2）可盈利性。该原则是指企业划分的网络细分市场的规模、发展潜力、购买力等都应该足够大，保证企业进入该细分市场后能够带来经济利益。

（3）适度性。网络市场细分不是越细越好。如果细分后的市场过小，就很难稳定地追求长期的网络营销目标，同时，也增加了企业的成本和费用，规模效益不明显。因此，企业要把握好市场细分的尺度，避免细分市场数目过多，产生不必要的费用。

（4）相对稳定性。细分后的市场要能保证企业长期稳定地经营，避免市场变化过快带来风险和损失，能够保证企业取得长期稳定的利润。

2. 网络市场细分的标准

正确地细分网络市场不仅能为企业带来长期稳定的利润，而且能够通过细分市场了解消费者的行为，为企业占领新的细分市场打下坚实的基础。目前，网络市场细分主要根据以下几个标准，在实际细分时可以按照其中一个标准，也可以将几个标准结合起来使用。

（1）产品。企业应结合网络的特点和消费者的购买行为分析什么样的产品可以在Internet上销售。例如，我们可以对某企业的产品根据知识含量高低、是否是知名品牌、消费者是否熟知等特点将企业在网络上的市场细分，针对每个细分市场做详细的营销策略。

（2）人口统计学特征。该标准按照网络市场中产品消费者的人口统计学特征对市场进行细分，包括性别、年龄、收入、职业、教育、家庭、种族和宗教信仰等。根据网络市场消费者的人口统计学特征进行市场细分是企业采用最多的一种划分标准。

（3）消费者的心理。该标准根据网络消费者的心理特征及个性来进行市场细分，主要有生活方式、消费者的性格与气质、对品牌的偏好程度及自身能力等几种划分标准。

（4）消费者的购买行为。该标准根据网络消费者的购买行为习惯对网络市场进行细分。例如，消费者的购买时间、地点、频率、数量和支付习惯等，都会给企业启示，帮助企业创造有利的机会、赢得更多的细分市场。

网络市场细分是一项创造性很强的工作，企业必须对此给予足够的重视，注意其带来的实际价值。同时，企业在划分市场时，应结合网络市场虚拟环境的特点进行细分，与传统市场的细分做对比分析，从而做出正确的市场细分，选择适当的细分市场作为目标市场，并依此拟定本企业最佳的网络营销方案和策略。

7.4.2 电子邮件营销

在互联网时代，电子邮件不仅是一种个人交流工具，还与企业的经营活动密不可分。因此，电子邮件也是有效的网络营销信息传递工具之一，在网络营销中发挥着重要的作用。

电子邮件营销（E-mail 营销）是在用户事先许可的前提下，通过电子邮件的方式向目标用户传递有价值信息的一种网络营销手段。E-mail 营销有三个基本因素：基于用户许可、通过电子邮件传递信息、信息对用户是有价值的，三个因素缺一不可，缺少任何一个都不能称之为有效的电子邮件营销。

按照电子邮件是否经过用户许可可以将 E-mail 营销分为许可 E-mail 营销（Permission Email Marketing, PEM）和未经许可 E-mail 营销（Unsolicited Commercial Email, UCE），后者也就是我们通常所说的垃圾邮件（Spam）。

可见，E-mail 营销并不是平常我们在邮箱里面经常见到的垃圾邮件，一般来讲，企业进行正确的 E-mail 营销需要注意以下两个方面的内容，才能提高营销的效果。

（1）许可 E-mail 营销

许可 E-mail 营销是实施电子营销最重要的一个环节。没有被消费者许可的电子邮件是会令他们反感的。许可 E-mail 营销是指向那些询问过某个专题或特定产品信息的人发送电子邮件的营销方式。而向明确表示过愿意接收某种产品或服务的促销信息的消费者发送特定信息的效果要比通过大众流媒体发送一般性促销信息的效果好得多。

由于垃圾邮件的充斥，消费者厌烦了那些他们不想要的邮件。因此，企业如果是在做征得消费者允许的 E-mail 营销，那将会使它在竞争中获益。如果消费者对企业所提供的产品或服务满意，那么就会增进对该企业的信任并愿意接受以后所提供的各种服务，消费者在不知不觉中就成为企业的忠实顾客。

（2）内容合并与广告

E-mail 营销是一种营销手段，也是一种传递企业信息的工具，因此，可以将企业宣传的产品信息和广告信息合并起来。对企业各个细分市场中的消费者发送特定的电子邮件，不仅提高了电子邮件的接收率，也提高了网站的关注率。目前，大多数企业传送内容的一个办法是在电子邮件里加上链接，将消费者引导到公司网站的相关内容区域里。在消费者查看网站上的页面内容时，公司就有可能留住消费者并引导采购。

由此，我们可以看出 E-mail 营销相对于传统的营销方式有许多突出的优点。①成本较低。在传统的直邮或宣传中，打印、邮寄的费用很高，并且不一定会收到良好的宣传效果。②提高网站的点击率，E-mail 营销比广告更具有针对性，在用户许可的前提下，消费者通过电子邮件中的链接到企业网站上查看信息的概率要比通过广告大得多。③内容形式的多样性。电子邮件依附于 Internet，因此，可以在电子邮件中插入音频、视频资料，提高消费者的兴趣，增加其关注度。④答复率高。与普通的直接邮寄相比，消费者通过电子邮件对企业做出答复的概率要高得多。

7.4.3 网络广告

网络广告又被称为在线广告、互联网广告等，是指利用 Internet 作为广告媒体，以数字代码作为载体，将企业的宣传信息通过网络广泛传播的广告形式。企业在 Internet 上放置广告，使消费者对其产品、服务或观念等产生认同和接受，并诱导消费者的兴趣和行为，以达到推销产品和服务的目的。经过近十年的发展，网络广告在网络营销中已突显出其优势，具有信息传播的广泛性、非强迫性、互动性、感官性、灵活性和受众数量的可统计性等特点，并衍生出多种类型。

目前，常用的网络广告主要有以下几种类型。

（1）旗帜型广告（Banner）

旗帜型广告又称横幅广告，是指企业在网站页面中分割出一定大小的界面，将广告以图片、动画等格式定位在页面中进行宣传。旗帜型广告可以分为非链接型和链接型两种。前者是指广告不与其宣传企业的主页相链接；后者是指浏览者可以通过点击广告进入企业网站的主页。旗帜型广告是所有广告形式中最常见的一种形式，它可以利用多种多样的艺术形式处理其效果，因此其影响和效果都是比较突出的。

（2）按钮广告（Button）

按钮广告是在 Internet 上出现的较早的广告形式之一。它以按钮形式定位在网页中，比旗帜型广告的尺寸略小，通常是企业的标志或一般的图形，浏览者可以通过点击它来链接到企业的网站上。由于按钮广告仅仅是图片形式的，并且要求浏览者主动点击才能进入企业主页，因此，具有一定的被动性和局限性。

（3）浮动广告（Mobile）

为了改变早期网络广告的呆板性，一种可以在屏幕上不断移动的小幅图片文字广告出现了，它被称为浮动广告或游动广告。这种形式的广告既不会固定地占用网页版面，又能够吸引浏览者的注意力，一般地，浮动广告都会加上链接，当浏览者点击它时，即可进入企业的网站主页。

（4）弹出式广告（Interstitial Ads）

弹出式广告是指浏览者在打开某个网页时，自动出现的用于展现广告的新的浏览器视窗。这种视窗可大可小，并且可以运用多种多样的形式来展现广告，如文字、图片和动画等。

（5）主页式广告（Homepage）

主页式广告是指企业将产品或服务信息放置在自己的网站上，详细地介绍企业的相关信息、产品信息、联系信息等，从而让浏览者能够更全面地了解企业及企业的产品和服务。

（6）巨型广告（Huge）

巨型广告是在广告尺寸加大和动态互动效果加深的情况下出现的，它一般能达到旗帜型广告面积的 4 倍左右，并多采用 Flash 动画的形式。巨型广告一般出现在产品新闻或热点内容的页面，紧密与新闻或信息结合，使浏览者在浏览自己感兴趣的内容的过程中去体会广告的含义，接收广告传达的信息。

（7）植入式广告（Product Placement）

植入式广告是指将产品或品牌及其代表性的视觉符号甚至服务内容策略性融入电影、电视剧或电视节目各种内容中，通过场景的再现，让观众在不知不觉中留下对产品及品牌印象，继而达到营销产品的目的。目前，在网络上比较常见的是网络游戏中的植入性广告。

（8）个性化和定向化广告投放（Personalized and Directional Advertising）

网络广告开始根据目标受众需求，针对性地发布广告，实施网络广告的定向传播。在新媒体环境下，网络广告的定向传播尤为重要。个性化广告是一种非常强大的工具，它有助于改善所投放的广告与消费者的相关性，进而提高广告的投资回报率。在互联网信息技术不断发展的格局下，移动新媒体越来越便捷，网络媒介越来越多样化，为网络广告投放提供了更广的信息化平台。广告主要能结合网络信息发展现状，分析受众群体心理需求，优化定向传播策略，给受众提供更准确的信息，提高广告投放率。

7.4.4 社交网络营销

互联网时代,随着社交网站(Social Network Site,SNS)的迅速崛起,社交网络营销战略已经成为企业网络营销战略的一个重要组成部分。社交网络营销是指企业借助某些社交媒体,通过信息的发布与分享、与消费者的互动等活动对企业品牌或产品进行广泛宣传的一种网络营销手段。与其他网络营销工具相比,社交网络营销具有以下几点优势。

(1)社交网络营销能够满足企业不同的营销策略。社交网站的最大特点就是能够充分展示人与人之间的互动,而这恰恰是一切营销的基础所在。作为一个不断创新和发展的营销模式,越来越多的企业尝试着在社交网站上开展各种营销活动,如线上游戏中的产品植入、市场调研或病毒传播式营销等,都可以在这里实现。

(2)社交网络营销能够有效降低企业的营销成本。社交网络营销传播的主要媒介是消费者,主要方式是"众口相传",因此与传统广告形式相比,无须大量的广告投入,正因为消费者的参与、分享与互动,消费者很容易加深对一个品牌和产品的认知,进而形成深刻的印象,对企业来说形成了好的宣传效果。

(3)社交网络营销能够实现对目标消费者的精准营销。社交网络营销中的消费者通常都是认识的朋友,消费者注册的数据相对来说都是较真实的,企业在开展网络营销的时候可以很容易对目标受众按照地域、收入状况等进行消费者的筛选,来选择哪些是自己的消费者,从而有针对性地与这些消费者进行宣传和互动,实现对目标消费者的精准营销。

(4)社交网络营销能够真正符合网络消费者的需求。社交网络营销模式恰恰满足了网络消费者的真实需求——参与、分享和互动,它代表了现在网络消费者的特点,也符合网络营销发展的新趋势,没有任何一个媒体能够把人与人之间的关系拉得如此紧密。只有符合网络消费者需求的营销模式才能在网络营销中帮助企业发挥更大的作用。

社交网络营销的核心是关系营销,其重点在于建立新关系,巩固老关系。社交网络营销不是直接销售商品,而是与消费者互动,进而影响他们的购买行为。从目前来看,根据社交网站类型的不同,企业利用社交网络进行营销活动主要有以下四种形式。

1. 博客营销

博客(Blog)营销即利用博客进行营销,企业利用博客的物以类聚、信息共享、互动自主等特性,将企业的经营理念、产品、服务等信息在该载体上进行推广与宣传,从而达到营销的目的。

博客营销不直接推销产品,而是通过影响消费者的思想来影响其购买行为。从目前来看,企业利用博客主要有两种方式,一是利用第三方博客平台或企业自身的网站建立企业的博客。这是企业进行网络营销最常用的一种方式。在选择博客平台时,企业应选择访问量比较大、知名度较高的博客网站来建立其博客,也可以同时在几个不同的博客网站建立企业的博客。建立合适的博客环境,坚持博客写作。与其他的营销活动一样,企业也应对博客营销的效果进行评估,及时针对问题不断完善博客营销计划,让博客营销在企业营销战略体系中发挥应有的作用。二是利用有影响的个人博客来进行网络营销。企业也可以通过有影响力的博客来进行网络营销。个人博客可以从客观的角度对自己钟爱的产品进行推广。同时,利用个人博客对企业的产品做营销,可以从一个消费者的角度对产品的品质、实用性、适用性等方面进行评价,产生"口碑效应",这样可以使产品更容易获得更多消费者的认同。一般来讲,利用个人博客进行营销主要有三种方式：(1)直接在名人的博客上投放广告。名人的博客一直以来容易吸引大量的网民点击和浏览，在名人的博客上对企业的产品进行宣传，会提高营销效果。因此，选择名人博客成为目前网络营销的主要方式之一。(2)利用草根博客进行宣传。草根博客是相对于名人博客而言的，是指出身草根的网民撰写的博客，草根性质决定了其博客不可能是广受关注的，而更多地倾向于个人思想、行为、喜好和轶事。(3)传播博客话题广告。博客中的这类话题广告是一种独特的付费型的带有评论性的广告，一般由企业自己或通过第三方中介机构提供话题给博客网络运营商，博客主可以自由地选择企业所提供的产品或服务的话题，并将自己对话题的认识和理解通过博客传播给其他人。

2. 微博营销

微博，即微博客（MicroBlog）的简称，是一个基于用户关系的信息分享、传播及获取的平台，是一个继博客后的全新信息平台。用户可以通过 Web、WAP 等各种客户端组建个人社区，以 140 字左右的文字更新信息，并实现即时分享。微博营销是指通过微博平台为商家、个人等创造价值而执行的一种营销方式。

微博营销具有以下特点。

(1)立体化。微博营销可以借助先进多媒体技术手段，用文字、图片、视频等表现形式对产品进行描述，从而使潜在的消费者更形象直接地接受信息。

(2)高速传播性。一条关注度较高的微博在互联网及与之关联的手机 WAP 平台上发出后，短时间内的互动性转发就可以抵达微博世界的每一个角落，短时间内获得最多的目击人数。

(3)便捷性与低成本。在微博营销中，发布信息的主体无须经过繁复的行政审批，从而节约了大量的时间和运作成本。

(4)传播的范围更广、受众更多。企业利用微博，能够轻而易举地拉近与市场的距离，向粉丝推送最新消息；通过发布微博就能制造与企业相关的热点话题。

在微博营销中，企业常用的策略主要包括以下几个。

(1)内容营销。企业通过发布有实质性内容、值得读的微博，与用户达成情感上的共鸣，利用微博的高速传播性快速地在网络上传播企业的信息。

(2)意见领袖营销。在诸如美食、旅游、体育、女性等领域掌握有强大话语权的意见领袖们的作用也是不容小觑的，与其让企业"王婆卖瓜，自卖自夸"，还不如引导意见领袖们去讨论、传播产品，这样会吸引那些数以万计的围观粉丝的主动关注。

(3)活动营销。在微博上不定期地发布抽奖、免费或促销的消息，无疑是对消费者来说具有强大的吸引力，通过这种力量，消息也会迅速地传播。

(4)情感营销。企业不单单可以以企业名称进驻微博，企业的领导者也可以以个人名义进驻微博，在微博中展示自己的生活、对事件的看法，调动用户的评论，走进用户的内心，用情感连接企业的品牌。

3. 微信营销

随着智能手机、平板电脑的普及，5G 网络的覆盖，Wi-Fi 热点的增加，微信的强势来袭与普及，人们的沟通方式迎来了一个全新的变革。现在，已经有越来越多的企业开始关注微信给企业营销带来的商业价值。例如，招商银行通过建立公众号为消费者服务，其微信的自助和互动服务能为招行信用卡中心一年节省大概 3000 万元的费用。

微信营销是移动互联网时代企业营销模式的一种创新,是伴随着微信技术的发展而产生的一种营销方式。微信不存在距离的限制,企业可以通过向消费者提供所需信息,来推广自己的产品,进行点对点的营销。从目前来看,企业主要从以下几个方面进行微信营销活动。(1)微信会员卡。这是微信营销最直接的方式,通过提供虚拟会员卡,使消费者凭此享受众多优惠特权。此后,消费者不必携带实体会员卡,也能第一时间得知商家信息并享受特权,如聚美优品推出的黑钻卡。(2)消息推送。企业基于后台的用户分组和地域控制,实现精准的消息推送。(3)微信直销。一些银行、保险公司等通过微信服务平台为消费者提供咨询业务、查询业务,以及购买商品等服务。如平安微信平台直销车险等。微信营销举例如图7-12所示。

图 7-12　微信营销举例

4. 实名制社交网站营销

实名制社交网站营销也就是利用实名制社交网站的分享和共享功能,在六维理论的基础上实现的一种营销方式。通过病毒式传播的手段,让企业的产品被更多消费者知道。Facebook是目前运营最成功的实名制社交网站,在中国,开心网、人人网曾是实名制社交网站的杰出代表,但随着微博和微信的兴起,中国的实名制社交网站呈现出了衰退的形势。

纵观国内外实名制社交网站的营销手段,可以总结出对于此类网络营销,企业主要采用的宣传手段。

(1)建立企业主页。企业在实名制社交网站建立自己的主页,可以发布一些企业消息,并对其进行维护,以增进与消费者之间的友好度,提升品牌忠诚度。例如,朵唯在人人网开辟了它的主页,并获得了5000多名关注者的关注,如图7-13所示。

(2)植入性广告。企业在游戏中嵌入产品的广告,让用户在玩游戏的过程中不知不觉了解了企业想要宣传的某件产品。例如,"悦活"曾在开心网中植入广告,消费者在游戏中增加了对"悦活"品牌的好感,如图7-14所示。

(3)页面展示广告。企业可以在网站的页面上买入自己的广告位置,并展示产品的广告。例如,图7-15展示的是人人网的页面截图,从图中可以看到右下角有一项"寒假国际交流课程项目"的广告。

图 7-13　朵唯在人人网的公共主页

图 7-14　悦活在开心网的植入性广告

图 7-15　人人网中的页面展示广告

（4）发送站内信。一方面，企业向人人网用户发出自己空间的最新动态，让用户即时登录页面去查看，增强了用户对企业主页的关注度，同时也增强了与用户的互动性。另一方面，企业通过邮件向用户好友发送活动邮件，让更多的人了解并参与活动，以熟人推荐方式，增强品牌的信任度，使其传播呈网状发散结构向外扩张，增强了口碑传播效应。

7.4.5　搜索引擎营销

我们在前面讨论过，网络消费者在做出购买决策前，需要搜集大量的信息，而各个企业则希望在这个阶段能够锁定目标消费者、留住消费者，于是就出现了搜索引擎营销这种营销方式。搜索引擎是能够为网民提供信息检索服务、将 Internet 上的信息进行归类以帮助人们寻找自己所需要信息的一类网站。较为著名的搜索引擎包括 Google、百度和雅虎等。而搜索引擎营销（Search Engine Marketing，SEM）则是根据人们使用搜索引擎的方式，利用其搜集信息的机会将企业的营销信息尽可能地传递给目标消费者。如图 7-16 所展示的百度搜索"LED"结果页面，以"LED"为关键字在百度中进行搜索，搜索页面的上端和右端则是一些企业的推广链接。

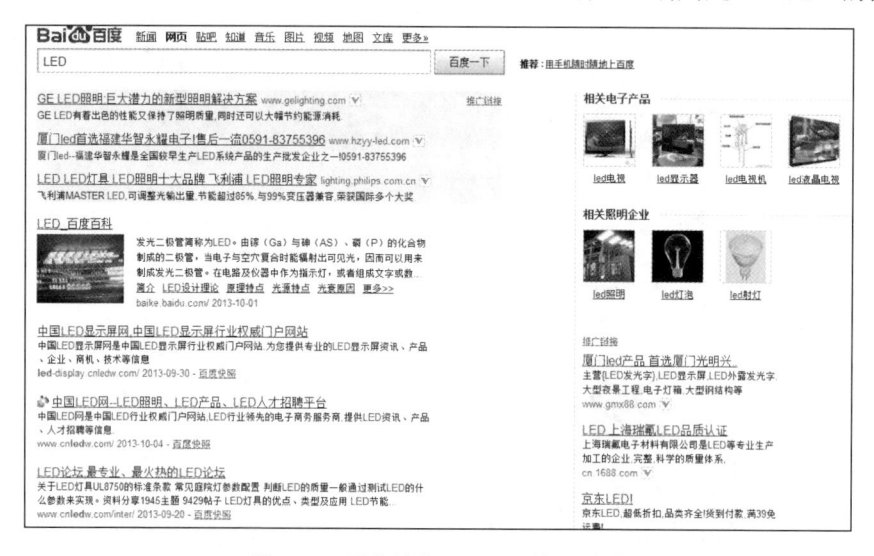

图 7-16　百度搜索"LED"结果页面

人们在搜索所需要的网站时，如何能让他们在不需要记住冗长的网址的情况下，轻松地找到某个企业的网站，这时搜索引擎最大的优势——主动搜索的信息传递方式则突显出来，利用搜索引擎成为每个企业的不二选择。消费者若能通过 Internet 快捷地找到所需的企业网站，就可能成为该企业的交易对象，这样，企业就能够通过网络获得大量的新客户。因此，搜索引擎营销越来越受到企业的重视。

目前，搜索引擎营销的常见方式有以下几种。

（1）免费登录分类目录。这是最传统的网站推广手段。目前多数搜索引擎都已开始收费，只有少数搜索引擎可以免费登录。但由于网站访问量主要来源于少数几个较大的搜索引擎，登录这些免费的搜索引擎对网络营销来说也没有太大的意义。搜索引擎的发展趋势表明，免费搜索引擎登录的方式已经逐步退出了网络营销舞台。

（2）付费登录分类目录。与原有的免费登录分类目录相似，仅仅是当企业向网站缴纳费用后才可以获得被收录的资格。一些搜索引擎提供的固定排名服务，也是在收费登录的基础上开展的。此类搜索引擎营销与网站设计本身没有太多关系，主要取决于费用，只要缴费，一般情况下就可以登录，但这种付费登录搜索引擎也存在着效果日益降低的问题。

（3）搜索引擎优化（Search Engine Optimization，SEO）。即通过对网站栏目结构和网站内容等基本要素的优化设计，提高网站对搜索引擎的友好性，使网站尽可能多的网页被搜索引擎收录，并且在搜索结果中获得好的排名效果，从而通过搜索引擎的自然检索获得尽可能多的潜在客户，利用较大的技术型搜索引擎进行推广，当新网站建成发布后，通常不需要自己登录搜索引擎，而是通过其他已经被搜索引擎收录的网站链接自动发现网站。

（4）付费关键词广告。关键词广告是付费搜索引擎营销的主要模式之一，也是目前搜索引擎营销方法中发展最快的模式。不同的搜索引擎有不同的关键词广告显示。例如，百度将付费关键词检索结果出现在搜索结果列表最前面，而 Google 则是将结果排列在搜索结果页面的专用位置。

（5）关键词竞价排名。这是关键词广告的一种形式，即对于购买同一关键词的企业，网站将付费最高的企业靠前排名。竞价排名一般采取按点击收费的方式，竞价排名方式也可以方便地对用户的点击情况进行统计分析，可以随时更换关键词以增强营销效果。

（6）网页内容定位广告。基于网页内容定位的广告是关键词广告搜索引擎营销模式的进一步延伸。广告载体不仅仅是搜索引擎的搜索结果网页，也可以延伸到服务合作伙伴的网页上。

7.4.6　网络直播电商

网络直播营销带货（又称网络直播电商，简称直播电商）是一种新兴的电商交易模式，近年来，短视频与直播带货的结合构建出新的商品交易模式，开启了内容电商发展的新时代。直播电商指的是以直播为渠道来达成营销目的的电商形式，是数字化时代背景下直播与电商双向融合的产物。直播电商以直播为手段重构"人、货、场"三要素，但其本质仍是电商，与传统电商相比，直播电商拥有强互动性、高转化率等优势。

2016 年 3 月，蘑菇街正式上线直播入口，我国直播电商由此起航。经过几年的高速发展，众多平台先后入局直播电商行业。一方面，传统电商平台主动拥抱直播这一强互动性工具，"电商+直播"推动图文货架式电商向直播电商转型；另一方面，娱乐社交平台力图以电商赋能直播流量变现，"直播+电商"拓展直播娱乐、资讯属性之外的营销职能。

无论"电商+直播"还是"直播+电商"，直播电商归根到底仍是以电商为核心，而直播则是商家探索拉动新用户转化、流量变现的新路径之一。直播电商依旧离不开"人、货、场"三要素的结合；不同的是，直播电商对人与场进行创新，融入主播、MCN 机构等参与者，在"商品详情页"的基础上丰富营销场景，推动三要素更为紧密的结合。与传统电商相比，直播电商对"人、货、场"的优化，驱动用户购物体验升级，在营销效果与用户转化层面优势明显。

2018 年，快手、抖音等短视频及社交内容平台入局，以直播撬动流量变现。从跳转第三方购物平台模式到自建商品平台模式，短视频及社交平台依靠强大的先天流量优势，为直播电商按下加速键。

进入 2019 年，平台加码、政府政策支持、头部主播凸显，推动电商直播进入爆发式发展阶段。而 2020 年，新冠肺炎疫情阴云下的"宅经济"为直播营销渗透率的提升持续"添砖加瓦"。

传统电商主要以图文为载体传递商品相关信息。二维平面式的信息呈现形式，容易使消费者产生信息不对称的风险,同时也难以抢夺信息爆炸时代下日趋降低的消费者注意力时间。早在 2015 年,微软调研团队发布的报告显示,人类注意力持续时间已由 21 世纪初的 12 秒降低至 2015 年的 8 秒。对消费者而言,他们更期待能够在短时间内迅速捕捉到全面的商品信息。

直播媒介的出现,将平面信息立体化、直观化,与消费者需求更为契合。一方面,主播对商品 360 度全方位的展示,一定程度上可以规避商品详情页"文字陷阱"与"照骗"风险;另一方面,通过主播对商品的介绍、描述及对消费者问题的实时互动回答,商品信息实现"语言化",相较图文形式,更易被消费者捕捉和接受。

同时,网络购物与直播观看习惯的培养,也为直播电商的蓬勃发展奠定了坚实的用户基础。中国互联网络信息中心数据显示,近年来,网购与直播观看人数均实现稳步增长。截至 2020 年 6 月,直播观看人数与网购人数分别达到 5.62 亿人与 7.49 亿人,在网民群体中的渗透率分别为 59.79%与 79.68%(根据 CNNIC 数据进行测算)。作为直播与电商融合的产物,直播电商更易被网民所接受。

7.5 网络营销的成本与效益

网络营销能够给企业带来巨大的经济效益,但同时,网络营销也是要付出成本的。因此,企业需要对成本进行控制和管理。网络营销的成本是企业和网络消费者用于软硬件配置、学习和使用、信息获取、网上交付、信息安全、物流配送、售后服务及商品在生产和流通过程中所需的费用总和。而网络营销的效益是指企业和网络消费者在网络营销中获得的降低成本、提高效率、树立企业品牌、扩大市场份额等有形和无形的收益。本节将从企业和消费者两个角度对网络营销进行成本效益分析。

7.5.1 企业的成本效益分析

1. 企业网络营销的成本分析

(1)网络化建设成本

企业进行网络营销,需对网络化建设投入大量的精力。网络设备及相关软件成本是网络化建设的重要成本之一。网络营销离不开计算机及计算机网络和各种软件的支持。因此硬件设备的购置和安装费用、网络服务软件成本、域名的注册费、空间租用费、网页设计费等都是企业必须投入的成本。而网络维护成本是网络化建设的主要成本。企业一旦建立并运行网络系统,与之配套的服务和相关费用也就随之而来,并伴随企业网络营销整个过程。

(2)网站推广成本

网站推广的目的是提高企业网站的访问量,以完成网络营销目标。网站推广的成本一般包括在主要搜索引擎注册、网络广告的发布、在其他网站做链接及在电视报刊等传统媒体中做广告等所花费的资金。因此,企业应利用各种手段推广网站,让更多的潜在消费者认识网站并成为客户。尽管与传统的企业产品广告相比,网站推广成本比较低,但是其仍然是企业营销成本的一部分,同样值得企业关注。

(3)物流配送成本

物流配送是按网络消费者的订货要求通过物流公司完成将商品从企业到最终消费者的运送过程。通过物流配送,才能最终完成企业的物流活动,使交易最终完成。众所周知,企业的物流配送是要花费成本的。网络营销不是网上销售,尽管不涉及送货和支付过程,但是,网络营销是为企业经营的电子商务化服务的,因此,在制定网络营销策略时,也要将物流配送成本考虑进企业的成本中,如免费配送就是当当网的一项网络营销策略。

(4) 网络服务成本

网络营销在某种程度上改变了企业的组织结构,其客户服务部门需要投入额外的人力为网络消费者解决问题,如开通 24 小时在线服务、安装新的消费者数据分析软件等。为消费者提供更贴心服务的同时也意味着增加更多的消费者服务成本,这些成本投入的根本目的是为了更好地服务消费者,提高消费者忠诚度。

2. 企业网络营销的效益分析

(1) 降低企业的成本

降低企业的成本是网络营销为企业带来的最直接的效益。通过网络营销,企业大大缩减了销售机构和人员,节省了大量办公费用,提高了员工素质,树立了企业品牌,提高了效率,增强了企业的市场竞争能力,扩大了企业的销售额和利润。

(2) 促进企业的组织变革

网络营销需要企业对原有组织结构进行变革,招聘计算机网络的专业人员、建立网络部门、精简原有工作流程、调整原有组织部门等。这些工作不仅促进了企业的组织变革,也为企业信息化进程的加快贡献了力量。

(3) 增进与消费者之间的关系

消费者关系对于开发消费者的长期价值具有至关重要的作用,以消费者关系为核心的营销方式成为企业创造和保持竞争优势的重要策略,网络营销为建立消费者关系、提高消费者满意度和消费者忠诚度提供了更为有效的手段,通过网络营销的交互性和良好的消费者服务手段,增进消费者关系成为网络营销取得长期效果的必要条件。

(4) 帮助企业开拓市场

网络是开拓产品销售渠道成本最低的平台。在互联网时代,企业想在全国各地甚至国外招地区代理,已经不会像以前那样困难,也不会像以前那样高成本。通过网络营销,企业结识了更多的合作伙伴,产品的推广变得更简单容易。

7.5.2 消费者的成本效益分析

1. 消费者的成本分析

(1) 消费者付出的时间和精力

由于网络营销的特殊环境,要求消费者具备一定的计算机及网络知识,懂得网络购物流程及安全支付的规则等,消费者需投入一定的时间和精力来学习。这些都可以看作是消费者在企业网络营销中所付出的成本。

(2) 浏览成本

对于消费者来说,企业网络营销的效果之一就是能够吸引消费者浏览其网站、观看其广告等,只要企业达到了这样的目的,那么网络消费者就为此付出了网络使用费、通信费、添置相应硬件设备的费用等。

（3）消费者承担的风险

风险成本是一种隐形成本，成本的形成是由一些不确定因素（如计算机病毒、黑客攻击、网络信息安全问题和个人隐私问题等）产生的。需要企业注意的是消费者对风险的感知影响着其网上交易的积极性。

2. 消费者的效益分析

（1）产品选择的自由性增加及范围扩大

网络营销最大的特点在于以消费者为主导。消费者将拥有比过去更大的选择自由，他们可根据自己的个性特点和需求在全球范围内寻找满足品，不受地域限制。通过进入感兴趣的企业网址或虚拟商店，消费者可获取产品更多的相关信息，使购物更显个性。

（2）简化购物流程

网络营销使传统购物过程中在售货点完成的短则几分钟、长则数个小时的购物过程变得简单不复杂。他们只需在家里面比较各种同类产品的性能、价格后，做出购买决定，用电子货币结算，即可坐等物流公司送货上门。

（3）节省购物时间、精力、金钱

网络营销为消费者节省了为购买商品去购物场所的路途时间、购买后的返回时间及在购买地的逗留时间，使人们能在闲暇时间内从事一些有益于身心的活动，并充分地享受生活。同时，网络营销能为企业节省巨额的促销和流通费用，使产品成本和价格的降低成为可能。而消费者则可在全球范围内寻找最优惠的价格，甚至可绕过中间商直接向生产者订货，因而能以更低的价格实现购买，节约了金钱。

本章小结

网络营销是建立在传统的营销理论基础上，借助联机网络、通信技术和数字交互式媒体，运用新的营销理念、新的营销模式、新的营销渠道和新的营销策略，为企业开拓市场、增加盈利的营销过程。制定企业网络营销战略主要包括战略分析、战略目标设定、战略制定和战略实施四个步骤。了解网上消费者的购买行为，是制定良好的网络营销策略的基础。网上消费者的购买动机大体可以分为需求动机和心理动机两类。影响网络消费者购买决策的因素主要有产品的特性和质量、网站的安全性、社会、文化、个人及心理等。网络营销最重要的是根据消费者的需求及目标市场的特点制定营销策略。网络营销能够给企业带来巨大的经济效益，但同时，网络营销也是要付出成本的。网络营销给企业和消费者分别带来了不同的成本和效益，在评估一个企业的网络营销效果时，要区别对待。

问题与讨论

1. 什么是网络营销，它与传统营销有什么不同？网络营销是否可以完全代替传统营销呢？
2. 简述网上消费者的购物过程，并分析影响其购物的因素有哪些。
3. 简要说明如何制定一个企业的网络营销战略。
4. 论述网络营销的策略。
5. 尽管网络营销的出现削弱了中间商的作用，但是中间商也不会完全退出营销渠道，那么什么样的中间商能够在网络营销时代生存呢？

6. 什么是 E-mail 营销？在其营销过程中需要注意什么？

7. 什么是网络广告？并举例说明网络广告的形式。

案例分析　　　论坛讨论识别出的商机：TATA 木门成功之秘

在 TATA 木门公司（以下简称 TATA）里，有这样一个规定，作为 TATA 的员工，必须每天上网，这是他们的工作重点！而且这个规定伴随着 TATA 走过了 11 年的时间。员工在网上一搜索，基本就知道全国的 TATA 昨天发生了什么新闻，绿色而便捷。

现在对于 TATA 来说，网络营销的江湖地位，同行已难以超越。2008 年年底至 2009 年年初在全国进行的 20 场签售活动，每到一处，当日创下的签单量几乎占据本市全年总单量的 40%，2009 年年初和 2010 年 5 月 9 日的团购活动全国总签单量均超过 1 万单。

TATA 整个网络营销的过程充满了艰辛。

1999 年刚过春节，吴晨曦从老家安徽来到北京，因为找不到工作，只有拾起装饰的老本行，但他一直梦想着有一天可以进入 IT 业。2000 年，吴晨曦的 TATA 木门厂在石景山投产，规模很小，生存很艰难，但吴晨曦却花很多的时间在网络论坛上玩，那时的他并没有意识到这些行为和 TATA 木门以后的发展会有什么关系。

2002 年 4 月，TATA 的专卖店来了一个客户，问五户一起订购能不能便宜一点。TATA 木门的产品价格很高，一个普通的木门价格在 3600～4200 元，专卖店的店主做不了主，给吴晨曦打电话，吴晨曦答应给个 95 折。但结果这位客户订购后，仅仅留下来几个奇怪的名字，销售部的人认为肯定是骗子，骗折扣的，吴晨曦看了那几个名字后，立马就意识到这是网名，就按照这个 ID 按图索骥地找到了"焦点网"，潜进去一看，大吃一惊，论坛上竟然有如此多的网友在讨论 TATA 木门，吴晨曦跟同事说，这些人不是骗子，肯定还会回来的。

后来，这些订单都成交了，TATA 步入了网络营销时代。关注 TATA 的人应该都知道，TATA 木门开始的时候价格很高，定位是高端人群，因为一笔意外的生意，TATA 彻底地改变了原有的风格，迎来了第一次成功。2002 年 8 月的一天，吴晨曦在"焦点网"上搜索"TATA"的信息，发现在格林小镇的社区里有人在讨论 TATA，而且"相当"热烈，其中有一个叫 JENNY.Z 的网友在 TATA 专卖店看到一款被他称为"巨美"的 TATA 木门，并把照片发了上来。吴晨曦一看是 AC-002 款，小镇的其他网友对这款门也好评如潮。

AC-002 款恰巧是设计总监的兴奋之作，但销量却不乐观。没想到在网上居然有这么多人看好它。此时，吴晨曦找到了根源问题："我们的产品定位错误，买得起的人不喜欢，喜欢的人买不起！于是我和设计师一起连夜设计大约十款简约风格的产品，用 3D 做出效果图，通过 JENNY.Z 发到社区，当时就订购了几十户。要知道，这在当时，可是 TATA 一个月的订购量！"

设计的改变为 TATA 带来了希望，整个公司都很兴奋，机会来了就要牢牢地抓住它！于是 TATA 用最快的速度做出了全部的简约风格样品，并快速地装到几个店面里。同时，大幅度地下调了木门的价格。但是当时由于产能问题，TATA 迫于无奈停止了社区的集采，但也开始了 TATA 的装修论坛的网络宣传。

吴晨曦说，"我们注册了'木门专家 TATA'的 ID，不停地写出 TATA 木门关于简约风格理解的文章，以及对成品木门知识的普及，这些帖子都被论坛置顶和加精了。"吴晨曦认为，在网络上，虽然大家仅靠一个 ID 相互沟通，但每一个 ID 的背后都是一个活生生的人，这个人无论是善良、真诚、守信、平和，还是虚伪、耍小聪明都会随着时间的推移在网上展现无余，甚至发一个帖子就会被有经验的人认可或识破，因此，在网络上用真诚的心来对待每一个人和事，不要任何的"聪明"，是做好网络营销最大的技巧之一。

所以，不管 TATA 木门如今做得如何大，吴晨曦依然坚持再小的客户都努力的服务，这并不是销售额的问题，坚持网络服务会让企业更成熟，反馈更迅速，竞争力更强！

吴晨曦举了这样一个例子，其中有一个社区的版主组织了一批定制木门后，由于 TATA 的产能问题，导致服务出现了很多问题，很多业主把怨气矛头指向组织者。"这位版主很是委屈，我过意不去，带着礼品去找她道歉，她坐在沙发上非常悲伤地哭，反问我：'你的礼品能换来信任和尊重吗？'我无地自容，发动公司的全部服务力量，不惜一切成本，对服务进行补救！尽管这个小区的业务，TATA 赔损很大，但后来，该小区二期收房后，她又组织了一次 TATA 集体采购，我们还是补回了损失，她也由于自己的人品补回了尊重和威望！在网络上的做人规则让 TATA 明白了做事规则，这一条为 TATA 的发展起到了根本的作用，坦诚相见，对与错都承担！"

在服务上，TATA 注重下真功夫。以沈阳市场为例，从 2007 年下半年到现在，TATA 没有一例投诉。并不是说 TATA 的产品没有任何问题，而是站在消费者的角度去看待问题、解决问题。如果消费者的门出问题了，其他企业是将门卸下来返回工厂进行鉴定和维修，但这样消费者家里大概有 20 多天没有门，造成不便。而 TATA 在拆卸后会将一扇新的木门先给消费者家中安装上。这样的做法就是要将 TATA 的人性化服务体现到极致，让消费者感受到周到优质的 TATA 服务。如今的 TATA 木门，所到之地，没有不火爆的，它到哪个城市办一场活动，基本都要带走拿走这个城市全年总产量的四成，TATA 木门在网络上的成功、在线下的贴心服务，使 TATA 成为别的品牌很不想遇见的对手、消费者最喜闻乐见的木门品牌。

案例来源：《实战商业智慧》杂志 2011 年第 12 期（总 181 期）。

思考题

1. TATA 是如何制定其营销战略的？
2. TATA 网络营销的途径有哪些？这些途径给企业带来了哪些好处？
3. TATA 通过网络营销节省了大量的开支，那么对于其客户来讲，网络营销对他们有何益处呢？
4. 结合 TATA 的案例，谈谈你对企业开展网络营销的看法。

索引

电子邮件营销
社交网络营销
搜索引擎营销
网络广告
网络市场细分
网络营销
网络营销渠道

网络营销战略

微博

微信营销

本章参考文献

[1] 戴夫·查菲,菲奥纳·埃利斯-查德威克,理查德·迈耶,等. 网络营销——战略、实施与实践[M]. 马连福,译. 北京:机械工业出版社,2008.

[2] 中国互联网络发展状况统计报告[EB/OL]. 中国互联网络信息中心,2015.

[3] 方真. 电子商务教程[M]. 北京:清华大学出版社,2004.

[4] 黄敏学. 网络营销[M]. 武汉:武汉大学出版社,2000.

[5] 卓俊. 网络营销[M]. 北京:清华大学出版社,2005.

[6] 瞿彭志. 网络营销[M]. 北京:高等教育出版社,2004.

[7] 查菲,吴冠之. 网络营销:战略、实施与实践[M]. 北京:机械工业出版社,2004.

[8] SILVER D K, ESHOCK M. The Electronic Shopping Revolution: Strategies for Retailers and Manufacturers[M]. London: Macmillan, 2000.

[9] LAUTENBORN R. New Marketing Litany: 4Ps passes; C-words take over[J], Advertising Age, 1990(1): 26.

[10] JEVONS C, GABBOTT M. Trust, brand equity and brand reality in Internet business relationships: an interdisciplinary approach[J], Journal of Marketing Manageme. 2000(16): 619-634.

[11] 阿姆斯特朗. 市场营销管理[M]. 赵平,王霞,译. 9版. 北京:清华大学出版社,2003.

[12] 菲利普·科特勒. 营销管理[M]. 梅清豪,译. 12版. 上海:上海人民出版社,2006.

[13] 李琪,孔伟成,陈水芬. 网络营销学[M]. 重庆:重庆大学出版社,2004.

[14] 冯英健. 网络营销基础与实践[M]. 3版. 北京:清华大学出版社,2007.

[15] 傅铅生. 电子商务教程[M]. 北京:国防工业出版社,2006.

第 8 章　移动电子商务

引言

移动电子商务是指在网络技术和移动通信技术的支撑下，应用智能手机、平板电脑及笔记本电脑等移动通信终端开展各种商业经营活动的电子商务模式，是移动通信、计算机技术与互联网三者融合的信息化成果。移动通信技术的成熟和广泛商业化为移动电子商务提供了通信技术基础，而功能强大、价格便宜的移动通信终端的普及为移动电子商务提供了有利的发展条件。面对日趋庞大的终端用户群，怎样去开发新颖的移动电子商务应用模式，创造经济效益和社会效益，成为目前该领域的主要问题。

本章重点

- 移动电子商务的概念和特点
- 移动电子商务的体系和数据管理方式
- 移动电子商务的信息安全问题
- 移动电子商务的典型商务应用
- 移动营销

8.1　移动电子商务概述

8.1.1　移动电子商务的概念与特点

移动电子商务（M-Commerce）的概念来源于电子商务（E-Commerce），"可移动性"是它与传统电子商务最大的不同。现将以个人计算机为主要工具进行的商务活动称为传统的电子商务；而移动电子商务，则是指通过智能手机、平板电脑和笔记本电脑等各种移动通信终端进行的商务活动。

它将互联网、移动通信技术、短距离通信技术及其他信息处理技术进行结合，使人们可以在任何时间、任何地点进行各种商贸活动，实现随时随地、线上线下的购物与交易、在线电子支付及各种交易活动、商务活动、金融活动和相关的综合服务活动等。移动电子商务将在人们未来的生活中扮演举足轻重的角色。

相比传统电子商务，移动电子商务具有以下几大特点。

（1）便捷性

只要用户有需要，移动电子商务可以在任何时候（如旅行、会议或娱乐）开展电子商务活动。只要身处移动信号覆盖的网络范围内，用户可以用其随身携带的各种终端在任何地点接受服务，而不需要像传统电子商务那样必须坐到电脑面前。移动终端是私人化的东西，用户可以对它们进行完全个性化的设置，并根据喜好灵活选择访问和支付方式。

(2) 安全性

移动电子商务的安全性主要体现在信用认证上。对于传统电子商务而言，用户的消费信用问题一直是影响其发展的一大问题，而移动电子商务在这方面显然拥有一定的优势。随着实名制的推进，和智能手机的 SIM 卡片和手机号具有唯一性一样，用户的移动设备内部通常包含着用来确认该用户身份的用户信息。对于移动的商务而言，这就有了信用认证的基础。

(3) 开放性和包容性

移动电子商务因为接入方式无线化，使任何人都更容易进入网络世界，从而使网络范围延伸更广阔、更开放；同时，使网络虚拟功能更带有现实性，因而更具有包容性。

(4) 易用性

移动通信所具有的灵活、便捷的特点，决定了移动电子商务更适合大众化的个人消费领域。例如，自动支付系统，包括自动售货机、停车场计时器等；半自动支付系统，包括商店的收银柜机、出租车计费器等；日常费用收缴系统；移动互联网接入支付系统。

8.1.2 移动电子商务的现状

1. 移动电商技术趋于完善

目前，国内的移动电子商务主要是伴随 5G 时代的成熟而发展起来的。移动电商技术中最具代表性的主要有二维码、移动定位业务和移动支付等。通过二维码识读和被读，引导用户进入商家站点，降低用户进入移动电子商务界面的门槛；移动定位业务基于对用户信息数据库的掌握，有效为商家实现精准营销，充分体现了移动电子商务分众、定向、及时和互动的优势；移动支付则为移动电子商务的应用提供了安全便捷的支付通道和技术支持。

2. 移动用户人数不断增加

移动用户人数的增加主要体现在移动应用规模与移动购物规模上。截至 2021 年 12 月底，我国市场上检测到的移动互联网应用（App）数量为 252 万款，我国本土第三方应用商店移动应用数量超过 117 万款，苹果商店（中国区）移动应用数量超过 135 万款。根据艾瑞咨询数据，我国移动端交易额在 2015 年第二季度首次超过 PC 端，占网络购物交易额的 50.8%，第三季度移动端交易额占网络购物交易额的 56.7%，移动端渗透率持续提升。手机移动端购物成为一些网民首选的购物方式。

3. 移动电商产业链分布合理化

移动电子商务产业链涵盖了电信运营商、软件开发商、终端用户、金融机构和服务提供商等各领域的部门和机构。中国目前的移动电商产业链，具有代表性的有以淘宝、京东为代表的成熟电商企业；以拼多多、每日优鲜等为代表的新兴移动电商企业；以支付宝、微信支付为代表的移动支付企业；以顺丰、中通等为代表的国内物流企业，以 DHL、UPS 为代表的国际物流企业。

移动智能终端能够连接互联网，具有各种操作系统搭载能力，可以根据用户的需求实现特定的功能。目前常见的移动智能终端有智能手机、平板电脑、笔记本电脑、车载智能终端和可穿戴设备等。移动智能终端通过语音、视频等方式获取用户想要的操作，提高用户的信息处理效率和准确率。在音频方面，语音识别、语义识别、语音合成、语音唤醒、声纹识别及信息监测与识别等人工智能技术的高度融合,让移动智能终端可以通过语音的方式来识别人类的意图并且按照意图提供相应的服务;在视频方面,人脸识别、物体和场景识别、智能拍照及信息识别等应用,为移动智能终端尤其是智能手机提供了在人脸解锁、人脸支付、美容美颜、视频优化和信息检索等功能上的核心技术;移动智能终端通过智能系统能较好理解用户想要的操作,并按照用户的意图完成相应的事情,移动智能终端有一定的学习能力。

8.1.3 移动电子商务的发展

随着移动通信技术和计算机的发展,移动电子商务的发展已经经历了三代。

第一代移动电子商务系统是以短信为基础的访问技术,这种技术存在许多严重的缺陷,其中最严重的问题是实时性较差,查询请求不会立即得到回答,由于信息长度的限制也使一些查询无法得到一个完整的答案。

第二代移动电子商务系统采用基于 WAP 技术的方式,手机主要通过浏览器的方式来访问 WAP 网页,以实现信息的查询,部分地解决了第一代移动访问技术的问题。第二代移动访问技术的缺陷主要表现在 WAP 网页访问的交互能力极差,因此极大地限制了移动电子商务系统的灵活性和方便性,WAP 网页访问的安全问题对于安全性要求极为严格的政务系统来说也是一个严重的问题。

第三代移动电子商务系统采用了基于 SOA 架构的 Web Service、智能移动终端和移动 VPN 技术相结合的第三代移动访问和处理技术,同时融合了 3G 移动技术、智能移动终端、VPN、数据库同步、身份认证及 Web Service 等多种移动通信、信息处理和计算机网络的最新前沿技术,以专网和无线通信技术为依托,使系统的安全性和交互能力有了极大的提高,为电子商务人员提供了一种安全、快速的现代化移动电子商务办公机制,逐渐成为移动电子商务的主流发展方向。

8.2 移动电子商务模式

Internet 将全球紧密联系成为地球村,基于 Internet 的电子商务被广泛应用。移动技术也取得长足进步,移动电子商务随之兴起。处于不同地域的人希望能够在任何时间、任何地点、任何情况下交流,移动技术的发展使这种愿望成为可能,日益便利的设备和服务价格则进一步促进了移动方式的广泛应用,基于移动技术的移动电子商务模式凭借技术和应用上的优越性,不仅成为传统电子商务的有益补充,也在不断突破传统的商业运行模式,成为电子商务发展的新形态,显示出强大的生命力和发展潜力。

8.2.1 移动电子商务模式框架

移动电子商务也称为移动商务或无线电子商务,是利用智能手机、平板电脑等无线终端开展的电子商务活动。与通过有线终端(台式机等)开展的传统电子商务相比,移动电子商务突破了时间、空间和设备的限制,深刻融入人们的日常生活中,改变甚至颠覆了人们的生活方式。在移动互联网环境下,企业的运营方式和商务模式面临着新的机遇和选择。在这种环境下,如何采用合适的商务模式,如何在移动电子商务中拓展业务机会,是业界和学界持续关注的主题。在研究移动电子商务模式中,以 Pateli 对电子商务模式的研究为参考依据,结合移动电子商的特点,从三个方面对移动电子商务模式进行分析:移动电子商务的背景和特征、移动电子商务价值链和移动电子商务模式的分类。

(1) 移动电子商务的背景和特征

移动电子商务由电子商务衍生而来,是电子商务发展的高级形式。与传统电子商务相比,移动电子商务具有便捷性、灵活性、位置性、泛在性和个人化等特点。

(2) 移动电子商务价值链

移动电子商务价值链在技术、法律和环境等方面与传统电子商务相比发生了本质变化,价值链逐渐被拆分和重构,并且逐渐演化为价值网。综合对移动电子商务价值链的研究,可以将参与者分为用户、内容和服务提供商、技术提供商及其他四类,如表 8-1 所示。

表 8-1 移动电子商务价值链的参与者分类

分类	参与者
用户	个人用户、商业用户等
内容和服务提供商	移动运营商、内容提供商、内容综合商、应用提供商、应用开发商、平台提供商、无线门户、服务提供商、支付服务机构和物流服务提供商等
技术提供商	设备供应商、网络提供商、基础设施提供商和中间件/平台提供商等
其他	政府监管部门、法律机构等

(3) 移动电子商务模式的分类

按照传统的根据用户类型和市场细分的分类方法可以将移动电子商务模式分成 B2C、C2C、B2B、企业对员工(Business to Employee,B2E)和设备对设备(Machine to Machine,M2M)等,然而此分类方法难以具体分析模式的运行过程。类似电子商务模式的分类,移动电子商务模式也出现多种标准的分类方式。如 Ballon 等根据服务的特征分类,总结了荷兰电信市场的四种商务模式:语音通信、SMS 服务、移动运营商整合 WAP 服务和移动办公服务。按通信技术,移动电子商务也可分为基于语音技术的、基于短信彩信技术的和基于移动互联网技术的商务模式。也有研究者从细分市场、价值定位和收入来源三个方面将现有的商务模式分成四种基础的移动电子商务模式:移动通信、基于定位的服务、无线网络和移动员工支持。根据时间和空间特征,Balasubramanian 等从位置(敏感/不敏感)、时间(敏感/不敏感)与服务控制方(用户/提供商)三个维度将移动电子商务模式分为了八类;此外也有学者将其分为基于任务的、基于位置的、基于事务处理的和基于情景的模式。与分析整个行业的商务模式不同,Macinnes 等主要侧重于移动游戏行业,从合作关系的紧密程度分成通道、通道—销售、门户和完全门户这四类商务模式。

8.2.2 移动电子商务链

移动通信和电子商务是两个不同的行业。移动通信承载着服务和多媒体、内容、应用软件服务的有机组合,要将这两个行业融合起来会引起诸多方面关系的重新调整,使运营商不可能也没有必要单独承担所有的内容和服务的提供,因此移动电子商务链中增添了移动门户、内容开发商、应用开发商、终端提供商、网络设备提供商和移动运营商等角色。移动电子商务链是"内容和应用服务提供商→门户和接入服务提供商→无线网络运营商→支持性服务提供商→终端平台应用程序提供商→最终用户"的一体化模式,其中包含了大量的信息流、资金流和物流,最终形成一个较为完善化的移动电子商务模式。

从功能上,移动电子商务链中的服务提供者可以分为三层:基础网络层、支持服务层和应用服务层。其中,基础网络层由技术提供商组成,支持服务层由移动运营商组成,应用服务层由除移动运营商外的内容和服务提供商组成。

(1)基础网络层

基础网络层的参与者包括网络的硬件设备和平台软件提供商及用户的移动终端提供商等。基础网络层参与者对移动运营商的依赖性较强。

网络设备提供商负责网络设备,使网络能够传送移动业务,包括通信服务器、空中接口、路由器、交换机、WAP 网关、无线 WLAN 调制解调器和无线网络适配器等。网络技术的革新往往由网络设备提供商驱动。

终端提供商包括硬件、软件提供商,分别对应于终端设备提供商和终端软件提供商。终端设备提供商负责提供移动终端设备,包括智能手机、平板电脑和笔记本电脑等。

(2)支持服务层

支持服务层的主要功能是通过移动通信网络加载应用服务层中的参与者所提供的内容和应用服务满足最终用户的需求。该层中的移动运营商在整个产业链中处于核心地位。

移动运营商主要负责提供移动网络和移动业务,充当移动网络提供商和业务提供商的角色,在移动电子商务价值链中处于重要地位。作为移动网络提供商,移动运营商主要负责提供无线网络,保证网络质量。

(3)应用服务层

应用服务层为最终用户提供各种移动电子商务服务,主要参与者包括内容开发商、应用开发商和移动门户等。

内容开发商包括内容提供商和内容集成商。内容提供商负责原始信息的收集,由于移动设备自身的特点——小屏幕、小键盘、小容量、电池供电、易丢失和易损坏,致使移动电子商务中的内容不能是 Internet 网站的简单复制,而应该以用户需求为出发点,提供精简信息。内容集成商对信息进行加工处理,包括信息聚集、信息包装等,通过重新组织信息产生更贴近用户需求的、有新意的内容。

应用开发商负责开发有前景的移动电子商务服务,是从内容提供商处获得的内容为输入,以移动网络技术为基础,结合用户需求进行加工处理,实时开发移动电子商务服务。目前典型的有信息浏览服务、商务服务、电子通信服务、娱乐服务和生活服务等。

移动门户是开展移动电子商务的基础,是信息、服务的集成商,是用户接入无线网的接口,在一定程度上控制用户在互联网上获得的内容或服务,其最大特点是为用户提供个性化、本地化服务。移动门户结合用户信息,如个人简历、文化背景、以往行为、职业和所在地来为用户定制个性化服务,本地化服务也属于其中一种。

8.2.3 移动电子商务与基于 Internet 的电子商务

相对基于 Internet 的电子商务而言,移动电子商务可以真正使任何人在任何时间、任何地点得到便捷的信息和服务,无线通信服务将改变公司开展业务的方式。

移动电子商务价值链相对基于 Internet 的电子商务价值链有着明显的差别,例如,在移动环境中移动运营商处于核心地位,而 Internet 是自由市场;移动价值链上的参与者倾向于横向合作而不是纵向合作；移动价值链上的参与者往往通过共同投资等方式紧密联系，而不是在 Internet 环境下的松散合作。作为电子商务的扩展，移动电子商务具有更广阔的发展空间，能利用最新的移动技术和各种各样的移动设备，派生出很多更有价值的商务模式。随时随地的信息交流为企业带来了更多商机，他们努力寻求与移动通信的最佳接入点，因而产生了一些新的移动电子商务模式。

（1）移动电子商务是基于 Internet 的电子商务的有益补充。

移动电子商务是一种新型的电子商务模式，在移动互联网环境下对基于 Internet 的传统电子商务进行有益补充，并创新出了众多新的发展模式。鉴于移动电子商务和电子商务在技术、客户基础、价值主张和收入来源等方面的差异，不能简单地把传统电子商务的成功应用模式移植于移动电子商务。与传统电子商务相比，移动电子商务模式具有其独特优势，如表 8-2 所示。

表 8-2 移动电子商务模式的优势

对比内容	基于 Internet 的电子商务	移动电子商务
终端移动性	位置固定	可移动
地理定位	弱	可地理定位
终端用户身份识别	不可识别	可识别
服务传递	通过 Internet 上网的人群	移动手机用户
与位置相关服务	弱	提供与位置相关服务
服务范围	全球市场	全球市场
服务时间	24 小时	24 小时
商业成本削减	减少了搜索、推广、客户服务和交易等成本	减少了搜索、推广、客户服务和交易等成本；提高了移动办公的效率

（2）移动电子商务的特点

移动电子商务在面向个人用户的 B2C 和 C2C 领域发展迅速，在面向企业的相关领域，随着移动云服务的发展，除在时间、空间等方面灵活便捷的强化现有的 B2B 模式外，聚焦企业内部的 B2E 也吸引了企业的关注，工作派遣、日程安排、内部邮件、工作流程等移动企业管理相关服务使企业在收入和办公效率方面都有明显提升。

目前，移动电子商务最主要的实现技术有无线应用协议（Wireless Application Protocol，WAP）、蓝牙技术、4G 和 5G 技术、移动定位技术、射频识别 RFID 技术和 NFC 技术、二维码技术及云计算技术等。虽然源自电子商务，但从移动互联网角度评判，却非简单的"互联网业务移动化"，因为现代科技催生的新技术使移动电子商务具备了更广阔的空间，移动电子商务对用户诉求的响应，主要包括以下五个方面。

① 泛在性。商务活动不受时间空间限制，可以在任何时间和地点收发信息处理事务，充分利用碎片和空闲时间；

② 即时性。移动电子商务尤其适用于瞬息万变的商务活动与商业交易，能够快捷接入服务；

③ 位置性。能够获取位置信息，并根据所在位置提供精准的信息和服务；

④ 便利性。移动终端具有便于携带、操作方便等特点，可简化商业交易过程，使用户享受方便快捷的服务，并提高生活质量，如移动支付、自助缴费等；

⑤ 个人化。移动终端的所有者具有个体性,因此移动电子商务可以自动识别个体,承担更多的私人身份类业务,并提供个性化的信息和服务。

(3) 移动电子商务模式的种类

按价值链主导方,移动电子商务模式可以分为三类。

① 模式一:以平台提供商为主的模式。信息时代的快速变革,促进了企业自主开发移动电子设备,在这类移动电子商务模式中,一些拥有较高技术水平的信息产业公司通过自己利用自主研发建立的移动电子技术平台,同多个运营商合作,运营商利用平台向顾客提供服务。

② 模式二:以内容服务为主的模式。信息时代的飞速发展,让顾客对信息的需求越来越苛刻,内容提供商在移动电子商务价值链上的增值效能增加,成为移动电子商务价值链上的一个重要环节。在以内容服务为主的模式中,内容提供商拥有顾客的一手资料,可以用来为顾客提供更加方便快捷、贴心的服务。

③ 模式三:以满足顾客需求为目的的模式。这类移动电子商务价值链主要针对移动产品顾客,并致力于为顾客提供人性化的服务,这类模式能够为顾客提供更加完善、贴心、快捷的服务。但是这类模式的主要特点是将顾客的百分百满意作为企业目标,在这条价值链上的每个环节都在努力创造满足顾客需求的价值,为顾客提供个性化产品与服务。

移动电子商务价值链以移动信息技术作为依托,通过移动网络技术平台向顾客提供产品与服务,不同移动电子商务模式由于侧重点不同,其价值链模型也不同,不同的价值链模型由不同价值链参与者掌握着主控权,并且不同的价值链模型提供的产品与服务也各有优势与差异。企业可通过价值链分析来完善增值环节的建设,同时也要做好基础环节,以进行更多的增值活动。

8.3 移动电子商务的体系结构

8.3.1 移动电子商务业务描述

1. 企业应用

移动电子商务业务在企业的应用主要包括以下几个方面。

(1) 物流调配

移动电子商务在物流调配方面的应用主要是根据企业需求建立包括车载固定台、便携 GPS 终端和 GPS 智能手机等在内的终端子系统,选择 GPRS、EDGE、CDMA 及 5G 等多种通信方式,通过后台系统收集终端利用通信子系统传送的位置信息及其他状态信息,进行处理后传送给相应的监控管理中心,实现物流业务的运营管理、物流信息服务、条码应用、移动办公管理、移动支付和统计分析等功能,同时实现车辆、外勤人员的调度管理和控制。

(2) 生产运营信息管理

现代企业在生产运营过程中更加注重对信息的把握,尤其是对企业内部运营信息流变动情况的把握,要求建立完整的信息循环作用体系,这也是现代企业生产运营的核心竞争力之一。移动电子商务可以广泛地应用到企业的生产运营信息管理中,实现有效的生产运营反馈与控制,从而克服市场不确定性给当今企业的生产活动带来的诸多困难和挑战,降低企业运营风险,实现企业的生产运营信息管理控制的整体化和灵活化。

(3) 客户服务

通过移动电子商务，企业可以对目标市场群体和客户进行全面监管，实现客户资料的实时采集和更新，并且对客户反馈做出及时合理的处理。对于客户而言，这将缩短相关投诉的反馈时间，获得更好的用户体验；对于企业而言，这样可以更好地实现客户关系管理，培养更多的忠诚客户，获得既定投入下的最大产出，充分发挥客户关系管理的作用。

(4) 实时办公

移动电子商务能满足移动工作者随时随地访问数据及与人实现通信和协作的需求。尤其对于企业外派销售人员而言，移动工作的性质需要他们很好地与企业保持联系与沟通，通过移动电子商务他们能够更好地把握企业发展动态和销售理念，做出及时调整，提高销售业绩，同时也可以为企业带来更大效益。

2. 个人应用

(1) 移动支付

移动电子商务能进一步完善网上银行体系，可提供个人理财、账户查询、账单支付、转账及接收付款通知等移动银行服务，并且提供一系列的安全措施和技术措施，保证用户账户信息和操作的安全性。

移动电子商务还提供多元化的移动支付方式，用户通过移动通信设备进行网上购物，并且可以通过短信、WAP 和 IVR 等方式完成支付，支付方式的多元化使用户可以根据自身情况和实际需求做出不同的选择，采用不同的支付方式，更具个性化与适用性。

(2) 移动医疗

将计算机、可穿戴技术、物联网、无线通信和云计算等技术作为依托，充分利用有限的医疗人力和设备资源，发挥医院的医疗技术优势，在疾病诊断、监护和治疗等方面提供信息化、移动化和远程化的医疗服务，是在移动电子商户环境下，医疗领域方面的重大革新。

医疗产业的显著特点是每一秒钟对病人都非常关键，因此在这一行业开展移动电子商务可以有效地提高病人接受诊断或治疗的效率。例如，借助无线技术，救护车可以在转移患者的情况下同医疗中心和病人家属建立快速、动态、实时的数据交换，把握紧急情况下的每一秒钟，从而在最佳的治疗时间内为病人提供高效准确的治疗措施。

在移动医疗的商业模式下，病人、医院甚至保险公司都能从中获利，并愿意为这项服务付费。医疗市场的空间巨大，并且提供这种服务的公司可以为社会创造价值，同时，医疗服务具有强大的扩张性，非常容易在全国乃至全世界范围内进行推广，这一特点决定了移动医疗领域存在的巨大商机。

8.3.2 移动电子商务总体框架

已经开发和正在开发的应用主要分布的领域包括：

(1) 移动电子商务应用。移动金融、移动广告、移动库存管理；商品的搜索和购买、主动服务管理、移动拍卖和反向拍卖；移动娱乐服务、在线游戏、移动办公、移动远程教育和无线数据中心等。

(2) 无线网络基础设施研究。无线和移动网络；网络要求。

(3) 移动中间件。Agent 技术；数据库管理；安全技术；无线移动通信系统；无线和移动协议。

(4）无线用户终端。移动手持设备；移动用户界面。

8.3.3 移动电子商务安全

移动通信技术和 Internet 技术的结合，让移动通信设备用户不仅得到传统的语音服务，而且能够访问各种丰富的信息资源，使移动电子商务成为可能。移动电子商务需要在移动个人终端和有线网络中进行信息通信，这使得整个交易过程承受着无线网和有线网通信中的双重安全风险，这就要求移动电子商务具有特殊的安全机制和安全保障技术，因此安全问题成为移动电子商务顺利实施的关键，也是移动电子商务的核心技术问题。在目前几种主要的无线安全机制应用体系中，WAP 协议的安全机制是当前大多数移动电子商务安全的实现基础。

1. WAP 的网络结构

WAP 协议把 Internet 拓展到无线环境，使通过 Internet 的电子商务延伸到了移动通信设备上。在移动电子商务中，一个典型的 WAP 应用系统包含了三类实体。

（1）支持 WAP 的移动通信设备

移动通信设备具有 WAP 用户代理功能，是用户用来访问网站、浏览信息的工具，典型的移动通信设备是智能手机、平板电脑等。在移动通信设备上运行着微型浏览器，用户可以通过按键实现 WAP 服务请求，并以无线方式发送和接收所需的信息。

（2）WAP 网关

WAP 网关是连接客户端和服务器的桥梁。它有两个功能：一方面完成协议的转换，对 WAP 通信设备发送的请求，实现 WAP 协议与 Internet 协议之间的转换，再向内容服务器传送；另一方面对返回的传输信息进行编解码，将内容转换为二进制格式，传送给移动通信设备，以减少网络数据流量，最大限度地利用无线网络的数据传输速率。

（3）WAP 内容服务器

WAP 内容服务器即 Web 服务器，是特定资源存储或生成的地方，主要作用是为 WAP 应用提供数据服务支持。它通常采用 WMLScript 编写的 WAP 具体应用。

2. WAP 的安全机制

WAP 的安全机制可以实现移动电子商务应具备的数据保密性、数据完整性、交易方的认证与授权和抗否认性四个方面的信息安全特征。

（1）WTLS 协议

WTLS（无线传输层安全）将 SSL 在 Internet 上实现的安全在无线环境中给予了实现。WTLS 基于 SSL/TLS 协议，具有实体鉴别、数据加密和保护数据完整性的功能，可以确保在 WAP 通信设备和 WAP 网关之间的安全通信。

（2）WMLScript Sign

WMLScript 是一种编程语言，能支持窄带通信和瘦客户端，它可以用于基于 WAP 的应用开发。WMLScript Sign 作为该脚本语言的一部分，提供了在应用层获取数字签名的功能。

（3）WAP 身份认证模块 WIM

WIM 是安装在 WAP 通信设备中的一种无法被篡改的计算机芯片，用来支持 WTLS 协议并提供应用层面的安全功能：存放和处理使用者的身份认证信息（密钥和证书）。WIM 包含了 WTLS3 级的功能，并嵌入了对公开密钥加密技术的支持。

(4) 无线公钥基础设施 WPKI

WPKI 是根据无线网络的特点，将 PKI 技术延伸到无线安全服务领域。它为移动通信设备、无线网关及参与移动电子商务的有线 Internet 内的服务器提供身份认证的机制，包括审核、发放、管理数字证书等服务，可以为移动电子商务和移动电子政务提供安全解决方案。

3. 基于 WAP 的移动电子商务安全模型

WAP 安全架构由 WTLS、WMLScript、WIM 和 WPKI 四部分组成。WPKI 作为安全基础设施平台，是安全协议能有效实行的基础，一切基于身份验证的应用都需要 WPKI 的支持。它可与 WTLS、TCP/IP、WMLScript Signet 互相结合，实现身份认证、数字签名等功能。网络安全协议平台包括 WTLS 协议及有线环境下位于传输层上的安全协议 TLS、SSL 和 TCP/IP。安全的参与实体作为底层安全协议的实际应用者，相互之间的关系也由底层的安全协议决定。当该安全架构运用于实际移动电子商务时，这些安全参与实体之间的关系即体现为交易方（移动通信设备、Web 服务器）和其他受信任方（WAP 网关、代理和无线认证中心）。

8.4 移动电子商务的数据管理

8.4.1 移动数据访问

（1）Socket 通信

所谓 Socket 通常也称作"套接字"，应用程序通常通过"套接字"向网络发出请求或应答网络请求。以 J2SDK-1.3 为例，Socket 和 ServerSocket 类库位于 java .net 包中。ServerSocket 用于服务器端，Socket 是建立网络连接时使用的。在连接成功时，应用程序两端都会产生一个 Socket 实例，操作这个实例，完成所需的会话。对于一个网络连接来说，套接字是平等的，并没有差别，不因为在服务器端或在客户端而产生不同级别。不管是 Socket 还是 ServerSocket，它们的工作都是通过 SocketImpl 类及其子类完成的。

Socket 非常类似于电话插座。以一个国家级电话网为例，电话的通话双方相当于相互通信的 2 个进程，区号是它的网络地址；区内一个单位的交换机相当于一台主机，主机分配给每个用户的局内号码相当于 Socket 号。任何用户在通话前，首先要占有一部电话机，相当于申请一个 Socket；同时要知道对方的号码，相当于对方有一个固定的 Socket。然后向对方拨号呼叫，相当于发出连接请求（假如对方不在同一区内，还要拨对方区号，相当于给出网络地址）。假如对方在场并空闲（相当于通信的另一主机开机且可以接受连接请求），拿起电话话筒，双方就可以正式通话，相当于连接成功。双方通话的过程，是一方向电话机发出信号和另一方从电话机接收信号的过程，相当于向 Socket 发送数据和从 Socket 接收数据。通话结束后，一方挂起电话机相当于关闭 Socket，撤销连接。

（2）多线程

随着计算机的飞速发展，个人计算机上的操作系统也纷纷采用多任务和分时设计，将早期只有大型计算机才具有的系统特性带到了个人计算机系统中。一般可以在同一时间内执行多个程序的操作系统都有进程的概念。一个进程就是一个执行中的程序，而每一个进程都有自己独立的一块内存空间、一组系统资源。在进程概念中，每一个进程的内部数据和状态都是完全独立的。Java 程序通过流控制来执行程序流，程序中单个顺序的流控制称为线程，多线程则指的是在单个程序中可以同时运行多个不同的线程，执行不同的任务。多线程意味着一个程序的多行语句可以看上去几乎在同一时间内同时运行。

线程与进程相似，是一段完成某个特定功能的代码，是程序中单个顺序的流控制；但与进程不同的是，同类的多个线程是共享一块内存空间和一组系统资源，而线程本身的数据通常只有微处理器的寄存器数据，以及一个供程序执行时使用的堆栈。所以，当进程生产一个线程，或在各个线程之间切换时，负担要比进程小得多，正因如此，线程被称为轻负荷进程（Light-Weight Process）。一个进程中可以包含多个线程。

8.4.2 移动事务处理

传统的、及时可靠的访问全局信息的观念正在迅速地改变，用户需要随时随地访问信息。而且访问的信息种类也在迅速增长。这些数据从访问控制角度可以划分为三类：私有数据、公共数据和共享数据。

现在的多数据库系统（MDBS）就是被用来允许随时随地对大量不同数据源、不同种类的数据进行及时有效访问的。研究人员已经深入研究过 MDBS 的自治、异构、事务管理、并发控制及透明查询方案的论题。这些方案都是建立在可靠的网络环境上的客户服务器环境中的。然而，移动概念的引入——用户通过移动设备远程连接来访问数据库，为 MDBS 带来了额外的复杂性和限制。这包括网络容量、处理能力和资源的限制；及时地从众多的数据源定位并且访问需要的数据。加上这些限制的 MDBS 就是移动数据访问系统（MDAS）。移动应用必须能够适应变化的环境，变化包括网络环境和应用能够得到的资源。移动用户在自治和对服务器依靠之间的平衡是个关键问题。资源匮乏的移动系统可以依靠服务器提供更好的服务，然而，频繁发生的连接断开，有限的网络带宽，以及电源的限制需要某种程度的自治。随着环境的变化，应用必须适应服务器要求的支持级别。移动的概念意味着更加多样的范围和大量可供访问的数据。因此，远程访问系统必须提供对一系列异构数据源的访问。而且，它还必须解决移动系统的带宽、资源及电源的限制问题。MDBS 和 MDAS 之间的主要差别就是客户服务器之间是通过无线环境连接的，以及用来访问数据的设备的不同。

8.5 移动电子商务的典型商务应用

8.5.1 移动即时通信

即时通信是一个终端连往即时通信网络的服务。即时通信不同于电子邮件的地方在于它的交谈是即时（实时）的。大部分的即时通信服务提供了状态信息的特性——显示联络人名单。联络人是否在线上和能否与联络人交谈。

20 世纪 70 年代早期的即时通信形式是柏拉图系统（PLATO system）。20 世纪 80 年代，UNIX/Linux 的交谈即时信息被广泛地使用于工程师与学术界，20 世纪 90 年代即时通信更跨越了互联网交流。最早的即时通信软件是 ICQ，ICQ 是英文中"I seek you"的谐音，意思是"我找你"。四名以色列青年于 1996 年 7 月成立 Mirabilis 公司，并在 11 月份发布了最初的 ICQ 版本，在六个月内有 85 万名用户注册使用。ICQ 是首个广泛被非 UNIX/Linux 使用者用于互联网的即时通信软件。在 ICQ 之后在许多地方有一些即时通信方式发展，且各种即时通信程序有独立的协定,无法互通。这要求使用者同时运行两个以上的即时通信软件,或者他们可以使用支援多协定的终端软件。

近年来,许多即时通信服务开始提供网络电话(VoIP)功能,与网络会议服务开始整合为兼有视频会议与即时信息的功能。腾讯公司出的腾讯QQ迅速成为中国最大的即时通信软件。腾讯公司成立于1998年,是目前中国最大的互联网综合服务提供商之一,也是中国服务用户最多的互联网企业之一。

从2012年开始,即时通信服务从电脑延展到智能手机,这代表整个社交圈朋友的迁徙状态。相较于传统即时通信,大多数的移动即时通信软件都提供了智能手机认证的功能。

8.5.2 移动金融

移动金融是指使用移动智能终端及无线互联技术处理金融企业内部管理及对外产品服务的解决方案。在这里移动终端泛指以智能手机为代表的各类移动设备,其中智能手机、平板电脑和无线POS机目前应用范围较广。

随着移动智能终端的普及,技术的进步带来了更智能化的操作和更优秀的用户体验,降低了移动渠道产品价值的传递成本,从而激发出大量的市场需求。

金融业是所有产业中收益最高也是对市场反应最敏感的产业,对于金融信息化的建设一直是国内外广大金融公司所投入的重中之重。提升内部效率,降低沟通成本,同时提供更多的渠道来服务于金融客户是金融信息化的根本出发点。移动金融正是新时期移动互联网时代金融信息化发展的必然趋势。

8.5.3 旅游电子商务

旅游电子商务是在传统旅游商务活动的基础上,根据互联网的特性,将旅游商务活动嫁接到互联网上的。世界旅游组织在 *E-Business for Tourism* 中指出:"旅游电子商务就是通过先进的信息技术手段,改进旅游机构内部和对外的连通性,即改进旅游行业各主体间的流程,增进知识共享并提升管理水平"。传统电子商务和旅游行业的结合,形成的旅游电子商务具有的突出优势如下:

(1)客户个性化需求得到满足。电子商务的应用使旅游企业向游客提供个性化服务产品成为可能。随着旅游行业的不断发展,客户对旅游产品的个性化需求愈加强烈。借助于传统的营销管理对客户的个性化需求进行满足,提供的成本很高,互联网却能够以电子化的方式大幅降低旅游个性化需求的成本。

(2)涉旅企业和旅游主管部门可以借助电子商务,迅速获得游客关于旅游产品概念和旅游广告效果测试的反馈信息,从而测试游客的认同水平,实现对客户的精细分析。一方面,能够借助统计分析结果实现对企业经营的指导和调整;另一方面,旅游主管部门也能够实现对行业整体更为准确的把握。

(3)旅游行业基本上是一种异地消费。一方面,电子商务通过各种技术手段能够消除客户由于空间限制造成的信息不对称。另一方面,通过比价、搜索旅游产品、观看对旅游产品的点评等方式,实现了旅游产品销售方和消费方的信息对等,有助于提升整个行业的健康度和效率。经历了近十年的经营,目前旅游信息化市场已经较为成熟、消费观念得到很大提升,经营者理念得到落地。

移动通信网络和智能终端的超常规发展，为移动旅游电子商务扩张创造了前提条件。传统旅游行业或电子商务行业价值链上的各方利益逐渐意识到：在移动互联网的发展过程中，单纯把握价值链的某一个环节，已经不足以盈利甚至亏损。一些原先能够产生利益的中间环节如旅游资讯提供、旅游中介的价值空间不断受到挤压，更多的利润被分配到客户环节或旅游商户。整个价值链面临着革命性的整合。

移动电子商务的关键在于它具备一个不受时间、空间限制的直接与客户沟通的"接触点"，通过这个接触点旅游主管部门、旅游产品提供企业、旅游信息提供企业、游客等能够实现低成本的实时沟通，大量的用户场景和用户潜在需求得到了实现，移动终端不仅解决了行程中获取信息的需求，如果再与移动支付相结合，就能够让自助游游客的体验有一个极大的提升。

按照在产业价值链上所处的位置进行划分，旅游电子商务网站可以分为四种：旅游产品供应商网站（主要包括航空公司网站、住宿网站）、旅游景点景区网站、旅游中介网站和餐饮休闲娱乐企业网站。

8.5.4 移动医疗

当前，许多国家对医疗信息化都非常重视。特别是在金融危机发生后，一些国家的经济刺激政策使医疗信息化成为市场的热点。医疗信息化的作用主要体现在以下几个方面。

（1）通过网络连接，加强患者/普通市民与医疗机构之间的联系及医疗机构与医疗机构之间的联系，为患者/普通市民及医疗机构提供信息。

（2）通过新技术，改进现有医护模式。例如，将信息通信技术应用于医疗地图、影像存储和传输系统、预约挂号以及个人身份识别系统等。

（3）通过有效使用技术，实现在线医疗，使地理和时间上的限制得到消除，从而削减成本。

（4）通过医疗信息化来提升国家及区域医疗政策规划的实施效率。

越来越多的移动通信技术和服务被应用于医疗活动，除了基本的信息通信，还有监测、远程医疗等。移动医疗通信设备中最重要的是监测通信设备和 M2M 通信设备。监测通信设备包含了具有无线连接功能的监测通信设备，以及具有监测功能的移动通信设备。随着远程监测应用的发展，利用移动通信设备收集和传输数据的做法，受到了医疗和移动通信设备厂商的共同看好。监测数据借助无线体域网（WBAN：Wireless Body Area Network）或无线个域网（WPAN：Wireless Personal Area Network）传输。无线体域网就是以人体为中心，由和人体相关的网络元素（包括个人通信设备，分布在人身体上、衣物上、人体周围一定距离范围如 2 米内、甚至人身体内部的传感器和组网设备）等组成的通信网络。通过无线体域网，人可以和其身上携带的个人电子设备如平板电脑、智能手机等进行通信和数据同步等。实现方式有两种：其一是将短距离无线技术整合至通信设备中，让患者随身携带传感器；其二是在患者周围设置监测通信设备或传感网络，随后通过蓝牙、ZigBee、高速无线个域网、超宽带等技术将数据传输至附近的移动通信设备。随着需要长期监测的人数的增加，可与智能手机连接或能够嵌入 5G 模块的监测通信设备市场的重要性随之凸显。举例来说，目前全球糖尿病患者数量已经突破 1.8 亿人，而这还仅是慢性病市场的一小部分，未来这一市场的需求将持续增长。随着客户移动通信设备功能的增强（如增加蓝牙和 GPS 功能），再加上网络数据传输能力的提升，嵌入式监测通信设备的部署范围将进一步扩大。

8.5.5 移动政务

作为电子政务的延伸或补充，移动政务（Mobile Government 或 M-government）是指政府通过移动设备（智能手机、平板电脑等便携设备）和无线网络技术等为政府雇员、公民、企业和其他组织提供信息和服务。移动政务与电子政务并非是两个完全独立的概念，电子政务是政府公共管理部门利用互联网技术来改进管理效率和提高服务水平的，而移动政务是电子政务的拓展或补充，是在电子政务的基础上充分利用无线网络和设备，能在任何时间和地点给组织和个人提供信息和服务的，是为了满足政府通过多种渠道为公民提供信息服务的需要诞生的。它们的共同点在于，都是政府为改善自身管理和提高服务水平而采用的技术手段，因而其在事务类型上存在一致性。与传统的电子政务相比，移动政务由于突破了时间和空间的限制，被看成是电子政务发展的高级阶段，因而也就具有了一些独有的特征，如移动性（Mobility）、便携性（Portability）、位置性（Location）和个性化（Personalization）。

8.6 移动电子商务环境下的市场营销

在移动电子商务环境下，移动营销以促进客户个性化为中心，将传统的市场组合概念扩展到移动产品、移动地点、移动定价和移动促销的营销组合，这四项的前提则是基于客户的超文本（Hyper Text，HT）信息的移动预测活动。

8.6.1 移动预测

移动预测（Mobile Predict）是指人们利用已经掌握的知识和手段，预先推知和判断在移动环境下，事物未来发展状况的一种活动。在移动电子商务环境下，营销人员通过具有位置、时间、环境和社会因素的细粒度移动数据来预测个体行为模式在细粒度上的变化。移动设备捕获上下文信息和客户行为，使营销人员能够了解客户的意图、购买路径阶段、决策过程和即时需求。随着机器学习和深度学习算法的发展，营销人员可以获得深入的见解，设计个性化的移动目标定位策略，并对客户行为进行预测。在移动营销中，营销人员更多地使用场景和轨迹来进行移动预测。

1. 场景

场景是指导决策的所有因素、情况和行为的综合。在移动经济中，想弄清楚客户是"谁"，营销者需要利用场景回答三个问题：客户为什么出现在那里？客户现在需要什么？客户现在有什么感觉？

客户为什么会出现在那里？这个问题综合了各种场景元素，包括心理因素。客户的动机影响购物决策和对于刺激的反应，差异体现在有计划的购物和冲动购物上。所有这些因素都有助于定义场景，它可能会影响客户购买的品牌、购买地点和购买意愿。

客户现在需要什么？需要有心理需求和实际需求两个方面。客户的一次消费行为不止是为了获得服务或产品，还包括满足其内心对这次消费的期待，可能是建议、良好的购物体验、简便的送货和退货的条款等，他们也可能需要其他配套的物品。客户的购买历史反映和解释了他们的习惯和倾向；客户去过的地方、逗留的事件、购买物品、价格和时点的记录也能在一定程度上解释客户的需要。通过这些场景因素与客户无数"往常的行为"的组合，企业可以预测未来。

客户现在有什么感觉？这包括客户的心态和社会动态。客户状态是动态的，人们的行为和感受发生着变化，企业必须考虑场景中包含的所有变量，才能完全了解潜在客户对移动广告的接受度和反应。

2. 轨迹

轨迹有三个维度：时间、路线和速度。时间包括轨迹起始、结束时间。路线并不是位置，而是确定一个人空间轨迹与他人轨迹相似程度的方式。速度包括个人移动得有多快。还有某人到访特定商家的可能性，他会待多长时间，他花多长时间转移到另一个位置，这两个地点之间有无关联等。

专注和探索是购物的两大"阶段"。客户做决定需要处理信息，当客户处于购物的早期阶段，如"探索"阶段或"有意识"阶段，客户更容易冲动购物。当客户处于购物的后期阶段，如"互动"阶段和"考虑"阶段，因为有了关注点，所以客户听到或看到什么东西的时候，回应的可能性就降低了。通过传感器、无线网络和 MAC 地址定位客户的轨迹有助于企业分析客户和预测客户是专注型还是探索型的购物者。

基于轨迹向客户提供广告，让客户知道在他将要去的路径上有他想要的商品，会提高其购物的效率，因此基于轨迹的移动广告比其他广告方式更加吸引专注型购物者，而随机的广告更加吸引探索型购物者。

8.6.2 移动产品

移动产品（Mobile Product）包括硬件移动设备和虚拟移动应用，正在迅速转变为数字服务，通过移动购买、移动应用、移动社交、移动流媒体、移动钱包和虚拟助理来满足客户的个人需求。其中，移动购买是通过在移动设备上进行信息交流与商业活动，为客户提供随时随地浏览和购买商品的灵活性。

1. 多屏幕行为

2018 年，全球平板电脑的使用量接近 14.3 亿台。随着各种电子设备和电子屏幕走进每一位客户的生活中，电子商务公司与顾客之间产生了多个额外的触点，"移动"不只意味着"智能手机"，也可能是"平板电脑"或是移动设备。因此，客户在购买过程中存在着一种多屏幕（Multiscreen）行为，他们可能首先在台式电脑上搜索，然后在平板电脑上搜索，最后用智能手机购买产品，而另一些人则正好相反。

研究表明，在用户开始使用 iPad 访问阿里巴巴后，通过智能手机渠道的销售额增长了 55.6%，而通过个人电脑的销售额下降了 14.5%。平板电脑的使用刺激了偶然性的浏览，引发更多通过智能手机的冲动购物，同时物品种类变多，而通过个人电脑渠道的销售额确实有所下降，这说明多屏幕设备之间存在替代性和互补性。平板电脑的推广使用对个人电脑产生了替代性，而对智能手机的使用则产生了互补性，因而在总体上引发了更多的购买。

2. 移动应用程序与移动网站的选择

与通过移动应用程序消费相比，更多的用户选择移动网站渠道购买商品。然而随着近几年的发展，移动应用程序在客户移动销售额中的占比逐渐超过了移动网站，移动应用程序上发生的交易数量超过了移动网站，而不是单一的用户数。这表明移动应用程序的转化率高于移动网站，也高于电脑网络。

事实证明，移动应用程序与移动网站的同时存在对客户行为有非常微妙的影响。移动应用程序和移动网站互为替代品，这是由于人们通常在动态环境中通过移动设备消费内容，而时间有限，增加了移动应用程序和浏览器的移动通道之间的转换成本，于是它们成了相互的替代品。相比之下，移动应用程序和电脑浏览器是互补的。

3. 新生代技术

（1）可穿戴技术

可穿戴技术主要探索和创造能直接穿在身上，或是整合进用户的衣服或配件的设备的科学技术。移动设备让我们无处不在连接之中，而可穿戴技术使无缝连接成为可能，尤其是将可穿戴技术和先进的语音识别科技结合时，客户的双手可以得到解放，客户与自己的身体也更加同步。

当下客户使用的可穿戴技术主要集中在健康与养生行业，记录使用者的热量消耗、心率和运动步数等，并将移动设备与其他设备相连，进行数据同步，这些数据不仅可以用来跟踪训练进展，还可以帮助预测一些潜在的健康问题，如哮喘或心脏病。

（2）即时通信与移动应用程序的融合

移动应用程序已经对我们生活产生了深远影响。人们通常只使用一小部分应用，其中主要是社交媒体和即时通信应用。随着平台的不断变革，很多通信平台正在演变为独立的社交网络，除保留亲密交流的功能外，还为用户提供个性化的优惠信息和更加定制化的推送服务等。以微信小程序为代表，中国三分之二的客户可以使用微信处理生活中的事物，从网购到网络电话到预约、支付、安排日程，再到叫出租车，包罗万象。

（3）消费物联网

物联网是一个基于互联网与传统电信网络的信息承载体，让所有能够被独立寻址的普通物理对象形成互通互联的网络。这里以智能家居和互联汽车为例。

企业利用智能家居帮助客户解决一些日常的问题来拉近自己与客户之间的距离，与此同时，企业也通过让客户的生活更加高效便捷而获益。消费物联网生成的大量数据连接起线上和线下两个世界，使用户的住所变成一个能收集和传输数据的据点，一个用于观察的平台和一个用户可以操纵和使用的设备。

互联汽车可以帮助解决日常通勤过程中的低效问题，通过自动驾驶技术为用户带来每天数小时的空闲时间。把汽车和个人的移动设备或可穿戴设备连接起来，通过提供通信、天气预报、购物和控温等个性化的服务，大大提高用户的生活质量，优化开车出行的体验。

（4）整合线上与线下的技术

新的技术往往将重点放在解决线上与线下世界之间的鸿沟上，并据此创造一种全渠道的消费视角，其中的两项突出技术分别是移动支付和虚拟现实/增强现实（VR/AR）。

消费支付的发展正在逐步实现无缝化，智能手机等一些移动设备让人们在不使用钱包时也能完成支付，而随着移动支付系统的更新，移动设备也不再是必需的了。

同时，越来越多的客户选择头戴式设备来享受内容丰富的沉浸式体验，内容制作商和广告商也会追随这股潮流，利用VR/AR作为营销方式，把线下变成线上，展示自己的产品和服务，这将适用于所有能够通过体验式营销获益的行业，如房地产、家装和旅游等。

8.6.3 移动渠道

移动渠道（Mobile Place）不仅是信息传递的媒介（短信、In-App 广告、推送通知、直播和智能音箱），而且还包括客户在物理世界中使用移动服务和产品进行信息搜索和购买时的动态交互。

一方面，移动设备在实体店的普及，使客户能够方便地获取产品信息和探索促销活动。另一方面，市场营销人员可以通过移动搜索和轨迹数据更好地了解顾客的购买意图，从而为店内顾客的产品浏览和冲动性购买提供充足的机会。尽管移动设备屏幕尺寸更小，搜索成本更高，移动渠道仍然正在成为数字渠道和物理位置之间的枢纽。2017 年，移动设备上的信息搜索同比增长超过 80%。客户每天花在移动设备上的时间超过 5 小时，其中的大部分时间用于了媒体消费和信息搜索。

排名是用户通过移动渠道搜索获得的直观信息。用户寻找问题的"最佳、最对的答案"时，更可能回想起列表最前面的几项结果（初始效应）和最后几项结果（近因效应），而第一个结果最容易被点击，因为此时所需的搜索活动最少。我们将此称为显著性或排序效应。

在搜索结果中显得突出会带来积极的经济效应。在移动零售应用程序的世界里，用户和店铺之间的距离极大地影响了最终的购买。有时候，排名就是距离的代名词，这里的距离可能是离用户心理预期的距离、地理位置上的距离和指尖到点击处的距离等。相对于个人电脑用户，排名效果对于移动用户更为显著，所以搜索成本也更高。

8.6.4 移动定价

移动定价（Mobile Price）中有两种基本的定价策略：免费和区别定价。营销人员可以采用灵活的定价策略，以促进移动产品/服务，吸引新客户。

1. 免费

付费应用的免费版本为潜在客户提供了在购买前体验产品的机会。提供免费版本有助于移动应用的推广，但提供付费应用程序的免费版本与付费应用程序的采用速度存在负相关。对于那些在付费应用的后期阶段提供乐趣的享乐应用来说，这种负面影响更为强烈。从总体上看，提供免费和付费版本增加了对应用程序的总体需求，同一开发人员的应用程序数量对应用程序需求产生了积极影响。

2. 区别定价

区别定价（Price Discrimination）实质上是一种价格差异，通常指商品或服务的提供者向不同的接受者提供相同等级、相同质量的商品或服务时，在接受者之间实行不同的销售价格或收费标准。文化、经济和结构因素都可能影响应用需求者对价格变化的敏感性。根据霍夫斯泰德（Hofstede）文化维度模型对国家进行分类，用人均 GDP 收入不平等和基尼指数对经济状况进行操作，并分解年龄、教育和流动人口渗透等结构因素可以发现，不同国家对价格的敏感度是不同的，而在男性化程度较高、避免不确定性的国家，人们对价格的敏感度更高。这些发现为市场营销人员在设计跨不同市场的价格策略时考虑影响客户对产品价格敏感性的文化和经济因素提供了实际的启示。

基于位置的广告

在基于位置的广告（Location Based Advertisement）中，位置的概念无法用 GPS 坐标直接定义。我们可以用地标、时间、距离、方向、动机或所有元素的集合来定义和形容位置。由于位置信息内涵的丰富性，位置营销对于商业组织是极具吸引力的机会。

客户的历史位置信息可以显示他们的偏好，他们的位置会影响他们对营销广告的反应。企业可以利用位置信息向消费者推送定点位置广告（如优惠券）到客户的设备上。知晓潜在客户的位置使企业有意识地选择正确的策略并加以执行。这种知识的总称叫做地理意识，企业一旦发展了一定程度的地理意识，就可以制定三种宽泛的策略：地理定位、地理围栏和地理征地。

（1）地理定位

基于位置定位的最基本形式就是地理定位。地理定位意味着商业组织知道（或假定）从 IP 地址、邮政编码或其他信息获得的网络用户的位置。在考虑了当地的场景（当下天气、大众口味等）后，企业利用位置数据为当地提供定制的信息。

（2）地理围栏

当潜在客户进入定义的地理范围后，地理围栏就发出信号。定义商店周围的一定区域，对于走进该区域的客户，商家将向其发送正确的激励信息以期望客户改变或暂停自己的行程，然后走入商店。

（3）地理征地

地理征地在地理定位和地理围栏的基础上又向前迈进了激进的一步。征地的意思是指当用户进入或接近竞争对手的商店时，为了诱使客户离开并赢得该客户，企业向这个潜在客户推送优惠券或特殊的折扣。

8.6.5 移动促销

移动促销（Mobile Promotion）实质上是一种沟通活动，即营销者（信息提供者或发送者）利用移动设备发出作为刺激消费的各种信息，把信息传递到一个或更多的目标对象（信息接收者，如听众、观众、读者、消费者或用户等），以影响其态度和行为。目前，许多研究表明，超语境的因素对促销的效果存在显著影响。

1. 时间

时间往往指一天中某一个时点或一段时间内的某一天。随着技术的进步人们获得信息的手段越来越丰富，获得信息的速度越来越快，信息的内容越来越丰富，未来，用户获取信息的"即时性"只会越来越高，这让人思考时间的重要性和相关性。

客户在不同时间段对于广告的反应不尽相同。实用产品移动广告回复率最高的是早晨，中午一般，下午增高，傍晚变低。相较而言，享乐产品移动广告回复率在早晨最低，中午和下午最高，傍晚一般。实用产品有两个高峰时段，在早上 10 点到中午之间，发送移动广告可以极大提升购买的可能性。享乐产品显示出类似的高峰特征，在中午至下午 2 点的广告回复率显著提高。

在一周的时间内，研究发现周一和周四比周三的优惠券使用率更高，客户在工作日购物时更有可能是专注的购物者，在周末，客户变成了探索者而不只是购物者，他们更能接受随机的广告。对于客户收到的优惠券，越是临近使用期限，优惠券的使用率就会越高。

2. LBS 服务

位置服务（Location Based Services, LBS）又称定位服务，是由移动通信网络和卫星定位系统结合在一起提供的一种增值业务，通过一组定位技术获得移动终端的位置信息（如经纬度坐标数据），提供给移动用户本人或他人及通信系统，实现各种与位置相关的业务。实质上是一种概念较为宽泛的与空间位置有关的新型服务业务。

关于位置服务的定义有很多。1994 年，美国学者 Schilit 首先提出了位置服务的三大目标：你在哪里（空间信息）、你和谁在一起（社会信息）和附近有什么资源（信息查询）。这也成为 LBS 最基础的内容。

当前，基于个人客户需求的智能化，位置信息服务需求呈大幅度增长趋势。位置服务不但可以提升企业运营与服务水平，也能为车载 GPS 的用户提供了更多样化的便捷服务。从地址点导航到兴趣点服务，再到实时路况技术的应用，不仅可引导用户找到附近的产品和服务，并可获得更高的便捷性和安全性。

目前已有企业将位置服务应用到车载 GPS 产品上。通过对 GPS 市场的了解，车载导航在深化 GPS 位置服务应用的过程中，已将"互动"的理念融入其中，"照片导航"、"主题地图"等独有功能模块的增加和延展，不仅让用户可以享受个性导航服务，直接通过导航仪查询到全国各地的著名景点、酒店、饭店、加油站等丰富资讯，一键导航，还让用户可以基于网络进行数据下载、上传，与其他用户实现互动交流，这将成为未来的发展方向之一。而通过定位技术，也可以为用户或集团用户提供特殊信息报警服务。

3. 拥挤度

拥挤是高密度引起的一种消极反应，促狭空间往往给人的印象是消极的。因此拥挤在以前是不受人关注的，至少对于销售产品的企业是如此。然而一项研究表明在拥挤地铁车厢内的乘客回复移动广告信息的可能性是宽松车厢内乘客的 2 倍。随着拥挤度上升，客户的响应并不是线性的。如果将拥挤度的基准定为每平方米 2 人，当拥挤度翻倍到每平方米 4 人时，移动购买的可能性增加 16%。但当拥挤度从每平方米 4 人增加到 5 人的时候，可能性陡增 47%。车厢越拥挤，增长就越多。

拥挤对移动购买产生的积极影响可能与移动沉浸有关。列车上的乘客越多，个人的私人和物理空间被侵占，空间的限制造成行为的收缩，人们会向内部调整，将社会和物理环境的信息过滤掉。在心理层面处理空间的丧失，同时避免不小心与别人四目相对，人们逃到智能手机的个人空间中。

4. 社会动态

社会动态通常代指客户所处的社交环境，毕竟锁定单独的个人和锁定在群体中的个人结果经常是不一样的。一些研究显示，用户身边的朋友会改变用户自身的行为。

有研究发现，人们在和朋友而不是家人一起购物时，花费更多。在团队中的客户回应移动广告的可能性是一个人时的两倍。在单独购物和团体购物的时候，客户的反应总是不一样的。而当团队人数上升到三人时，移动广告回复率平均上升到两人组时的 1.46 倍，团体人数越多广告效果越好。

一个有趣的发现表明，当团队中只有成年人时，有社会意义的打折优惠券（如"买一送一"）

比直接打折效果好（如"打五折"）。然而，有社会意义的打折优惠券对于有夫妇或情侣的团体的效果特别好，但是对于带着小孩的家庭的效果就减弱了。

5. 天气

天气具体表现为温度、湿度、气压和风力等。科学文献告诉我们，天气可以极大地影响人们的行为、心理，以及短期、中期乃至长期的决策。

有足够的证据证明，即时环境能够极大地影响用户的思维模式，天气是即时环境的重大要素之一，因为天气能够影响客户行为，除了宏观经济变量，天气是最能准确预测购买模式的元素。研究显示，天气能够影响食物和饮料、衣服和时尚产品、旅游和酒店服务、休闲和娱乐、健康和美容、家政和园艺、能源、保险和很多其他产业的销售，包括小的或大宗产品。简单来讲，好天气往往促进用户通过智能手机的交易，而天气差时，人的心情更加消极，因此也更加不愿冒风险，购物的热情会降低。

本章小结

本章主要讲述了移动电子商务的概念、特点和发展历程。概要介绍了移动电子商务的体系结构、信息安全和数据管理等问题。详细介绍了在各种商务领域的典型应用。最后对移动电子商务环境下的新市场营销活动进行了介绍。

问题与讨论

1. 移动电子商务与传统电子商务相比有哪些特点？
2. 移动电子商务主要的商业模式。
3. 移动电子商务典型的应用领域。
4. 移动电子商务环境下的数据具有哪些新的特点？
5. 移动电子商务环境下的市场营销面临哪些新的挑战？

案例分析　案例1：运营商移动医疗信息化案例——AT&T 移动医疗信息化

AT&T 已经有几十年的医疗行业服务经验。它针对行业中医院、医生、公共卫生人员和纳税人等不同的主体提供了相应的解决方案。

针对医院方面，AT&T 提供了医疗信息交换、远程医疗、安全服务、灾后恢复等解决方案。AT&T 的 HCO 允许患者医疗数据在多个医疗系统间交换和共享。该平台是基于云计算的医疗信息交换（HIE）平台，将来自多个渠道的患者记录、数据整合至单一的系统，为医生提供患者信息和电子医疗应用的实时接入。

AT&T 与思科、宝利通、Avaya 和 AMD 全球远程医疗部门合作，提供了端到端的远程医疗解决方案，涉及所需的硬件、软件和网络基础设施，能够部署各类交钥匙应用，提供远程诊断、监测、疾病管理、医疗教育和其他服务。

为患者保护隐私。医疗机构只有在确实需要的时候才可通过合理的步骤获取患者的相关信息。AT&T 为此提供了相应的解决方案：AT&T 安全咨询方案、Email&Web 安全服务、业务连续性和灾后恢复解决方案、防火墙和客户安全服务等。

AT&T 提供的业务连续性和灾后恢复解决方案主要提供如下服务：

- 当遇到意外时，提供不间断的服务；
- 保护重要数据，使其在灾害发生后轻松接入；
- 将信息系统存储在安全的、远程的环境中。

AT&T 为医生提供的解决方案包括医疗信息交换、移动解决方案、医疗安全解决方案、远程医疗和统一通信解决方案，为医生提供了便利。

AT&T 提供的统一通信（UC）应用结合了话音、视频、和 Web 会议应用，使通信更加便利有效。实时的通信和快速的会诊能够帮助医疗专业人士改进护理、提升效率、降低成本。

公共卫生人员的任务是通过提升医疗服务，来改善公众生活质量，或保护社区免受严重的健康威胁。因此无论是为防止潜在的大流行，还是使居民方便地接入医疗服务，通信技术都是非常重要的。从促进公众健康角度，AT&T 提供了医疗信息交换（HIE）、灾后恢复、移动解决方案、安全服务、统一通信和远程医疗等解决方案，为公共专业卫生人员提供帮助。

AT&T 的医疗信息交换、安全服务、统一通信等解决方案能够帮助实现纳税人降低医疗保健成本。

案例来源：《全球与中国移动医疗服务市场研究报告 2020》。

思考题

1. 医疗服务如何借助移动互联网发展？
2. 在移动医疗服务发展中还要克服哪些障碍？

案例 2：移动营销案例介绍——蝴蝶出没宣传交友平台

日本广告公司电通推出一款手机应用——蝴蝶出没（iButterfly），凡是具备摄像头和 GPS（全球定位系统）的智能手机，下载蝴蝶出没打开应用，手机的相机启动，在屏幕中镜头对准的现实场景里，就会有虚拟的蝴蝶在款款舞蹈。在手机相机取景器上的现实场景中，虚拟的各色蝴蝶徘徊飞舞，手机当扑蝶网，摄像头是网口，对准蝴蝶，挥舞手机，轻扑下去，虚拟蝴蝶就会停留在屏幕上，点击保存，虚拟蝴蝶就如标本一样插进蝴蝶出没应用的蝴蝶集里。

捕捉蝴蝶的同时能意外获得折扣优惠券，搜集蝴蝶的同时不仅收集了更多的优惠券，还同时获得了多种多样的商业信息及内容。

不同的蝴蝶拥有不同的属性。有的蝴蝶可以当做商铺优惠券。这些蝴蝶可能是你所在位置附近的商铺放出的优惠券蝴蝶；也可能是连锁商店或品牌商品放出的通用优惠券蝴蝶；甚至还可能是线上消费的折扣券蝴蝶。"捉"到优惠券虚拟蝴蝶后，只需在店铺消费时，打开应用，出示蝴蝶图标，即可享受优惠。

各种优惠券蝴蝶都是商家与蝴蝶出没合作完成的，以日本电通公司在香港地区的推广为例，商家可以对蝴蝶的栖息地、出现时间、种类和奖赏设定不同的内容。优惠券蝴蝶的各项信息可根据商家的不同需求而调整。

2011 年 5 月，叶壹堂书店（Page One The Designer's Book Shop，新加坡大型连锁书店，主要销售英文出版物）推出 Page One 蝴蝶，红、橙、黄、绿、青、蓝、紫、白、灰、黑 10 种，蝴蝶拥有两本书本形状的蝶翼。每捉到一只蝴蝶，点击查看，蝴蝶化身为最新书评，方便读者选书。

Page One 蝴蝶的栖息地是整个香港地区，出现时间为任何时间，奖赏是叶壹堂店内书籍全店九折。也就是说，在香港随时随地掏出手机，打开蝴蝶出没，在空中捉到一只 Page One，可以看到最新书评，到书店里买书时出示这只蝴蝶可以打九折。

阿迪达斯推出"Adidas Climacool"蝴蝶，这款蝴蝶共有9只，火红蝶、桃红蝶、粉红蝶、鲜黄蝶、碧蓝蝶、鲜橙蝶、翠绿蝶为7只普通蝶，蔚蓝蝶为别注版蝴蝶，炭黑蝶为限定版蝴蝶。Climacool 系列的普通蝶会在全香港出现，而别注版和限定版则只会在特定的地方出现，奖赏也随之不同。最高奖励是 800 港币的 Adidas 现金券，为了获得现金券，需要捉到 7 种不同颜色的普通蝶和一只限定版蝴蝶。

虚拟蝴蝶还能带来蝴蝶效应：触发视频播放器、网页浏览器等应用。捉到蝴蝶后，播放的可能是附近影院最新上映电影的片花或海报广告里明星的微博。

截至 2011 年 9 月，日本已经有超过 500 个蝴蝶的种类出现在全国各地。上线三个月后，东京的繁华商业区街头，俯仰皆是男女老幼正在捕捉蝴蝶。

案例来源：根据"iButterfly：增强现实捉蝴蝶游戏"内容整理。

思考题

1. 移动电子商务环境下，传统市场营销正在进行哪些变革？
2. 移动营销的发展仍存在哪些障碍？

索引

移动电子商务
移动政务
位置服务
移动数据库

本章参考文献

[1] 赵蕾. 我国移动电子商务发展现状及前景展望 [R]. 科技创业月刊，2010，23（7）：1-5.
[2] 全球管理咨询公司. 我国移动电子商务行业达到临界点 2015 年或超 PC 端电商中国报告[R]，2015.
[3] 艾瑞集团. 中国移动电子商务市场研究报告简版[R]. 北京：艾瑞网，2015.
[4] 陈国凯. 无线局域网环境下移动智能终端安全评估研究[D]. 南京：南京师范大学，2015.
[5] 柴雪芳. 智能终端对 3G 和移动互联网发展的影响分析[J]. 移动通信，2011，8（5）：5-10.
[6] 黄宜华. 大数据机器学习系统研究进展[J]. 大数据，2015，1（01）：35-54.
[7] 曹静琪. 移动电子商务及其应用[J]. 科协论坛（下半月）. 2010，5（7）：10-13.
[8] 黄伟，王润孝，史楠，等. 移动商务研究综述[J]. 计算机应用研究，2006，21（6）：

66-73.

[9] 叶郁, 吴清烈. 移动电子商务的商务模式 [J].现代管理科学, 2005, 5 (10): 35-40.
[10] 李文媛. 移动电子商务安全模型分析[J]. 黑龙江科技信息, 2015: 10 (1): 95.
[11] 王建玲等. 基于无线传感器网络的 Socket 通信研究[J]. 传感器与微系统, 2014 (2): 6.
[12] 周艳芳, 庄成三, 刘丽丽. 移动数据访问系统中的事务管理[J]. 计算机应用, 2004, 24 (3): 3-7.
[13] 杨鑫华. 数据库原理与 DB2 应用教程[M]. 北京: 清华大学出版社, 2007.
[14] 任淑美, 李宁湘. Oracle 10g 数据库系统性能调优[J]. 电脑知识与技术, 2013 (17): 16-23.
[15] 谭彦. SQL SEVER 数据库课程教学研究与实践[J]. 科技信息, 2014 (13): 18.
[16] 胡文生, 李国华, 胡艳萍. 即时通信在移动互联网上的实现[J]. 电脑知识与技术, 2010 (20): 56-58.
[17] 韩林. 旅游电子商务[M]. 重庆: 重庆大学出版社, 2008.
[18] 胡进. 我国旅游电子商务盈利模式分析[J]. 旅游学刊, 2006, 17 (6): 85-88.
[19] 马卫. 我国旅游业电子商务发展现状及策略分析[J]. 电子商务, 2013 (09): 28-30.
[20] 蔡丽莎, 彭岩. 网站和旅游网络平台供应商和应用服务供应商[J]. 价值工程, 2011(2): 96-98.
[21] 王海燕, 郭珍军. 海外移动医疗信息化进展[J]. 现代电信科技, 2011 (4): 30-33.
[22] LEE S, TANG X, TRIMI S. M-Government from rhetorictoreality: Learningfrom leading countries [J]. International Journalof E-government, 2006,3(2):113-126.
[23] 赵豪迈, 白庆华. 电子政务悖论与政府管理变革[J]. 公共管理学报, 2006, 3 (1): 34-39.
[24] GONZALEZ R, GASCO J, LOPIS J. E-governmentsuccess: Some principles from a Spanish case study,Industrial[J]. Management& DataSystems. 2007,107(6):845-861.
[25] YOOJUNG K, YOON J, PARK S, et al. Architecture for implementing the mobile government services in Korea[J]. LectureNotesinComputerScience. 2004(3289):601-612.
[26] TRIMI S, SHENG H. Emerging trendsin M-government [J]. Communications ACM. 2008,51(5): 53-58.
[27] 王芳, 王俊平. 移动政务利益相关者研究[J]. 电子政务, 2012 (8): 50-58.

第9章 社会化电子商务

引言

随着社交媒体的蓬勃发展及电子商务的迅速普及,社会化电子商务应运而生,它是利用社会化媒体进行销售的新型电子商务,更加突出"社会化"的特征。社会化电子商务作为电子商务的必经阶段,不仅改变了企业本身的生产、经营、管理活动,而且影响整个社会的经济运行与结构,大大超越了作为一种新的贸易形式所具有的价值,为越来越多的消费者所认可。在大数据的时代主题和日新月异的信息技术的背景下,社会化电子商务得以迅速发展。

本章重点

- 社会化媒体的定义与特征
- 社会化媒体的主要类型
- 社会化电子商务的定义
- 社会化电子商务与传统电子商务的区别
- 社会化电子商务的商务模式

9.1 社会化媒体概述

9.1.1 社会化媒体的定义

社会化媒体是基于 Web2.0 的允许对用户创造内容(User Generated Content,UGC)进行创建和交换的一系列应用程序。通常认为,美国学者安东尼·梅菲尔德(Antony Mayfield)最早提出了社会化媒体的定义,他认为社会化媒体给了个体创造和分享内容的能力,这也正是它最大的贡献,具体来说,就是为大众分享信息和议论话题等提供了易于使用、方便快捷的工具和平台。常见的社会化媒体包括微信、微博、社交网站、播客、Wiki、博客和虚拟世界等,涵盖了众多的 Web 应用。这些社会化媒体具有一些显著的特点,包括其定义的模糊性、快速的创新性和各种技术的聚合。

在新媒体技术日新月异的背景下,社会化媒体不断地被赋予新的内涵和外延,其形式和特点变得更加多样,其服务和功能也逐渐优化和完善。如此,相比传统媒体,社会化媒体凭借更加先进、多元的服务和功能,扁平化、无阶层的传播结构等优势,迅速地为大众所认可。

9.1.2 社会化媒体的特征

安东尼·梅菲尔德在其电子书《什么是社会化媒体》(What is social media)中,总结了社会化媒体的特征,分别为参与、开放、交流、社区化和连通性。

(1)参与

参与是指互联网用户深度参与到社会化媒体中,而不是作为被动的个体。一是作为生产者,通过内容创造生产大量数据，包括私人数据、公共数据和互联网使用痕迹数据等；二是作为消费者，在生产内容的同时也在消费其他人生产的大量免费和收费内容。

社会化媒体的根本价值来自用户参与的广泛性与互动性。用户的参与决定了数据的产生，这是创造商业价值的基础，离开用户的参与，任何社会化媒体都无法持续运营。与传统媒体相比，基于Web2.0的社会化媒体平台具有空间无限延伸和网络无限互联的巨大优势，为用户提供了可阅读、可编辑、可互动的全新接触方式，从信息生产、接收和传播的全部过程颠覆了传统媒体的中心化运作模式，以社会化媒体为平台，由用户广泛参与的互动式传播模式得以形成，媒体的传播模式和价值创造过程面临着本质的变革。

（2）开放

在传统媒体环境中，信息传播受到少数媒体机构和精英阶层的控制，社会大众缺少表达意见的平台，而公众话语权的缺失导致公共决策缺少合理的监督。社会化媒体不但为普通民众提供了更多的表达权，而且改变了传统的精英语境。社会化媒体环境中的精英和大众两个群体从相对变成了交汇，网络精英由两类群体组成：一是部分现实社会中的精英，他们的现实身份、地位和社会关系映射到网络环境中，自动成为网络精英；二是部分活跃于社会化网络中的普通大众，由于仗义执言、观点犀利而受到追捧，成为拥有很强话语权的草根意见领袖，他们与传统精英阶层共享着话语权。

接地气的草根文化更加真实、自由，但也更显极端。一方面，草根可以及时掌握一手信息，反映真实民意，形成有效的社会监督，对精英文化进行解构，对政治权力进行制约。另一方面，草根具有明显的非理性特征，对批判性信息更加偏好，这使得舆论环境更加情绪化、偏执。

社会化媒体的开放性为普通民众构建了话语表达空间、提升了表达权，形成了百家争鸣、颠覆传统的语境，改变了公众接触信息、感知外界的方式，加速了信息传播，扩大了舆论影响范围。

（3）交流

无论是传统媒体还是社会化媒体，交流都是其本质属性，两者的根本区别在于交流方式的不同，前者是单对多的方式（媒体向用户传递信息），而后者则是多对多的方式（信息在媒体和用户、用户和用户之间传播）。

社会化媒体模拟了现实中的人际关系网，其平等性、开放性及由此带来的用户之间的交流便捷性，使社交的成本大大降低；便捷的移动终端、人性化的人机交互界面及丰富的表情符号等，极大地提高了在线交流效果，满足了人们对于社交的需求，实现了信息产生和传播的大众化、对等化和自主化。

（4）社区化

在社会化媒体中，存在着众多细分集群现象，即社会化媒体的社区化特征。社会化媒体中社区众多的原因在于其组建成本的低廉。在现实生活中，组建社区需要耗费大量的人力、物力和资源等，而在社会化媒体中，用户可以根据自己的偏好或感兴趣的话题，迅速找到并形成自己感兴趣的社区。

基于Web2.0的社会化媒体，作为一种便捷、成本低廉的媒介，极大地促进了社区成员进行自主创造、信息共享的积极性。同时，社会化媒体中的社区活动打破了时间、空间、年龄等诸多限制，使信息交流更加充分。

社会化媒体通过其社区化特征提高了用户的参与度和归属感。社区成员对社区有较强烈的情感依附，可围绕一个明确的意图或共同的兴趣，进行信息共享、社交等活动。因此，社会化媒体中的社区是一个由活动、互动和情感等社会要素组织而成的有机体。

（5）连通性

大部分社会化媒体都具有强大的连通性，体现在社会化媒体用户不是孤立存在的，他们可以通过"加好友""关注""收听"等行为形成关系或通过关注同样的社区产生关联。

而不同媒体间的连通性使得内容可以跨媒体进行分享，打破了内容只能在单一的社会化媒体中进行传播的壁垒。互联网用户往往不会单一地使用某一种社会化媒体，不同社会化媒体之间的信息共享需求推动了多种社会化媒体连通融合成为一个整体。在使用社会化媒体的过程中，通过社会化媒体自带的转发功能，用户可以一键将内容发送给使用其他社会化媒体的用户。例如，微博的用户在浏览内容时，可以通过微博提供的分享功能，将该内容发送至微信朋友圈、QQ空间，或发送给微信好友、QQ好友及支付宝好友等。同时，对于接收内容的用户而言，他们不必下载和安装微博便可浏览全部内容。

9.1.3 社会化媒体的主要类型

1. 即时通信软件

中国互联网络信息中心将即时通信定义为在互联网上用以进行实时通信的系统服务，允许多人使用即时通信软件实时传递文字、文档、语音及视频等信息。随着网络技术的发展和配套设施的完善，即时通信软件在满足基本通信功能外，逐渐发展成为集社交、娱乐、办公、服务等功能于一体的综合性社会化媒体平台。例如，腾讯公司开发的免费即时通信软件微信，支持用户通过手机、平板或电脑进行单人或多人的交流，允许用户将自己的想法、最新动态或看到的精彩内容分享给好友。

微信的功能包括聊天、添加好友、朋友圈、微信支付和微信小程序等。聊天可支持语音消息、小视频、图片和文字等形式的内容，且支持群聊功能；添加好友的方式包括查找号码、手机通讯录、微信名片和二维码等；朋友圈允许用户发表文字、图片及分享其他平台的文章或音乐，并且支持用户对好友发表的动态进行"评论""赞"等互动行为；微信支付是微信客户端的手机支付功能，用户可以通过收付款、扫一扫或第三方跳转等方式进行实时支付；微信小程序可通过链接或首页搜索等方式打开，不需要下载安装即可使用。

2018年3月5日马化腾宣布微信和WeChat合并当月活跃用户数突破10亿人，微信不仅成为全民最大的社交平台，也成为炙手可热的社交电商平台。企业可以借助朋友圈、微信群、微信公众号等信息传播空间进行广告推广和营销渠道的扩展，也可以以微信为平台进行用户结构的改善和产品直销。例如，京东搭建微信公众号进行品牌推广、折扣秒杀以及粉丝福利分发等，并在公众号中"京东服务"栏目下提供个人中心、在线客服、购物车和邮寄等服务，消费者也可以在京东的微信小程序中直接选购下单，省去了安装App的烦琐过程。与此同时，微信功能的不断完善催生了一种新型移动社交电商形式——微商，具体包括两种模式：一种是基于微信公众号的B2C模式，一种是基于朋友圈的C2C模式。任何个人和社群都可以借助微商去平台化、去流量化、去品牌化的特点进行商务运营，给商家和客户带来了巨大便利。此外，微信融合信息技术与社会服务，在交通、政务和其他社会服务方面均取得了显著成果。毫无疑问，奇迹般迅速发展的微信现已成为中国居民工作生活中不可或缺的一部分。

2. 创作发表平台

创作发表平台为互联网用户提供了创造和分享内容的功能，主要以博客的形式传播信息资讯。基于用户和功能等方面的差别，博客可分为个人博客、企业博客和微型博客等。个人博客（Blog），又译为网络日记，是一种可以完成个人网页创建、文章发布和更新的网站。其用户可通过文字、图像、网站链接等方式实现自我表达、获得反馈和相互交流，在进行信息发布（包括转发）时以信息的阅读和理解为基础，通常还蕴含着对信息内容的思考，对事物的评论和看法。博客信息与新闻、网站资讯等传统 Web 信息的本质不同在于，前者是由用户编写并发布的信息，作为用户创造内容，大多表达的是博主内心真实的想法，这些信息最原始、初级，也最生动，已成为网络口碑传播的重要形式。

博客自 2000 年进入中国以来，吸引了许多企业注册、使用，其商业化价值也在不断提升。用于社会化媒体营销的企业博客大多以对外形式进行商务运营，即面向客户和公众，博客可以作为企业推广宣传的窗口，进行产品信息的介绍和企业文化的构建，从售前咨询、销售推广，到售后服务、信息反馈都可以借助企业博客完成，是拓展企业线上营销模式的重要手段。例如，戴尔公司于 2007 年开通中文博客"戴尔直通车"，借助社会化媒体技术向客户介绍产品和活动、分享企业文化与价值主张，聆听来自不同地区客户各个方面的呼声，并以此作为提升服务、改进产品的标准。虽然"戴尔直通车"后期停止博客更新转而进军微博领域，但是博客营销是很多企业进行社会化媒体营销的起步方式。

近年来，以即时分享、篇幅短小、信息发布便捷和受众面广等为特点的微型博客越来越受到用户的青睐。微型博客，简称微博，是一种基于用户的关注关系进行信息分享、传播和获取的广播式社交媒体、网络平台。用户可以通过 Web、WAP 等客户端，借助电脑、移动平板和手机等各种终端设备，以文字、图片和视频等多媒体形式，实现信息的即时分享与传播。

相较于传统博客，微博具有以下特点：①简便性。微博的加入门槛低，使用操作简单，用户可以轻松自由地创建属于自己的微博，分享自己的所见所闻。②互动性。微博倡导自由、平等交流，没有等级、时空的限制，几乎任何人都可以利用微博发表观点、互相讨论、相互补充。③原创性。微博平台鼓励并支持原创，博主可以摆脱传统媒体形式的限制，发表具有独特个性的所见所闻所思所悟，这也造就了缤纷多彩的微博世界。④共享性。"共享"是微博的一大特性。知识、观点、思想的共享把人们带入一个更加宽容和开放的世界，拓展了人们的视野，也提高了人们的创造性。⑤即时性。与传统媒介不同，微博在即时通信方面的功能非常强大，即时性表现突出，对实时发生的事件可以实时传播出去，从而突显出微博传播效率高的优势。

新浪发布的 2019 年第一季度财报中显示，截至 2019 年 3 月，微博月活跃用户达 4.65 亿人。对于企业来说，具有广大用户群体的微博是社会化媒体营销的重要平台。企业可以通过微博平台直接与客户群体沟通对话，进而开展公司宣传、新产品发布、推广促销及福利分发等活动；基于微博的名人效应，企业可以和当红明星达成代言合作，借助其影响力进行微博营销，通过提升品牌知名度和认知度来建设文化共同体，识别、吸引、促活、保留粉丝社群，达到精准营销的目的。例如，小米的官方微博不仅发布新品促销、宣传视频，还频繁开展转发抽奖活动，大量用户的"转、赞、评"为小米带来了较好的宣传效果；2017 年 2 月，东方航空将明星胡歌打造成"东航机长"形象，制造明星跨界话题进行传播，调动粉丝群体进行宣传推广，该条微博转发量达到 2.6 万次。如今的微博也被视为企业的公关窗口，领导者和员工的日常微博内容会对企业本身造成不同程度的正面或负面影响，当企业面临危机事件时，企业微博或企业领导者微博是否能够针对迅速传播发酵的负面报道做出有效、直接的回应，将影响企业形象的树立和运营业绩的维持。例如，滴滴出行针对 2018 年乐清女孩遇害事件，并未在合适时间采取致歉或声明等有效公关策略，网民们在质疑网约车安全的同时，对滴滴的印象一落千丈。此外，微博具有统计功能，可以针对性地对粉丝趋势、评价文本、意愿调查等进行分析，企业可以以此为依据进行大数据营销分析。

3. 社交网站

社交网站（Social Network Sites，SNS）是对人们现实身份和社交关系的映射，其主要作用是为一群拥有相同兴趣与活动的人创建在线社区，是一种整合了多种网络服务和功能的综合性社交服务平台。社交网站一般会向用户提供多种交互方式，如分享文件、评论、发送站内信息和参与游戏等，从而为用户交流与分享信息提供了新的有效途径。知名的社交网站包括 Facebook（现改名 Meta）、LinkedIn 和 Twitter 等。

社交网站的主要特点有：①社交网络的去中心化。基于互联网结构的去中心化特质，附于其上的信息传播可通过去中心化，辅助信息和资源在网络内部和不同网络之间传递和分享。②社交行为的高自主性。基于互联网的便利性，用户较少受到外界的干扰和限制，自愿加入和组成社交网络。③弱连结与强效应。尽管社交网络形成的是血缘、地缘以外的弱连带关系，却能够突破空间限制形成强社交效应，即用户可以跨越不同的地理区域，建立和维持社交关系，分享与传递信息。

当今许多企业招聘和网络营销都是依托社交网站展开的。在企业招聘方面，招聘一方可以通过社交网站寻找潜在人才、发布招聘信息、了解应聘对象，并借助人际网络在应聘者和招聘者之间建立匹配关系。例如，全球最大社交网站 Facebook 推出线上招聘功能，企业可以在 Facebook 上公开招聘岗位，并对求职者提交的申请表进行线上的审查反馈；职场社交网站 LinkedIn 支持用户管理在线职业档案，掌握行业资讯，建立并扩展人脉网络，并为企业客户提供招聘、营销和销售等解决方案，对于企业实施人才战略具有重要参考价值。在网络营销方面，企业借助社交网站推送创意广告吸引用户参与创造内容，并通过制作调查问卷、提供咨询辅导等方式实现社群聆听，以求在大范围的人际网络中进行口碑营销。例如，星巴克在 Facebook 中推送大量的促销活动文案，并开展"我的星巴克创意"活动，从而广泛地收集会员用户的意见与期望；优衣库借助 Facebook 和 Twitter 发起网上排队活动，有效地促进了销售旺季的客流导入。

4. 资源共享网站

以资源共享为导向的社会化媒体包括视频分享网站、照片分享网站、音乐分享网站，以及内容共享型社会化媒体——评论网站等。其中视频分享网站以播客平台为典型代表，播客（Podcast）是美国苹果公司的"iPod"与"广播"（broadcast）的合成词，指的是一种在互联网上发布文件并允许用户订阅以自动接收新文件的方法，或用此方法制作的电台节目，也可以理解为播放音频、视频的客户端。播客与其他音频内容传送的区别在于其订阅模式，它使每个人都可以像新闻从业者一样使用音频和视频软件轻松创建内容，借助于播客发布程序来进行在线内容发布和管理。

随着国民消费水平的提升和消费观念的转变，人们对休闲娱乐质量的要求越来越高，视频分享类播客平台迎来新发展。目前较流行的播客平台有 YouTube 和中国的优酷等，它们通过视频内置广告、付费点播和会员收费等形式实现平台商业运营。播客平台在提供视频分享服务获取收益的同时，也可以作为其他企业进行营销推广的渠道。例如，阿里巴巴主办的 2019 年"天猫双 11 狂欢夜"晚会由优酷负责内容规划和制作，并于特定时间在平台上进行网络直播，通过邀请具有高名气、大流量的明星进行舞台表演来提高淘宝的影响力。

近年来，4G 网络的提速、5G 的商用及智能手机的普及，使带有移动互联网"短、平、快"属性的短视频受到人们的欢迎。短视频即短片视频，主要依托移动终端在互联网新媒体上传播时长数秒到数分钟之间的视频，具有播放时间短、创作门槛低、用户黏性强、内容多元化的特点，以及广泛的场景适应性和多样化的表达形式，契合了公众碎片化的消费需求和体验，实现快速拍摄、美化编辑和传播。例如，以"快手"为代表的资讯类和以"抖音"为代表的社交类短视频 App 激发起移动短视频创作与分享的热潮。许多企业与短视频平台达成合作，将广告穿插在创意视频中，通过新颖的拍摄视角、趣味性强的内容及快餐化的社交体验，取得了较好的商业推广效果。

移动互联网时代，随身携带的低成本、高品质相机因素促成了 Snapchat、Instagram、Pinterest 等照片分享网站的发展。例如，2011 年推出的 Snapchat 凭借其特色功能"阅后即焚"和 VR 魔法表情受到千禧一代和 Z 世代用户热捧。用户可以拍照、录制视频、添加文字和图画，并设定自动销毁的时间，发送给好友后，这些内容会根据设定的时间自动销毁。如果接收的人试图截图保存图片，用户会接到通知。Instagram 允许用户随时随地抓拍生活，添加图片滤镜，并一键分享至 Instagram、Facebook、Twitter 等多个社交网站。Pinterest 采用"瀑布流"图片呈现形式，邀请原创艺术家/设计师等加入，并允许其推广艺术、商品，其快捷的图片分享和收藏方式吸引了众多用户的加入。

音乐欣赏是互联网用户最基本的需求之一，智能手机的普及使用户不再满足于简单的音乐播放器，而开始追求更高品质、更多功能的互联网音乐产品。2013 年，网易公司推出的网易云音乐产品将"音乐社交"概念引入互联网音乐领域，允许用户开展基于位置的音乐分享和社交活动，以及邀请通讯录好友和其他社交账号好友加入平台，成功实现了由音乐播放器向音乐社交媒体的转型。

评论网站以第三方角度聚合大众对商品和服务体验的点评，并将相关评论信息进行分类，成为消费者购买决策的重要信息来源和依据，同时也成为商家维护在线口碑的重要渠道。成立于 2003 年的大众点评网是国内具有代表性的第三方评论网站，是中国领先的本地生活信息及交易平台，也是全球最早建立的独立第三方评论网站之一。大众点评网的定位是生活消费类第三方评论网站，除基本的评论信息外，同时提供商户信息及多种与人们实际生活息息相关的资讯，因此用户对大众点评的使用频率、使用时长和使用意愿会略高于其他类型的第三方评论网站。大众点评网的社交功能具体体现为用户发表评论后，其他消费者可针对其点评发表评论或点赞。

5. 协同编辑系统

协同编辑系统是一种在计算机支持的共享环境下，多人为完成共同的任务所形成的异步交互工作系统。其典型代表是 Wiki，一种可供多人协同创作的、开放的超文本系统，支持面向社群的协作式写作。从使用者角度来说，每个人都可以在 Wiki 网页上针对一个主题进行写作、修改、扩展及探讨，而系统会对不同版本、形式的内容进行有效的管理，所有的修改过程都会被记录并保存下来。

目前最流行的 Wiki 是 Wikipedia（维基百科），它是一个自由、免费、内容开放的网络百科全书。截至 2015 年 12 月，Wikipedia 一共有 280 种语言版本，其中英文 Wikipedia 条目数突破 500 万条。Wikipedia 与传统百科全书的不同之处在于其力图通过广大网络用户的开放性参与，创作一个包含人类所有知识领域的自由的百科全书。

Wiki 的开放性、整合性特征有助于实现协作创作、协作生产、协作科研、协作商业等大规模社交协作活动。企业可以使用 Wiki 准备过程与程序文件、开展电子学习与电子培训、进行项目合作与沟通等，采用 Wiki 技术加强企业内部员工与外部用户之间的协作，利用群体智慧提高工作效率，进而提高商业价值。例如，eBay 将 Wiki 技术应用于在线销售的信息披露当中，旨在聚集数亿用户的智慧来指导在线交易行为，用户可以通过 eBay Wiki 来发表自身的观点与意见，并在系统中添加、删除、编辑相关网页内容，用户还可以随时终止就 Wiki 中发表的任何主题和问题的文章所进行的合作，提高了在线交易的透明度和诚信度。

6. 虚拟世界

互联网上的虚拟世界是一个由计算机模拟的虚拟空间，用户可以通过自己的虚拟形象（化身）栖息其中，并与其他虚拟形象展开交往和互动。这种虚拟空间通常通过二维或三维图形体现，具有实时性、互动性、持续性和社群性特征。

全球有一些具有代表性的虚拟世界应用。例如，uWorld（由我世界）是中国 3D 虚拟世界的领先者，使用户可以在其中学习、交易、工作和娱乐，此外 uWorld 还为用户提供了 3D KTV，使用户可以在练歌房中演唱、抢麦甚至跳舞；Hipihi（海皮士）可辅助用户创建虚拟世界中的人物、建筑、场景和物品，使用户可以在其中探索世界、结识朋友；Wells Fargo 则可模拟银行运作，允许用户进行理财和投资。

最能代表"虚拟中的现实"的是由林登实验室（Linden Lab）开发的 Second Life（第二人生），它是一个拥有数百万居民的三维虚拟世界。用户可以创建自己的化身及任何可以想象的虚拟物品，如房屋、汽车、宠物和衣服等。使用这种虚拟身份，用户可以认识那些有相同兴趣的人，进行商业交易，参与团体活动（见图 9-1 和图 9-2）。

图 9-1　用户在 Second Life 的商城中挑选衣服

企业也可以利用 Second Life 平台开展主题演讲、进行电子培训、甚至招聘和面试新员工等，有些企业将部分营利性业务引入到 Second Life 中，利用虚拟现实技术进行产品现场演示、组织商业会议等。例如，英特尔在 Second Life 举办虚拟嵌入式通道会议（VECC），用线上通信方式代替现实中的人员集聚形式，节约了大量资金；可口可乐在 Second Life 拥有自己的岛屿，为虚拟世界的用户提供在线销售、产品展示与广告宣传等服务；日本的汽车制造商日产（NISSAN）在 Second Life 举办汽车网络游戏，并在虚拟世界中推广新型汽车，以获得对现实世界中设计新车型有利的想法和反馈。

图 9-2　Second Life 中的用户在咖啡厅开展团体活动

9.2　社会化电子商务概述

9.2.1　社会化电子商务的定义

社会化电子商务是利用用户的社交互动和相互影响，通过沟通交流、分享、传播和推荐商品与服务信息以促进在线交易的一种新型电子商务模式。

社会化电子商务是基于 Web2.0 发展起来的，利用社会化媒介鼓励消费者积极参与内容生成和信息共享，通过社交关系网络实现在线口碑营销。消费者不仅可从商家获取信息，还能从信赖的好友那里获取品牌及产品信息，通过用户创造内容吸引更多消费者购买。消费者可以根据各自的需求聚集并形成社区，在社区中进行深入的讨论。基于社交关系的信息共享更具有真实性和可信度，提高了用户获取信息的价值和效率。商家还可以通过社会化媒体与消费者进行有效沟通，针对消费者需求改进产品和服务，从而不断完善自身服务质量和商品种类。

经过多年的商业模式更新与消费模式引导，电子商务产业链日趋成熟，传统的电子商务平台已经意识到社会化媒体对于新时代商业模式的革命性影响，大量基于社会化媒体的商业平台不断涌现，而现有平台也在致力于赋予自身社会化属性。通过引导用户在平台中形成社会化集群进而强化平台的客户黏性和社会化属性，最终能够"捕获"用户的商业平台呈现出规模效应，规模越大的社会化用户群体会吸引更多的潜在用户，从而实现良性循环。

9.2.2　社会化电子商务的背景

1. Web2.0

（1）Web2.0 的定义

Web2.0 是一个新时代，即利用 Web 平台、以用户主导生成的内容和数据为核心，注重用户之间交互作用的第二代互联网。Web2.0 并不是一项特定技术，更像一个新旧互联网时代的划分标志，在 Web2.0 时代，各种新技术和新应用发生着变革和完善，网络媒体的社会化属性逐渐显现。人们获取信息的方式从原有门户网站所惯有的单向传输模式向用户主导信息的生产和传播模式转变，用户既是网站内容的消费者（浏览者），也是网站内容的制造者和传播者。

Web2.0 并不是对 Web1.0 的替代，而是与 Web1.0 并存且形成互补的关系。Web2.0 是一种比 Web1.0 内容更丰富、联系性更强、工具性更强的互联网模式。在 Web1.0 的典型产品和服务中，用户只是一个模糊的群体代名词，没有具体的面貌、个性和特征。但在社交网站、博客、微博、Wiki 和一些网络应用程序等典型的 Web2.0 产品和服务中，用户是实实在在具体的人，用户个人的具体性会因服务本身而不断地充实起来。

Web2.0 倡导人人参与到互联网中，而不是作为被动的个体，这意味着信息和知识的生产和传播模式正由高度集中化向分布集中化转变。通过自组织性的形式，集体的智慧使群众力量得到最大程度的体现。为了迎合大众的社交需求和个性化服务，Web2.0 网站几乎从不间断地一直在开发，不断地提供新功能，不断地有新的变化，才能不断实现 Web2.0 所带来的巨大价值。

（2）Web2.0 与社会化媒体

社会化媒体是基于 Web2.0 的允许对用户创造内容进行创建和交换的一系列应用程序，允许人们撰写、分享、评价、讨论和相互沟通的网站和技术，是用户彼此之间进行信息分享和情感交流的工具和平台。社会化媒体可以把图片、音频/视频和文本等传统内容进行混搭处理，并进行网络互动，建立"联系"和生成"意义"。

社会化媒体和 Web2.0 之所以能够一同出现，是因为社会化媒体的产生依赖于 Web2.0 的发展。社会化媒体利用的是 Web2.0 的技术和应用，在人群间分享信息、讨论问题，通过不断的交互达成传播、分享与交流的目的。Web2.0 时代网络给予用户充分参与内容创造的机会，如果不是 Web2.0 的发展，网络就不可能赋予网民充分的主动权，社会化媒体必然会失去群众基础和技术支持，从而失去根基。同时，网民对互动和表达自我的强烈愿望催生出大量眼花缭乱的技术，如果没有以 Web2.0 技术为支撑的大量的互动模式和互动产品，网民的需求就只能被压制而无法释放。

Web2.0 以用户为中心，其核心在于交流方式的参与性、个性化和发掘大众的智慧，促进网络上人与人之间的信息交换和协同合作。社会化媒体是 Web2.0 最有影响力的媒体，也在改写传媒的历史。社会化媒体在人群间分享信息，通过集体讨论、内容贡献、不断互动，可以有效地对某个主题达成共识。其影响速度、广度和深度是任何其他媒体所无法比拟的。

（3）Web2.0 与商业变革

传统观点认为：谁得到信息，谁拥有信息，谁就有控制权。Web2.0 则是让更多的人参与进来，以便相互协作、发挥集体的智慧，这对已经习惯掌握控制权的人而言相当可怕。因此，Web2.0 是一种自下而上的模式变革，对企业管理是一个挑战，更是一个机遇。

Web2.0 时代社会化媒体得以发展，使用户能够进行内容创造、内容传播和内容分享，从而形成用户自主媒体。在社会化媒体上，企业及企业营销相关的市场信息主要是通过用户之间的互动分享而迅速传播，并在分享传播过程中不断丰富和完善的。用户基于自己的消费体验自由地发表有关产品质量和服务等方面的评价信息，用户对企业产品和服务的任何疑问也可以迅速地通过分享来获得可信服的回答，而企业发布的任何夸大其词或虚假的广告宣传都会被迅速揭穿，进而造成品牌危机。如果企业还固守传统的营销观念，以主导者的形象在社会化媒体上传播信息，必然会因为与其他用户之间的不平等关系而被用户所回避，使企业的营销传播彻底失效。因此，Web2.0 带来了全新的商业变革，主要包括以下几个方面：

① 一种创新的媒介形式

Web2.0 提供了全新的媒体工具，与传统的 Web1.0 不同，它改变了网络信息获取的方式。RSS 信息聚合技术的出现，使网络使用者可以非常便捷地获取相关主题的内容信息。像《纽约时报》和《华尔街日报》这类传统媒体的网站，现在都已经开始借助聚合技术把新内容"推送"给用户。

相对 Web2.0，Web1.0 发展的主旋律还处在对传统媒体的模仿阶段，直接将个体网民弱化为观众和用户，忽略了网民的参与意识。这种地位的不平等，毫无疑问会导致网民对传统互联网产生失落感和无归属感。而以 Blog、SNS 和 RSS 等为代表的 Web2.0，改变了互联网用户旁观者的地位。在 Web2.0 时代，突出的不是技术，而是"参与"和"互动"。Web2.0 市场定位非常清晰，对特定的用户群体有着自己核心的业务。

② 一个集中的社区环境

2004 年 10 月，全世界第一次 Web2.0 大会在美国的旧金山召开，会上就有专家指出："对开展网络营销的企业来说，创建一些资讯丰富的社区或与社区合作将是成功的关键"。Web2.0 使具有特殊个人喜好或共同用户体验的顾客群体，可以通过虚拟社区的形式，建立起某种经常性的联系。

当网络社区的参与者分享个人喜好或共同体验，并通过网络跟帖或发表新帖表述意见时，浏览信息所获得的用户体验可以得到提高。这种用户体验分享的方式，达到的效果已不仅仅是单个的累加，而是几何级数的增长。

"社区"的概念在互联网的环境里比以往任何时候都更加盛行。而今，这种网络社区正在逐步向线下转移，进入到现实生活中。个人喜好与用户体验也开始真正成为市场细分的标准，而不再是传统意义上营销专家们一再强调的收入或地域原则等。Web2.0 网络社区的盛行正在使地域的概念变得越来越模糊。

③ 一套全新的营销理念

Business Management Services 公司 CEO Chris Tinney 说："Web2.0 与目前通行的商业理念存在冲突"。并对网络营销提出"不变革，就淘汰"的劝诫，"如果继续沿用以前的方式，网站很快就会失去新意、与世隔绝、呆板无趣"。所有对 Web2.0 项目的投资都是基于一个观念：利用互联网的力量引诱人们聚到一起来创造内容、分享专业知识，以及通过社会互动来寻求平衡。Web2.0 的出现使企业比以往任何时候都需要在乎消费者的切身感受及切实利益。

Web2.0 非常注重可用性和用户体验，要求营销工作人员提供区别于传统服务的创新态度，更加注重表达个性化的体验，设计个性化的操作功能及简洁友好的界面，不断激发用户产生消费和互联意愿。

2. 大数据

（1）大数据与社会化媒体

大数据的出现开启了一次重大的时代转型，人们从移动互联网时代进入到大数据时代。社会化媒体的迅速发展和应用使大数据的生产和利用越来越便捷，特别是社会化媒体强大的开放性，使每一个人都能够参与到内容生产过程并有效地进行信息传递。

随着社会化媒体的广泛应用，企业也逐渐意识到社会化媒体是与消费者相连接的重要渠道。一方面，企业可以通过社会化媒体与消费者进行直接交流，另一方面，企业还可以利用社会化媒体中的海量大数据优化其经营管理策略。因此，在多种多样的社会化媒体中可以找到众多企业的身影。全球领先的数据平台 Statista 的分析报告表明,截至 2019 年第四季度,Facebook 的月活跃用户为 24.98 亿人,每月访问 Facebook 公司旗下社会化媒体的用户累计 28.9 亿(包括 Facebook、WhatsApp、Instagram、Messenger)人。营销咨询公司 Zephoria 的统计报告显示,Facebook 中每天的照片上传量高达 3 亿张,每 60 秒就有 51 万条评论被发布,29.3 万条状态被更新。也正是基于如此庞大的用户数据量,Facebook 能够更有针对性地对用户进行广告投放,从而在 2018 年创下了 558.38 亿美元的收入,并预测在未来几年广告业务将持续增长。

(2) 大数据与社会化电子商务

大数据被称为"未来的新石油",是全世界都在关注的焦点。社会化电子商务是社会化媒体与电子商务深度融合的产物。当大数据与社会化电子商务相结合后,其爆炸式增长的庞大数据体量与日益成熟的大数据挖掘与分析技术为电子商务的创新发展注入了新鲜活力。主要体现在三个方面。

① 数据获取的多元化

在大数据时代背景下,社会化电子商务在数据的多样性、真实性和体量上都得到了前所未有的提升。这里的数据不仅包括用户的行为数据,还包括大量用户产生的内容数据。社会化电子商务平台的社会化和互动性有助于用户社区感的形成,使用户与商家及用户之间的交流互动更加频繁。例如,大众点评、美团网等团购网站的社交属性日益明显,用户的评分、点赞、讨论已经逐渐成为其他用户衡量商家优劣的重要依据。商家通过对用户大数据的分析不仅能够挖掘用户对商品的潜在需求、态度等信息,更能获取到用户自身的社交行为特征等数据。这使商家获取的用户数据信息更加多元化,有利于增进商家的自我完善和对用户需求的挖掘,也是传统电子商务难以企及的部分。

② 数据获取的实时化

在传统的电子商务活动中,商家无法实时获取用户的消费需求与变化,而在社会化电子商务模式中,基于大数据的支持,商家可获取每个用户在社会化媒体中的实时动态,通过大数据挖掘与分析技术,商家可以实时掌握每个用户当前的消费需求并预测其未来的消费动向。通过对用户信息的实时分析,可以对用户进行实时调整的动态广告推送,在提高广告效率的同时也降低了用户信息搜索成本,增强了商家与消费者之间的信息交流的有效性,完善了平台的社会化构架,提升了平台的用户黏性。

③ 数据获取的精准化

在传统的电子商务活动中,商家对于所有的用户进行相同的广告投放,用户群体针对性不强,广告投放效率不高,无法为用户提供个性化的营销。在社会化电子商务模式中,商家通过分析用户在社会化媒体中形成的大数据,将用户指标数据与其行为习惯、观点及消费喜好相关联,可以得到每个用户的个体画像和不同用户群体的群体画像,商家可以根据不同用户及不同用户群体实现点对点和群体区别化的精准营销。例如,淘宝天猫、网易考拉和唯品会等社会化电子商务网站,通过用户大数据进行精准分析,便于用户的个性化话题推送与社区讨论,提升了用户对于平台的感知易用性与忠诚度。

3. 人工智能

(1) 人工智能与社会化媒体

从鸿雁传书、电子邮件,到基于 Web2.0 的社会化媒体,科学技术的创新极大地改变了社会交往的形态。人工智能的迅速发展使以信息技术为代表的旧 IT 逐渐被以智能技术为代表的新IT所取代。

社会化媒体智能化以社会化媒体为主体，以优化社会化媒体互动功能、提升信息处理效率为目标，通过人工智能模拟、延伸和扩展人的社交智能。推荐引擎、大数据、图像识别及自然语言处理等智能化技术手段与社会化媒体的融合与应用，使基于社会化媒体的社交关系和内容管理越来越智能化。而面向个人化应用场景的精准传播是社会化媒体智能化价值的主要实现方式。通过面向个人应用场景的精准传播，智能社会化媒体会节省用户在海量数据中提取相关信息的时间成本，优化客户体验，增强用户黏性，甚至能够激发用户的潜在需求，衍生多元服务，从而大大提升传播效率和媒体服务价值。

（2）人工智能与社会化电子商务

随着智能机器的发展，人工智能被越来越多地应用到社会化电子商务中，社会化电子商务近年来迅猛的发展态势，离不开人工智能的强大推动力。"科学技术是第一生产力"，人工智能作为科学技术，它的发展既是生产力的发展，也是社会化电子商务发展的新契机。人工智能在社会化电子商务领域的价值主要体现在三个方面。

① 交互数据挖掘

社会化电子商务主要依赖用户间及用户与企业间的社会化行为所产生的信息和内容，进而提供服务，而人工智能以其智能算法深度挖掘和分析用户在社会化电商平台的行为模式，能充分理解用户需求，获得个性化的信息，精准推送给用户，帮助用户做出更好的决策。人工智能技术对交互数据的深度挖掘，帮助企业实现精准化品牌营销和产品推广，并迅速将其渗透到社会化电商的不同功能板块，提高了用户与企业的黏度，助力企业定位潜在用户，提升企业竞争力。

② 用户体验优化

人工智能技术赋能社会化电子商务，在产品信息精准推送、智能推荐、用户交互界面设计、产品可视化工具等功能上，为用户提供量身定制的个性化服务，提升功能的易用性及用户体验。用户在人工智能技术打造的社会化电商环境中，更有分享意愿，频繁地在社会化电子商务平台交换各自的生活体验或其他信息，增强社交关系网络，为人工智能算法分析用户行为提供源源不断的信息来源，优化用户体验，进一步加快了社会化电子商务的发展。

③ 服务成本降低

随着社会化电商行业的不断扩大，重复任务的数量也在增长，自动化需求也就越发急切，而人工智能可以接管大量琐碎但耗时的任务，节省人力的时间和精力用于更为关键的任务。凭借人工智能，社会化电子商务平台引入虚拟助理、议价AI和AI交互式语音应答等服务，综合考虑用户特征、用户偏好、用户历史购买行为和第三方数据等信息后，为用户提供个性化建议，并实现全天候快速响应用户需求。未来这种成本低效率高的人工智能优化方案将成为传统人工客服的替代方案，大大降低企业的服务成本。

9.2.3 社会化电子商务与传统电子商务的区别

社会化电子商务依托 Web2.0、大数据和人工智能等技术，支持并强化消费者之间、消费者与企业之间的互动交流，进而协助消费者进行决策与购买。表9-1给出了社会化电子商务与传统电子商务的区别。

表9-1 社会化电子商务与传统电子商务的区别

属　性	社会化电子商务	传统电子商务
核心理念	以用户为中心，强调社交互动	以产品为中心，强调商品属性
交易过程	通过加强人与人之间的良性互动，使消费者间接地接触商品，从而达成间接交易	通过提升产品的质量和功能吸引消费者，从而达成直接交易
营销媒介与策略	依托社会化媒体和电子商务平台营造口碑效应	依托电视、广播等传统媒体和电子商务平台进行营销
营销成本与效率	营销成本低、效率高	营销成本较高、效率较低
消费者群体特点	消费者群体基数大、增长速度快，产品与消费者群体匹配的准确性高	消费者群体基数较小、增长速度较慢，产品与消费者群体匹配的准确性较低
潜在消费者转化模式	传染式转化模式：用户通过社交媒体分享传播产品体验来转化其他用户成为潜在消费者	漏斗式转化模式：用户通过浏览产品页面、加入购物车、生成订单及支付订单等环节完成在线交易，每个环节会产生用户流失
消费驱动力	用户主动消费与被动消费相结合	只存在用户主动消费，缺少被动消费
信息交互形式	用户借助社交媒体和网络平台浏览、交流、分享、传播和推荐产品信息，进行无限制的信息交互	用户基于电商网站所提供的评论、客服等功能进行有限制的信息交互
技术支持	Web2.0技术、大数据技术和人工智能技术	网络数据通信技术、电子数据交换技术、电子支付技术和安全技术

9.3　社会化电子商务的商务模式

9.3.1　社会化电子商务的购物过程

传统电子商务的购物过程依赖于购物平台的功能，如商品搜索、商品收藏和加入购物车等。而社会化电子商务促使消费者在社交互动中产生消费欲望并发生实际购买行为，且在消费者购物过程的各个环节中都产生了十分重要的影响。

（1）需求识别

在社会化电子商务活动中，产品的宣传时间从过去的广告时间拓展至全方位的社交活动中，很多商品、服务的推广活动涌现出了一批网红"带货"主播，主播在特定商品范围进行试用、评价和宣传。好友的最新分享和朋友圈的代购宣传在引起消费者兴趣的同时也会引发消费者购买意愿。

（2）信息收集

消费者产生购买意愿后开始收集商品信息，消费者可能去淘宝、京东等购物网站浏览用户评论，或去小红书等评论网站查看产品测评信息，还会去贴吧、知乎等知识社区发起提问等。通过在社交平台主动搜索商品相关信息及征询他人意见，消费者逐渐确定需求商品的类型。这一阶段是消费者需求类别明确阶段，即消费者的需求清单从模糊不清发展为基本确定。

（3）比较评估

在这个阶段，消费者根据确定的类别、需要的功能和预期的价格，在购物网站上选出多个替代品作为备选方案。消费者在社会化媒体上根据其他用户的评价、专业人士的评估及多方意见加深对产品的了解,明确自己的选择。最终,消费者会从替代品中挑选出需求商品的具体型号。

(4) 购买行动

明确具体的购买目标后,消费者要确定下单网站、支付方式、物流企业等购买事项。在传统电子商务模式下,消费者大都通过品牌官网或专业购物网站进行下单、支付,而社会化电子商务则拓宽了消费者的下单方式和支付手段。消费者可以在所购品牌的微信小程序上直接选购,再通过微信支付这一社交媒体自带的支付方式完成商品购买,而无须登录品牌官网。

(5) 体验评价

使用商品后,消费者会在社交媒体上分享商品的消费体验、指出产品的优缺点、评论商品的各方面是否符合自己的预期,带来满意体验的商品还有可能被消费者推荐到自己的社交网络中。

9.3.2 社会化电子商务的商业模式

社会化电子商务根据具体的构建方式,可分为三种商业模式:基于社会化媒体开展电子商务、电商网站推出社交应用及第三方社会化电子商务。

1. 基于社会化媒体开展电子商务

社会化媒体自带的用户流量和交互效应可为电商企业创造无法忽视的商业价值。基于社会化媒体开展电子商务的模式是指以社会化媒体为基础,增加电子商务功能,利用社会化媒体庞大的用户规模和便捷的传播优势来扩展营销渠道、扩大市场及促进电子商务交易,并充分挖掘其潜在的商业价值。此类社会化电子商务的门槛较低,采用这种方式的商家既可以是企业,也可以是个人,是很多国内外企业初涉社会化电子商务时热衷实践的方式。

这类模式在用户规模、黏性和信息传播方面具有优势。社会化媒体为企业提供庞大的用户规模和高互动性的平台基础,企业借助用户自主分享商品信息的行为,来达到宣传和销售的目的;而且社会化媒体用户间的信任度更高,每个用户的浏览和购买行为都直接或间接地影响好友的消费行为,可以为企业带来更加精准的客户资源;用户间的交互、分享,还便于消费者更全面多维度地了解商品信息,做出更加谨慎的购买决策,以改善未来的购物体验。代表性平台有新浪微博和微信等,可帮助企业轻松实现低成本的客户引流和广告效果,例如,商家在微博发布商品信息,通过拥有大量粉丝的博主宣传推荐及其粉丝的分享、转发进行信息传播,其他用户可以直接进入商品页面或点击推广链接进行购买。这一过程中,有影响力的个人在传播信息方面可以发挥关键作用,从而影响其他群体成员的意见和观点。商家还通过建立粉丝群、开展微博抽奖、发优惠券和博主直播推荐等方式锁住现有客户并激发消费者购买意愿。微信作为最大的社会化媒体平台,在其原有的基础上添加企业公众号、小程序、微店等功能,为个人和企业利用微信用户资源提供了可能。企业在微信公众号推送产品信息进行宣传推广,消费者可直接进入企业小程序或微店进行交易;个人微商则借助个人影响力在朋友圈或建立群聊来开展熟人业务,也可开通微店让客户直接下单购买。

该模式凭借社会化媒体庞大的用户规模、足够的用户活跃度帮助电商企业实现了广泛宣传、扩大客户群及达成交易的目的,但是由于社会化媒体以社交功能为主,该模式的用户社交化程度虽最高,但购物属性相对较弱,且大量的用户交互难免带来不实信息,因此未来该模式要将促使用户形成购物习惯、解决购物体验的信任问题作为重中之重。

2. 电商网站推出社交应用

顾名思义，指在电商平台的基础上增加社交功能，以某种激励方式将其已有的和潜在的顾客引入到自行建立的社交网络中，是以电子商务平台为主导的社会化电子商务。通过用户之间的交流互动来丰富用户信息获取的方式、提升用户体验和黏性，进一步改进营销手段和提高顾客对商家和商品的信任，并最终促进电子商务交易的实现。该类型的社会化电子商务平台，电子商务是其主营业务，增加社交功能和模块所建立的社交网络是为了促进其主营业务的发展及顺应社会化电子商务的趋势，因此这种模式更适用于电子商务功能较为完善、发展较为成熟及用户购物意愿较强的电商企业，如以淘宝网为基础建立的淘宝社区淘江湖、微淘、淘达人和淘直播。

对于这类发展较为成熟的电商企业而言，社交网络的作用主要有三个方面：一是借助用户交流分享购物心得和购物信息的方式，为其卖家提供产品宣传推广和口碑传播的平台，这种经济实惠且便利的营销方式不仅节省卖家的广告成本，还促使卖家为用户提供个性化服务，优化用户购物体验，从而增加用户的黏性；二是通过稳定的电子社区关系增强用户活跃度，加强用户间及用户与产品间的联系以促进用户的购买行为，提升营销效果；三是社交网络作为用户对产品和服务的反馈渠道，可促使卖家改善服务质量，提升运营水平。

这种模式因为电子商务功能完善、商品种类丰富、平台活动多、整体运营模式健全，所以用户的购物意识最高，购物需求也最为明晰。但用户交流互动性相对较弱，用户间信任度较低，且用户规模也具有一定的局限性。因此，该模式在未来的运营过程中要注重发挥"社交"功能，鼓励和促进用户间相互交流、分享信息等互动行为。为了加强用户的交互意愿，电商平台应不断采取措施吸引用户加入其社交网络，例如，淘宝网在淘江湖加入了淘金币的激励机制，以激励用户参与，增强用户交互活跃度；淘宝网的直播平台则允许用户发弹幕提问，这种面对面的实时交流互动加强了用户的参与感，此外该直播平台还设置了送礼与抽奖功能来吸引大量用户参与其中。

3. 第三方社会化电子商务

第三方社会化电子商务的形式是在社会化电子商务这个必然大趋势的推动下出现的，此模式独立于现有的传统网络交易平台（如淘宝等），通常不直接提供商品和服务，而是对现有电商平台进行整合、分类和推广，并构建基于地域、行业、兴趣、需求等方面具备展示和社交功能的垂直社区以供用户进行交互，是一种兼顾社会化元素和电子商务业务的商业模式。这样的模式可吸引并汇集更加细化的用户群，其广告、营销、推荐等商务活动也更具有针对性，可降低用户对电商平台的依赖。代表性平台有美丽说、蘑菇街和小红书等。

对于用户而言，拥有了进行社交活动、分享购物资讯和交流购物经验的平台，通过自身行为来带动其他顾客的消费渴求，满足了其分享和展示的社交心理；通过对相关领域的检索、推荐、对比、评价和分享等，还可以建立和扩展自己的社交圈，收获归属感和成就感。对于电商企业而言，通过借助社会化网络的用户规模和人气，可以帮助其引入用户流量，从而达到营销最基本的广告告知功能；并且以社会化方式为用户提供个性化导购服务，及时地将产品资讯推送给用户，可使其最大程度地发挥用户交互所带来的潜在消费，进一步拓展企业的利润获取空间。

相较于其他商业模式，这类模式对目标客户和市场定位精准，一般为具有较高消费意愿、关注生活品质且习惯于在社交中展现自我的年轻人。该模式的社交板块会依据产品类型设立相应专区，用户可依据不同兴趣或目的进行交互，用户间分享的内容较为专业，有利于培养用户的参与度，所营造的购买氛围也更容易引起用户展示和分享的欲望。但是由于用户规模有限，代替性平台较多，分享内容质量下降将导致用户流失严重。因此该模式要加强用户数据挖掘与分析，不断更新高质量的内容来满足用户需求才能获得持续竞争力。

9.3.3 社会化电子商务的意义

（1）对消费者的意义

社会化电子商务模式将商务行为与社交生活结合在一起，其中社会化媒体充当了用户表达观点的媒介，发挥了保护弱势消费者的作用。通过强化人与人之间的互动对商业活动的影响，电子商务的社会化将人作为产品和品牌的传播媒介，并基于社交活动中人与人之间的关系属性建立起了商业活动中的信任体系。消费者和商家之间不再只是直接的信任关系，而是通过社交互动形成间接的信任关系，将更有效提升消费者对商品及品牌的认知。用户在购买商品及服务时不再"懵懂无知"，而是通过社会化媒体的信息交流，用户可以在购买前充分了解所需商品及服务的相关信息，从而决定是否进行购买。

（2）对企业的意义

社会化电子商务为商家获取更高利润提供了更多机遇。社会化电子商务模式可使商家将竞争的侧重点从商业对手转移到用户身上，使其可通过与用户的互动来提升用户购买商品的意愿，从而将价格战策略转变为基于用户反馈来提供优质服务的策略。同时商家获取客户信息的渠道也从过去的调查问卷等间接途径转变为社交网络平台、产品交流社区等直接途径，正是这种转变使商家所获取的客户信息发生了质的改变，由此商家通过分析更加全面的用户数据便能够更精准地绘制消费者画像。生产商不再一味根据历史数据和经验来制定生产计划，而是通过与潜在用户的充分沟通来预测商品未来一个时间段的需求。可见在社会化电子商务时代，企业在商品的方案制定、生产安排、销售策略等方面都做出了改变。

（3）对模式创新的意义

社会化电子商务是基于新科技、新市场环境，因人类社会信息交流模式升级而产生的新的商务模式。人类社会新环境的出现改变了传统的商务模式，同时，新生的社会化电子商务模式反过来也影响了全社会的行为模式。社会化电子商务将传统商务、娱乐媒体、社交网络等运营生态相融合，打破了与消费者生活相关的各生态间的壁垒，使各生态间消除了明确的界限，从而形成了一个集贸易、娱乐、社交、学习等群体活动于一体的庞大生态系统。目前社会化电子商务已经融入生产、生活等各方面，深刻影响了当今社会的商务模式，并已成为生活的重要组成部分。

本章小结

本章首先介绍了社会化媒体的概念、特征和主要类型。其次，讲述了社会化电子商务的定义和发展背景，将社会化电子商务与传统电子商务进行了区分。最后，介绍了社会化电子商务的购物过程和商业模式，并探讨了社会化电子商务的意义。

问题与讨论

1. 社会化媒体有哪些主要类型？
2. 社会化电子商务与传统电子商务区别是什么？
3. 社会化电子商务的商业模式有哪些？

案例分析　　案例1：网红经济下"直播+电商"的发展模式

直播类新媒体是一种以互联网电商平台为媒介运用互联网、物联网、人工智能等技术直播信息的新媒体形式。随着互联网的不断发展和中小商户的迅猛增加，电商从搜索驱动模式转变为多元驱动模式，淘宝、京东、蘑菇街等电商平台开启网络直播服务并迅速发展。明星主播成为电商直播的新宠，利用网红明星的带货能力提高销量是大多数商家的选择。

电商直播的营销方式已逐渐展开并被买卖双方接受，解决了在线商品枯燥的图文介绍与消费者多样化需求的矛盾。直播前的营销推广和直播过程中的持续互动增强了主播对消费者的了解，提高了营销的精准度和消费者黏性，打开了更广阔的市场，有效地帮助商家转化流量。相较于传统的广告传播和电视直播，直播方式带动了电商产业链优化升级，吸引了各社交平台和电商平台并呈现激烈竞争态势。

越来越多的网红开始出现并逐渐得到消费者的信任，网红模式下的"电商+直播"应运而生。电商平台的流量运营和网红主播的带货能力相辅相成，各个电商平台主动投入大量人力物力培养KOL（Key Opinion Leader，关键意见领袖）。淘宝直播发布"启明星计划"重构明星与品牌关系，蘑菇街通过资源和政策的双向扶持给主播更多曝光商品和内容的机会，京东为保证提供多元化的消费场景投入大量资本联合MCN（Multi-Channel Network，多渠道网络）机构推出内部红人孵化计划，网易考拉也宣布开通直播功能。网红电商直播的兴起是品牌支持、MCN机构包装和电商平台共同推进的结果，是网络时代解决流量瓶颈的重要方式。以2019年淘宝"双11"直播为例，直播引导的交易额接近200亿元，以李某某为代表的淘宝主播贡献了顶级流量和巨大购买力。

相对于传统电商销售模式，直播具有以下优势：

（1）创造明显价格优势

很多商家都会在不影响品牌价格定位和利润的情况下，在直播间赠送产品、抽奖秒杀、发放优惠券，这种简单直接的优惠方式受到了广大消费者的喜爱。不同直播间的优惠力度不同，明星直播间的优惠力度往往是最大的，而且经常出现供不应求的情况，这种饥饿营销方式既增加了产品销量又促进了产品宣传。其次，直播活动更多的是吸引消费水平有限需要优惠力度的消费者，商家通过这种方式完成了市场细分，利用价格歧视获得最大利润。

（2）利用网红引流能力

商家大多选择店铺直播和网红直播两种直播方式推销产品，同时邀请代言明星和网络红人参与其中，实现产品更快更广泛的传播，吸引更多人的注意力。这种销售方式往往需要同时将品牌定位、消费者喜好与网络明星个人形象紧密结合在一起，通过社交媒体等多种运营方式将与时俱进的品牌文化传播给大众。

移动端互联网便利了人们的生活，信息的获取速度越来越快，获取方式越来越多元化。直播平台进一步加速了发布和获取信息的时间，主播通过与粉丝的定期互动，及时得到用户心得与上新反馈,并据此做出产品调整和文案说明,成功地将粉丝转化为忠实用户。这种高互动性和高黏性加大了主播的工作强度,增强了网络直播的社会化性质。商家需要根据粉丝的反馈机动地定制个性化商品,随时撤货补货调整供应链需求,让粉丝心甘情愿地购买商品。

(3) 传递真实信息体验

电商直播解决了传统的电视直播只能在直播间单向传递信息的问题。电商直播可以提前发布直播公告和商品信息,在直播过程中不断地与消费者互动,即时解答消费者的各种问题。通过上新推荐、商品测试等方式不断输出消费者需要的各种信息,观察消费者的需求适时调整直播内容,刺激消费的同时最大限度上满足消费者需要。

相较于传统的电商营销方式,直播可以通过主播的现场试穿、实物展示等方式全方位地呈现商品信息,相较于图片文字描述,直播展示使产品更生动立体更具真实感,缩小了商家提供的卖家秀与消费者买家秀的差距,拉近品牌与消费者的距离,减少了消费者对商品的质疑。

(4) 创造浓厚购物氛围

在直播间,每天都是购物节。主播拼力吆喝,直播现场打光,助理轮番上阵,都是为了争取销量,在直播间消费者经常会被环境带偏,相信主播对商品的赞誉,激起冲动消费的情绪。其次,只要有用户点击链接浏览商品,直播间就会显示"***正在去买"的标识混淆视听。与此同时,主播会不断提醒消费者产品剩余数量,制造供不应求的假象,打乱消费者的理性思维,让消费者跟着主播"剁手"。

(5) 革新内容引人共鸣

主播专业的形象、漂亮的容貌、丰富的知识、清晰的人设、夸张的演绎等容易赢得消费者的信任,推销产品过程中玩法新颖、文案走心、设计出彩,刺激消费者的购买欲望,最大程度发挥主播的劝服作用,得到粉丝认同并为其买单。

主播们会采取独特的销售方式赢得大众的喜爱。例如,"口红一哥"李某某以男性主播卖口红为亮点,以挑战吉尼斯世界纪录等为噱头,以"OMG!""买它!"为特色的宣传吆喝吸引了巨额流量,通过在B站(哔哩哔哩)、抖音等短视频平台的宣传增强影响力,最终创造了惊人的销量。

以淘宝、京东和蘑菇街为代表的交易平台目的明确,通过直播的方式可以有效地推荐新商品,增强商品的吸引力,提高购物转化率。以快手、抖音为代表的短视频平台则更注重内容和质量,通过直播将粉丝喜欢的内容转化为购买力,实现流量变现。在这个万物皆媒的时代,电商直播作为一种新生事物,将新媒体与新零售相结合,有效地利用信息生产、传播和接收的便利,在各个电商平台三年乃至更长时间的孵化下产生了巨大的经济效应,逐渐成为最新颖和最具竞争力的销售模式之一。

电商直播虽然具有传统销售难以企及的优势,但也存在直播内容单一、产品重复率高、严重依赖人气主播引流、粉丝文化难以维护等问题。销售过程不规范、产品质量难以保证、刷单问题严重等直播翻车事件也不断增多。李某某卖不粘锅直播当场粘锅等事件说明电商直播过程中会存在许多夸大其词虚假销售现象,欺诈和误导消费者。从长远发展角度上看,电商直播还需要从监管上加以制约,从制度上加以维护,从总体上提升质量以创造具有持久生命力的营销体系,满足大众不断增长的消费需求。

案例来源:根据新闻报道整理。

思考题

1. "直播+电商"模式与传统电子商务模式有哪些区别？

案例2：拼多多的"社交+电商"新模式

拼多多是一个具有代表性的致力于C2B（Customer-to-Business，消费者到企业）拼团的第三方交易平台，是"社交+电商"模式的开拓者，2015年9月正式上线，2018年7月在美国纳斯达克证券交易所正式挂牌上市，2019年交易额超过8402亿元，4年内汇聚了5.363亿年度活跃买家，迅速成为中国第二大电商平台。拼多多是近些年中国增长最快的电商公司之一，是电商界的一匹"黑马"。

以拼多多为代表的电子商务行业近些年发展迅猛，这离不开互联网技术的迅速提高、供应链体系的日趋完善和金融服务行业的战略投资，也与创新性人才不断涌现、国家政策的大力扶持和紧密联系的全球环境密不可分，拼多多的成功更是中国社会经济不断发展，三四线城市消费水平不断提高的结果。

近年来，阿里、京东等电商平台和快手、抖音等社交平台都将投资目标重点转向三四线城市。三四线城市的人口比重更大，市场增长能力更快，消费升级欲望更强，对价格敏感度更高。拼多多的成功崛起得益于目标消费人群的精准定位和长尾互联网用户的持续增长，也与价格低廉种类繁多的产品设计和形式多样奖励丰富的刺激机制密不可分。创立至今，拼多多始终将消费者需求放在首位，通过C2M（Customer-to-Manufacturer，消费者直连制造或Customer-to-Manufactory，顾客对工厂）模式对传统供应链成本进行极致压缩，为消费者提供公平且最具性价比的选择，最大限度地实现消费升级。

拼多多与传统电商的最大区别在于充分利用了社交平台的传播能力，将娱乐社交的元素融入电商运营中，通过拼着买才便宜的方式让更多的用户带着乐趣分享实惠，享受全新的共享式购物体验。虽然京东也在微信平台上设置小程序，但只将微信作为一个销售渠道，拼多多却化被动为主动，通过社会化电子商务的经营方式深入增强用户参与度，以微信等社交平台为渠道，通过社交活动扩大影响范围，增强商品的销售能力。以拼多多经营模式为代表的社会化电子商务是近年来不断火爆的新型电商模式，各大平台纷纷推出应对措施，阿里推出"淘宝特价版"、京东推出"京喜"、唯品会推出"云品仓"，网易考拉推出"友品购购"，都希望在社会化电子商务平台分一杯羹。

拼多多的经营模式有以下几个特点：

（1）自带流量

社交化运营是解决互联网时代流量红利瓶颈的重要方式，拼多多不再依赖网红营销创造流量，而是自带流量，借助社交平台分享交流。任何人都可以发起拼团，消费者相互讨论产品购买经验、分享使用心得，实现真正契合开放、去中心化的营销方式。与淘宝等传统电商搜索驱动的销售模式不同，拼多多营造模糊目的或无目的的购物场景，使消费者更多地依靠页面推荐和朋友转发购买商品，通过缩短决策路径促成冲动消费。

（2）低价吸引

消费者可以在选好商品后主动组织开团，将商品信息分享到社交平台，在规定时间内拼团成功就可以享受相应优惠。拼多多将社交行为与购买行为相结合，以分享获取低价的方式吸引消费者，通过转发拼团的途径挖掘消费者需求，实现多人购买产生裂变式营销。消费者拼团过程中的社交行为不由自主地推广交易软件，使其低成本甚至零成本地获得大批客户。

（3）神曲洗脑

发展初期，拼多多赞助多档热门综艺节目，在电视频道和网络平台凭借不间断的广告和洗脑神曲"拼多多"走红大街小巷。巨额的营销费用和广告投资在消耗大量资本的同时，也迅速提高了拼多多的知名度和市场影响力。

（4）游戏多样

在利用低价拼团、广告营销的同时，拼多多也推出了大量互动小游戏来吸引消费者，将游戏体验和店铺购物有效地融合在一起，通过各种刺激创造购物需求。随着互联网的流量红利逐渐消失，"多多爱消除""天天领现金""砍价免费拿""1分抽大奖"等小游戏通过延长用户时长，提升用户留存度和转化率，通过娱乐闲逛带动消费。

（5）注重研发

社交电商的销售模式在实现消费者互动的同时也需要牺牲购物选择的多样性和自由度。为弥补用户选择单一的缺陷，拼多多投入大量的技术研发，通过建立流量分发机制，将最适合的资源匹配给最需要的用户。这种复杂的算法可以实现精准的预判，提供动态的供应链调整方案，保证用户需求和低库存成本，最终形成良性循环。

拼多多在持续发展的同时，也因产品质量没有保障、售后态度恶劣等广受诟病。价格低廉的背后上演着以假冒真、以次充好等欺骗消费者的行为，管理不完善的背后是高投诉量和低解决率。与阿里、京东等严格的审查制度不同，拼多多为提高增长速度扩大经营范围，通过降低准入门槛的方式吸引商家入驻，大量资金不足、供应链不稳定的小商家容易利用虚假信息售卖质量不过关的产品。2018年7月，央视评拼多多涉嫌售假："拼"再多，不售假是底线。拼多多的奖惩机制也不健全，判断标准不完善，多次受到工商部门的调查和法院的诉讼。从社交角度来看，高频分享会给其他用户造成一定程度上的骚扰，无效转发也有可能导致社交关系的恶化。

拼多多也不断注重品牌形象的管理，加大商品质量监管，提高产品品质。为转变原有低价假货的形象，拼多多通过与国美电器、网易严选等知名品牌合作，补贴5个亿售卖苹果产品，下架违规商品等一系列措施来改变大众对拼多多的市场定位。为得到社会各界的支持，将创新的电商模式与精准扶贫紧密结合，推动农产品及农副产品大规模上线，低成本培育微小制造企业和品牌成长，从供给侧改革角度推动产业发展。从顶层设计到产品优化，从品牌成长到贡献社会，拼多多都在努力建设良好的信用体系，通过不断的创新实现长效发展。

社会化电子商务以网络化社交化的方式打开了电子商务新的突破口，成为流量时代电商平台的重要发展模式。从用户的根本需求出发创造满意的购物体验才会使电子商务永葆生机与活力。

案例来源：根据新闻报道整理。

思考题

1. 拼多多的"社交+电商"新模式主要是以哪些社会化媒体为媒介的？

索引

Web2.0
传统电子商务
大数据
人工智能
社会化媒体
社会化电子商务

本章参考文献

[1] 彭兰. 社会化媒体：理论与实践解析[M]. 北京：中国人民大学出版社，2015.

[2] 宋凯. 社会化媒体：起源、发展与应用[M]. 北京：中国传媒大学出版社，2018.

[3] 埃弗雷姆·特班，戴维·金，李在奎，等. 电子商务——管理与社交网络视角[M]. 占丽，徐雪峰，时启亮，等译. 北京：中国人民大学出版社，2018.

[4] 埃弗雷姆·特班，朱迪·怀特塞德，戴维·金，等. 电子商务与社交商务导论[M]. 凌鸿，赵付春，钱学胜，等译. 北京：机械工业出版社，2019.

[5] 窦毓磊. 社会化媒体商业模式创新研究[M]. 北京：中国传媒大学出版社，2016.

第10章　电子商务系统规划

引言

"互联网+"已经成为各行各业的趋势。通过互联网进行商务活动，能够在传统的基础上更加高效便捷，增加信息透明度。但是每一个行业都有自己的特点，"互联网+"并不是简单的"互联网+行业"，如何使电子商务能够更好地与各行业融合，使二者发挥出最大的优势，是互联网领域、也是传统行业所应该不断探索和思考的问题。电子商务系统是企业进行电子商务活动的基础平台。实施电子商务的关键之一在于前期对于电子商务系统的规划，企业应从自身的实际情况出发，充分考虑未来可能面临的风险，明确目标及执行细案。科学合理的电子商务系统规划方案是成功建设电子商务系统的有效保障。

本章重点

- ▶ 电子商务系统的概念
- ▶ 电子商务系统的体系结构
- ▶ 电子商务系统规划的目标及内容
- ▶ 电子商务系统规划的方法
- ▶ 电子商务系统规划的步骤
- ▶ 电子商务系统规划报告的撰写

10.1　电子商务系统

10.1.1　电子商务系统的定义

与电子商务的定义类似，可从内容与形式上将电子商务系统分为两类，即广义的电子商务系统和狭义的电子商务系统。广义的电子商务系统是指支持各种商务活动的所有电子技术手段的集合。狭义的电子商务系统则特指基于 Internet 和其他网络，支持企业生产、销售、服务和对外协作等业务活动，从运作、管理和决策等多个层面提高企业信息化水平，从而支持企业实现全过程电子商务活动的信息系统。电子商务系统应包括基础设施、企业内部网、企业外部网，并与互联网连接，从而搭建起企业内部、企业与企业之间、企业与消费者之间互动的平台。

由于电子商务系统发展时间比较短，对其认识还没有统一的观点。很多文献书籍对电子商务系统的称谓也不统一，比如，称之为"网络商务系统"，或称为"网络化商务处理系统"、"电子商务应用系统"和"电子商务网站"等。

电子商务系统主要组成部分有：企业内部信息系统；电子商务基础平台（如负责负载平衡、网站管理、数据管理及安全管理等）；电子商务服务平台［如支付网关接口、客户关系管理、供应链管理、企业资源计划（Enterprise Resource Planning, ERP）、内容管理及商务智能工具等］；

电子商务应用系统；电子商务应用表达平台和安全保障环境。与传统的管理信息系统相比，电子商务系统在以下诸多方面存在不同。

（1）在系统功能方面

电子商务系统不仅支持企业内部的业务活动，还支持企业通过各种类型的网络与外部进行的商务活动。

（2）在信息服务方面

电子商务系统提供的信息不仅为企业内部业务与管理人员所用，还为企业客户及合作伙伴充分使用。

（3）在实现技术方面

电子商务系统主要采用浏览器/服务器（B/S）模式，需要使用大量的计算机、网络技术满足系统性能需求，如站点容错、负荷均衡和安全与认证等。

（4）在业务过程方面

电子商务系统围绕企业商务活动，以销售业务活动为核心，利用多种信息技术，实现对完整业务流程的全过程支持。

电子商务系统充分利用了先进的网络、计算机等信息技术，有效地支持企业电子商务活动。电子商务系统为企业员工、客户及其合作伙伴提供必要的信息，有效地支持企业销售生产、采购、客户服务等业务环节的整合，建立新的运营模式，从而提升企业的核心竞争力。

电子商务系统是传统管理信息系统在网络应用环境下的特殊实例。网络应用环境的技术特殊性使电子商务系统的建设具有较为鲜明的特点，在系统规划阶段就要充分考虑到功能性及非功能性的需求，特别要注重面向外部应用的系统与企业内部信息系统的集成。

10.1.2 电子商务系统的体系

电子商务系统是一个复杂系统。明确其基本体系结构，了解内部各组成部分之间的关系，有助于电子商务系统的构建。一般而言，电子商务系统是多层结构，IT 及互联网技术服务公司 Sun Microsystems（SUN）公司首先提出"三层结构"的电子商务系统概念，分为表示层、应用逻辑处理层和数据层。表示层以网络服务器为基础，负责信息的发布；应用逻辑处理层负责处理核心业务逻辑；数据层负责数据的组织并向应用层提供接口。随着三层电子商务结构的发展，电子商务系统的层次结构不断变化，SUN 公司又将电子商务系统划分为四层体系结构，如图 10-1 所示。

该四层架构中最上层是电子商务应用及解决方案层，包括电子市场、电子银行、认证中心等适合不同领域的电子商务应用服务；其次是应用服务层，包括通信、事务处理、数据库连接等应用支持，将系统的业务逻辑从网络应用中分离出来，由服务层单独处理，有效地提高系统的效率及其扩展性；基础服务层主要包括开发工具、组件技术、数据库支持、安全及系统管理等一般部件；底层是网络和操作系统层，主要提供硬件等资源配置与管理。

基础服务层的组件公共对象请求代理体系结构（Common Object Request Broker Architecture，CORBA）是由对象管理组织（Object Management Group，OMG）指定的一种标准的面向对象应用程度体系规范，由对象请求代理（Object Request Broker，ORB）、对象服务、公共设施、域接口和应用接口等部分组成。通过核心部分 ORB 提供的机制，对象可以透明地发出请求和接收响应。CORBA 作为一种主流的基于组件的分布式对象技术，优势明显，不但可跨平台，支持多种语言，而且有众多厂商对其提供支持。因此，CORBA 组件不仅可以保证电子商务系统的可靠性、安全性和可扩展性等，还可以通过适当的接口充分利用企业系统减少重复开发。

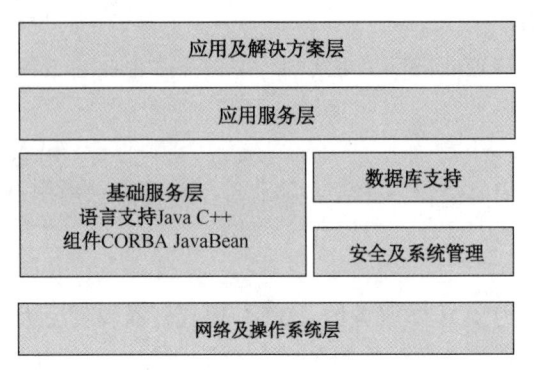

```
┌─────────────────────────────────────┐
│         应用及解决方案层             │
└─────────────────────────────────────┘
┌─────────────────────────────────────┐
│           应用服务层                 │
└─────────────────────────────────────┘
┌──────────────────┬──────────────────┐
│     基础服务层    │    数据库支持     │
│  语言支持Java C++ ├──────────────────┤
│  组件CORBA JavaBean│  安全及系统管理  │
└──────────────────┴──────────────────┘
┌─────────────────────────────────────┐
│         网络及操作系统层             │
└─────────────────────────────────────┘
```

图 10-1　SUN 公司的电子商务系统四层体系结构

10.1.3　电子商务系统的架构

（1）单一应用框架

早期的电子商务架构一般是通过集成的方式，把数据库和前台功能部署在一起，放在一个框架内，即为单一应用框架。优势是当网站流量小时，可减少部署所花费的成本。但是单一应用框架缺点明显，随着新功能的增加，系统的扩展难度较大，占用资源较多，系统难以维护。

（2）MVC（Model View Controller）应用框架

MVC 应用框架将系统分成三层：视图层、模型层和业务控制层。视图层用来实现对所有业务的展示和前台简单业务；模型层用来处理数据库中文件信息等数据的交互及数据的存储；业务控制层负责业务的逻辑控制、用户注册等功能。

MVC 应用框架解决了单一框架中的系统扩展问题，使代码的维护性更好，降低了开发人员间的协调处理及系统维护成本。缺点在于虽然对系统进行了划分，但仍要部署在同一个服务器上，有些逻辑代码即使相同，也难以调用。

（3）面向服务的体系结构

面向服务的体系结构（Service Oriented Architecture, SOA）是一种常见的电子商务系统架构。SOA 将分布在不同业务系统中的功能单元通过服务抽象、设计和实现，以服务发布的方式将不同粒度的服务之间的接口和契约联系起来。作为一项成熟的技术，SOA 已经在企业应用领域得到广泛应用。

SOA 的核心内容是服务，即服务提供者完成一组工作，为服务使用者交付所需的最终成果。最终成果通常会使使用者的状态发生变化，但也可能使提供者的状态改变，或双方都产生变化。SOA 是一个组件模型，接口采用中立的方式进行定义，独立于实现服务的硬件平台、操作系统和编程语言，这一特点使得构建在系统中的服务可通过一种统一和通用的方式进行交互。

SOA 在电子商务系统中具有一定优势。SOA 是一种架构模型，其目的是最大限度地重用应用程序中立型的服务，进一步提高客户业务系统的适应性和效率。基于 SOA 的应用系统根据实际业务需求，通过对松散耦合的粗粒度的应用组件进行分布式部署、组合和使用。独立业务服务单元及服务流程共同组成的服务层是 SOA 整体架构的基础，可以通过服务注册、查找等功能被集成控制平台所管理,也可直接被服务请求的代理直接调用,从而有效控制系统中与软件代理交互的人为依赖性。SOA 解决方案具有诸多优点。例如,通过为外部客户和供应商提供动态应用程序和业务服务,与客户和供应商建立更稳定的关系;通过将业务服务和信息访问功能聚合为一组动态的复合业务应用程序,改善业务决策;通过提供流线型的系统和信息访问功能,改进业务流程,提高员工生产力。

总之,基于 SOA 的电子商务系统架构,实现了各种粗粒度的服务组件分布式部署和组合使用,使用者无须关心服务的部署方式和工作过程,双方根据服务规约,利用统一的服务总线实现对服务调用。电子商务业务的快速发展及工作流程的不断变化带来了业务需求的不确定性,基于 SOA 的架构能够赋予电子商务较大的灵活性。

(4)微服务

随着电子商务领域的蓬勃发展,海量数据处理及高并发性及吞吐量的系统性需求,成为互联网领域较大的挑战,传统的 SOA 架构已经无法满足企业需求。微服务是从 SOA 架构中演变而来的,是指一个颗粒度很小但具备独立完成某个较小的系统模块功能的服务。每个微服务子系统内部只封装当前需求的业务逻辑及服务的通信和故障处理机制,能够被部署到一台或多台网络服务器上,通过集群的方式向外界提供服务。微服务架构为企业的系统重构提供了全新的解决方案,使系统能够更好地服务用户。

微服务与 SOA 相比,更加强调系统功能模块的组件化和服务化,重视系统的故障转移能力、服务发现能力及系统的并发处理能力,有利于系统的敏捷开发和快速部署。微服务使原来被部署在一个服务器上的系统模块拆分成为多个或更小的系统模块,这些系统模块彼此进行独立的设计、开发和部署,通过网络进行依赖调用,组合成一个能够完成独立业务的系统。

一个完整的基于微服务的电子商务体系架构可分为三层:底层的系统服务、中层的共享服务和顶层的业务服务。系统服务主要包括基本的缓存服务、存储服务和消息服务等。这些服务被封装为独立的服务模块,连接上层和系统底层之间的交互。上层通过调用系统服务实现对系统底层的相关功能操作。共享服务主要包括订单服务、支付服务和产品服务等。根据可通用的服务类型进行拆分,封装不同可通用服务类型下的业务处理逻辑。业务服务主要包括广告服务、下单服务等,主要提供系统可感知的面向用户的具体业务功能。在基于微服务体系架构的系统中,不同服务之间的调用,不存在严格的逐层调用界限。业务服务内部的不同服务之间可实现内部调用。

基于微服务的架构的优势有:由于每个微服务的模块颗粒度非常小,使微服务模块的程序代码能够完全集中于实现一个具体的业务需求,因此代码集成度高;微服务系统各个子系统模块间独立性强;不同微服务之间耦合度低,每个微服务都具有独立的功能意义;不同的微服务之间可采用不同的编程语言进行开发,灵活性强。

(5)系统中台

传统电子商务系统一般采用应用层、业务逻辑层、数据层的架构,应用层为传统意义的前台,而后台包含业务逻辑层和数据层。随着电子商务的发展,这种前台加后台的系统架构也面临一定的问题:前台为了快速响应前端用户的需求,需要快速迭代和更新,而系统后台面对的信息较为稳定,所以存在前台迫切需要改变和后台改变较小的情况,最终使用户满意度降低,企业竞争力随之下降。如果在电子商务平台中搭建一套独立的系统,虽能解决前台和后台的问题,但耗费巨大且系统复杂,而且容易存在重复建设、投资及成本高等问题。如果将每个平台可重用的业务功能整合在一起,提供给第三方电商平台,那么便有望解决这个难题。因此,系统中台的概念随之提出。2015 年阿里提出了"大中台,小前台"之后,越来越多的企业在自有的系统架构中增设中台,并将中台调整为核心的方向。

中台化架构把平台按照能力、服务进行管理,并在高内聚、低耦合的基础上,追求数据完整性和业务可运营。因此,在考虑搭建系统中台的电子商务架构时,将业务逻辑层的大多复杂逻辑从后台中剥离,在中台中开发出可共用的服务供前台调用。

10.1.4　电子商务系统的特点

电子商务系统是支撑企业商务活动的技术平台,与传统的管理信息系统相比,其具有自身独特之处。

(1)可用性

一方面,电子商务系统依托于网络基础设施,能够借助网络的力量,突破地理、环境的影响因素,提高系统被用户使用的程度;另一方面,网络技术本身,如接入时间、带宽/流量限制等,也会影响用户对电子商务系统的使用。

(2)可靠性

可靠性是电子商务系统在规定的时间内及规定的环境条件下,完成规定功能的能力。一般而言,电子商务系统承诺 7×24 式的持续服务,客观上就要求采用特定的硬件、软件技术或措施保障其功能执行,如双机热备份等。

(3)安全性

电子商务系统是电子商务活动参与者交流的平台。与传统面对面的交易方式不同,基于网络的商务活动过程,参与者之间建立安全及信任关系需要电子商务系统提供真实有效的信息,保证信息不泄漏,确保相关信息的一致性及完备性,以及信息的使用是可控的、正当的。

(4)国际化趋势

电子商务系统支持的网上交易突破传统国界和疆域的限制,一方面要求企业调整原有的结构与经营方式以适应这一变化,另一方面系统本身也应具备支持多国多语言的交易平台,以及灵活可靠的支付手段。

(5)法律法规约束

电子商务系统的功能应满足对个人隐私、知识产权、交易合同关系及税收等相关信息的记录、存储及使用,从而保证基于网上的商业活动合法,违法违规活动能够被追溯。

(6)与行业业务的深度融合

电子商务系统很好地支持业务的基础,不仅仅是电子化和互联网化,更重要的是不同行业的电子商务系统应该与其行业和业务本身深度融合,无论是系统本身的设计还是与系统相匹配的周边功能,都应充分地考虑到业务本身的特点和限制。

综上所述,构建电子商务系统不仅仅是简单的网站建设、软件编写,其本质及特性要求开发者必须综合考虑技术与业务的约束、社会环境和商业环境的约束等诸多因素。因此,在构建电子商务系统前,应做好详细规划,探索系统实施及运行过程中可能遇到的问题,从而降低系统失败的风险。

10.2 电子商务系统规划概述

现代企业复杂的组织结构和动态的竞争环境决定了打造电子商务系统是一项长期而艰巨的工作，它涉及企业业务活动的变更和内部组织结构的调整，不能一蹴而就。构建电子商务系统的首要任务就是制定电子商务系统规划。电子商务系统规划是未来系统建设过程的主要依据。系统规划要从企业战略发展角度出发，结合现有的商务模式和业务流程，提出未来系统要达到的目标和实施的整体战略，建立新的商务模式和盈利模式，并以此为核心进行后续的系统分析、设计和开发工作。

10.2.1 电子商务系统规划定义

狭义的理解，规划是制定或实施某种计划的过程。而广义的理解，规划则是指基于对研究对象变化规律的认识，根据现实条件，对未来活动有意识、有系统地安排，也可以说是人类的一种特有能力。在信息系统领域内，所谓规划是指针对持续时间较长的活动，从全局的角度进行计划，其目的是为实现某个目标而制定相关实施方案，给出逐步达到目标的路径，明确主要参与者及其承担的任务，定义人员组织结构及安排时间进度，并论证计划的可行性。规划的工作都具有预见性，是对未来进行安排并不断付诸实施的过程。对于规划的制定来说，所有的内容都需要根据未来的目标来建构未来的行动进程和具体的行动方案。

电子商务系统规划则是指企业以实现电子商务活动为目标，结合内部经营状况和外部市场环境，提出企业未来电子商务发展战略，据此确立企业未来商务模式和盈利模式，明确业务需求，设计支持商务模型的系统体系结构，给出相应的技术解决方案，确定系统实施步骤、时间安排和人员组织，并评估系统建设的开销和收益，进一步分析系统构建的可行性，最终形成规划方案。

电子商务系统的规划与传统信息系统的规划有所不同，传统信息系统对企业价值链的贡献主要体现在提高企业的生产、管理效率上，尽管它能改善企业的商务活动，但并不会对企业的商务模式产生革命性的影响，换句话说，传统信息系统的规划以企业商务模式处于稳定状态为前提，它是在企业既有商务模式的基础上，集中针对企业内部信息流进行的技术改进和支持。企业电子商务系统的规划不仅是对支持企业电子商务的信息系统进行规划，还包括制定电子商务发展战略等方面。这个过程，不仅涉及电子商务系统与业务的结合，也涉及传统业务的深入改革。传统业务如何瘦身优化，电子商务系统如何贴合匹配，是电子商务系统规划的重点课题。

10.2.2 电子商务系统规划的目标及内容

电子商务系统规划的主要目标是制定电子商务系统的开发战略和建设方案，确定在较长一段时间内，企业电子商务系统的规模、发展方向和进程，其主要内容包含四个方面。

（1）制定电子商务发展战略

电子商务活动隶属于企业经营活动，因此，电子商务系统规划的目标和定位要服从企业整体的战略目标，要与企业定位保持一致。对于企业而言，发展电子商务的目的是提高企业的核心竞争能力，扩大市场份额，从而最大限度地、持续地扩大利润空间，增加企业收入。因此，制定电子商务发展战略，需要从外部市场环境和内部经营现状两方面考虑，深入分析行业结构、市场及竞争对手和企业经营优劣势等，结合网络、计算机等技术的特点，确定电子商务系统的发展战略和目标。电子商务系统的开发是长期工程，工作量大、难度高，需要企业投入大量资源，包括人、财、物、资金等，且系统建设期间有很多不确定性因素，因而务必要预先明确系统目标及定位。

（2）创建商务模式及盈利模式

利润是企业追逐的目标，因此企业发展电子商务的终极目的在于盈利。企业如何运营？采用何种方式从市场获取利润？确立商务模式和盈利模式就可以回答上述问题。企业核心业务适用的商业模式，企业服务对象、内容及获利方式等直接决定未来电子商务系统的基本功能，进一步影响企业构造电子商务系统所采取的策略。例如，支持 B2C 零售商的电子商务系统与支持 B2B 信息中介的电子商务系统在功能、结构、性能要求、投入资源和开发周期等方面会存在很大差异。

（3）定义电子商务模型

针对特定电子商务模式及其特点，电子商务模型明确给出相关的具体业务部门、人员组成的逻辑框架，梳理出具体业务流程，确定支持企业商务运作的基本信息流程。定义电子商务模型，要以业务流程再造（Business Process Reengineering，BPR）为基础，深入分析核心业务过程及其环境影响因素，抽象出基本逻辑组成单元，界定其相互关系，重新整合业务流程，合并删除冗余的任务，增加必要的新任务，以缩短产品/服务的供应周期，增强客户服务响应能力，提高客户个性化服务水平，实现企业信息流、资金流和物流融合。

业务流程再造最早由美国前 MIT 教授 Michael Hammer 于 1990 年提出，后来对 BPR 的定义是：对企业的业务流程进行根本性的再思考和彻底性的再设计，从而获得在成本、质量、服务和速度等方面业绩的戏剧性的改善，使企业能最大限度地适应以"顾客、竞争和变化"为特征的现代企业经营环境，如图 10-2 所示。

BPR 的基本内涵就是以作业过程为中心，摆脱传统组织分工理论的束缚，提倡客户导向、组织变通及正确地运用信息技术，使企业适应快速变动的环境，该理论的核心是"流程"（Process）观点和"再造"（Reengineering）观点。

"流程"观点，强调企业运行是集成从订单到交货或提供服务的一连串作业活动，组成企业活动的要素是一件件业务、一项项作业，而非一个个部门。企业流程再造要重新检查每一项作业活动，识别不具有价值增值的作业活动，将其剔除，并将所有具有价值增值的作业活动重新组合，优化作业过程，缩短交货周期。

"再造"观点，强调打破旧有管理规范，再造新的管理程序，以回归原点和从头做起的新观念和思考方式，获取管理理论的重大突破和管理方式的革命性变化。"再造"要求摆脱现行系统，从零开始，展开功能分析，将企业系统所欲达到的理论功能，逐一列出，再经过综合评价和统筹考虑筛选出最基本的、关键的功能并将其优化组合，形成企业新的运行系统。

电子商务系统的规划是企业内外充分信息化的过程，包括了企业与客户、与供应商及企业内部各种关系的建立与整合。电子商务系统的规划，需要根据自身的经营目标，以电子商务框架和体系结构为基础，为这些关系搭建无缝的技术桥梁，有效地将电子商务中的各方有机地联系在一起，形成一种新的生产经营模式。从这个意义上来看，电子商务系统的规划，从本质上是对流程的重新设计。

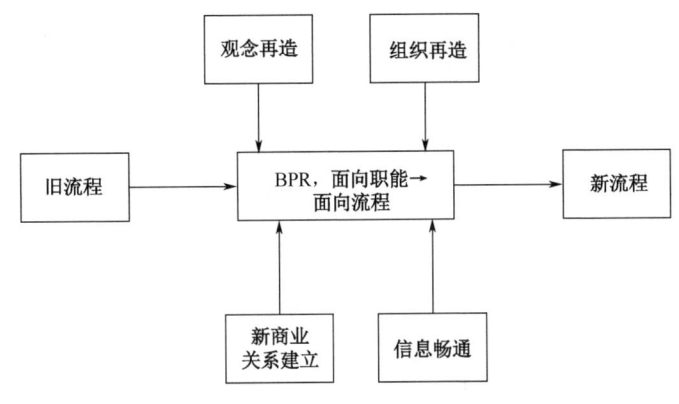

图 10-2 流程再造示意图

业务流程重组应该分阶段不断改进、不断提升，是一个螺旋式循环上升的过程，根据企业在 BPR 和电子商务系统结合中存在的问题，采用以下方法来规划电子商务系统。一般而言，基于 BPR 的电子商务系统规划步骤如下。

步骤一，根据当前企业所处的大环境和其原有流程的具体情况，从功能、效率、可行性等方面进行全面分析，发现存在的问题，从而确定需要变革的关键业务和重组的关键流程，定义重组范围和可以量化的管理思想来构建组织结构、生产流程、规章制度绩效指标等业务框架。

步骤二，根据已有的框架，了解行业发展趋势并寻找最佳实践方法，借鉴其他企业的成功经验和不同模型的优点，经过筛选后建立理想流程模型。

步骤三，重新设计与理想业务流程模型相适应的组织结构模型和业务流程，定义技术需求，确定实施方法和项目进度计划。

步骤四，在流程重构的基础上识别和分类数据，进行系统数据规划。例如，根据数据的用途分为系统数据、基础数据和综合数据，根据数据是否共享分为共享数据和部门内部使用数据。

步骤五，规划系统总体结构，刻画未来电子商务系统的框架和系统各部门的逻辑关系。确定总体结构中的优先顺序，并安排开发计划。

步骤六，选择能够支持新流程的平台，根据已有的 BPR 模型和电子商务系统构建出一套与之相适应的电子商务系统模型，制定合理的实施计划。BPR 的实施只有从电子商务系统的角度出发，才能很好地优化或重新构造，进而完成系统设计和实施。

基于 BPR 的电子商务规划方法，一方面能够提供先进的系统分析方法论，另一方面可以在改善企业管理绩效、提升管理水平等方面达到事半功倍的效果。

（4）制定电子商务系统开发策略

开发策略也称构建方式。电子商务系统的构建方式多种多样，归纳起来可分为自主开发、外包和租用等三种类型。

其一，自主开发，也称为内包方式，是指企业内部信息部门组织相关的技术人员根据需要建设电子商务系统。这种方式的优点在于：系统个性化程度高，与企业业务契合度高，应对业务变化的能力强；同时，自主开发的系统具有独创性和差异性，使其难以被模仿，能在一定程度上保证企业保持差异化的竞争优势；此外，自主开发的电子商务系统具有全部知识产权，促进企业内部人员有效采纳吸收，积累充足的信息技术和经验，以应对未来业务需求。自主开发建设电子商务系统的缺点主要表现在：对企业人员的素质要求较高；开发周期长，面对问题较复杂，成本高；最关键的在于难以保证系统性能及其稳定性。

其二，外包，是指将构建电子商务系统的任务完全由专业化的技术企业承担，根据企业的需求，专业公司完成电子商务系统的建造。专业化企业具有较强的技术实力，具备较为成型的产品和相关行业的成功经验，以及强大的配套支持能力。外包服务方式灵活多样，可以为客户量身定制最佳性价比的特色服务，如按时/按次定价，整体/分块外包。除满足客户要求外，外包服务商还具有专业队伍、渠道、行业经验、服务体系，以及丰富的项目管理经验，能够清晰地划分与企业之间的义务和责任，项目进度易于控制，这些不仅能够降低企业的风险，还能带来更多的潜在利益。因而，科学合理利用外包公司的服务与技术，企业可以集中精力于主营业务，提高核心竞争力，同时节省成本。外包方式的缺点和风险主要表现在：对需求理解的偏差，产品的版权或知识产权及系统使用后的追加成本等。总之，IT 外包已是近年来的热门话题，也是非 IT 行业企业信息化建设方式的一个大趋势。

其三，租用，是指企业通过向应用服务提供商租用设备、软件的使用权，开展电子商务活动。电子商务系统一次性投资规模较大，对预期收益不甚明朗、资金实力较弱的企业而言，租用服务的方式是上选。采取租用方式，企业能免去建设电子商务系统的一次性大规模投资，且系统运行成本低，系统性能有保障，系统灵活性好、伸缩性强，系统建设周期短，企业信息化投入的潜在风险大大降低，以低成本获取高收益。租用方式的最大缺点在于如何保障数据安全性，而企业电子商务特色、效率等也受限于服务商的能力与环境，此外，租用的设备和应用软件通用性较高而缺乏针对性及特色。

最后，伴随云服务的出现，很多企业通过互联网连接远程服务器来获取云平台提供的计算、存储和数据服务，不仅减少了固定资产的投资和后期升级维护费用，还能满足业务快速增长的需求，更专注于企业核心业务。云架构具有计算能力强、扩展性强、成本低、可靠性高、按需服务等特点，根据提供服务的侧重点不同，可分为三类：基础设施即服务（IaaS）、平台即服务（PaaS）和软件即服务（SaaS）。

云计算的三类模式都有其各自的优势特点。IaaS 主要是对基础设施进行管理及给用户提供资源使用，如提供计算服务、安全备份和负载管理等。PaaS 主要是基于 IaaS 之上，简化应用的部署和运行等，提供一些通用平台软件能力，如数据库、中间件等。SaaS 主要面向终端客户，提供软件服务，如 OA、CRM 和 HR 等，并以多租户的模式提供给企业。

上述方式各有自身的优缺点。企业建设电子商务系统的开发战略通常会采用综合的方式，例如，大部分功能采用自主开发的方式，而部分功能或部分软件组件选择外包或购买。企业选择开发策略时，除了考虑通用需求、技术需求和功能需求，还要结合企业战略、核心能力、信息和流程的可靠度、成本效益和技术力量等因素。

10.2.3 电子商务系统规划的特点

构建企业电子商务系统是一项耗资大、历时长、技术复杂且涉及广泛的系统工程。电子商务系统规划的科学性、合理性直接影响到整个系统建设的成败。因此，认识并理解电子商务系统规划的特点，将有助于提高规划工作的效率和有效性。电子商务系统规划通常具有以下特点。

（1）服从企业整体发展规划，随企业的发展而发展

电子商务系统的规划依据企业实施电子商务的目标来完成，服从企业的整体发展战略。规划中提出的系统结构、实施方式、投资效益分析也是企业电子商务战略实施的重要参考依据。

(2) 强调从战略或决策层出发做出规划

电子商务系统规划主要是描述系统总体概貌和发展进程,重点不在于解决系统开发中的具体业务。因此,规划主要解决概要性的、整体性的问题,例如,明确系统目标、定位、战略和分析可行性等,并不涉及系统实现的细节和技术要点。

(3) 具有高度的综合性

电子商务系统规划综合考虑企业内外环境,兼顾企业内部管理环境与外部运作,特别是内部和外部环境的信息交换和接口,是对企业资金流、信息流和物流的综合计划,是利用先进信息技术有效地支持管理决策和业务活动的总体方案。这一过程充分体现商务、管理和技术的融合。

(4) 规划人员的管理与技术素养是影响成败的重要因素

制定电子商务系统规划的人员主体应是企业中高层信息管理人员。他们对管理与技术环境的理解程度,对信息技术促进管理发展的认知水平,以及其创新的精神与端正的态度等,都是规划取得成功的重要影响因素。总之,电子商务系统规划面向长远的、未来的、全局性和关键性的问题,具有较高的不确定性及非结构化特性,应随企业发展、企业商务模式的更改而不断变化,定期更新。

(5) 可行性分析

可行性分析是通过各种有效的方法,从技术、经济、财务等方面,对工程项目进行剖析并加以评价,最终给决策者提供是否进行该项目的依据。可行性分析的关键是客观、全面,要有多种方案并对其比较。分析电子商务系统规划的可行性,需要根据企业建设电子商务系统的环境、资源等客观条件,评估系统建设的成本及收益,探讨系统关键技术的先进性、可靠性等,从而判定企业建设电子商务系统的必要性,以及未来是否可能获得成功。

10.3 电子商务系统规划的方法

现实中,经常使用的电子商务系统规划方法有六种,即关键成功因素法、企业系统规划法、战略目标集转化、战略栅格法、价值链分析法和战略信息系统规划。此外,还有企业信息分析与集成技术(BIAIT)、产出/方法分析(E/MA)、投资回收法(ROI)、征费法(Charge-Out)、零线预算法和阶石法等。下文将对常用的几种方法进行逐一介绍。

10.3.1 关键成功因素法

关键成功因素法(Critical Success Factor,CSF)是由哈佛大学的 William Zani 教授和 MIT 的 John Bockart 教授提出的一种结构化的方法,能够帮助管理人员确定影响企业战略发展的关键成功因素和信息需求。

影响企业生存和发展,对企业成功起关键性作用的因素,称为关键成功因素。企业的关键成功因素不是一成不变的,具有较高的不确定性。在不同类型的业务活动中,关键成功因素会有很大的不同,即使在同一类型的业务活动中,在不同时间内,其关键成功因素也会不同。行业特性、企业特性、环境因素、时间因素等决定了在不同的行业、同企业不同的业务活动中,关键成功因素会有很大的差别;即使在企业同一类型的业务活动中,不同时刻、不同环境下的关键成功因素也不相同。因而,要针对特定时间与特定情境,甄别与选择企业的关键成功因素。

行业、竞争策略、行业地位及地理位置、竞争环境、管理职能等通常是获取关键成功因素的主要来源。

对大多数企业而言，关键成功因素只有 3~6 个，数目虽少但能确保企业具有核心竞争力。例如，对汽车行业的企业而言，燃油价格、产品设计、营销渠道和生产成本就是需要关注的关键成功因素；而对 IT 行业企业而言，关键成功因素则包括产品创新、销售人员素质、市场营销、售后服务和产品易用性；对零售行业企业而言，库存、产品组合、价格及促销活动是其需要不断进行监控、度量并将度量信息反馈的关键业务活动区域。

电子商务系统规划要描绘企业实施电子商务系统的期望目标，关键成功因素则为其提供达到目标的关键及其度量标准。企业电子商务系统规划要获得成功，就需要对关键成功因素持续地进行认真度量和调整。关键成功因素法的实现步骤如图 10-3 所示。

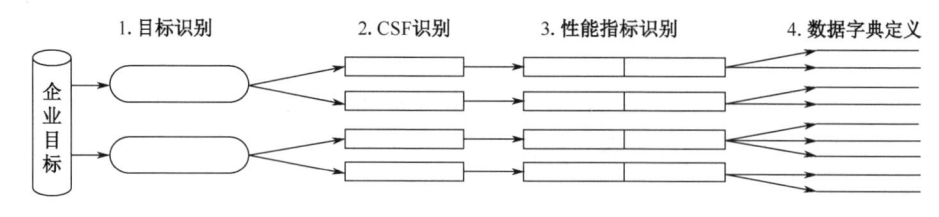

图 10-3 关键成功因素法的实现步骤

第一步，目标识别。确立企业电子商务系统的战略目标，通常由高层决策者完成。

第二步，CSF 识别。要根据战略目标，识别出与之相关的所有成功因素。标识关键成功因素需要一定的工具方法，最常用的是树状因果图，按自顶向下的顺序，逐层画出影响战略目标的各种因素及影响这些因素的子因素。例如，企业总目标是提高市场占有率，其各种影响因素及子因素可由树状因果图表示，树状因果图示例如图 10-4 所示。

第三步，性能指标识别。在确定关键成功因素的基础上，对所有识别出的成功因素进行评价，根据企业现状与目标确定出关键成功因素集。在群体决策的环境下，由于决策者的偏好存在差异，即便使用同样的工具，得到的关键成功因素也不尽相同。通常采用德尔斐法或模糊综合评判法等考虑来自不同决策者的关键成功因素集。

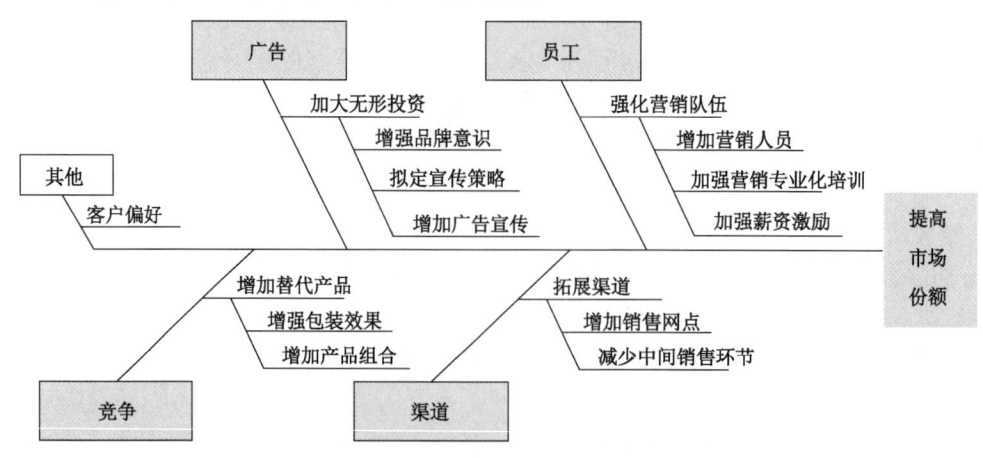

图 10-4 树状因果图示例

最后，数据字典定义。要进一步识别度量各个子因素的性能指标与标准，即给出关键成功因素的性能指标体系与测试标准集，形成数据字典。在此基础上，确定系统建设的优先级别。

关键成功因素法能够为电子商务系统建设提供影响战略目标实现的关键因素和科学合理的度量标准。企业要想获得系统建设的成功，就需要对关键成功因素进行认真的识别、选择和度量，关注因素之间的动态联系及发展。在实践中，关键成功因素法能够有效地帮助企业高层管理者利用所掌握的重要信息规划电子商务系统建设，有利于确定企业的管理目标。特别注意的是，关键成功因素法适用于熟悉掌握企业整体运作情况及外部环境的高层管理者，而对于中层管理人员不太适用。

10.3.2 企业系统规划法

企业系统规划法（Business System Planning，BSP）是由 IBM 公司提出并发展的一种结构化的规划企业信息系统的方法，因此也适用于电子商务系统的规划。BSP 方法从企业目标出发，自顶至下地识别企业经营管理各层次的目标，细化企业过程，标识数据类，从而将企业目标映射为电子商务系统的目标，再自底至上设计电子商务系统，最终实现企业经营管理的战略目标。BSP 方法运用面向过程的管理思想，流程规范，可操作性很强，在企业信息化和电子商务系统规划等不同领域的实践中得以应用，是现阶段影响最广的方法。

BSP 方法能够帮助规划者确定电子商务系统的总体结构，统一规划数据资源和管理控制过程，明确系统的组成部分、各子系统之间的数据交换关系及各子系统的开发顺序。采用 BSP 方法，系统规划能够始终围绕企业总体目标和业务过程，表达所有管理层次的信息需求，为企业提供一致性信息内容，对组织结构的变更具有一定适应性，BSP 方法的实现示意图如图 10-5 所示。

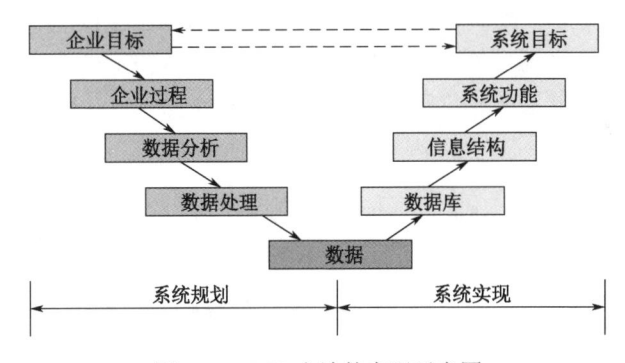

图 10-5 BSP 方法的实现示意图

采用 BSP 方法制定规划的主要工作步骤如图 10-6 所示。

定义业务过程是 BSP 方法的核心阶段之一。所谓业务过程是指在企业经营管理中，为完成某管理功能而必须进行的一组逻辑相关的活动。大量业务过程集合就构成企业的管理职能。定义业务过程的目的在于，深入理解企业如何完成其使命和目标，使电子商务系统相对独立于组织结构，并为定义关键的数据需求和电子商务系统结构，划分模块及确定开发优先次序等后续任务奠定基础。

业务过程重组是在完成业务过程定义的基础上，在信息技术条件下对现有业务过程进行评价，明确哪些过程是冗余的，哪些过程是低效的，再对其进行增、删、改、合并等处理，从而实现业务流程的总体优化。

定义数据类要以优化的新业务流程为对象。数据类是指支持业务过程所必需的逻辑上相关的数据。必须按业务过程对其产生、控制和使用的数据进行分类，即从完成业务过程的角度出发，提取与该业务过程相关的输入数据和输出数据，并按其逻辑关系进行整理，最终归纳成数据类，从而全面地掌握企业电子商务系统的信息需求，为进一步定义电子商务系统信息结构提供依据。

```
         前期准备及调研
              │
           企业目标
              ▼
          定义业务过程
              │
         现有业务过程集合
              ▼
          业务过程重组  ──┐
              │           │ 与管理部门
         新业务过程集合    │ 确认需求
              ▼           │ 完备性
           定义数据类  ───┘
              │
     业务过程相关数据实体集合
              ▼
         定义系统总体结构
              │
          系统及其子系统
              ▼
        确定子系统开发顺序 ──→ 电子商务系统规划报告
```

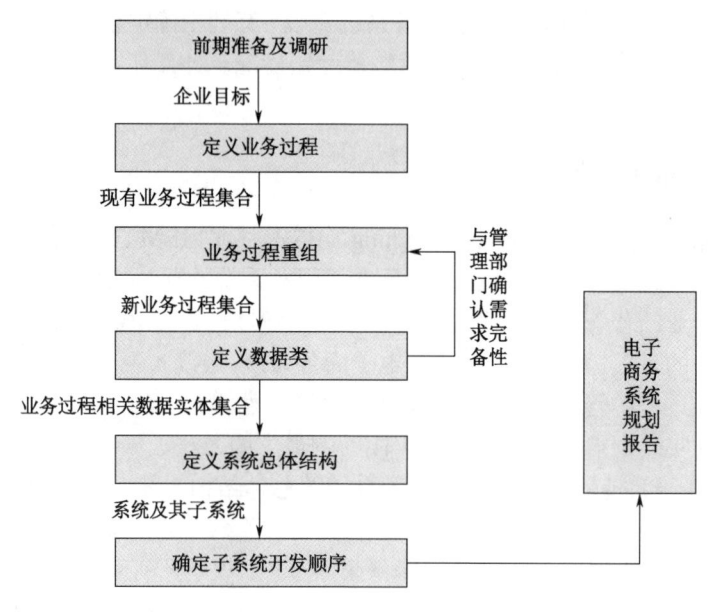

图 10-6　BSP 方法的主要工作步骤

过程和数据类定义完后，就要设计系统的总体结构图。定义信息系统总体结构的目的是描述未来信息系统的结构及功能框架。总体结构要能够展现子系统的范围，各子系统内产生、控制和使用的数据，子系统间的关系（如数据共享），子系统与过程联系等。子系统的划分原则是，尽量把产生信息的企业过程和使用信息的企业过程划分在一个子系统中，以减少各子系统之间的信息交换。

通常，采用 U/C 矩阵等工具进一步划分子系统。U/C 矩阵中的行表示数据类，列表示过程，并以字母 U（Use）和 C（Create）来表示过程对数据类的使用和产生，如图 10-7 所示。利用 U/C 矩阵方法划分子系统时，首先用表的行和列分别记录数据类和业务过程，过程与数据类交叉点上的符号表示这类数据由对应过程产生；然后要对初步建立的矩阵进行完备性、一致性及冗余性检验，确认每个数据类有且只有一个产生过程，每个过程都对应一个产生或使用的数据类；最后反复调整 U/C 矩阵，使绝大多数 C 排在对角线上，将业务过程和数据类划分为若干组，并用粗线条框起来，即划分出若干子系统，大体形成电子商务系统的结构。

确定总体结构中的优先顺序，即对信息系统总体结构中的子系统按先后顺序排出开发计划，并进一步完成 BSP 研究报告，向最高决策层提交完整和规范的电子商务系统规划报告。

BSP 方法虽然也首先强调目标，但它没有明显的目标导引过程。它通过识别企业"过程"引出了系统目标，企业目标到系统目标的转化是通过业务过程/数据类等矩阵的分析得到的。由于数据类也是在业务过程基础上归纳出的，所以我们说识别企业过程是企业系统规划法战略规划的中心，而不能把企业系统规划法的中心内容当成 U/G 矩阵。

	客户	订单	产品	加工路线	材料表	成本	零件规格	库存成本	员工	销售区域	财务	计划
经营计划						U					U	C
财务计划						U				U	U	U
产品预测	U		U							U		U
设计开发	U		C		U		C					
制定工艺			U	C			U	U				
控制库存							C	C				
产能计划				U								
材料需求			U		U							
作业流程				C								
销售	U	U	U									
销售区管	C	U	U									
订货服务	U	C	U									
发货		C	U					U				
会计	U		U						U			
成本会计		U				C						
人员计划									C			
招聘考核									U			

图 10-7 U/C 矩阵

10.3.3 战略目标集转化法

William King 于 1978 年提出战略目标集转化法（Strategy Set Transformation，SST），为电子商务系统的战略规划提供了一种有效的分析手段。该方法把整个战略目标看成"信息集合"，由使命、目标、战略和其他战略变量（如管理水平、发展趋势和环境约束等）组成。从另一个角度识别管理目标，它反映了各种人的要求，而且给出了按这种要求的分层，然后转化为信息系统目标的结构化方法。它能保证目标比较全面，疏漏较少。电子商务系统的战略规划过程是把组织的战略目标转变为系统战略目标（系统目标、约束和设计原则等）的过程，进而指导电子商务系统的设计和开发。具体实施步骤如下。

（1）标识并解释企业的战略集

从研究组织的发展战略和长期规划出发，首先识别与企业有联系的利益相关人，如债权人（Creditor）、客户（Customer）、公众（Public）、股东（Shareholder）、政府（Government）、雇员（Employee）和管理者（Manager）等，然后列出每类利益相关人对企业战略目标的要求，并进一步列出对应约束和策略。

（2）把识别出的企业战略集转换成电子商务系统战略集

转换过程是关键，要针对企业战略集的每一要素确定其对应的电子商务系统战略集要素，然后再根据电子商务系统战略集中定义的目标、约束和设计原则建立各种可供选择的总体结构，并反馈至管理部门，战略目标集转化法的实施步骤如图 10-8 所示。

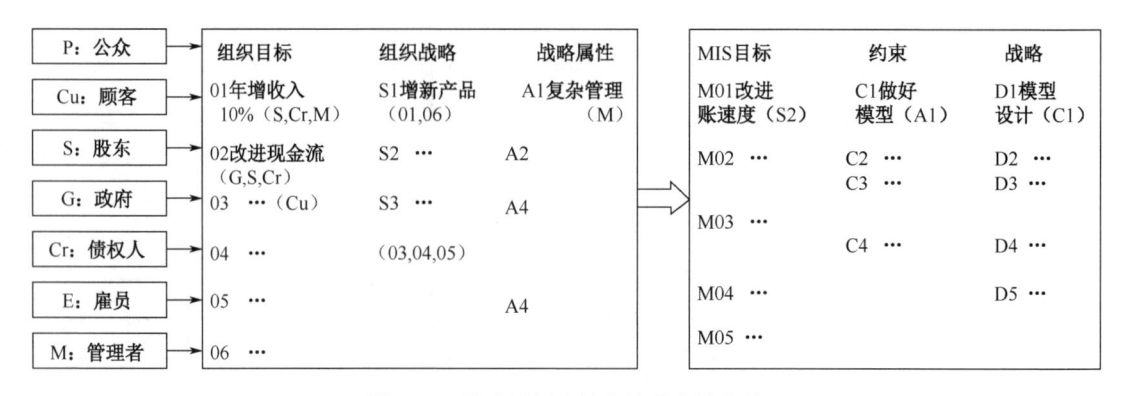

```
P: 公众        组织目标         组织战略         战略属性           MIS目标         约束            战略
Cu: 顾客       01年增收入       S1增新产品       A1复杂管理         M01改进         C1做好          D1模型
               10%(S,Cr,M)      (01,06)          (M)                账速度(S2)      模型(A1)        设计(C1)
S: 股东        02改现现金流     S2 …             A2                 M02 …           C2 …            D2 …
               (G,S,Cr)                                                              C3 …            D3 …
G: 政府        03 …(Cu)         S3 …             A4                 M03 …
                                                                                     C4 …            D4 …
Cr: 债权人     04 …             (03,04,05)
                                                                    M04 …                           D5 …
E: 雇员        05 …                              A4
                                                                    M05 …
M: 管理者      06 …
```

图 10-8　战略目标集转化法的实施步骤

前文介绍了关键成功因素法、企业系统规划法和战略目标集转化法这三种常用的电子商务系统规划方法。相比较，关键成功因素法更能抓住主要矛盾，突出重点，且与高层管理者日常工作比较相近，简单易用，所以在高层管理者中应用比较广泛，但对于中层管理者不大适合。企业系统规划法也强调目标，但缺乏明确的目标引出过程，而是通过人为的抽象的"业务过程"这一概念引出系统目标，通过定义新的系统以支持企业业务流程，因此业务过程识别是该方法的核心。战略目标集转化法从全新的角度识别管理目标，反映不同利益相关者的要求及其约束，并且能够建立相应的层次模型，归纳总结出企业战略集合，进而转化为电子商务系统目标集，其优点在于全面，即能保证确定的目标疏漏较少，但重点不突出。

实践中，通常会根据企业现实状况选用不同的方法，或将这三种常用方法结合起来使用，取长补短，有文献称之为 CSB 方法（CSF，SST 和 BSP 结合）。CSB 方法首先用 CSF 方法确定企业目标，然后用 SST 方法完善企业目标集，并将这些目标转化为电子商务系统目标，再用 BSP 方法对其进行检验，并确定电子商务系统结构。CSB 方法弥补了各方法的不足，但过于复杂且缺乏灵活性。

10.3.4　战略栅格法

战略栅格法（Strategic Grid）是由 McFarlan 等学者于 20 世纪 80 年代初提出的一种 IT 规划方法，该方法是一种了解企业中信息系统作用的诊断工具，可以用来诊断电子商务系统的规划活动。它利用栅格表（见图 10-9），依据现行的应用项目和预计将开发的应用项目的战略影响，确定出四种不同的电子商务系统战略规划条件，即战略型、转变型、工厂型和支持型。栅格表中每一方格确定了企业中信息活动的位置，通过对当前应用项目和将开发应用项目可能产生的影响分析，可达到诊断当前状态和调整战略方向的作用。

若分析结果表明组织的电子商务系统处于"战略"位置，则说明电子商务系统的工作对组织当前的竞争策略和未来的战略方向是至关重要的，应对电子商务系统进行连续投资，维持竞争优势，且不宜采用外包方式，避免竞争者获取或复制。

若分析结果处于"支持"位置，则说明电子商务系统的应用对组织的各项活动是一种辅助，不应该得到任何新的资金投入，应削减其成本。

若分析结果处于"工厂"位置，则说明电子商务系统的应用对成功地执行那些严格规定和广泛接受的活动极为重要，但电子商务系统还不是战略的组成部分，不宜过分强调连续投资，能跟上技术发展和竞争者，保证有效的资源利用，注重考虑效率效益。

若分析结果处于"转换"位置,则说明电子商务系统正在从辅助地位转向战略地位,对投入应进行成本控制,如何成功应用需进一步确认,着重过程创新而不是产品创新。

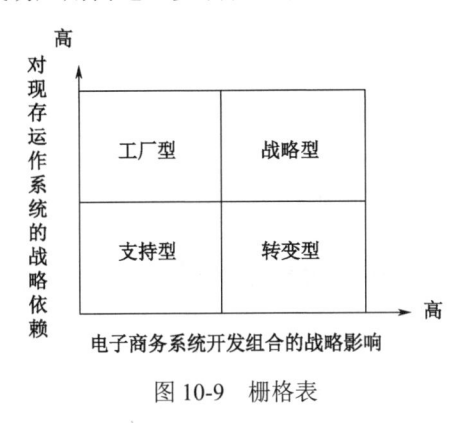

图 10-9 栅格表

10.4 电子商务系统规划报告

无论采用哪种方法规划企业电子商务系统,最终都要形成"电子商务系统规划报告"。该报告的主要内容是对企业电子商务系统的商务模式、电子商务系统的体系结构和各个组成部分进行阐述,初步拟订电子商务系统开发指导方案。

10.4.1 规划报告的主要内容

电子商务系统规划报告的基本内容主要包括以下几个方面。

(1)电子商务系统开发项目背景介绍及需求描述

主要介绍电子商务系统规划涉及的企业内部组织结构、管理流程、经营环境等基本情况,阐述企业发展电子商务的动因及预期等,详细描述企业的核心业务过程,以及拓展电子商务对核心业务的影响等。

(2)开发电子商务系统的原则及目标

主要论述企业建设电子商务系统采取的策略、预期目标、制定规划过程中需要遵循的原则,这部分内容是后续实现电子商务系统的基本指导思想。

(3)电子商务系统的核心商务模型

围绕未来的商务模式和商务模型,阐述盈利模式,归纳总结企业商务模型构建的结果。

(4)电子商务系统的体系结构

主要阐述未来电子商务系统的体系结构,定义其逻辑层次及各个部分的作用、相互关系等。

(5)电子商务系统的功能结构

通过对业务过程的梳理,定义未来应用软件系统功能结构,包括颗粒度较大的功能模块及其分布。

(6)网络基础设施

描述电子商务系统运行所需要的网络基础设施的基本构成。在这一部分需要阐明支持电子商务系统运行的网络结构、组成、特征和互联方式等。

（7）联机交易中的支付与认证

侧重阐述联机交易中的支付和认证的实现方案，说明保证交易安全的方法。

（8）系统安全及管理

说明保证电子商务系统安全的整套体系、系统的管理等，其目的是说明电子商务系统的安全性和可管理性。

（9）系统性能优化及评估

阐述保证系统高可靠性、可用性和高性能的方案。

（10）系统集成方案

说明应用系统软、硬件平台的选择及集成方式。

（11）实施方案

论述建设系统所要投入的人、财、物等资源，以及资源使用计划，并说明电子商务系统实施的基本过程及相关的保障措施。

（12）商务系统收益分析

对系统投产后可预见的收益进行预测。

（13）其他说明

电子商务系统涉及面广，涉及技术、组织、管理甚至法律、人文环境等诸多领域，对于相关领域都要给予考虑。

10.4.2　可行性分析

可行性分析是在初步调查、分析及拟定电子商务系统规划报告的基础上，从技术、经济和社会效应等方面分析电子商务系统开发方案的可行性。可行性分析包括三个内容。

（1）技术可行性

技术可行性主要是确定提出的开发方案在现有的技术条件下是否有可能实现。这里的现有水平是指社会上已经比较普遍使用的技术，不应该把尚在实验里的新技术和尚不确定的管理方法作为分析的依据。技术上的可行性分析可从设备条件和技术力量两方面进行。设备条件方面的分析内容应包括计算机的内外存容量、网络性能、主频速度、输入输出设备、可靠性及安全性等能否满足系统开发的需要。技术力量方面主要考虑从事系统开发与维护工作的技术力量。在系统开发、使用和维护各阶段需要的内容提供人员、系统分析员、系统设计员、程序员、操作员、录入员及软硬件维护员等各类专门人员能否满足要求。

（2）经济可行性

经济可行性主要是对开发电子商务系统项目的投资与效益做出预测分析，从经济的角度分析电子商务系统有无开发价值，开发后带来的经济效益是否超过开发和维护成本。可以从成本估算和效益估算两方面来分析资金可行性和经济合理性。成本估算主要考虑固定成本和可变成本，效益估算可从直接经济效益和间接经济效益两方面考虑。电子商务带来的直接经济效益包括管理成本的降低、库存成本的降低、采购成本的降低、交易成本的降低及实效效益和销售量的扩大等。间接经济效益包括提高管理水平带来的综合效益、提高企业知名度带来的综合效益及客户满意度大幅提高等。

（3）社会可行性

由于电子商务系统是在社会环境中工作的，除了受技术因素和经济因素的影响，还有许多社会因素对项目的发展起着制约作用。社会可行性就是评估所建立的电子商务系统能否在该企业实现，在当前操作环境下能否很好地运行，即组织内外是否具备接受和使用新系统的条件。

在可行性研究结束后，应该将分析结果以报告的形式编写出来，形成正式的工作文件，作为以后论证和进一步开发的依据。可行性分析报告主要包括绪论，系统建设的背景、必要性和意义，系统的候选方案及其可行性分析，并比较这几种方案的优劣，最后得出结论。

本章小结

本章首先提出电子商务系统的基本概念、体系结构及其特点。在此基础上，对电子商务系统规划问题进行深入探讨，给出电子商务系统规划定义、目标，并对常见若干种电子商务系统规划方法进行归纳总结，最后探讨电子商务规划报告的内容及可行性分析的过程。通过本章的学习，读者能够了解并掌握规划电子商务系统的方法及过程，明确规划文档报告撰写的内容，有助于解决实际电子商务系统规划问题。

问题与讨论

1. 举例说明什么是电子商务系统，并描述其特点？
2. 电子商务系统的体系结构是什么？
3. 电子商务系统规划的目标是什么？
4. 电子商务系统规划的主要内容包括什么？
5. 常见的几种电子商务系统规划方法有哪些？
6. 阐述电子商务系统规划报告时应考虑哪些主要问题？

案例分析　　　　某综合旅游网电子商务系统规划

背景

随着人们生活水平的不断提高及消费观念的转变，以及政府积极推行的扩大内需、刺激消费的节日长假制度，外出旅游已成为消费热点。凭着丰富的旅游资源，中国已被世界旅游组织认定为21世纪全球最大的旅游市场之一。根据中国文旅部统计数据，2010—2019年，国内旅游市场持续平稳增长；2017年国内旅游人数首次突破50亿人次，2019年国内旅游人数突破60亿人次，达到60.06亿人次。受新冠肺炎疫情影响，2020年我国国内旅游人数有所下滑，为28.79亿人次。

旅游业是目前公认的最能与电子商务整合的行业之一。在线旅游是随着互联网发展而诞生的一种新型旅游商业模式，是指旅游消费者通过网络向旅游服务提供商预订旅游产品或服务，并通过网上支付或线下付费获得旅游资源的一种商业模式。用户可以通过互联网获取与旅游相关的产品或服务，而将旅游资源整合制作成产品在互联网上进行销售的在线旅游平台则是在线旅游产业的核心。随着互联网的普及率稳步提升，我国在线旅游行业不断发展。在线旅游企业相继推出性价比远远高于传统旅游行业的旅游产品，人们对在线旅游的认可程度逐渐提高，营销平台不断发展壮大。中国旅游研究院等发布的《全国"互联网+旅游"发展报告（2021）》显示，"互联网+"已成为大众旅游新场景、智慧旅游新动能，中国在线旅游消费总额已达万亿元。

现状分析及定位

旅游业与电子商务深度融合，大批旅游电商兴起，旅游电子商务的发展促进了旅游行业的转型和升级，带来了旅游市场资源的深度整合和开发，增加了资源的经济效益，为客户提供更优质和便捷的旅游产品和服务。目前国内较大规模的旅游电子商务网站有携程旅行、飞猪、美团、去哪儿、同程和途牛等平台。

携程旅行最早进入我国在线旅游产业，2014 年以来，先后参股或收购途牛、同程、艺龙、去哪儿等旅游电子商务平台，国内在线旅游电子商务领域逐渐形成携程系、美团和阿里（飞猪）三大平台的格局。这些旅游电子商务平台实现在线旅游信息的整合和导航，包括交通预定、旅游新闻、货币兑换、景点信息和交通路线规划等。在线销售旅游产品和服务，包括汽车票、船票、机票、景点门票、租赁服务、酒店住宿费用等支付，以及为游客提供个性化定制服务，在线分享旅游体验。年轻消费力量不断崛起，成为消费主力。

然而，随着旅游电子商务的快速发展，涌现出一批具有服务实力的旅游电子商务平台，旅游企业之间的竞争加剧，同时，伴随消费者的需求呈现多样化的特点，我国旅游电子商务存在的不足逐渐凸显出来。具体有以下几点不足之处。

- ◆ 个性化旅游满足程度较低。随着大数据、云计算、移动互联网等技术的发展，市场对旅游服务提出更高的要求，如何为旅游消费者提供高品质的旅游服务，满足其个性化及多样化的特色需求，是旅游电子商务企业普遍面对的问题。
- ◆ 企业一体化程度低。部分旅游企业未将产业链中的具有竞争力的环节扩展到整个产业链中。
- ◆ 随着旅游电子商务平台的发展，旅游产品和服务的销售渠道多样，经销商通过降低价格等营销策略吸引客户，获得市场份额。
- ◆ 平台监管力度不足。由于监管力度不够，较难保证消费者个人账户安全，消费者容易受营销电话或短信的骚扰。

把旅游市场中分散的利润点整合起来，提高资源利用率，汲取旅游过程中"被遗忘的利润"，使旅行者出行应用最优化的方案；实现旅游者、旅行社、航空业、租车业、旅游景点、酒店等利益相关者的共赢，在自身利益最大化的同时为合作伙伴创造更好的盈利条件，实现旅游信息的最大化耦合；企业商务模式既包括 B2B，也包括 B2C 及将来可能扩展的 B2G 模式，因此网上业务的服务对象既有普通消费者，也有企业客户，在以后的发展当中可能与政府合作。

盈利模式

鉴于国内的电子商务发展现状，旅游电子商务系统采取综合、多渠道的盈利模式，利润的主要来源包括：

广告收入。为旅行社、宾馆、旅游景点、航空公司和租车公司等企业提供信息发布、广告等服务的收入。

预订收入。为会员提供在线预订的收入，包括提供网上订房、订国际国内机票和汽车票等服务的收入，例如，预定汽车票统一收费 2 元/张，酒店预订收取住宿费的 2%～5%。

旅游产品交易收入。为会员提供旅游产品网上购买的在线支付或货到付款的服务费，如个性化旅游线路产品的定制费用。

租赁业务收入。为个人及单位出行提供的租车服务费用及户外野营生存用品租用的费用。

系统功能规划

系统的基本功能模块包括：网页浏览、信息查询、在线咨询、景点地区电子地图及会员社区和客户服务。核心业务模块是在线预订，针对三类交易对象为客户提供预订服务，主要包括：

常规旅游产品。由于与酒店、航空公司等合作，可以为客户提供更优惠的折扣价格，如机票、车票、酒店房间、旅行团线路等。同时，利用网站整合电话、传真、电子邮件等预定渠道，有效地提高预订服务的便利性。

租用旅游用具。例如，野外探险或登山等活动中需要的旅游用具，像登山包、滑翔伞、户外运动装（丛林裤、滑雪裤、风雨裤等）、睡袋、帐篷、公路自行车及山地自行车等。

户外租车。与租车公司合作，以网站为平台展示各种车型及报价，满足偏好自驾游的消费群体日益增长的需求。

除此以外，系统还面向未来发展设置特色业务模块和扩展业务模块。特色业务模块主要提供虚拟旅游、旅游纪念品超市等服务。扩展业务模块则要根据未来业务发展状况，逐步实现旅游纪念品、收藏品的拍卖交换平台，网上旅游博览会，网络旅游知识讲座，以及在线旅游保险等功能。

案例来源：根据相关资料整理。

思考题

1. 上述案例主要完成了电子商务系统规划的哪些内容？
2. 试进一步完善该电子商务系统规划。

索引

电子商务系统
电子商务系统规划
面向服务的体系结构
微服务
系统中台
业务流程再造
U/C 矩阵
关键成功因素法
企业系统规划法
战略目标集转化法
战略栅格法

本章参考文献

[1] 沈凤池. 电子商务基础[M]. 北京：清华大学出版社，2005.
[2] 沈美莉，陈孟建. 电子商务网站建设与管理[M]. 北京：清华大学出版社，2004.
[3] 叶健. 电子商务案例分析[M]. 北京：高等教育出版社，2004.
[4] 徐天宇. 电子商务系统规划与设计[M]. 北京：清华大学出版社，2005.
[5] 赵艳. 构建基于 CORBA 的电子商务系统体系结构[J]. 商业时代，2007（22）：84-85.
[6] 魏革. 电子商务系统的架构与实现[D]. 长春：吉林大学，2004.

[7] 郭刚. 基于SOA的电子商务系统设计与实现[D]. 北京：北京邮电大学，2011.

[8] 赵亮. 基于SOA架构的电子商务系统的应用与研究[D]. 青岛：中国海洋大学，2012.

[9] 胡耀东. 基于微服务的电商系统的设计与实现[D]. 武汉：华中科技大学，2018.

[10] 应游南. 基于微服务架构的电商系统的设计与实现[D]. 成都：电子科技大学，2020.

[11] 张叶. 基于PaaS中台架构的电商销售系统设计与实现[D]. 上海：上海交通大学，2019.

[12] 周学毛. 网站规划建设与管理维护[M]. 北京：电子工业出版社，2001.

[13] 肖萍. 电子商务网站设计与管理[M]. 南京：东南大学出版社，2002.

[14] 陈孟建，商玮，盘宏华，等. 电子商务网站建设与管理实训[M]. 北京：清华大学出版社，2005.

[15] 常广庶. 企业信息系统规划与电子商务[M]. 西安：西北工业大学出版社，2005.

[16] 骆正华. 电子商务系统规划与设计[M]. 北京：清华大学出版社，2006.

[17] 黄京华. 企业电子商务系统关键成功因素[M]. 北京：清华大学出版社，2009.

[18] 令狐佳. 电子商务系统分析与建设[M]. 北京：中国人民大学出版社，2006.

[19] 李旭芳. 中国旅游电子商务发展现状分析[J]. 物流科技，2021，44（05）：79-80+83.

第 11 章 电子商务网站设计与实现

引言

据 CNNIC 2022 年报告，截至 2021 年 12 月，我国网民规模达 10.32 亿人，互联网普及率达 73.0%，我国网络购物用户规模达到 8.42 亿人，占网民整体的 87.6%，2021 年全国网上零售额为 130884 亿元。我国网络购物呈现出渠道多、商品范围广、交易频次高等特点。随着农村信息基础设施的进一步完善和快递网点的进一步覆盖，广阔的三四级城镇和农村县、镇、乡级市场成为电商企业的发力点和增长点，电子商务不仅丰富了广大农民的消费选择，而且促进了特色农产品"上网"，发展农村电子商务成为脱贫攻坚的重要手段。因此，随着信息技术发展、政策支持和社会需求的加大，电子商务的内涵和外延将会不断地深化和拓展，势必越来越多的业务将在互联网上开展，电子商务网站的重要性日益凸现，电子商务网站的设计理念、技术框架、拓扑结构将不断发展以求适应社会需求，支持更好的用户体验。作为电子商务网站的开发者，要深入理解不同类型网站的基本构成、主要特征和作用，掌握网站设计的基本思路、过程和主要内容，把握电子商务网站设计的重点要点和前沿技术，以确保电子商务网站更好地满足用户需求和提升用户体验。

本章重点

- 电子商务网站与电子商务系统
- 电子商务网站的类型
- 电子商务网站设计的基本原则
- 电子商务网站设计的主要内容
- 电子商务网站结构设计的基本思想
- 电子商务解决方案
- 电子商务网站设计技术发展

11.1 电子商务网站概述

11.1.1 电子商务网站与电子商务系统的关系

电子商务系统是以 Internet 为基础并支持企业全业务过程的信息系统，不但包括企业开展商业活动的外部电子化环境，如面向终端用户的交易网站和面向物流公司、支付机构等第三方的功能接口，而且包括企业内部业务活动的电子化环境，如支持计划、采购、生产、仓储、物流、财务等业务活动的信息系统。电子商务网站实现发布商品信息、管理终端客户、完成商品交易等在线商业活动环节，是客户获得企业产品和服务的重要渠道和平台。因此，电子商务网站是电子商务系统的重要组成部分。直观上，企业及其用户通过网站交流双方的信息，完成商务交易活动，所以有人将网站形象地比喻为电子商务系统的"窗口"。电子商务网站与电子商务系统的关系如图 11-1 所示。

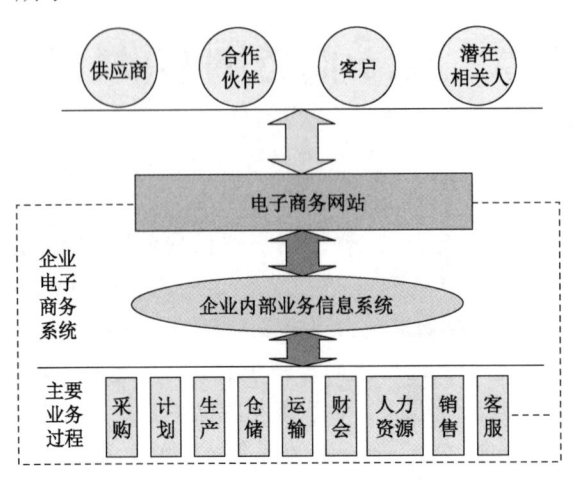

图 11-1 电子商务网站与电子商务系统的关系

一般来说，电子商务网站由一系列网页、后台服务器、网络设备和数据库等软件和硬件组成，在技术上以 WWW 服务器为核心，综合运用 Web 开发技术、数据库技术、流媒体技术、即时通信技术和 HTTP 协议等，从而实现商品信息、交易信息、物流信息、互动信息在客户与企业之间快速准确的流动。在实际应用中，企业的规模、服务方式不同会使其电子商务系统所具备的功能差异很大，而电子商务网站通常是必须构建的。当企业规模较小时，电子商务系统支持企业业务处理的功能相对较弱，电子商务网站往往仅提供静态信息发布的功能，帮助企业在互联网上树立形象，扩大影响。此时构建电子商务网站的重点是网站的软件结构、网页设计及数据库系统的选择与开发，而无须过多考虑网络基础设施建设，可以借用公众的网络多媒体平台搭建网站运行平台。而当企业规模较大时，电子商务系统对企业业务的支持范围和程度将会更大，电子商务网站通常独立运行，处理网站的设计与开发时，需综合考虑服务器性能、网络带宽、系统安全等因素。

11.1.2 电子商务网站在电子商务系统中的作用

电子商务网站是电子商务系统的重要组成部分，是连接企业内部系统和外部系统的桥梁之一。一方面，企业内部信息系统的各种信息通过网站向外发布，支持商务活动完成，提高信息利用效率，扩大对外影响；另一方面，利用电子商务网站平台的外部信息，如客户、供应商的意见建议反馈等，能够及时有效地传递到企业内部信息系统，从而影响并改变经营管理活动。可以说，没有电子商务网站的电子商务系统是不完整的，而将电子商务系统等同于网站也是片面的。在互联网技术飞速发展的今天，电子商务网站已成为电子商务系统的重要组成部分，是企业完成商务活动的基础平台，但只有依托完整的电子商务系统才能实现优化业务流程、降低成本、提高效率的最终目标。电子商务网站在电子商务系统中的重要作用具体表现如下。

（1）电子商务网站将企业的线下业务线上化，利用互联网不受时间、地域限制的特点，极大地提高商业活动的效率，降低企业运营成本。

（2）电子商务网站能够增加企业与其客户的接触，为客户提供了更为直接的主动沟通途径，这有助于企业加强客户关系管理的力度，为客户提供更高水平的服务。

（3）电子商务网站为企业提供了获取客户偏好信息的一个新渠道，以便企业能够定制产品，

11.1.3 电子商务网站的分类

按不同的标准，电子商务网站可以划分成很多种。例如，按交易双方的身份划分，可分为 B2B 网站、B2C 网站、C2C 网站等；按照服务对象划分，可分为对内部员工、对客户和合作伙伴、对供应商的电子商务网站；按照服务所支持的业务活动划分，可分为简单信息发布网站、产品或服务销售网站、信息互动站点等。

通常，电子商务网站的服务对象主要包括内部员工、普通（信息/服务/商品）消费者、供应商和零售商。

上述参与者通过电子商务网站完成相互之间的交流、合作、买卖交易等业务活动。如果从业务内容和网站服务对象这两个维度考虑，电子商务网站可划分为以下几类，二维分类如图 11-2 所示。

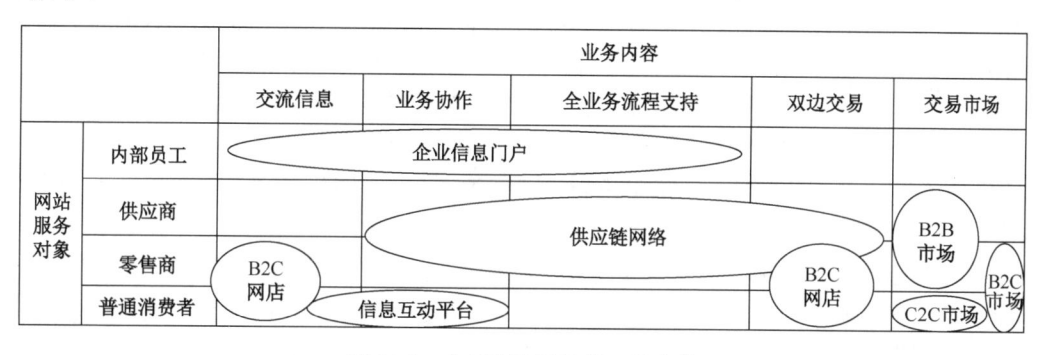

网站服务对象	业务内容				
	交流信息	业务协作	全业务流程支持	双边交易	交易市场
内部员工		企业信息门户			
供应商			供应链网络		B2B市场
零售商	B2C网店			B2C网店	B2C市场
普通消费者		信息互动平台			C2C市场

图 11-2 电子商务网站的二维分类

其中，大家较为熟悉的是 B2C 网店，如京东、天猫、美团、神州专车和亚马逊等；淘宝网是典型的 C2C 市场类型电子商务网站；微信、抖音、哔哩哔哩等则是当前比较热门的信息互动平台，每天都有大量关于企业的文本、音频、视频产生并在互联网上传播。

无论何种类型的电子商务网站，其技术架构都是基于 B/S 模式，利用 Web 等信息技术将分散的信息资源和处理过程集成在一起，形成广泛的、相互关联的应用环境，从而缩短业务过程的响应时间。用户只需使用联网的标准浏览器（如 Edge、Chrome 等），即可访问经过授权的内部和外部信息，这些信息以统一的页面予以呈现，由企业负责信息采集、发布和更新。随着 4G、5G 等移动通信技术的发展和普及，移动设备的广泛使用催生了移动互联网技术，电子商务网站也从 PC 端向移动端拓展，催生了一系列新的电子商务模式，如直播电商、社区团购和共享经济等，拓展了电子商务网站的边界，推动了社会经济的发展。

11.1.4 电子商务网站设计的基本原则

相对于其他类型的信息系统，电子商务网站的功能较为简单，业务较为明确，流程复杂度低，但其对可用性和易用性要求较高，即要求电商网站操作简单便捷，能随时随地快速准确响应用户访问请求。因此，设计和开发电子商务网站时，需要遵循以下几个原则。

（1）网站必须有良好的可扩展性

电子商务网站建设不可能一步到位，企业业务变动、信息技术发展、市场容量的变化等多方面因素，都会引起网站的功能、结构发生变化，对网站的性能有新的要求，这要求建设电子商务网站时要谨慎选择开放的、具有良好兼容性的应用服务器，并采用标准的电子商务技术，设计体系结构要灵活，要考虑未来应用功能模块的增减及访问容量的弹性变化。

（2）网站必须具有高效率的并发处理能力

海量并发访问是 B/S 架构的 Web 应用系统的一个基本特征。对于通过互联网开展商务活动的企业而言，由于潜在用户和用户请求服务时间难以估算，访问量呈现出大幅波动的分布特征，例如，企业发布新品或促销活动时，其电子商务网站会瞬间涌入大量的用户，给系统及运行系统的服务器带来极大的压力。因此，设计和开发电子商务网站时要建立良好而可靠的性能模型，采用云计算、分布式缓存等技术，以防止大规模并发访问造成交易失败、系统崩溃等情况的发生。

（3）网站要有强大的集中管理功能

电子商务网站属于分布式的应用，通常将 Web 表现层、业务逻辑层和数据层在物理上配置在不同的服务器上，需要采取集中式的管理策略对整个电网网站的软硬件进行严密管控。所谓集中管理可从两个方面考虑，其一，内容要保证定期更新，确保网站数据的及时性、有效性和一致性；其二，能够实施监测网站运行状态，及时发现故障并进行故障修复。

（4）网站要与企业内部信息资源整合，实现业务功能的无缝连接，保证业务信息传递通顺

电子商务网站的内容主要来源于企业内部信息系统，因此建设电子商务网站时要充分考虑其与企业现有应用系统的集成，明确上下游接口的调用关系，确保电子商务网站的数据来源的可靠性，以及运行过程中相关联系统的数据一致性。

（5）网站必须具有高可靠性，确保提供 7×24 小时的服务

互联网服务突破时空限制，企业通过电子商务网站为全球范围内的合作伙伴和客户提供 7×24 不间断服务。因此，设计和开发电子商务网站时必须考虑网站的可靠性，采用分布式集群、镜像等信息技术，以保证网站能够不间断地提供可靠服务。

（6）网站要有良好的容错能力

网站的主要功能之一是支持在线交易的完成，交易过程中产生的数据是重要的、不可或缺的。因此，要采用特殊的硬件、软件技术，如复制、同步等，保证故障发生时，系统不会崩溃，且由故障导致的数据损坏和丢失能够及时得以恢复。

（7）网站要能够支持多种客户终端

异构和兼容是基于互联网应用的重要特征之一，尽管 B/S 架构的网站系统极大简化了客户端的软硬件要求，但是由于浏览器内核和版本差异，同一页面渲染效果会有较大的差异，网站开发时需要考虑兼容主流的浏览器，并考虑未来可能会有的版本升级。此外，随着移动互联网的快速发展，电子商务的运行终端逐渐从 PC 端向移动端转移，根据 CNNIC 的报告，截至 2021 年 12 月，我国手机网民规模达 10.29 亿人，较 2020 年 12 月增加 4373 万人。庞大的用户规模给移动电子商务带来广阔的发展空间，设计和开发跨平台、跨终端的网站是电子商务扩张的必然趋势。

（8）网站必须有高可信性

病毒、木马、账号或密码失窃等是常见的网络安全问题，电子商务网站往往涉及用户资金账号、物流信息、家庭住址等敏感信息，该类信息如果得不到有效保护，将极大影响客户的使用意愿，甚至给用户带来经济损失。此外，随着用户信息在电子商务网站中的积累，如个人账号、家庭住址、家庭成员、浏览记录、消费记录和评论评价等，这些信息背后蕴含着用户的年

龄、职业、收入、社会网络、消费偏好等隐私信息，如果这些信息不能被正确地保护和使用，也将对用户的生活、工作甚至家庭带来不必要的麻烦和损失。因此，电子商务网站必须提供足够安全的保障，以消除用户关于信息安全和滥用的疑虑。

（9）网站应注重良好的用户体验

电子商务网站是商家与用户之间的桥梁，也是商家的门面。除了性能的因素，直观的用户体验也是留住用户很重要的一方面。流程的合理简洁、快捷方便，都是网页在设计过程中应该注重的问题。

11.2 电子商务网站结构设计

作为面向终端用户的软件系统，电子商务网站的结构设计不仅要符合一般软件系统的结构稳定和可用易用要求，而且还要考虑技术进步、业务拓展和用户增长带来的可扩展可复用需求。体系结构完成设计后，应在一段时间内保持稳定不变，从而保证后续开发工作顺利进行。若体系结构经常变动，那么植根于体系结构上的用户界面、功能模块、数据库、数据结构等也随之发生变动，这会使程序设计人员无所适从，导致开发项目失败。结构稳定与结构可扩展看似对立实则统一于软件系统设计与开发准则。如果系统不可扩展，就无法应对未来业务发展的变化，所以不能只关心稳定而忽视可扩展；但要注意的是，"可扩展"的前提是"保持结构稳定"，否则系统难以按计划开发出来，结构稳定是系统得以持续发展的基础。可复用是指可以重复使用已有的结构部件，是在稳定、可扩展的基础上，实现减少代码冗余、业务功能解耦的重要途径，是对网站结构设计的进一步要求。

11.2.1 基本设计思想

低耦合、高内聚是软件设计的两个重要原则，也是判断软件设计好坏的重要标准。电子商务网站作为基于 B/S 架构的 Web 应用系统，不但需要实现前后端分离，而且构成前后端的各功能模块内部应该高内聚，模块之间应该低耦合，MVC（Model-View-Controller）是这一指导思想和基本原则下的软件技术结构。MVC 最初用于分析分布式应用程序的特征，通过将应用程序分割成控制器、视图、模型等若干逻辑部件，保证程序设计变得更加容易。

MVC 模式提供了一种按功能对各种维护和表现数据的对象进行分割的方法，其目的是为了将各对象间的耦合程度减至最小。MVC 模式将传统的输入（Input）、处理（Processing）、输出（Output）任务划分方式，运用到图形化用户交互模型，这也同样适合运用于基于 Web 的企业级 N 层应用领域。

在 MVC 模式中，模型（Model）代表应用程序的数据（Data）和用于控制访问和修改这些数据的业务规则（Business Rule）。当模型发生改变时，它会通知视图（View），并且允许其查询模型的相关状态。同时，它也允许控制器（Controller）访问封装在模型内部的应用程序。

视图从模型处获得数据并指定这些数据如何表现。当模型变化时，视图负责维持数据表现的一致性，同时将用户请求传递至控制器。控制器负责定义应用程序的行为，解释视图传递过来的用户请求，并将其映射成相应的行为，而这些行为由模型负责实现。例如，在独立运行的 GUI 客户端，常见的用户请求包括鼠标单击或菜单选择等操作。而在 Web 应用程序中，用户请求可表现为来自客户端的 GET 或 POST 的 HTTP 请求。

模型所实现的行为主要有处理业务和修改模型状态。根据用户请求和模型行为的结果，控制器选择某个视图作为对用户请求的应答。图 11-3 描述了 MVC 模式中三个元素之间的逻辑关系。图中实线表示高耦合的依赖关系，虚线表示低耦合的消息关系。业务模块是不依赖用户界面的，这样就隔离了用户界面的变更对业务程序的影响。用户界面负责收集用户的输入，显示用户需要的数据；控制器负责将用户的请求调用到实际的业务程序，也将业务程序处理的结果回送给用户界面；业务程序具体处理业务操作。同时业务模块可能主动发送消息到用户界面，通知界面显示数据。

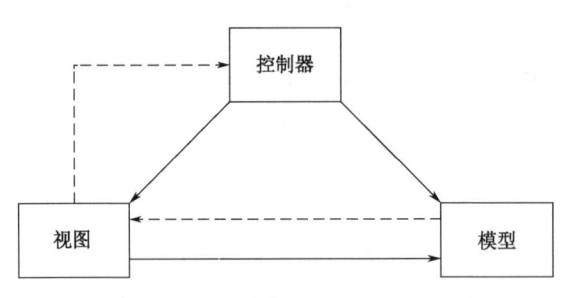

图 11-3　MVC 模式中元素间的逻辑关系

对于电子商务网站这类典型的 Web 应用，由于其用户界面是在浏览器上运行的，而界面的控制和业务模块在服务器上运行，所以，通常采用这种典型的 MVC 模式。并且，在 Web 应用中，不存在服务器主动向客户端"推"数据，因此从模型到视图之间的虚线也是不存在的。

Web 应用的开发往往是混合的数据编程。最常见的形式就是，直接向数据库发送请求并用 HTML 显示相应结果。这种模式开发速度通常比较快，但由于没有直接分离数据、页面，因而很难体现出业务逻辑模型，更谈不上重用。这必然导致设计的系统弹性小，难以满足用户需求的变化。在 MVC 设计思想的指导下，对系统这一复杂问题进行分层，虽然要花费额外的工作，但系统结构清晰，能够满足稳定、可扩展及可重用等系统结构设计要求。

11.2.2　层次结构设计

基于 MVC 的设计思想，电子商务网站这类应用广泛采用分层的系统体系结构。层次结构体现了"分而治之"的思想，即将复杂的大问题切分成若干相对简单的小问题，然后逐一攻克。其优点是具有良好的可扩展性，易于扩充或修改功能而避免破坏原有结构的稳定性。但其缺点已不容回避，如划分层次较多，会增加管理复杂度及系统开销，降低系统性能；再如级联修改，若在表示层中需增加功能，为保证分层式结构，可能需要在相应的业务逻辑层和数据访问层中都增加相应代码。层次结构良好的系统要具备恰当数目的分层。三层结构和 N 层结构是目前应用较多的形式。

（1）三层结构

浏览器/服务器（B/S）三层结构是最常见的 Web 应用系统体系结构，示意图如图 11-4 所示。三层结构的特点是在两层结构的基础上加入一个中间件层。它将原本运行于客户端的应用程序移到了中间件层，客户端只负责显示与用户交互的界面及少量的数据处理（如数据合法性检验）工作。客户端将收集到的信息（请求）提交给中间件服务器，中间件服务器进行相应的业务处理（包括对数据库的操作），再将处理结果反馈给客户机。

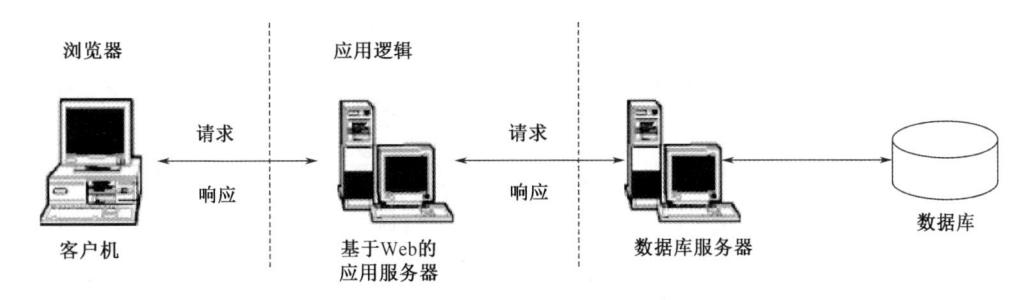

图 11-4　B/S 的三层体系结构示意图

三层结构主要由三部分组成：①表示层，客户端的主要任务是显示用户界面，接收用户事件。在三层体系结构中，用户界面通过浏览器显示，Web Server 将应答最终以 HTML 为载体下载到客户端浏览器，经浏览器（如 Chrome、Edge、360 浏览器）进行解释，得到最终的用户界面。②应用层，由 Web Server 和动态脚本代码两部分组成，有的中间件将这两部分集成到了一起。③数据层，数据库服务器是业务对象的属性得以永久性保存的载体。

在实际应用中，三层体系结构表现出很多优势。首先，客户端零维护。在三层体系结构中，几乎所有的业务处理都是在中间件 Web Server 上完成的，客户端只需要安装浏览器即可。在处理业务时，操作员可以直接通过网页浏览器访问 Web Server，进行业务处理工作。其次，可扩展性好。由于三层体系结构的客户端零维护的特点，使增加一个工作节点的工作简单到了只需增加一台装有网页浏览器的终端即可。三层体系结构采用面向对象的分析和设计模式，将业务模块都封装到了业务类和服务类中，所以如果业务流程改变，或增加新的业务模块，只需替换或增加新的业务类和服务类即可。业务逻辑与用户界面及数据库分离，使当用户业务逻辑发生变化时只需更改中间层的业务逻辑组件即可。客户端不直接访问数据库，而是通过一个中间层进行访问，所以在改变数据库、驱动程序或存储方式时无须改变客户端配置，只要集中改变中间件上的持久化层的数据库连接部分即可。再次，系统安全性好。在三层体系结构中，客户端只能通过 Web Server 而不能直接访问数据库，这大大提高了系统的安全性。如果对系统提出更高的安全性要求的话，还可以通过防火墙进行屏蔽。最后，资源重用性好。由于将业务逻辑集中到 Web Server 统一处理，三层体系结构可以更好地利用共享资源。例如，数据库连接是一项很消耗系统资源、影响响应时间的事件，在三层体系结构中，可以应用缓冲池，统一管理数据库连接，由不同应用共享，并有效控制连接的数量。此外，从系统开发项目管理的角度来看，三层体系结构可以使开发人员的分工更加明确，有效提高开发效率。一旦定义好各层次之间的接口，负责不同逻辑设计的开发人员就可以关注不同部分，齐头并进。例如，用户接口设计人员只需考虑用户界面的体验与操作，领域的设计人员仅关注业务逻辑的设计，数据库设计人员也只需关注数据访问层的设计。

（2）*N* 层结构

为适应当前 B/S 模式 Web 应用的需要，业界在三层结构的基础上进一步提出 *N* 层结构，其实质就是在原三层架构中增加若干中间层，例如，*N* 层架构（*n*-tiers 结构，多层式运行架构）的四层是指 Presentation Tier（表示层，就是直接呈现在用户面前的界面）、Web Server Tier（Web 服务器层）、Application Server Tier（应用服务器层）和 Data Tier（数据层）。也可在表示层和应用服务器层之间增加控制层或中介层，应用服务器层与数据层之间增加数据影射层。各厂商分别提出自己的 *N* 层规范。以 J2EE 为例，将原三层结构中的表示层扩展为客户层和服务器表示层，应用层扩展为业务层和整合层，详见表 11-1。

表 11-1 J2EE 提出的 N 层规范

J2EE 分层	对应程序部分
客户层	浏览器 HTML 页面，JavaScript 脚本，手机客户端等
服务器表示层	JSP 及 ActionForm ,XML，Controller 控制器及 Action
业务层	Java Beans / Session Bean /Session Facade
整合层	EntityBean / Hibernate / JDBC
资源层	RDBMS 数据库

J2EE 规范的基本原则是尽量降低各层实现的耦合度，最终目标是可以任意地切换至某个层的功能。根据具体的部署环境，采用不同的实现技术，例如，整合层可以采用 Spring，也可以采用 Hibernate、iBatis 等实现 O/R 映射。

与三层结构相比，N 层架构的核心是提供可规模化特性，一方面是从服务负载上可规模化，能同时为极大规模的用户提供服务，如门户网站；另一方面是服务功能上的可规模化，可形成极大规模的软件群系统，各分系统可以共享信息、服务，形成企业级的信息高速公路。N 层可以分别放在各自不同的硬件系统上，所以灵活性很高，能够适应客户机数目的增加和处理负荷的变动。例如，在追加新的业务处理功能时，可以相应增加装载功能层的服务器。因此，系统规模越大，这种体系结构的优点就越显著。此外，N 层结构的各部分从逻辑上相互独立，某一层的变动通常不影响其他层，具有很高的可重用性。N 层结构还有维护升级方便、具有良好的开放性、可支持异种数据库等诸多优点。

建设电子商务网站时，确定系统的体系结构要考虑的因素有：被开发的系统特点、网络协议、可以使用的软件产品、构建成本、开发人员对所选体系结构实现技术掌握的熟练程度及时间约束等。

11.3 电子商务网站功能设计

电子商务网站的功能设计是网站建设的主要内容之一，也是整个网站策划中最为核心的环节。页面美观、功能完整、结构良好的网站系统是电子商务成功的关键，决定网站未来的运营、维护和推广。网站功能设计要紧紧把握两个要点：一是功能的可用性，二是功能的实用性。因此，评价具体模块时，可考虑几个方面：新模块的互动形式带来的信息流是否符合网站主题的需求；功能模块与网站现有功能是否重合，是否冲突；功能模块的实施与网站流量、人气等现状是否相符；功能模块的实施成本，如硬件资源消耗、制作和维护成本等。

通常，电子商务网站的功能包括信息发布、账户管理、搜索、浏览、交易等，表 11-2 对电子商务网站前台功能进行了简单归纳。

网站功能设计时要尽量以工程化的标准进行，明确开发规范，设计及后期编程和维护要有章可循。还要强调面向用户的原则，加强设计人员和用户之间的信息交流，从而有利于及时发现并解决问题，保证功能设计的质量。功能结构的设计要遵循模块化的原则，分解复杂的大问题，将整个网站系统功能划分为若干个模块，逐个完成各个子模块的设计工作，最后达到完成全部的目的，从而有效地降低网站建设工作的复杂度，简化其设计、调试和维护等工作。

表 11-2 电子商务网站前台功能

类别	功能	描述
一般性功能	账号管理	新用户注册、老用户登录、维护个人基本信息等
	信息/产品检索	通过关键词检索并查看相关信息/产品
	信息/产品收藏	收藏感兴趣的信息/产品
	信息/产品分享	通过社交媒体分享信息/产品
B2C 型功能	购物车管理	将产品放入或移出购物车
	订购商品	下单、支付、物流等订购操作
	订单管理	查看/检索历史订单、跟踪订单状态等
	售后服务	退换货、服务/产品评价等
	统计功能	以报表形式展示用户的消费记录
B2B 型功能	获得报价	获得实时或历史的报价
	获得公司运行报告	获得交易公司的运行状态
	检查成交价格	查看完成交易的价格信息
	查看货物信息	查看交易商品的信息
	进行交易	双方完成资金和物品交易
信息互动	下载信息	下载有关的各种信息
	订阅信息	订阅有关商贸信息
	在线收听	在线收听有关音频节目
	在线收视	在线观看有关视频节目
	网上社区	在网络社区进行互动讨论
	线上沟通	客户与网站管理人员或客服人员通过文字进行实时互动

11.4 网站容量设计

除功能设计外，建设电子商务网站另一重要内容就是网站的容量设计，科学合理的容量设计是确保运行期间电子商务网站的处理能力与访问站点的用户数量相匹配的关键。随着时间的推移，大多数网站都会碰到用户数量和访问的内容总量大大增加的情况。当高峰用户数量访问网络上的应用程序和服务时，容量设计对于确保系统能够充分运行至关重要。因此，必须充分规划网站容量，使其能够满足最大数量用户并发访问网站的请求。

为用户提供优质服务，确保交易顺利完成，是电子商务网站的主要目标之一。请求响应速度慢、超时和错误、链接断开等故障会使用户失去耐心，甚至放弃交易而转向其他网站。为避免因网站性能问题而导致客户流失，就必须提供一个不但能处理常规需求水平，而且能处理高峰需求水平甚至更高水平的基础结构。容量设计就是计算满足用户需求所需的硬件开销要求，识别网络设计中造成性能降低和导致服务质量降低的瓶颈，并采用一定的技术方案消除瓶颈的影响。

网站容量是由用户数量、服务器容量、硬件和软件配置，以及网站内容来确定的。容量设计可被表述为一个简单等式：支持用户数量=硬件容量/硬件的人均用户负载。在这个等式中，支持用户数量指同时访问的用户数量，硬件容量指服务器和网络容量，硬件的人均用户负载指访问用户的人均硬件开销。

如果网站内容复杂性提高,那么就会增加人均用户的硬件负载,若仍然要保持可支持的用户数量,那么就必须增加硬件容量。可以通过扩展和升级两种方法解决;如果希望能够支持更多的用户,就增加硬件容量或降低硬件的人均用户负载。通过统计访问网站的用户数量并测量每位用户对服务器的需求,然后对支持当前和将来使用水平的计算资源(CPU、RAM、磁盘空间和网络带宽)进行计算,这样可以确定网站的容量水平。通常,要考虑两个影响网站容量的最重要的因素。

① 浏览器与 Web 服务器之间的通信。当浏览器向 Web 服务器发出请求时,浏览器首先会与服务器建立一个传输控制协议(TCP)链接,然后浏览器通过该链接发出请求,服务器则对应请求发出页面。这种输入请求与输出不可完全预测。例如,很多站点在工作日开始及结束时会有活动高峰,而其他时间段的活动水平则较低,同时,每天的高峰规模也不同。通信量与支持的网络带宽之间也存在直接的联系。站点访问者越多,服务器提供的页面就越多,从而就要求更多的网络带宽。

② Web 应用程序的性能。这对确定网站容量至关重要,而测试是唯一的方法。常用测试工具有:公用程序 Web 容量分析工具(WCAT)和 Web 应用程序 STRESS 工具(WAST)。

确定网络容量时,首先要确定站点的用途和类型,以及确定站点是否要支持某些形式的动态内容。例如,创建事务处理站点,允许用户检索并存储信息,就需要考虑可靠性和安全性的要求,而其他类型的站点则没有这样要求。动态内容通常有很多形式,涉及 Web 服务器与数据库联系、检索数据、数据格式化及发送 Web 页面到用户浏览器等多个环节。例如,如果用户检索某个产品的信息,服务器就会请求数据库检索该产品说明、照片、价格信息及该产品是否还有库存。检索结果会以 HTML 页面返回给用户并在其浏览器上显示,表面看与静态 Web 页面一样,但实际需要更多的处理能力。

其次,要通过分析确定用户基数,即借助市场分析报告来预测站点发布初期及以后的预期通信量。若站点已建立且运行,也可分析 Web 服务器的日志文件,了解站点在不同时间的点击数及可以表明站点内容受欢迎程度是否增加的所有使用趋势。通常,市场调研报告或服务器日志中对 Web 商用站点度量的标准如下所示。

① 点击率。测量站点每秒钟内请求服务对象的次数。但仅凭点击率不能确定用户真实的请求数,原因在于,页面通常由一个 HTML 文件和若干图像、CSS、JS 等文件的链接组成,用户浏览一次页面往往会导致 Web 收到多个请求,故页面的图片、CSS、JS 等链接数越多,点击率偏差越大。

② 页面日均访问数。这个指标反映页面每天被调用的总次数,比点击率更能准确反映网站的受欢迎程度。因此,网页的日均访问数越高,在其上发布的付费广告受众面就越广。一般说来,主流电商站点每日可有 1 亿次左右的页面访问。

③ 点击进入百分率。这个度量标准用于估计在线广告的影响,即测量观看在线广告并点击进入广告页面的用户数量占总用户数量的百分比。该指标受网站受欢迎程度的影响,若标语广告相对概括,或广告用语鲜明且有吸引力,可能会获得相对多的点击,从而吸引有兴趣的客户深入浏览广告内容,那么指标值也会有很大提高。

④ 单一客户数。该指标主要计量一段时间内有多少不同的客户访问站点,即尽量排除重复访问造成的虚假繁荣。大多数情况下,这个指标比访问总数更客观且更重要。

⑤ 站点收益率。这是度量站点经济性的重要指标。它测量了电子商务站点每秒钟销售获

得的货币数量。通常，客户若对站点的服务质量（如响应时间）满意度较高，则更倾向于进行交易活动，站点的营业收入随之增加了。因此，站点收益率能够在一定程度上反映客户行为与站点性能状况。

⑥ 潜在损失。通过测量客户购物车中未结算商品的货币量，来度量潜在的销售流失。以该经济指标为基础，可进一步探究产生客户流失的原因，如网站性能低劣等。

值得注意的是，计算站点当前用户数时，要以高峰使用值为准，而非根据典型使用或平均使用值。

最后，在测算用户基数的基础上，可确定网站的硬件容量，即 CPU 处理能力、内存量、存储量、数据服务器和磁盘数量及网络带宽。明确硬件容量后，可以以此为约束条件，通过分析寻找可能会发生瓶颈的节点，具体可从以下几方面考虑。

① 标示所有进入站点路径，包括 FTP 下载站点的链接、其他 URL 等。
② 确定容纳各个功能组件（数据库、邮件、FTP 等）的硬件设备。
③ 给出硬件设备的网络连接示意图，并结合站点进入路径等数据确定吞吐量，链接可能的速度等。
④ 测算页面相关数据，包括用户在该页面的停留时间，页面传入及传出数据等。

确定站点每台服务器可支持的用户数量后，可以进一步优化原有的容量设计方案，以支持更多用户或向现有用户提供更好的服务。具体可通过优化动态内容、增加缓冲层并优化性能处理模型、提高服务器性能及增加服务器数量等多种方式，尽可能地提高每台服务器可支持的用户数量，提高站点可支持的并发用户数量，缩短站点的延迟时间以提高响应速度。

11.5 网站风格设计

风格（Style）是抽象的，是指站点的整体形象给浏览者的综合感受。"整体形象"受诸多因素的影响，包括站点的 CI（标志、色彩、字体和标语）、版面布局、浏览方式、交互性、文字、语气、内容价值、存在意义及站点荣誉等诸多因素。例如，网易是平易近人的，迪斯尼是生动活泼的，IBM 是专业严肃的，这些都是网站风格给用户留下的不同感受。

商务网站的风格应该是独特的，以区别于其他商务网站。这种独特的风格可能由色彩、技术或交互方式构成，浏览者即使只看到其中一页，也会迅速明确分辨出该网站。风格是人性化的。通过网站的外表、内容、文字和交流可以概括出站点的个性。对于商务网站而言，简洁、明朗、专业等特性能够增强用户对站点的信任感。

如何确立网站的风格？有两点要把握：其一，风格应当是内在有价值内容的体现；其二，作为电子商务网站的所有者，企业希望在网络环境下树立怎样的形象。从这两点出发，可以进一步设计网站整体风格方案。在网站风格设计过程中，比较关键的环节如下。

（1）确定网站的主题和名称

网站的主题也就是网站的题材，是网站设计首先遇到的问题。商务网站的主题就是交易，所有内容都要围绕交易活动安排，可谓主题明确。主题明确后，就确定网站的名称。网站名称是很关键的要素，是否正气、响亮、易记且有特色，对网站的形象和宣传推广有很大影响。电子商务模式的组合可提高企业的综合竞争优势。

(2)设计网站的 CI 形象

所谓 CI（Corporate Identity），意思是通过视觉来统一企业的形象。同实体公司一样，网站需要整体的形象包装和设计。准确而有创意的 CI 设计，对网站的宣传推广有事半功倍的效果。CI 设计的主要内容包括网站的标志（Logo）、标准色彩、标准字体和宣传标语。就如同商标一样，标志是站点特色和内涵的集中体现，促使用户联想起站点。标志的设计创意通常来自网站的名称和内容，若网站有代表性的人物、动物、花草等，可以用它们作为设计的蓝本，加以卡通化和艺术化，如米老鼠、唐老鸭。或者网站是专业性的，可以以本专业有代表的物品作为标志，如中国银行的铜板标志、奔驰汽车的方向盘标志等。最常用和最简单的方式是用网站的英文名称作标志，采用不同字体、字母变形或字母组合制作标志。

网站给人的第一印象来自视觉冲击，确定网站的标准色彩是相当重要的一步。不同的色彩搭配产生不同的效果，并可能影响到访问者的情绪。例如，IBM 的深蓝色，肯德基的红色线条，Windows 视窗标志上的彩色色块，给人感觉很贴切、和谐。一般来说，网站的标准色彩不超过三种，太多则让人眼花缭乱。标准色彩适用于网站的标志、标题，主菜单和主色块力求给人以整体统一的感觉。适合于网页标准色的颜色有蓝色、黄/橙色、黑/灰/白色三大系列色，要注意色彩的合理搭配。标准字体是指用于标志、标题和主菜单的特有字体。网页默认的字体是宋体。为了体现站点的"与众不同"，可以根据需要选择一些特别的字体。例如，为了体现专业可以使用粗仿宋体；体现设计精美可以用广告体；体现亲切、随意可以用手写体等。宣传标语则凝聚着网站的精神和目标，通常要用一句话甚至一个词来高度概括。

(3)定义网站栏目

定义网站栏目即为网站内容制定提纲，以确保网站主题明确，层次清晰。如果网站结构不清晰，目录庞杂，内容东一块西一块，那么不但浏览者看得糊涂，而且维护网站也相当困难。网站栏目安排要注意几方面：首先，要紧扣主题，突出网站的主栏目，主题栏目个数在总栏目中要占绝对优势，使网站凸现专业、主题突出的特点，从而给人留下深刻印象；其次，设立最近更新或网站指南栏目，为访客提供更人性化的服务；再次，设立可以双向交流的栏目，如留言本、邮件列表等；最后，还要设立下载或常见问题回答栏目，提高信息的共享度，便于访问者下载所需资料，也可以节约很多维护时间。

(4)定义网站目录结构

网站目录是建站时设立的目录，如默认建立的根目录和 images（存放图片）子目录。目录结构的好坏，对浏览者来说并没有什么太大的感觉，但是对于站点本身的上传维护，内容未来的扩充和移植有着重要的影响。因此，建立目录结构时，不要将所有文件都存放在根目录下，以避免造成文件管理混乱，提高更新速度；要按栏目内容建立子目录，所有程序一般都存放在特定目录；在每个主栏目目录下都建立独立的 images 目录以方便管理；值得注意的是，目录的层次不要太深，最好不超过三层，且不要使用中文目录。

(5)确定网站的链接结构

网站的链接结构是指页面之间相互链接的拓扑结构。它建立在目录结构基础上，但可以跨越目录。建立网站的链接结构有两种基本方式：树状链接结构和星状链接结构。树状链接结构类似 DOS 的目录结构，首页链接指向一级页面，一级页面链接指向二级页面。这样的链接结构在浏览时，一级级进入，一级级退出。优点是条理清晰，访问者明确知道自己在什么位置，不会"迷"路。缺点是浏览效率低，一个栏目下的子页面到另一个栏目下的子页面，必须绕经首页。星状链接结构类似网络服务器的链接，每个页面相互之间都建立链接。这种链接结构的优点是浏览方便,随时可以到达自己喜欢的页面。缺点是链接太多,容易使浏览者迷路,搞不清自己在什么位置,看了多少内容。在实际的网站设计中,通常会混合使用这两种结构,以期达到比较理想的效果。例如,首页和一级页面之间用星状链接结构,一级和以下各级页面之间用树状链接结构。

观察并分析目前较流行的电子商务网站,会发现它们在风格设计上有若干共同的特征,归纳整理如下,可作实际应用开发的参考。

① 布局简单。普遍认同简单的页面表现更好,使浏览过程更加平和、稳定,更易搜索到期望内容。

② 有节制地使用 3D 效果。利用 3D 图标或效果来进行网页的区分,或使用带浮雕和阴影的图标,增加一点点空间感。

③ 页面风格和背景色要柔和自然。在柔和朴素背景的基础上,可以用突出色调对比度的形式表现页面上的其他重要元素,引导用户的目光。

④ 页面保留适当空间。合适大小的留白,页面上需要被注视的元素周围有足够的空间,力求网页设计风格简单、清新而明确,便于用户浏览、查找及阅读主要内容。

⑤ 明确的大字体。重要的文字比一般的文字更大,用大字体可以让访客迅速地了解页面是关于什么的,什么是重要的,并引导他们查找目标内容。

11.6 网站运行环境设计

所有商务网站的运行平台都必须在计算机、网络设备硬件和应用软件的基础上。从逻辑上看,如果把与网站运行平台相关的硬件、软件、开发维护和提供的资源信息都抽象为逻辑组件,那么电子商务网站要能够正常运行,其运行平台中至少应包括计算机、网络接入设备、操作系统、Web 服务器软件及其资源,这些是网站正常运行必备的五个组件,即构成网站的最小配置。在此基础上,根据商用目的、层次和深度,可适当地扩充局域网、大型存储设备、数据库存储及检索系统、E-mail 服务器、FTP 服务器、应用服务器及程序、控制系统、群集系统、安全系统、备份系统及维护系统等各类组件。

通常,完整的电子商务网站运行环境可分为五个部分:网络接入模块、服务器模块、数据存储模块、商务应用软件模块及安全模块,详见图 11-5。

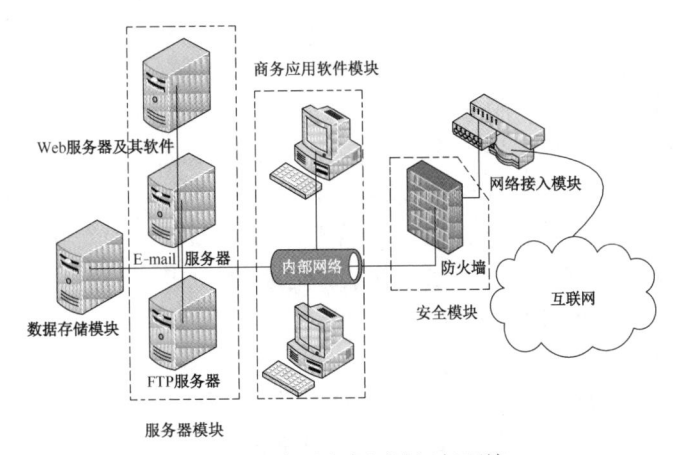

图 11-5 电子商务网站运行环境

任何商务网站的开发、运行与管理都是在一定的软硬件平台基础上进行的，因此其运行平台的选择和搭建是整个网站建设的基础，平台性能直接影响站点的实施性能，高时效、高运转的软硬件平台是企业成功建设电子商务网站的重要影响因素。构建商务网站运行平台是指在电子商务网站体系结构、功能结构、容量性能等设计已确定的基础上，调配资金，进行硬件（服务器和网络设备）的选择、连接与配置，以及软件（操作系统、服务器软件等）的选择和使用。此时，要关注网站的性价比、可维护性、可扩展性、安全性、可管理性等因素，避免资源浪费，降低投资成本，从而实现合理配置资源及提供最优服务的目的。

11.6.1 硬件平台

通常，建立电子商务网站过程中要考虑很多因素。其中，硬件起着很重要的作用，是整个电子商务网站日常运行的基础，这个基础的稳定、可靠与否，直接关系着网站的访问率及网站的扩展、维护和更新等问题。前文已谈到，建站至少需要一台 Web 服务器，用于网站发布；规模较大的网站还要增加邮件服务器、数据库服务器、DNS 服务器、防火墙服务器等；而中小型应用，可以把上述若干种服务放置在一台服务器上。其中，Web 服务器和数据库服务器由于信息处理量较大，对机器处理能力要求较高，专业网站甚至使用小型机。除网站运行所要的服务器外，还需要把各种服务器和工作站连接在一起的网络设备。确定硬件种类后，还需要对各种设备进行选型。对于硬件的配置通常需要考虑的因素有网站的规模、服务类别与内容、访问流量等容量要求、对安全性与稳定性的要求、系统的可扩展性和可升级性、资金约束、网站开发的时间约束。

11.6.2 Web 服务器软件

在确定商务网站运行的硬件平台后，就要考虑网站运行的软件环境，即安装何种操作系统、Web 服务器软件及数据库等。其中，最重要的是电子商务网站服务器软件的选择。服务器软件是指建立电子商务网站的软件平台，它提供网站运行的软件环境，通常又被称为 Web 服务器软件。常见的 Web 服务器软件有 IIS（Internet Information Server，Internet 信息服务器）和 Apache，它们占据了服务器软件市场的前两位，几乎垄断了整个市场。

（1）微软 IIS

IIS 是 Internet Information Service 的缩写，是微软公司提供的基于 Windows 操作系统的 Internet 基本服务，是允许在公共 Intranet 或 Internet 上发布信息的 Web 服务器。IIS 通过使用 HTTP（超文本传输协议）传输信息，可配置 IIS 以提供 FTP（文件传输协议）和 SMTP（简单邮件传输协议）等服务。FTP 服务允许用户从 Web 节点下载文件或到 Web 节点上传文件，SMPT 服务为用户在不同服务器之间提供邮件收发服务。IIS 提供了一个图形界面的管理工具，称为 Internet 服务管理器，可用于监视配置和控制 Internet 服务，微软的 Windows 操作系统的非个人用户版都默认配置和运行 Internet 服务管理器。IIS 最新版本为 IIS10.0，Windows 10 和 Windows Server 2016 及其之后的操作系统都默认支持 IIS10.0，若要获取其安装及基本操作的相关信息，可到微软官方网站查阅指南手册。

（2）开源项目 Apache

Apache 取自"a patchy server"的读音，意思是充满补丁的服务器。它源于 NCSA Httpd 服务器，经过多次修改，成为世界上最流行的 Web 服务器软件之一。Apache 的特点是简单、速度快、性能稳定,并可作为代理服务器来使用。目前,Apache 是世界上使用最多的 Web 服务器,市场占有率在 60%左右。很多著名的网站,如 Amazon.com、Yahoo!、W3 Consortium 和 Financial Times 等,都使用 Apache。其成功之处主要在于它的源代码开放、有一支开放的开发队伍、支持跨平台的应用(可以运行在几乎所有的 UNIX、Windows、Linux 系统平台上)及它的可移植性等方面。

11.6.3 服务器端语言

用于实现电子商务网站的技术很多,主要有 PHP、ASP .NET、JSP、Python 等几种。1994 年,个人网页(Personal Home Page,PHP)语言诞生,PHP 是将它的业务代码嵌入到 HTML 中,通过脚本控制 HTML 标签的显示,极大提升了开发的效率。此外,PHP 技术支持多种数据库,可以跨平台部署和运行,Linux+Apache+MySQL+PHP(简称 LAMP 组合)的组合方式因为开源和免费,在中小企业信息系统中得到了广泛使用。但是,PHP 技术不属于分布式的应用体系结构,其开发的软件系统运行效率和代码可维护性较差,不适于开发大型商务网站的代码结构。ASP .NET 又称为 ASP+,是微软在 ASP 的基础上推出的新一代脚本语言,ASP .NET 是基于.NET Framework 的 Web 开发平台,不但吸收了 ASP 以前版本的优点,参照 Java、VB 语言的开发优势加入了许多新的特色,而且也修正了以前的 ASP 版本的运行错误。ASP.NET 具备开发网站应用程序的一切解决方案,包括验证、缓存、状态管理、调试和部署等全部功能。在代码撰写方面的特色是将页面逻辑和业务逻辑分开,它分离程序代码与显示的内容,让丰富多彩的网页更容易撰写。同时使程序代码看起来更洁净、更简单。ASP.NET 最大的缺点就是不具有跨平台的特性,只适应 Windows 环境,不利于网站持续升级。1998 年,美国的 Sun 公司推出了另一种动态网页开发技术 JSP。JSP 与 ASP .NET 技术有很大的相似之处,然而 JSP 技术可以跨平台,也使其复杂度增加。一般来说,JSP 多用于安全性、稳定性及速度较高的电子商务类网站,几乎可以在所有系统下运行,但其入门比较难,开发周期长,费用最高。Python 由于其开源特性和简单易用的特点,深受全球开发者的追捧,目前用上百种基于 Python 的 Web 开发框架,越来越多的公司采纳 Python 来开放网站系统,如豆瓣、果壳,基于 Python 开发 Web 系统具有第三方模块支持多、开发速度快等优点,缺点是代码运行效率相对较慢,尤其是将其作为后台复杂业务逻辑的脚本时,可能会影响网站系统的响应速度。

本书前面章节对电子商务系统开发技术已做较为详尽的阐述,这里仅从服务器端运行环境角度,比较四种常见的面向 Web 服务器的技术,如表 11-3 所示。

表 11-3 四种面向 Web 服务器的技术比较

	PHP	ASP .NET	JSP	Python
操作系统	均可	Windows	均可	均可
Web 服务器	数种	IIS	Tomcat	Flask
执行效率	慢	快	快	慢
稳定性	中等	高	最高	中等
开发时间	短	短	长	短
程序语言	PHP	C#	Java	Python
学习难度	低	低	高	低

续表

	PHP	ASP.NET	JSP	Python
系统安全	佳	差	最佳	佳
改版速度	快	快	慢	快
维护费用	中等	低	高	中等

除此之外，随着电子设备的发展，移动互联网已经势不可挡。所以，移动电子商务网站的建设也是我们不可忽略的一大方面。移动电子商务网站包括移动 Web 应用和 App（移动应用程序）。移动 Web 通过浏览器和 HTML5 技术，提供一定的平台和解决方案。

在 HTML5 移动的基础上对 Web 进行技术开发已经成为未来电子商务网站进行技术开发的一个方向。移动电子商务网站源于传统电子商务网站，但是因设备、场景等原因，更应该具备其他性能以满足需求。HTML5 是在 HTML 的基础上的升级版本，标准严格，且具有良好的跨平台性，这对于面对多种智能终端无疑是很大的优势，使维护工作更加简单，还同时支持传统 PC 机和移动设备。

App 可以开发出更加丰富的功能，运行效率也更高，但必须基于不同的手机平台。对于移动电子商务网站，我们经常可以看到 App 与 HTML5 混合开发，为用户提供良好的体验。

11.6.4　数据库服务器软件

关系型数据库因其产品化程度高、性能稳定，在网站建设过程中广为使用。关系型数据库通常包含客户端应用程序（Client）、数据库服务器（Server）和数据库（Database）等三个组件。

在客户机上，除了标准的计算机硬件，还要安装操作系统、用户界面、网络适配器和驱动器、数据库访问工具和应用程序。在服务器上，除了安装操作系统、网络适配器及驱动器，还要安装数据库管理系统、容错装置、网络和数据库管理工具等。数据库服务器是数据库的一个载体。

客户机和服务器是松散耦合的系统，它们之间的相互作用是通过一个信息传递机制来实现的，即服务请求和响应的传递机制。一个服务器可以同时为多个客户机服务，并负责管理对共享资源的访问。通常都是客户机先提出一个服务请求而开始对话，服务器总是被动地等待来自客户机的请求。一个客户应用软件可以向多个服务器提出请求，甚至可以并行地提出这些请求。服务器为了响应来自客户的初始请求，也可以向其他服务器发出第二次请求，这时发出请求的服务器本身也是客户机。比较流行的大中型关系型数据库有 Microsoft SQL Server、Oracle、IBM DB2 和 MySQL 等，小型数据库有 Access、SQLite 等。

（1）Microsoft SQL Server

微软的数据库产品 SQL Server 易用性较高。区别于小型数据库，SQL Server 是一个功能完备的数据库管理系统，包括开发引擎、标准 SQL 语言、复制和 ONLP 分析等功能。其中，存储过程、触发器等特性是某些大型数据库才具备的。Microsoft SQL Server 的特点显著，主要有：容易学习掌握，符合 Windows 风格，使用方便。而其他大型数据库对于设备、平台、人员知识的要求往往较高，并不是每个人都具备这样的条件和机会去接触它们；此外，SQL Server 除了具有扩展性和可靠性，还具有可以迅速开发新应用的功能，尤其是它可以直接存储数据、可以将搜索结果以 XML 格式输出等特点，有利于构建异构系统的互操作性，适合面向互联网的企业应用和服务，这些特点在 .NET 战略中发挥着重要的作用；具有强大的联机分析处理功能，可以通过多维存储技术对大型、复杂数据集执行快速、高级的分析工作；数据挖掘功能能够揭示出隐藏在大量数据中的倾向及未来趋势，允许组织或机构从数据中获取价值；提供日志传送、在线备份和故障切换群集的措施，通过自动优化和改进后的管理特性，可以迅速部署并有效管理在线商务应用程序。

（2）Oracle

Oracle 是以高级结构化查询语言为基础的大型关系数据库。通俗地说，它是用方便逻辑管理的语言操纵大量有规律数据的集合，是目前最流行的客户/服务器体系结构的数据库之一，其主要特性有：引入共享 SQL 和多线索服务器体系结构，减少资源占用并增强能力，使之在低档软硬件平台上用较少的资源就可以支持更多的用户，而在高档平台上可以支持成百上千个用户；提供基于角色分工的安全保密管理，在数据库管理功能、完整性检查、安全性、一致性方面都有良好的表现；支持大量多媒体数据，如二进制图形、声音、动画及多维数据结构等；提供了与第三代高级语言的接口，能在 C、C++等主语言中嵌入 SQL 语句及过程化语句，对数据库中的数据进行操纵，可以快速开发生成基于客户端 PC 平台的应用程序，并具有良好的移植性；提供新的分布式数据库能力，有对称复制的技术。

（3）IBM DB2

IBM 的 DB2 进入客户/服务器数据库市场较晚，但以更快的速度向市场推出更多的高质量数据库系统。DB2 系统的特点主要有：能支持包括如文件、图像、声音和视频等多媒体数据；通用数据库结合 Web 技术，能够轻松而安全地从互联网获得数据；提供整套 GUI 管理工具，安装、管理及远程操作简单易行；DB2 通用数据库几乎可以通过任何网络在任何客户机工作站上访问，为大型机和中型机数据服务器提供业内最有效和无缝的数据集成能力。

（4）MySQL

MySQL 是一个关系型数据库管理系统，由瑞典 MySQL AB 公司开发，目前属于 Oracle 旗下产品。开源是 MySQL 数据库最为显著的特征，软件采用社区版和商业版的双授权政策，社区版体积小、速度快和免费分发，功能完全满足个人用户和中小企业的数据存储需求，是当前使用最为广泛的关系型数据库管理系统之一。MySQL 使用标准的 SQL 语言来实现数据库定义、操作和控制，使用方便简单。MySQL 使用 C 和 C++编写，并使用了多种编译器进行测试，保证了源代码的可移植性，在 Windows 系统、Linux 系统、Mac 系统的主流操作系统上均能提供稳定、可靠的数据库服务。MySQL8.0 版本推出了分布式集群版，可将多个 MySQL 服务封装成一个 MySQL 服务，实现对海量数据的存储和毫秒级的修改和查询操作，为电子商务网站处理海量数据和海量用户请求提供高效用、低故障、高吞吐、低延时、可扩展的数据存储方案。

11.7 电子商务解决方案

电子商务解决方案是指用于特定类型的电子商务系统或针对电子商务的某些环节的全套解决方案，通常包括开展电子商务所需的全部软件、硬件、系统集成方案及相关服务。电子商务解决方案一般建立在对相关行业和某种类型的电子商务应用的专业分析研究和成功经验的基础上，具有很高的专业性、标准性、成熟性。比较专业的电子商务解决方案一般可以理解为电子商务系统。电子商务解决方案的特点：开放体系、模块化结构、良好的移植性和扩展性、服务的有效性、功能的全面性及执行的有效性。

很多大型企业解决方案提供商都在积极寻求电子商务解决方案，而且也有很多成熟的电子商务解决方案，下面介绍 IBM 的 WebSphere、Oracle 的 WebCenter 和商派软件的 ShopeX。

11.7.1 IBM WebSphere

IBM WebSphere Commerce 是行业领先的客户交互平台，提供了下一代 B2B 电子商务性能，这些性能可以重新定义企业电子商务战略：

① 流线化和自动化业务流程以提高运营管理效率；
② 使用以购买者为中心的营销方式优化销售和营销效率；
③ 用丰富的客户体验增强关系和客户满意度。

WebSphere 是一个模块化的平台，基于业界支持的开放标准。可以通过受信任和持久的接口，将现有资产导入 WebSphere，可以继续扩展环境。WebSphere 可以在许多平台上运行，包括 Windows、Linux 和 MacOS。用于企业开发、部署和整合新一代的电子商务应用，如 B2B，并支持从简单的网页内容发布到企业级事务处理的商业应用。WebSphere 可以创建电子商务站点，把应用扩展到联合的移动设备，整合已有的应用并提供自动业务流程。

WebSphere 具有以下特点。

① 随需应变。从业务流程到与关键合作伙伴、供应商和客户进行端到端集成，能够快速响应任何客户需求、市场机遇或外部威胁。可以使用 WebSphere 构建和监视基础设施以支持随需应变业务，以及构建和扩展在该基础设施上运行的应用程序。

② 人员集成。人员集成功能允许客户、雇员和业务合作伙伴随时随地与业务信息、应用程序和业务流程交互。WebSphere 提供了人员集成（或交互）功能的产品有：WebSphere Portal、WebSphere Everyplace 和 WebSphere Voice。

③ 流程集成。企业可以使用流程集成功能对业务流程进行建模、编排、监视和优化，以使它们与战略业务目标保持一致。例如，对某个关键业务流程建模，然后模拟、细化、与人交互、投入生产应用、监视、优化，然后在业务需求发生变化时快速和智能地调整。WebSphere 提供了流程集成功能的产品有：WebSphere Business Modeler、WebSphere Business Monitor、WebSphere Process Server 和 WebSphere Integration Developer。

④ 信息集成。信息集成功能允许创建不同来源的结构化和非结构化信息的一致和统一视图，以及管理和同步产品参考信息。例如，创建跨所有信息资产的自由格式的搜索，这些资产包括 Web 站点、关系数据库、文件系统、新闻组、门户、协作系统和内容管理系统。WebSphere 提供了信息集成功能的产品有：WebSphere Product Center、WebSphere Information Integration 和 WebSphere Commerce。

⑤ 应用程序集成。应用程序集成功能提供广泛的服务来支持跨应用程序的可靠和灵活的信息流，这些应用程序可能在不同的企业中运行。例如，在应用程序之间交换消息，或者如果业务需要更复杂，创建一个灵活的、面向服务的体系结构，以支持跨广泛应用程序的系统性信息交换，这些应用程序在不同的公司服务器和平台上运行，并使用不同的语言。提供应用程序集成功能的部分 WebSphere 产品包括：WebSphere MQ、WebSphere Message Broker、WebSphere Partner Gateway 和 WebSphere Application Server。

11.7.2 Oracle Webcenter

Oracle WebCenter 套件是一款企业在前端和后端统一交互的互联网建设平台，注重连贯的客户在线体验。

WebCenter 包括四类产品：WC Sites、WC Portal、WC Connect 和 WC Content，分别负责在线内容发布、体验管理、应用集成、混搭、企业内部社会化协作，以及企业级内容管理等功能模块。

（1）WC Sites

这是比较全面的在线体验管理解决方案。WC Sites 能够方便快捷地为企业提供多语言环境的网站，提供有针对性的内容，并进行分析和优化网页内容的有效性；同时，WC Sites 网站覆盖内容产生和监管的全过程，支持多渠道、多种移动设备。

（2）WC Portal

能够将企业已有的应用系统扩展到门户网站，从不同层面将应用系统进行集成，同时，丰富的社会化工具能够使用户获得基于上下文访问的内容和动态的个性化解决方案。

（3）WC Connect

WC Connect 又名 Oracle Social Network，能够集成分散的应用与企业业务活动，使员工和团队之间基于业务活动进行良好协作，消除隔阂。

（4）WC Content

内容管理为企业各种非结构化的数据提供全生命周期的管理解决方案。

11.7.3 商派 Shopex

商派 Shopex 成立于 2002 年，是中国电子商务服务和技术供应商，通过专业的配套服务、技术实力、完善的产品布局和丰富的实践经验，推动实体商业和互联网商业的深度融合。商派 Shopex 致力于为企业提供立体化的服务和技术，从前端到后端，从直销到分销，从 PC 到移动，从线下到线上，帮助各种类型（大中小微）的企业纵向统一资源、横向整合业务，提供了企业通过互联网开展商务活动的一揽子解决方案。

（1）零售数字商城

零售数字商城是面向品牌企业的全渠道零售软件，帮助品牌企业线下线上业务融合，包括商品在线化、门店员工在线导购化、营销推广社交化、订单履约智能化、会员信息及销售管理等数据全面数字化。从品牌全局视角出发，为品牌提供全链路、整套解决方案的综合性服务；通过专业化能力的输出，为品牌提供单环节或多环节服务，助力品牌升级，实现新零售时代下"零售创新、新品创新、渠道创新、营销创新"的营销新格局。

（2）私域营销服务

针对实体门店、电商平台拉新成本不断提高，粉丝经济的低成本、高留存、高转化的特点得到越来越多的企业青睐。商派 Shopex 的私域营销服务以用户为中心，而非以产品或品牌为中心，通过帮助企业在微信、微博、抖音等社交平台建立自己所有、可反复触达且免费的流量资源（粉丝团体），实现客户关系从公域弱连接到私域强关系转变，通过建立长期稳定的客户关系实现商业变现。商派 Shopex 通过与腾讯有数、企业微信和汇付天下等掌握用户信息数据、关系数据、资金数据的第三方合作，通过算法引导并集中客户进行统一管理和用户画像，提升企业私域用户的管理和转化能力。

(3) 品牌智能运营中台

在流量为王的网络营销时代，企业为尽可能大范围地触达潜在客户，往往采用多渠道营销策略，营销渠道包括第三方销售平台（如京东、天猫）、实体店铺（直营店、加盟店）和官方商城（官方零售、小程序、App）等。多渠道策略拓展企业业务的同时，也给企业的经营管理带来了极大的挑战，商派 Shopex 推出的 oneX 品牌智能运营中台是企业新零售业务的路由，通过其来实现企业各个系统间的业务数据互联互通，实现全渠道一键铺货、全渠道库存共享、全渠道统一订单管理、多仓储物流快速匹配、准确及时的账务处理、符合各大平台安全管理要求的 API 集成中心等，从销售渠道、商品、订单、仓储、O2O、物流、售后等方面，支持品牌统一管理，降低运营成本，提升运营效率。

11.8 电子商务网站技术现状与发展

最初电子商务只是以简单的网站技术为支撑，完成信息展示、数据交换的功能即可，可以看成是"门户网站"+"信息管理系统"，网站的维护也是简单的信息系统的维护。但是随着互联网与各行业不断的融合，与生活方方面面的渗透，电子商务网站的功能已经趋于更加丰富完善。大数据、人工智能、云计算、虚拟现实（Virtual Reality，VR）、增强现实（Augmented Reality，AR）等技术被广泛地应用于电子商务网站中，进而提升用户消费体验、减少用户流失、发掘用户需求、降低电商运营成本。

在技术驱动的基础上进行不断的创新，这些技术已经不仅仅局限于在电子商务网站建设的过程中，也不仅仅局限于技术架构和编程语言。电子商务网站维护和管理的过程中、电子商务活动运营的过程中，也越来越需要先进的各学科技术作为支撑和突破口。这里对大数据和云计算技术进行介绍，它们对于电子商务的创新与突破极具价值。

11.8.1 大数据时代下的电子商务

经历了基于用户数量的时代、基于销量的时代，目前的电子商务市场交易已处于基于数据的时代，电子商务的竞争在很大程度上就是大数据的竞争。大数据具有 5V 特点：Volume（大量）、Velocity（高速）、Variety（多样）、Value（价值）和 Veracity（真实性）。平台所产生的巨大信息量及其所收集到的用户信息具有真实性、确定性和对应性，使电子商务具有了利用大数据的天然优势。大数据的应用将贯穿整个电商的业务流程，成为公司的核心竞争力。

1. 大数据技术

电子商务网站作为大数据的入口，背后需要有强大的技术架构支撑，才能够充分发挥出价值。大数据需要特殊的技术，以有效地处理大量的容忍经过时间内的数据。适用于大数据的技术，包括大规模并行处理（MPP）数据库、数据挖掘电网、分布式文件系统、分布式数据库、云计算平台和可扩展的存储系统。

为了提高用户服务质量，面对海量数据存储和处理的需求，Hadoop 是一个能够对大量数据进行分布式处理的软件框架。Hadoop 是一个分布式系统基础架构，用户可以在不了解分布式底层细节的情况下，开发分布式程序，充分利用集群的威力高速运算和存储。

从技术上看，大数据与云计算的关系就像一枚硬币的正反面一样密不可分。大数据必然无法用单台的计算机进行处理，必须采用分布式架构。它的特色在于对海量数据进行分布式数据挖掘，但它必须依托云计算的分布式处理、分布式数据库和云存储、虚拟化技术。

2. 大数据技术的应用

电子商务网站积累了海量的用户消费数据，通过数据挖掘和数据分析等手段，帮助电商企业做全局性、系统性的决策，寻找最优化的解决方案和运营决策，提升电子商务企业的竞争力。随着云计算等高性能计算平台的普及和深度学习等机器学习算法的发展，大数据在电商领域的应用愈加广泛。

（1）用户画像

通过用户在电子商务网站上的行为，可以针对性地描绘出每一个用户或每一片区用户的消费习惯，并预测用户对产品的需求或潜在需求，为电子商务企业深入了解用户提供渠道。用户画像可以涉及多个层次，用户的购买习惯、品牌偏好、消费水平等，完整地描述个人或群体的全面特征。互联网是虚拟的，但是数据留下的痕迹、电子商务企业大数据的应用，使企业对用户能够有更加直观的认识，并且进行大胆的预测。用户和群体画像的建立对于企业电子商务的全部活动都具有很大的价值，从推荐、销售，甚至物流环节，都能够极大地提高效率，降低成本。

（2）精准营销

电子商务企业对用户的数据进行收集、分析和整合，对数据库进行实时更新，为用户推送更加有针对性的广告和消息，甚至为不同用户改变页面展示内容，在信息海洋中为用户提供及时有用的信息，对产品与服务进行针对性的调整与优化，为消费者提供个性化和精准的服务，将极大地提升用户体验。

（3）舆情分析

随着网络技术和电商平台的日趋完善，消费者对电商平台的口碑评价越来越关注，也使得电商平台口碑评价成为打造电商品牌的重要途径。网民对电商舆情的关注焦点主要集中在电商价格、商品质量、物流速度和售后服务等方面。电子商务网站可以有针对性地利用口碑数据进行研究，更有方向性地提升。

相比于线下零售，电子商务网站具备非常丰富的客户历史数据。通过对这些数据的分析，能够进一步了解客户的购物习惯、兴趣爱好和购买意愿，并可以对客户群体进行细分，从而针对不同的用户对服务进行调整和优化，进行有针对性的广告营销和推送，实现个性化服务。在此基础上，电子商务企业也在充分地利用用户数据来推动商品和服务的设计，形成 C2B 模式。

11.8.2 基于云计算的电子商务

"云计算"这个概念最早是由 Google 公司于 2007 年提出的。这个概念一经面世就引起了巨大的轰动。云计算的诞生可以说是 IT 领域的一次革命，它的出现使计算机存储等领域都有了巨大的突破。

1. 云计算的概念

"云计算"是基于互联网相关服务的增加、使用和交付模式，通常涉及通过互联网来提供动态易扩展且经常是虚拟化的资源，主要通过计算机网络庞大的计算处理能力，将待处理程序自动拆成无数个较小的子程序，再交由多部服务器所组成的庞大系统经搜寻、计算和分析，最终将处理结果回传给用户，在这种计算模式下，用户无须考虑终端的运算能力、存储能力、负载能力等问题，这些工作都将交给网络中超大规模的"云"来完成，实现资源共享和网络系统工作，从而大幅度提高网络资源的利用率，并能实现降低成本、提高运行效率的目的。它主要为用户提供一种共用性质的信息服务，它是分布式计算（Distributed Computing）、并行计算（Parallel Computing）、效用计算（Utility Computing）、网络存储（Network Storage）、虚拟化（Virtualization）、负载均衡（Load Balance）和热备份冗余（High Available）等传统计算机和网络技术发展融合的产物，云计算具有以下几个特点。

① 超大规模。"云"具有相当的规模，Google 云计算已经拥有一百多万台服务器，Amazon、IBM、微软、Yahoo 等的"云"均拥有几十万台服务器。企业私有云一般拥有数百上千台服务器。"云"能赋予用户前所未有的计算能力。

② 虚拟化。云计算支持用户在任意位置、使用各种终端获取应用服务。所请求的资源来自"云"，而不是固定的有形的实体。应用在"云"中某处运行，但实际上用户无须了解、也不用担心应用运行的具体位置。只需要一台笔记本电脑或一个智能手机，就可以通过网络服务来实现需要的一切，甚至包括超级计算这样的任务。

③ 高可靠性。"云"使用了数据多副本容错、计算节点同构可互换等措施来保障服务的高可靠性，使用云计算比使用本地计算机可靠。

④ 通用性。云计算不针对特定的应用，在"云"的支撑下可以构造出千变万化的应用，同一个"云"可以同时支撑不同的应用运行。

⑤ 高可扩展性。"云"的规模可以动态伸缩，满足应用和用户规模增长的需要。

⑥ 按需服务。"云"是一个庞大的资源池，可以按需购买；云可以像自来水、电、煤气那样计费。

⑦ 极其廉价。由于"云"的特殊容错措施，可以采用极其廉价的节点来构成云，"云"的自动化集中式管理使大量企业无须负担日益高昂的数据中心管理成本，"云"的通用性使资源的利用率较传统系统大幅提升，因此用户可以充分享受"云"的低成本优势。

2. 云计算与电子商务

电子商务在全球急剧的规模增长，给电商的 IT 系统提出了满足大规模存储、访问和数据处理的需求。在日常业务中，电商的 IT 系统除了系统稳定性和安全性的高标准，还需要低成本地应对突发流量，提供弹性的计算资源，电商领域一个非常典型的业务需求，就是促销活动带来的流量暴涨。这些需求成为电子商务发展的技术瓶颈，但也正是这些需求驱动了云计算技术的成熟。云计算能够为电子商务企业带来如下价值。

① 为客户解决了构建大规模分布式系统的难题。云计算的服务提供了足够大的计算能力和存储能力。

② 使用户的整体成本大幅降低，客户不需要为峰值流量配备闲置的资源，随时可以释放掉不使用的资源。再加上阿里云是按照资源的实际使用来收取费用的，大大降低了用户的整体成本。

③ 对于中小规模的互联网企业和电商企业而言，建设自己的 IT 系统，云计算可以提供统一的解决方案，让电商和更多中小企业在云计算平台上部署应用。

目前，亚马逊、阿里巴巴、微软、华为、腾讯等著名互联网企业都加入了云计算的开发行列。亚马逊是云计算（Amazon Web Service）的引领者，其云服务不仅支撑了其在全球范围内开展电子商务活动，同时也为中小企业开发云计算能力，帮助中小企业快速、低成本地开展互联网服务；阿里巴巴的阿里云是国内云计算服务巨头，重点关注子商务云计算中心，形成服务器集群的"商业云"体系；微软推出了 Windows Azure 操作系统，通过在互联网架构云计算平台，让 Windows 个人电脑延伸到 Windows Azure 上。除了这些云计算服务的提供商，加上作为云计算服务使用者的电子商务中小型企业，形成了现在基于云计算的电子商务现状。

但是，"云计算"作为近几年来国内外 IT 企业竞相追逐的主要目标，虽然逐步发展与完善，具有广阔的发展前景，但目前来看还有若干问题需要解决。

① 数据隐私问题。如何保证存放在云服务提供商的数据隐私不被非法利用，不仅需要技术的改进，也需要法律的进一步完善。

② 数据安全性。有些数据是企业的商业机密，数据的安全性关系到企业的生存和发展。云计算数据的安全性问题解决不了，会影响云计算在企业中的应用。

③ 用户的使用习惯。如何改变用户的使用习惯，使用户适应网络化的软硬件应用是长期而且艰巨的挑战。

④ 网络传输问题。云计算服务依赖网络，云计算的普及依赖网络技术的发展。

⑤ 缺乏统一的技术标准。云计算的美好前景让传统 IT 厂商纷纷向云计算方向转型。但是由于缺乏统一的技术标准，尤其是接口标准，各厂商在开发各自产品和服务的过程中各自为政，这为将来不同服务之间的互连互通带来严峻挑战。

综上所述，电子商务企业在利用云计算技术的同时，也需要综合考虑云计算给企业带来的各种利弊，才能够更好地利用云计算这个巨大的发展平台，增强自身竞争力。

11.8.3　基于移动互联网的电子商务

移动互联网是移动通信和互联网相融合的新一代开放电信基础网络，可同时提供语音、传真、数据、图像、多媒体等高品质电信服务，由电信运营商提供无线网络接入服务，互联网企业提供各种成熟的应用，用户通过手机、平板电脑等移动终端接入网络并使用企业提供的各种应用。随着手机、平板电脑等移动终端的普及，越来越多的用户通过移动终端获取信息、购买商品、点播视频等，以 2017 年的"双十一"购物狂欢节为例，淘宝成交额 1682 亿元中移动端成交额占比高达 90%。相较于 PC 端，移动端在网络接入、屏幕显示、人机交互等方面有着明显的差别，开发适用于移动端的电子商务系统对电商企业具有重大的现实意义。

智能手机或平板电脑作为移动互联网的使用终端，因为受到屏幕大小和移动带宽的限制，通常移动端电子商务系统只面向客户端，即客户通过移动终端使用企业提供的电子商务服务，而企业端通常还是基于 PC 端对电子商务网站进行管理和数据分析。因此，移动端电子商务系统主要目标是满足用户随时随地通过移动终端获取电子商务服务，与 PC 端相比，移动端屏幕更小、带宽更受限、操作更简便，在移动端电子商务网站系统设计的时候需要充分考虑小尺寸屏幕内容显示、移动网络速度慢且流量贵、触摸操作便捷性等问题，尤其是移动网络速度和流量问题，是基于移动互联网的电子商务网站系统设计和开发时需要关注和克服的难题，由此也出现了各种各样的解决方案。图 11-6 展示了当前移动端电子商务系统的主要开发模式，主要包括原生 App、Web App 和混合 App。

```
┌─────────────────────┐                              ┌─────────────────────────┐
│ 原生App             │                              │ Web App                 │
│ 语言：Object C（IOS）│      原生App   混合App  Web App │ 语言：HTML+JavaScript   │
│ Java（Android）     │                              │ 页面资源存放服务器      │
│ 页面资源存放本地    │                              │ 数据存放服务器          │
│ 数据存放本地        │                              │                         │
└─────────────────────┘                              └─────────────────────────┘
                         ┌─────────────────────────────┐
                         │ 混合App                     │
                         │ 语言：Object C（IOS）+Java（Android）│
                         │      +HTML+JavaScript       │
                         │ 页面资源存放服务器+本地     │
                         │ 数据存放服务器              │
                         └─────────────────────────────┘
```

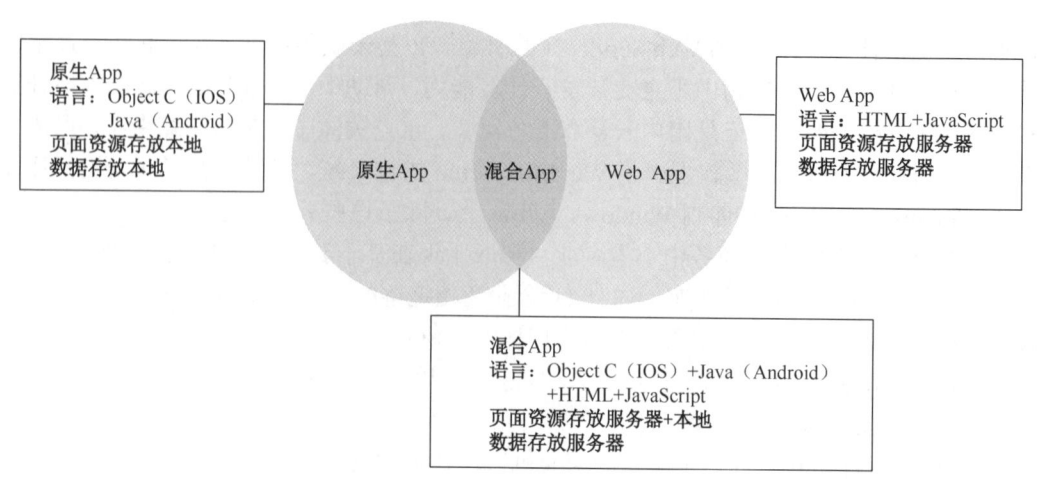

图 11-6　移动应用开发模式

原生 App 的英文全名为 Native Application，是基于手机操作系统运行的本地应用，原生 App 基于终端所搭载的操作系统技术和接口规范开发，大部分数据、图像、音频、视频等资源保存在本地，只有少量实时变化的数据才从远程服务器获取。因此，原生 App 访问与兼容性相对比较好，能够支持在线或允许离线消息推送，实现本地资源访问，可调用摄像、拨号、蓝牙、位置等服务，运行速度快、带宽要求低、流量消耗小。原生App 的缺点也很明显，一是需要针对不同的移动端操作系统开发相应的原生 App，例如，当前移动端操作系统主要是 Android 和 iOS，电商公司需要分别开发满足 Android 和 iOS 运行环境和接口规范的两套原生 App，开发工作量大、成本高；二是安装或升级都需要下载安装包，对于需要频繁调整功能或页面的电商网站系统来说，每一次升级都需要耗费终端用户大量的时间和流量。

Web App 的英文全名为 Web Application，是为移动终端提供特定功能的 Internet 应用程序，与 PC 端电商网站系统类似，通过移动端浏览器或在 App 中封装移动端浏览器内核实现对服务器资源的访问，只是为了适配移动端显示屏幕尺寸和带宽，对网页结构和网页上的图片、音频和视频等资源文件大小进行了调整和适配。因此，Web App 应用客户端只需安装应用的框架部分，而应用的数据则是每次打开 App 的时候，基于 HTTP 协议到服务器端获取相关的数据和资源，然后在移动设备的浏览器进行内容渲染和呈现。HTML5 和 Javascript 是 Web App 的基础，目前很多第三方的框架（如 bootstrap、layui、vue 等）提供响应式布局模式，确保基于这些框架开发网页能自动适配 PC 端、智能手机、平板电脑等不同尺寸的终端设备，具有一次开发导出运行的优点，基本不受终端所运行的操作系统的限制，开发和维护成本较低，系统升级无须用户更新客户端。Web App 开启一个页面时，所有元素都需要从服务器端下载，访问速度受手机终端性能与网络环境的限制，带宽要求高、流量消耗较大。另外，Web App 更多在于基于浏览器的功能交互，在调用移动设备的麦克风、拨号、位置等服务方面，不如原生 App 灵活和便捷。

混合 App 的英文全名为 Hybrid Application，结合 Web App 和原生 App 设计理念，兼具了原生 App 的良好用户体验和 Web App 的跨平台、低成本，是当前比较流行的移动端应用程序开发模式。混合 App 整体框架以原生 App 框架为主，通过 Web App 框架来增强客户端与服务器端的交互。开发小组由原生 App 开发人员（若开发同时支持 Android 和 iOS 的 App，则需要掌握 Android 系统下 Java 语言和掌握 iOS 系统下 C 语言的人员组成）和 Web 前端开发人员共同组成，开发难度和原生 App 基本相当。

表 11-4 展示了不同移动 App 开发模式的特征对比，对于电子商务类 App，一般采用混合 App 开发模式，主要原因在于：一方面，电商系统的产品、订单等数据实时更新，需要频繁地从服务器获取相关信息，这些信息通常基于 HTPP 协议传输和基于浏览器呈现，具有 Web App 的特征；另一方面，用户在使用电子商务 App 过程中，需要频繁地调用摄像头、GPS、拨号等移动端服务，使用原生 App 的开发接口能更好地满足相关需求。

表 11-4 不同移动 App 开发模式的特征对比

特性	原生 App	混合 App	Web App
开发语言	只用移动操作系统指定的开发语言，即 Native 语言，Andriod 系统用 Java，iOS 系统用 Objective-C	Native 语言和 Web 开发语言	只用 Web 开发语言，包括 HTML5、JavaScript 等
代码移植性	不可移植	中	高
移动端硬件设备访问便利性	高	中	低
高级图形界面支持	高	中	中
升级或更新	只能通过应用商店升级，便利性低	部分更新可不通过应用商店升级，便利性中	服务器端升级即可，不通过应用商店，便利性高
安装体验	从应用商店下载安装	从应用商店下载安装	可通过移动浏览器安装
运行带宽要求或流量消耗	低	中	高
开发成本/难度	高	中	低

纵观电商 App 的发展历史，与移动通信技术发展密切相关，在 3G 时代，由于移动网络传输速率低且流量贵，当时的电商 App 主要采用原生 App 的开发模式；随着 4G、5G 的普及，移动网络传输速率大幅提升，流量价格也大幅下降，Web App 和混合 App 成为当前电商类 App 的主流开发模式。此外，随着微信、支付宝、百度等超级 App 的普及，依托这些超级 App 的小程序也得到了蓬勃发展，小程序从本质上讲是 Web App，是嵌入到超级 App 中的模块，通过调用移动端的浏览器内核和基于超级 App 的页面端布局和请求响应规则，从电商系统的服务端获取相应的服务。

本章小结

电子商务网站是企业开展电子商务活动的基础设施和信息平台，是在互联网上宣传企业形象和文化的重要窗口，因此，电子商务网站的设计显得尤为重要。本章首先阐述网站与电子商务系统之间的关系，论述电子商务网站的分类和设计原则。随后，分别就网站结构、功能、容量、风格及运行环境等网站设计重要内容进行深入探讨，其中详细介绍了几种电子商务网站的实现技术，并讨论了移动电子商务网站的实现技术，最后介绍了在大数据、云计算、移动互联网等新兴技术背景下电子商务的现状和发展。通过本章的学习，读者能够较全面地掌握商务网站设计与实现的相关内容，了解新兴信息技术在电子商务网站中的应用现状，从功能和技术两个层面对电子商务网站有更全面的认识。

问题与讨论

1. 电子商务网站结构设计的主要思想是什么？在实际项目中，如何能够更好地贯彻这种思想？
2. 电子商务网站功能设计的主要内容是什么？
3. 如何进行电子商务网站的容量设计？
4. 电子商务在建设与运营的过程中涉及哪些新技术？
5. 移动端电商应用和 PC 端电商网站有什么区别？

案例分析　　　　　　　　XX 信息服务公司网站设计

XX 信息服务公司为进一步拓展业务，顺应电子商务发展的潮流，拟基于 Internet 建设网站，面向个人或组织机构客户，每周 7 天、每天 24 小时，不间断式地提供数字信息服务。客户在网上付款后就能获得文档资料的下载权，即通过网站与客户实时完成数字化专业资料的交易。网站支持第三方的广告链接及网上付款服务。网站需要管理的信息主要包括文档资料、客户资料和订单信息等。对于文档资料，除文件本身外，还要有总量数据、分类及子分类数据，以及一定时间段内（每周/每月）的每份（每类/每个子类）文档资料的销售统计和查询统计数据。对于客户信息，除基本注册数据外，还要记住并保存客户的偏好和支付数据。

（1）客户在站点的行为可能表现

付费资料网站客户网络购物行为描述如图 11-6 所示。

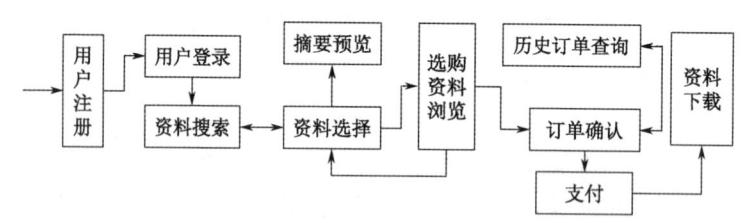

图 11-6　付费资料网站客户网络购物行为描述

（2）系统体系结构设计

付费资料网站体系结构如图 11-7 所示。

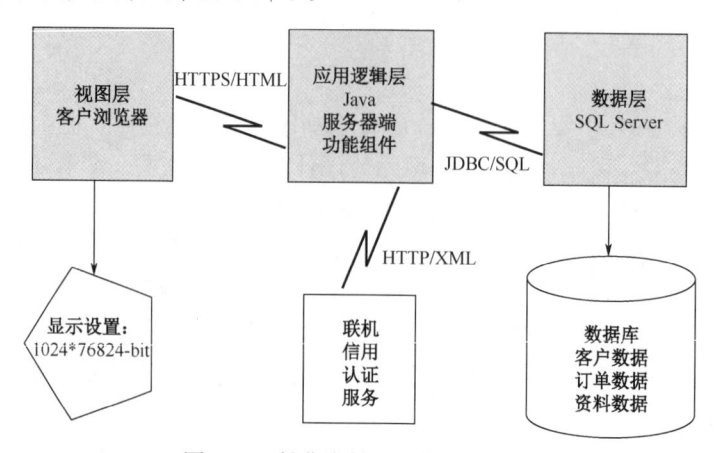

图 11-7　付费资料网站体系结构图

（3）系统功能设计

付费资料网站的功能结构如图 11-8 所示。

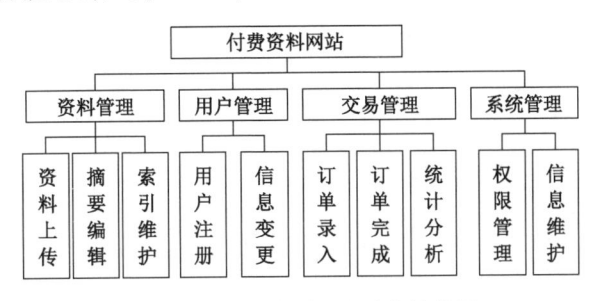

图 11-8　付费资料网站功能结构图

其中，资料管理、系统管理主要面向网站管理者，用户管理和交易管理主要面向消费者。消费者在完成订单的过程中，还需要使用资料搜索、资料选择、资料摘要预览、选购资料浏览、选购资料确认、支付和资料下载等子功能，用户注册功能模块主要为用户注册信息填写提供支持。此外，系统还要提供以往订单查询的子功能。图 11-8 列出的功能模块中，与交易及用户注册过程相关的功能，需要加入 SSL 认证，以提高系统安全性的保证，其他模块则无须使用此认证。

（4）系统容量设计

从未来业务的拓展角度，考虑对网站容量产生影响的主要因素，包括如下方面。

业务量增长。通过进行平面媒体或其他网站上的广告宣传等多种形式的网站推广，会吸引更多的客户访问站点，这将导致服务器负担明显加重，尤其在工作时间的高峰期。最先增加的是查询功能的使用频率，待广告效应的影响逐渐稳定后，购买功能和下载功能的使用频率会有很大增长。

资料数量和种类增加。一方面，随着业务正常开展，会不断添加最新的资料，并补充过去遗漏的资料，这将使基本格式的文档资料数量匀速增加；另一方面，为顺应客户对资料的新需求，进一步拓展市场，会增加其他格式的资料，如音频资料、影像资料，这将导致资料库容量的激增，文件格式更复杂，并且对存储器及带宽有更高要求。

建立客户论坛。为提高网站的吸引力和关注度，增强客户之间的互动，特别是对同一类资料感兴趣的客户，需要增加"用户论坛"这一功能。这可能要增加一台论坛服务器，以及额外的带宽。

基于客户偏好的资料推荐。网站通过查看该用户的历史订单，再结合其他因素，为用户推荐可能感兴趣的资料。以智能推荐的方式，辅助客户购买，降低网上购买的难度，增强客户网购的意愿。这一功能的增加将加重服务器的 CPU 负荷，降低响应客户的时间，因此需要考虑为服务器增容。

（5）运行环境配置（略）

案例来源：根据实际案例改编。

思考题

1. 请结合实际应用，为该网站的风格设计提出建议。

2. 试根据案例提供的信息，配置网站的运行环境。

索引

电子商务系统
电子商务网站
B2B
B2C
分布式系统
MVC
电子商务解决方案
WebSphere
WebCenter
Shopex
大数据
精准营销
云计算
移动互联网
Android
iOS

本章参考文献

[1] 赵卫东. 电子商务模式[M]. 上海：复旦大学出版社，2006.

[2] 李建忠. 电子商务网站建设与管理[M]. 2版. 北京：清华大学出版社，2015.

[3] 白东蕊，岳云康. 电子商务概论[M]. 4版. 北京：人民邮电出版社，2019.

[4] 甘丽新，涂伟. 大数据时代电子商务的机遇与挑战探讨[J]. 科技广场，2013（03）：137-140.

[5] 任中方，张华，闫明松，陈世福. MVC模式研究的综述[J]. 计算机应用研究，2004（10）：1-4+8.

[6] 陆荣幸，郁洲，阮永良，等. J2EE平台上MVC设计模式的研究与实现[J]. 计算机应用研究，2003（03）：144-146.

[7] 迈尔·舍恩伯格，库克耶. 大数据时代：生活工作与思维的大变革[M]. 杭州：浙江人民出版社，2013.